战后

日本军事战略研究

Study on Post-WWII
Japan Military Strategy

王志坚◎著

时事出版社

日本军事法制史

前　　言

　　日本全称日本国，是位于亚洲大陆东部、太平洋西北部的一个群岛国家。它东濒太平洋，西隔日本海、黄海、东海，分别同俄罗斯、朝鲜半岛及中国相望。全国由本州、北海道、九州、四国等四个主要岛屿和分布在其四周的约 6800 个小岛组成。日本列岛面积狭窄，纵深短浅，内陆任何地方距海岸直线都不超过 100 公里，九州的对马岛距韩国的釜山仅 50 公里，西南端的先岛群岛距中国的台湾岛约 110 公里，北部的北海道距俄罗斯的萨哈林岛只有 43 公里。著名的宗谷、津轻和对马海峡，是从日本海进出太平洋的重要通道，整个日本列岛构成一道由东北向西南延伸长达约 3000 公里的弧线，环绕在俄罗斯远东东南部、朝鲜和中国东部沿海海区的正面，既可扼制俄罗斯东出太平洋和南下印度洋的通路，又能控制美国通向朝鲜的海、空航线。日本列岛特别是大隅海峡、奄美大岛水道、宫古水道、与那国西水道还是控制中国进入太平洋的主要的海上通道，因此，在亚太特别是东北亚地区，日本的战略地位非常重要。

　　日本国土陆地总面积约为 37.8 万平方公里，约为中国陆地面积的 1/25。山地面积约占国土总面积的 72.8％，耕地面积约占 14.8％，森林面积约占 68％，海岸线总长约为 3.3 万公里。人口约 1.275 亿人，相当于中国人口的约 1/10，居世界第 7 位。在日本人口中，大和族占绝大多数，阿伊努族人仅约 2.5 万人，琉球人约有 120 多万人。日本人大多数居民信奉神道和佛教。

日本是一个高度发达的资本主义国家，1968 年国民生产总值超过西德跃居到继美国之后的资本主义世界第二位，1987 年人均国民生产总值超过美国。2010 年日本国内生产总值达到 475.2 万亿日元（约合 5.8 万亿美元）。但是，日本国内资源匮乏，金属资源和能源资源几乎全部依赖海外进口，能源对外依赖程度为 96%，粮食对外依赖程度为 60%，是世界上最大的资源进口国。在经贸关系上，从 2004 年起，中国已成为日本最大的贸易伙伴。目前日本是中国第五大贸易伙伴国。2011 年，中日双边贸易总额达到 3449 亿美元。

日本自 1868 年实行明治维新，由封建幕藩制走向资本主义近代化国家以来，发展至今已有近 150 年的历史。在这一段历史时期，日本军事战略经历了两个完全不同的时代。第一个时代是从 1868 年到 1945 年，即日本实行明治维新以后到日本战败。在这 77 年的历史中，日本制订了"富国强兵"的国家战略，并走上了军国主义的道路，军事战略采取"攻势战略"，对外进行侵略扩张，试图称霸亚洲乃至世界，直至战败。第二个时代是从 1945 年至今，这个时代又可划分为两个时期，即冷战时期和冷战结束后时期。冷战时期，日本制订了以经济建设为中心的国家战略，受此影响，军事战略强调守势和对美国的依附，在军备发展上进行了一定程度的自我约束。冷战结束后，日本明确了争做"政治大国"的国家战略目标，军事战略则在国家战略的指引下开始逐步转向积极的攻势防卫。

进入 21 世纪以来，从我国周边安全环境看，有两个因素在交错上升。一个是有利于我国和平发展的积极因素在上升，与此同时，破坏和干扰我国战略机遇期甚至影响我国安全和民族利益的消极因素也在上升。而在诸多消极因素中，尤以日本因素更为突出。当前，日本在借助日美同盟持续向我国施压的同时，还在我国的台湾问题、钓鱼岛问题和东海海洋权益等问题上，频繁制造事端，不断向我国发起挑战。特别是从 2013 年 12 月日本"安保三箭"① 出台后，其现行军事战略已公开把我国视为主要现实威胁，将我军作为主要作战对手，防卫重点转向西南岛屿方向，并加紧调整军事部署，加快联合机动力量建设和军事冲突准备。可以说，日本现行军事战略走向对我国的国家安全和利益构成严重威胁，对亚太地区乃至全球的和平稳定也已造成非常消极的影响。因此，研究日本军事战略的发展变化和发展走向，具有重要的现实意义。

　　本书主要研究二战结束以后特别是 21 世纪以来日本军事战略的发展变化。在撰写过程中，笔者虽基于外军战略专业教学和多年研究实践，重点探讨了日本军事战略的最新发展情况，并结合专业研究成果提出了一些拙见和思考，力求能对读者有所裨益和启发，以达抛砖引玉之效。但笔者受研究水平所限，不足和愚钝之处在所难免，诚望大家理解和指正。

---

　　①　2013 年 12 月 17 日，日本政府出台《国家安全保障战略》、《防卫计划大纲》和《中期防卫力量整备计划》，有日本媒体将此三个文件称为日本的"安保三箭"。

目　　录

导　论

日本军事战略有与其他国家不同的特性。第二次世界大战前，日本官方一直公开正式使用"军事战略"的术语。但二战结束以来，日本由于在军事上受到本国宪法的制约和国际社会的限制，于是官方将"军事战略"这一术语改称为"防卫战略"，并一直宣称坚持和奉行"专守防卫"军事战略方针。然而，随着国际形势的变化，以及日本国内政治、军事发展的需求，其长期宣称的"专守防卫"军事战略的内涵与外延不断发生着深刻变化。

一、日本军事战略的基本概念

（一）战略层次划分

日本的战略体系大致划分为四个等级：第一级是国家战略，居于战略体系的最高地位。日本对国家战略下的定义是："为达成国家目标尤其是保障国家安全而组织、运用国家的自然、政治、经济、心理、军事等力量的方针和策略。"日本现行国家战略目标是成为对世界具有重要影响力的"政治大国"。第二级是国家安全战略。其定义是："为防止战争爆发或击退敌方入侵而建设和运用国防力量的方针和策略。"日本现行国家安全战略于2013年年底提出，其主旨强调在"积极和平主义"理念下的自主安全。其标志是2013年12月17日日本国家安全保障会议和内阁会议讨论通过的《国家安全保障战略》（NSS），这也是日本战后出台的第一份国家安全战略的官方文件。该战略的关键内容主要包括：提出"积极和平主义"的安全政策新理念，强调日本要充当"国际社会的主要角色"，认为国际力量平衡正在发生变化，继续渲染所谓的"朝鲜威胁"和"中国威胁"，主张"综合安全与自主安全"，从而选择多元化国家安全战略路径。第三级是"防卫战略"（即军事战略。为方便理解，本书统一使用"军事战略"这一术语），包含军种战略、联盟战略。日本于2013年12月对其军事战略进行了最新调整，确立"联合机动防卫力量"建设构想。调整后的日本现行军事战略尽管在表面上仍旧强调将继续遵守"专守防卫"的战略原则，但无论是从其自主安全手段的追求，综合国防体制的构想，还是瞄准高效联合的军事力量建设目标来看，其实质都是"动态积极防卫"。第四级是作战战略。其定义是："为达成作战目标而组织、运用一定的军事力量的方针和策略。"日军每年制订的下一年度《陆海空防卫警备计划》、《统一年度防卫计划》（绝密）是其陆海空作战用兵计划。该计划确定"在所计划年度发生外部武力入侵（包括可能发生入侵的情况）或间接侵略，以及发生其他治安上的严重事态时，自卫队应采取的行动"。日本现行作战战略是积极防御。

（二）日本对军事战略的定义

日本防卫研究所对军事战略所下的定义是："军事战略是有关军事力量的运用及计划，主要是指用兵的方针和策略。"日本陆上自卫队现行野战条令（2000年颁布）对日本军事战略的释义是："日本的军事战略是通过有效的军事力量及日美安全保障体制，防范对日本的侵略于未然，同时在万一遭到侵略时，努力尽早予以排除。"从以上定义和释义可以看出，日本军事战略主要侧重于对军事力量的运用与筹划。

```
┌─────────────────────────────┐
│          国家战略            │
└─────────────────────────────┘
              ⬇
┌─────────────────────────────┐
│         国家安全战略         │
└─────────────────────────────┘
              ⬇
┌─────────────────────────────┐
│      防卫战略（军事战略）    │
└─────────────────────────────┘
              ⬇
┌─────────────────────────────┐
│          作战战略            │
└─────────────────────────────┘
```

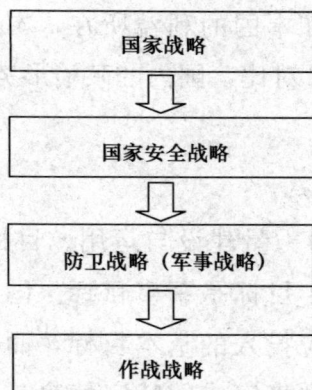

日本的战略体系

二、日本军事战略的构成要素

日本军事理论家对军事战略的要素以及要素所包含的内容进行的概括主要有七项：形势分析；战略目标；作战对象；兵力部署；军事力量建设；军事力量运用；军事力量运用的时机。

（一）形势分析（威胁判断）

对形势进行分析是制定军事战略的前提。形势分析包括国际和国内两方面。分析国际形势主要回答三个问题：国际形势发展的总趋势、对未来战争的预测、对本国周边安全形势的分析。国际形势发展总趋势包括：国际形势是趋向缓和还是趋向紧张，国际间的斗争是以军事斗争为主还是以非军事斗争为主，国际各种政治势力将如何分化和改组等。对未来战争的预测包括：战争爆发的可能性是增大了还是减小了，未来战争在规模和强度上如何，世界哪些地区可能爆发战争，哪些国家之间爆发战争的可能性最大等。对本国周边安全形势分析包括：周边安全形势的发展走向，对本国的威胁和战争威胁来源，周边国家的战略企图和对本国的政策，以及实力消长情况等。分析国内形势，主要围绕本国与外国利害冲突的交汇点和本国的利益所在，本国力量强否及与周边敌对国家或集团的力量对比，国内的政治形势等。

（二）战略目标

战略目标牵引军事力量建设与运用。目标有大小和远近之分，大目标即国家目标，小目标是军事目标。国家目标是国家在政策上所指向和精力上所应投入的基本目标，而军事目标则是通过军事行动和利用军事实力来完成的特定使命或任务。国家目标是通过战争达成的政治目标，军事目标则是达到政治目标的手段。国家目标是军事战略最终谋求实现的目标，而军事目标则是军事战略直接要实现的目标。国家目标和军事目标都分近期目标、中期目标和远期目标。当然，决定国家目标的根本依据是国家利益。

（三）作战对象

确定作战对象是制定军事战略必不可少的内容。确定作战对象要根据对本国威胁的大小和紧迫程度，区分出主要对象和次要对象、现实对象和潜在对象。区分标准有：本国谋求的战略目标，对象国与本国的利害冲突，对象国对本国的政策，对象国的实力和地缘条件等。当然，对象国不是一成不变的，而是随着国际形势的发展而变化的，是随着国家利益和国际关系的变化而变化的。

（四）军事力量的建设

军队建设是实现战略目标的手段。军队建设包括：体制编制、武器装备、教育训练、动员体制和作战准备等一切问题。军事实力是制定军事战略的基础和实现战略目标的手段。战略目标一俟确定，就要抓紧建设实现战略目标的军事力量。战略目标不能超

出能力所允许的范围，力量也要力求适应目标的需要，力量的建
设规模要与达成目标的需要相适应。在军事力量的建设上，既要
考虑现实的力量，又要考虑潜在的力量；既要考虑本国的力量，
又要考虑可借用的力量；既要考虑数量，又要考虑质量；既要考
虑物质方面，又要考虑精神方面。这就要求必须明确建军目标、
建军规模、建军重点和建军特点。

（五）兵力部署

兵力部署的重点和兵力部署的变化是了解该国战略重点方向的
主要依据。兵力部署应依据国家利益、战略目标和作战对象而确
定。兵力部署的重点是国家主要利益、主要战略目标和主要作战
对象所在之处。因此，兵力部署有主次之分，有平时与战时之分，
有重点非重点之分。根据兵力部署情况，可以判断该国的战略重
点、假想的主要敌国等重要信息。

（六）军事力量的运用

准备打什么样的战争和如何打这场战争是军事战略所要研究的
主要问题。军事力量的使用通常分为平时与战时两种情况。在平
时，军事力量主要是作为配合政治、经济、外交等斗争的工具而
使用的，其主要作用是进行军事威慑，当然也包括为了达到某种
政治目的而采取的一些军事行动。在战时，军事力量的主要任务
是打赢战争，即采取什么样的战争样式。战争样式是根据敌对双
方兵力的数量、武器装备的质量、作战能力和地理、地形等条件
决定的。对不同的敌人可以灵活使用不同的兵力、武器，采取不
同的战法。战争样式是随着武器装备的发展而发展，随着国际形
势的变化而变化的。

（七）军事力量使用的时机

使用武力的时机是制定军事战略和研究别国军事战略所必须涉及的问题。使用武力的时机是指在何时使用和在什么情况下使用武力。时机分主动和被动两种情况。所谓主动，是根据自己的战略需要，决定在什么时间对敌发动战争。所谓被动，是预测假想敌人可能对己发动战争的时间，自己不得不做出军事应对反应。

综上所述，军事战略通常由三个基本要素构成：军事战略目标、军事战略方针和军事实力。军事战略目标是通过军事行动和利用军事实力完成的特定使命或任务，如慑止侵略、保护交通线、夺占岛屿、收复失地等。军事战略方针是在分析战略态势的基础上确定的军事行动方案，包括做出各种选择，如实施前沿防御、炫耀武力、预储弹药装备、提供安全援助等。军事实力包括战斗部队、战斗支援部队和战斗勤务支援部队，是达成战略目标的基本手段。这三个要素构成相互关联、相互依存的整体，规划军事战略目标时必须考虑军事实力是否提供了足够的资源，军事战略方针能否确保军事目标的实现；制定军事战略方针要考虑如何最有效地利用军事实力达成军事战略目标，不仅要符合军事战略目标的要求，还要符合军事实力的现实发展状况；军事实力发展一方面以军事战略目标为指导，另一方面又受军事战略方针的制约。

三、日本军事战略制定的主要依据

制定军事战略的依据主要有以下几点。

（一）依据国家安全战略的要求

这是制定军事战略的首要依据。军事战略作为对本国军事斗争全局进行筹划与指导的最高纲领，是国家安全战略在军事领域的具体体现，是国家安全战略的重要组成部分。国家安全战略对其军事战略的制约作用主要表现在两方面：首先，军事战略的性质必须符合国家安全战略和总政策；其次，军事战略目标要与国家安全战略目标相一致，切实贯彻国家的战略意图，适应国家安全战略需要。

（二）依据对安全环境的分析

一个国家对自身安全环境的分析判断，是决定国家安全战略走向的极其重要的前提。同样，对安全环境的分析判断也是制定军事战略的基本依据。只有对安全环境做出准确的判断，才能制定正确的军事战略。因为国家的军事活动是在一定的国际大背景下展开的，不能不受到国际环境的制约。只有对国际形势的基本特点和发展趋势做出科学的判断和预测，对国际社会中各种政治力量、经济力量的性质、相互关系及力量对比做出准确的评估，才能使主观战略指导符合客观实际，避免战略指导出现重大失误。因此，在制定军事战略时，首先要判明威胁来自何方，威胁的性质和威胁的程度，进而有针对性地确定应对和消除威胁的战略方针和战略措施。

（三）依据国家的物质基础

这是制定军事战略的必要条件。经济是一切军事活动赖以进行的物质前提和基础，经济力量的强弱反映一个国家准备、发动和维持战争的能力，是决定战争胜负的基本因素之一。随着科学技术的进步，高技术兵器不断出现，战争消耗越来越大，对经济的依赖关系也愈加突出。战时对经济的依赖关系决定着进行战争的方式，平时对经济的依赖关系决定着一支军队建设的强弱。而军事力量的强弱，对军事行动的规模大小、持续时间长短、行动方式及其最后结局有着决定性的影响。军力过低，会影响国家安全，军力超出国力的许可，也会给国力造成沉重负担。

以上是有关日本军事战略基本理论的简要介绍，目的是使读者了解日本对战略层次的划分、军事战略研究的主要内容和军事战略制定的主要依据，以便准确地理解和把握日本军事战略的内涵。

第一章

战后日本军事战略的正式确立和
冷战期间的调整演变

二战结束后，战败的日本被美军单独占领，接受美军的保护，但日本并不甘心"白坐美国的安全车"，屈居于"被保护人"的地位。20世纪60年代，日美重新签订了《共同合作与安全保障条约》。从此，日本由"被人保卫"的国家转变为"与人共同保卫"的国家。进入70年代后，日本将军事战略正式确定为"专守防卫"战略。此后该战略经过了三次重大调整，逐渐演变为"主动先制"战略。这不禁使人们开始重新想起当年的日本军国主义。

第一节 战败初期非自主的"模糊"军事战略

所谓"模糊"，主要是指日本在战败初期，即20世纪70年代以前没有自主地提出本国的军事战略方针，而是将自己的军事存在和发展，以及确保国家安全等任务全部或大部分地交给了美军负责。二战后初期，日本被美军单独占领，政治、经济均受美国的控制与支配，美国对日本采取了"非军事化政策"，解除了日本的武装。1946年11月3日，在美国占领军司令麦克阿瑟的授意下，日本公布了《日本国宪法》。其中第九条明确规定："日本国民衷心谋求基于正义与秩序的国际和平，永远放弃以国家权利发动的战争、武力威胁或使用武力作为解决国际争端的手段。为达到前项目的，不保持陆海空军及其他战争力量，不承认国家的交战权。"由于第九条的存在，人们也将这部日本战后宪法称为"和平宪法"。客观地讲，这部和平宪法对约束日本的军事政策，限制其军备发展，防止复活军国主义，起到了一定的积极作用，但它并没有能够阻止日本重建军队和逐步加快发展军事力量的步伐。

一、集体防卫（1950～1957年）——军事力量重建时期的军事战略

二战后初期直到20世纪50年代末，日本的军事战略作为美国遏制战略和大规模报复战略的一环，是为美国包围和封锁苏联、中国、朝鲜等社会主义国家的战略目标服务的。二战结束后，日本实际上处于美国的占领之下。1945年9月22日，美国政府发表了《美国战后初期对日政策》，其中规定："美国占领日本的终极目的：一是保证日本不再成为美国的威胁，不再成为世界和平与安全的威胁；二是最终建立一个和平与负责的政府，该政府应尊重他国权利，并应支持联合国宪章的理想与原则所显示的美国的目标。"这表明美国占领日本的真实目的是按照美国的意图和需要改造日本，使之成为美国的附庸，为美国的国家及军事战略服务。美军占领日本后，立即按该政策对日本进行了非军事化和民主化的改革。美国占领当局解散了日本的旧军队、军事机构，废除了各种军事法令，销毁、收缴了大量武器装备，某种程度上实行了非军事化，并于1947年5月3日使日本颁布实施了《日本国宪法》。经过改革，"日本社会的封建性因素几乎被一扫而光。经济

方面的地主制，社会方面的父系家长制，政治方面的专制天皇制，思想方面的天皇神化都被消灭了。这些东西的消灭，可以说是日本国家历史上空前的大变革"。

但是，第二次世界大战结束后不久，世界便形成了以美苏为首的资本主义和社会主义两大阵营。以美国为首的资本主义阵营担心所谓的共产主义的渗透，对社会主义阵营采取了敌视态度。1947年以后，美苏间的冷战开始，美国为推行对社会主义国家"包围遏制"的全球战略，修正了对日政策。1949年中国革命取得了胜利，这也促使美国开始改变对日政策。因为二战后美国曾想把中国当做包围苏联的前线阵地，并企图通过对中国的控制达到称霸亚洲的目的。但中华人民共和国的成立使美国的这一企图落空。

在这种背景下，日本在美国的亚洲战略中的地位便突出起来。美国参谋长联席会议主席布莱德雷说："这个曾经是敌国的国家，对我国来说不仅是太平洋上最强大的堡垒，而且作为太平洋战争的胜利果实，是留在我们手中的真正唯一有价值的地方。"1948年1月美国政府声称："当初使日本非军事化的方针和把日本建设成为中立国的新方针之间发生了矛盾。"美国新的对日占领政策是"扶植强有力的日本政府，不仅使它能够自立，还必须把它培养成坚强而安定的民主主义国家，以便起到可以防御在远东方面发生的共产主义威胁的堡垒作用"。1950年6月，美国入侵朝鲜，驻日美军数量骤减，为填补在日本的"力量真空"，使日本成为可靠的后方基地，美国开始积极重新武装日本，极力推行"变日本为对付共产主义的防波堤"的政策，将日本看作其在远东地区遏制苏联的重要前沿阵地。

而在此之前，于1948年成立的吉田茂政府则提出了"吉田路线"。这一路线的主要内容：一是进行自卫武装，建立日本的武装力量，反对非武装中立主义；二是优先发展经济，将国家经济和民生的安定作为发展军事的基础，在军事发展的规模与速度上采取"渐进"的方针，随着国力的发展逐步增强军事力量；三是主张与美国建立集体防卫体制，借助美国的军事力量共同保卫日本的安全，而不是单靠日本自己的力量来保卫日本的安全。在美国发动侵朝战争后，吉田政府认为，远东地区形势面临着严重危机，"集体防卫是世界上的共同观念"，"在今天，世界上任何国家都不能单靠自己的力量来保卫自己。即使是美国，集体防卫也是国防上的主要观念"。日本的现实情况是，既不能大规模扩充军备，又不能搞非武装中立，虽然可以独立维护国内治安，但却无力应付外来侵略。因而寻求"他国的保护"，与美国建立共同防御体制，依靠美国的力量来保障日本的国家安全成为日本可选择的唯一道路。

于是，日美两国出于各自的利益需求，于 1951 年 9 月 8 日在美国旧金山签订了《日美安全保障条约》。条约规定，美国"在日本国内及周围驻扎武装部队"，"以阻挡对日本的武装进攻"；日本则在满足美军驻扎日本的条件的同时，"逐步增加承担其对直接和间接侵略的自卫责任"。关于此条约，当时的日本首相吉田茂评价称："这是集体防卫思想的产物"，"日本没有军事力量，只能选择这样一种国防体制"。1951 年签订的《日美安全保障条约》实际上是一个不平等条约。它允许美国在日本国内驻扎军队，甚至拥有镇压日本"内乱"的权力。这就使日本在获得独立后，又重新陷入了被占领的状态。因而这一条约自签订起就遭到了日本各界的强烈反对，甚至保守党内的大多数人也指责吉田茂的"集体防卫"在军事上过分依赖美国，必然会造成在政治、经济各个方面对美国的依赖，影响日本的独立国家地位。为了取得民众的支持和缓和国内矛盾，1954 年 12 月成立的鸠山一郎内阁提出"自主性"原则，对吉田茂追随美国的政策进行了批评。鸠山一郎所在的民主党在其《政策大纲》中提出"建设完整的独立国家"，"创设适应民力的民主的自卫军，加速将《安全保障条约》改为相互防御协定，参加集体安全保障体制"。该党随后制定的《十大紧急政策》规定，"在日美对等的原则基础上缔结相互防御协定，适应民力创设自主的自卫军"。鸠山内阁后的各届政府都把修改《日美安全保障条约》作为一项主要任务。

美国在侵朝战争中的失败加快了武装日本的步伐。1952年4月，日本成立海上警备队，8月成立保安厅，10月警察预备队改为保安队，海上警备队和保安队均隶属于保安厅。1954年6月，日本颁布了《防卫厅设置法》和《自卫队法》，7月保安队改为陆上自卫队，海上警备队改为海上自卫队，同时新成立了航空自卫队，并设置了"统合幕僚会议"（参谋长联席会议）。至此，日本以"自卫队"的名义重新正式组建了武装力量。

日本军事力量完成重建后不久，通过对国际形势的分析判断认为：朝鲜战争结束后，国际形势发生了变化，美苏两国都力避直接交战；核武器的数量及其运载工具有了惊人的发展，由于核战争会使交战双方皆难保全，因此爆发的可能性较小；美苏两大势力依然对峙，危机呈一张一弛状态，局部战争不断，因此尚不排除大战的可能性；如战争爆发，远东将继欧洲、中东之后成为世界第三战场，苏、中、朝三国可能进攻日本。关于对日本进攻的作战样式，日本认为：上述国家将首先夺取日本本土及其周边的制空、制海权，轰炸要地，布设水雷，使用潜艇实施破坏交通作战，破坏日本遂行战争的能力，尔后相机实施登陆、空降作战，此前还会派遣人员潜入日本内地，进行破坏和策动暴乱。根据这一判断，日本防卫当局提出：陆上自卫队对来自北海道或朝鲜半岛的入侵要能"抵抗一阵"；海上自卫队要能实施"内航线和某种程度外航线"的护航；航空自卫队对入侵的空中之敌要能"顶一下"，除此之外，将依靠美军来援。因此，在兵力部署上，确立了自卫队以北部为防卫重点，同时兼顾西部的原则。

　　日本自卫队建立后，1956 年 7 月，日本成立了"国防会议"。"国防会议"是国家军事问题的最高审议机构，隶属于总理府，负责审议军事发展方针。1957 年 5 月 20 日，日本政府"国防会议"通过了《国防基本方针》，并制定了战后《第一次防卫力量发展计划》。《国防基本方针》规定了日本国防的目的和任务，反映出战后日本国家安全战略的基本框架，提出了日本的建军指导思想，为战后日本军事战略勾勒出了基本轮廓。该方针在前言中指出："国防的目的在于：防止直接及间接侵略于未然，一旦发生侵略时即排除之，以保卫我国以民主为基调的独立与和平。"该方针的主要内容包括："支持联合国的行动，谋求国际间的协调，以期实现世界之和平；安定民生，弘扬爱国心，建立保障国家安全所必需之基础；在自卫队所必需的限度内，适应国力国情，渐进地建设有效的防御力量；对外来之侵略，在联合国能行使职能有效制止之前，依靠日美安全保障体制对付之。"《国防基本方针》提出了日本军事力量的两大职能：一是在平时发挥威慑作用，防止侵略于未然；二是在战时通过投入使用能有效地应付侵略。《国防基本方针》要求日本军事力量的建设发展必须根据国情国力，逐步、分阶段地进行，必须是自卫所必需的、有节制的，必须是讲求质量、注重实效的。根据这一方针，1958—1961 年，日本实施了《第一次防卫力量发展计划》。《第一次防卫力量发展计划》提出陆上自卫队 3 年和海、空自卫队 5 年内的建军目标，明确日本将以建设"骨干防卫力量"为建军目标，重点发展地面部队，即陆上自卫队。在该计划中日本之所以将建设发展陆上自卫队作为重点，主要是鉴于美国制定"大规模报复战略"后已于 1954 年陆续撤出了其驻日地面部队，这样，日本自卫队将要独自承担北海道的防御任务。到 1960 年计划完成时，自卫队已初具规模，这标志着日本军事力量已顺利结束"打基础"阶段，开始进入充实和发展阶段。

这一时期，日本军事战略的主要特点是：在国家安全和军事防务上依附于美国，实行"集体防卫"；在军队建设上，优先发展经济，循序渐进地重建军事力量；在各自卫队发展上，以加强陆上自卫队的军力建设为重点；在假想敌上，以苏联、中国、朝鲜为主要作战对象或潜在对手。因此，该时期日本采取的是一种被动式的"集体防卫"战略。日本通过与美国缔结军事同盟条约，建立日美安全保障体制，把保卫日本的责任交由美国承担，同时也为美国的战略目标服务，这是日本重建军事力量初期军事战略的核心。

二、共同防御（1958～1970 年）——军备扩充时期的军事战略

20 世纪 50 年代，在朝鲜战争"特需"的刺激下，日本经济得以迅速恢复和发展。到 1955 年日本经济恢复并超过战前水平，到 1960 年日本已进入了经济高速增长期。在资本主义世界，继美国、英国和西德之后，日本的生产力大体与法国、意大利相匹敌。经济实力的发展和充实，提高了日本的自信心，也增强了日本的独立意识。在军事上，到 1960 年第一次防卫力量发展计划完成时，自卫队已初具规模。从此，日本军事力量结束"打基础"阶段，进入扩充时期。随着经济实力的发展和增强，日本国内主张"在军事上发挥自主性"，取消《日美安全保障条约》中明显不平等条款的呼声日益高涨，加之美国因收缩驻日常规兵力，也开始要求日本在防务上做出更大努力，改变以往单纯依赖美国保卫日本的状况。

1953 年 7 月 27 日朝鲜战争结束，朝鲜北、南划线分治的局面相对稳定。于是，美国在 1954 年以后开始推行以核武器为主要手段的"大规模报复战略"。按照这种战略，美国常规兵力收缩，从

其盟国撤出大量地面兵力而改由其盟国承担陆上防御。这也促使日本在其第一次防卫力量发展计划中重点发展陆上自卫队。与此同时，苏联的军事力量发展很快，逐渐向海外扩张势力。但1955年苏联远程轰炸机的出现、1957年苏联洲际弹道导弹试验成功和人造卫星上天，使得美国的"大规模报复战略"无法实现，美国不得不重新修改这一战略，增加了用战术核武器打赢局部战争的内容。此时，美国开始热衷于修改《日美安全保障条约》。主要原因在于，以修改条约为砝码，促使日本扩充军备，可以减轻自己军费开支的压力，并同时实现其战略企图。当日本的第一次防卫力量发展计划进入实施阶段后，1958年9月，美国表示："现在的日本已不同于《日美安全保障条约》（1951年）签订的时候了，它的自卫能力已经加强，从这点出发，可以考虑修改条约。"在这种背景下，1960年1月，日美签订了《日美共同合作与安全保障条约》，从而开始形成日本与美国共同防卫日本的格局。这个新条约的有效期为10年。它删除了旧条约中美国可以出兵镇压日本内乱、日本不经美国允许不得向第三国提供基地或让第三国军队通过等不平等条款。同时，规定美军在日本部署、运进武器以及实施作战行动而使用日本的设施、区域须事先征得日本政府的同意，从而增加了日本的独立性，提高了日本的国际地位。新条约明确了两国在相互尊重主权平等基础上的合作关系，两国由此结成的军事同盟已不再是"保护人"与"被保护人"的关系，从而使日本对美国由从属地位上升为平等伙伴关系，与美国共同承担起日本的防务。日本的军事战略在提法上也由战败最初的"集体防卫"修改为日美"共同防卫"，目的在于适当体现日本与美国的平等关系。新条约强调：当日本的安全受到"威胁"时，双方通过"协商"采取行动，"以应付共同的威胁"。从此，日本由"一个受保护的国家变成一个与别国共同保卫的国家"，在防卫问题上对美国的依赖程度有所减小。尽管在新条约缔结时日本仍需依靠美国的军事力量保卫自己的安全，但"平等伙伴"关系是建立在日本的经济力量已处于资本主义世界前列以及日本承诺承担更多的防务的基础上的。所以这种关系的确立在某种意义上鼓励了日本发展军事力量。此外，新条约还增加了"远东条款"，将条约的适用范围扩大到远东地区。根据这个新条约，日本与美国在防务问题上的具体分工是：核大战依靠美国；常规战争的战略进攻依靠美国，战略短期防御作战依靠日本自己；大规模战争依靠美国，中小规模战争依靠日本自己。

进入 20 世纪 60 年代以后，美国对"大规模报复战略"进行调整，开始转而推行"灵活反应战略"，准备在欧洲、亚洲各打一场大规模常规战争，在其他第三世界地区打一场较小规模战争。该战略主张在亚洲以中国为主要作战对象，准备打一场大战。在这一战略支配下，美国在远东地区推行"遏制中国，牵制苏联"的战略，并发动了侵越战争，而苏联则缓和了对日关系。为了适应美国的需要，日本的主要作战对象也发生了相应变化，由之前的主要对付苏联转为以苏、中、朝为主要作战对象，其中重点是对付中国。在此构想下，日本与美国联合炮制了"三矢"、"天龙"和"奔牛"三个作战计划。"三矢"计划制定于 1963 年，设想朝鲜半岛发生战争，中国参战，日本陆海空三自卫队进入战争状态，日本国内进入战争体制；"天龙"计划制定于 1964 年，设想美国同中、朝之间爆发战争，中国进攻驻日美军基地，日本航空自卫队与美国空军协同作战；"奔牛"计划制定于 1965 年，准备在美国同中、朝在朝鲜半岛以及美国同中国在台湾海峡爆发战争时实施。这期间，日本陆、海、空三军举行的军事演习多是以中、朝为假想敌。

在 20 世纪 60 年代，日本注重强调"防卫力量是国力的主要因素，是战争的遏制力量"，并继续按照"依据国力和国情渐进建军"的原则，实施了第二、第三次《防卫力量发展计划》。这两次计划的指导思想是："从内容上充实"已有的"骨干防卫力量"，训练能够打现代战争的指挥官和技术骨干，提高自卫队武器装备现代化、国产化水平，为有效进行使用常规武器的局部战争做好准备。其中，第二次《防卫力量发展计划》将发展航空自卫队作为重点；第三次《防卫力量发展计划》提出"加强周边海域的防御能力和重要地区的防空能力"，建设"可遏止侵略的有效的防御力量"，重点发展海上自卫队，要求海上自卫队在可能的范围内确立"自主防御"体制。

这一时期，日本军事战略的主要特点是：修改《日美安全保障条约》，提出"共同防卫"的战略构想，在奉行日美"共同防卫"的同时，提高日本防卫自主性；以中国、朝鲜为主要潜在敌手，充实和发展军事力量。日本与美国共同承担日本的防务，配合美国战略目标的实现，这是日本军备扩充时期军事战略的核心。

第二节　战后日本首次自主地提出本国军事战略方针——"专守防卫"（1970—1978年）

20世纪60年代，日本已进入经济高速增长期，到1968年日本的国民生产总值跃居到继美国之后的资本主义世界第二位。在军事上，1970年，日本防卫厅在第三次《防卫力量发展计划》完成后，对自卫队的作战能力进行了评估，认为陆上自卫队拥有13个师，即使在战时得不到美军的及时支援，也具有较强的防御能力；海上自卫队具备遂行防守主要海峡、港湾和近海护航能力，但在战时仍有赖于美军的支援；航空自卫队在截击机部队、防空导弹部队、航空警戒管制部队方面已打下基础，但在对地支援及海上作战方面，很大程度上仍然依赖美军。由于日本在 20 世纪 60 年代的军备发展较快，引起了国内外的警惕和批评。于是日本在 20 世纪 60 年代末到 70 年代初相继制订了一些限制军事力量无限发展的措施，如 1967 年日本制定了"武器出口三原则"、"无核三原则"；1969 年和 1971 年日本明确规定"禁止向海外派兵"；1976 年做出了今后军费"不超过国民生产总值 1％"的决定。

与此同时，美国由于长期泥足深陷于印支战争，实力相对减弱。1969 年，美国开始调整全球军事部署，推行"现实威慑战略"，试图脱身印支。而苏联则扩充了军事实力，积极向外扩张，成为日本的主要威胁。为确保日本的安全，1970 年 6 月 22 日，日美两国宣布无限期自动延长《日美共同合作与安全保障条约》。日本认为，在一个相当长的时期内，坚持日美军事同盟是保卫日本安全"最现实、最安全的方法"。而此时的美国要求盟国日本加强自卫，分担西方世界的防御责任，出现了削减远东美军的倾向。为了适应国内外形势的变化，日本战后首次自主确立和提出了"专守防卫"的军事战略。

具体来看，"专守防卫"军事战略是日本在 1970 年 10 月首次发表的《防卫白皮书》中正式提出的。按照日本防卫厅的解释，"专守防卫"与"战略守势"同义。日本防卫厅对"专守防卫"所下的定义是："所谓专守防卫，是指当受到来自对方的武力攻击时才可动用防卫力量。防卫力量行使的程度仅限于自卫所需的必要的最小限度之内，而且所拥有的防卫力量也仅限于自卫所需的必要的最小限度之内，这是依照宪法精神所采取的一种被动的防卫战略。"这一定义告诉我们三个问题：第一，日本当初可以使用军事力量的时机；第二，日本能够使用军事力量的程度；第三，日本平时保持军事力量的建设规模。

那么，日本关于"专守防卫"军事战略所给出的定义的真正内涵是什么呢？按日本官方的解释是：第一，在不断发展经济、扩充国家实力的同时，建设一支必要的最小限度的自卫力量；第二，着重发展高性能的常规武器，不拥有对别国构成威胁的战略性进攻武器；第三，不对对方实施先发制人的攻击，只有在受到武力侵略时才进行有限的武力自卫；第四，防御作战只限定在日本领空、领海及周边海域；第五，既不允许攻击对方基地，也不允许深入对方领土实施战略侦察和反击；第六，对于小规模的局部入侵，依靠独自力量排除，对于中等规模以上的战争，依靠美军支援等。从这一段文字表述中我们可以看出，"专守防卫"军事战略是根据日本的具体国情制定的，也是日本军事战后近 20 年发展的产物，从整体上来说是防御性质的，其基本特征是战略上对美国的依赖性和行动上的被动性。时至今日，在文字表述上，日本对"专守防卫"军事战略的名称、定义也没有丝毫改变。

由于"专守防卫"军事战略是吉田路线在军事战略上的体现，从内容上来看，它只是一种广义上的军事战略，尚不是系统、完整的军事战略，充其量只能称作军事战略的基本方针，其政治色彩要大于军事意义。所以该战略出台后，曾引起日本军方的一些议论。有的日本军方人士认为，"专守防卫同保持遏制力量是一个难以并存的概念"，"战史表明，在任何战争中，只有进攻才能取得胜利，仅仅依靠防御手段，是无法有效地对付我安全范围之外的攻击行动的"，"专守防卫不是作为最好的政策决定下来的"，"实际上是非常难以作战的战略"。日本军方的上述思想为之后对"专守防卫"军事战略进行调整埋下了伏笔。

进入 20 世纪 70 年代后，日本军事战略的主要特点是：战后首次自主确定并提出"专守防卫"军事战略，强调在继续坚持日美安全保障体制的同时，要着力加强日军的"自主防卫"；主要作战对象由中国、朝鲜再次转变为苏联；在军队建设上提出要建设一支能应对小规模军事入侵的"基础防卫力量"。

第三节　冷战时期"专守防卫"军事战略的调整变化

二战结束后，日本首次重新确立本国的军事战略是在 1970 年。其标志就是，当年 10 月日本政府在首次发表的《防卫白皮书》中正式提出了"专守防卫"军事战略方针。该战略就其实质而言是一种广义上的军事战略。

日本当初确立"专守防卫"这一军事战略方针的背景是：1970 年前后，美苏冷战对峙格局出现了"苏攻美守"的不利于美国的战略态势，而日本作为以美国为首的西方阵营中的一员，充当着美国在亚太前沿基地和桥头堡的重要角色，其本土特别是北海道地区直接面临苏联的军事威胁，遭受现实打击的危险性不断加大；和平宪法特别是第九条对日本发展军事力量有着严格规定和诸多限制；相较于苏联的强大战争机器和军事威胁，日本的军事实力处于绝对弱势地位。

但是，随着 20 世纪 70 年代国际形势的发展和美苏冷战局势的变化，日本开始着手对"专守防卫"军事战略进行调整，逐渐扩大了其内涵。概括起来，日本在 20 世纪 70 年代后期和 80 年代中期，以及 90 年代后期对"专守防卫"军事战略共进行了多次调整，使"专守防卫"战略的内涵得到不断充实和扩展。其中，冷战期间，日本对"专守防卫"军事战略方针一共进行过两次重大调整。

一、积极防卫（1976～1983 年）——日本对"专守防卫"军事战略的第一次调整

"专守防卫"军事战略刚出台时，还只是一个原则性的框架，

缺乏具体的实质性内容。日本第一次调整它的军事战略是从上世纪 70 年代中后期开始的。其标志是：1976 年 10 月，日本制定了战后首个《防卫计划大纲》，并于 1978 年 11 月与美国首次共同制定了《日美防卫合作指导方针》，这两个官方文件充分反映了本次调整的内容。

20 世纪 70 年代，由于经济经历了近二十年的持续高速增长，日本成为世界第二经济大国。日本国内要求在军事上获得与日本经济力量相称的地位并确立"自主防卫"战略的呼声日趋高涨。中曾根康弘于 1970 年 1 月出任防卫厅长官后不久，按照"自卫防卫为主，日美安保制为辅"的基调，开始主持修订第四次《防卫力量发展计划》。这个计划被称为"中曾根构想"。但当时的国际形势正朝着进一步走向缓和的方向发展，这个大规模扩充军备的计划已显得与国际潮流格格不入。因此，第四次《防卫力量发展计划》不得不删除了"自主防卫论"的提法。尽管如此，第四次《防卫力量发展计划》与第三次《防卫力量发展计划》相比，前者所需经费为后者的两倍，仍然是一个庞大的扩军计划。1970 年 3 月，时任防卫厅长官中曾根在自民党安全调查会议上说："日本必须确立自主的防卫战略。今天美国处于退潮期，而日本处于涨潮期，在这种情况下，日本应该摆脱以往那种对美国的无原则依赖，与美国明确区分责任"，"自卫队现在已具有相当实力，即使没有美国的援助也能击退敌方有限的局部侵略"。他批评日本政府 1957 年制定的《国防基本方针》"依靠美国的味道太浓"，要求将其第四项改为"对付侵略应首先倾全部国力击退之。在必要时依靠美国的合作应付"。这一言论"吹响了日本向自主防卫过渡的号角"。1972 年，日本从美国手中收回冲绳，直接防御范围扩大至冲绳及其附近海域，日美军事合作在广度和深度上得到了进一步发展。作为"自主防卫论"的代表人物，中曾根还提出了"自主防卫五原则"，即：第一，遵守宪法，贯彻国土防卫；第二，防务政策和外交政策保持协调，谋求一体化，并保持与其他国策间的协调；第三，坚持文官控制；第四，坚持无核三原则；第五，以日美安全保障体制作为自主防卫的补充。

1970 年 7 月，在"自主防卫论"高涨的气氛中，日本防卫厅制定了武器装备生产与开发的基本方针。该方针的主要内容是：在加强军事力量的过程中，武器装备生产要以国家工业为基础，注意形成自己的生产体系；推进武器装备的自主研制和国产化；积极利用民间的研究力量和技术力量；开发与生产要有远见，注意讲求效率、低成本和稳定性；引进积极竞争机制。20 世纪 70 年代，日本装备国产化比率已高达 95％以上，国产化的重点已经转到飞机、导弹、电子设备等尖端武器装备上。

从国际形势来看，20 世纪 70 年代，出现了由紧张走向缓和的迹象。美苏两国虽然都拥有大量的核武器，但都竭力保持一种平衡，避免发生核战争和可能导致核战争的大规模武装冲突。因此，他们致力于以对话来改善双边关系。而中苏继续对抗，美中关系、日中关系的改善则打破了原来东西方关系的格局，美、中、苏三国关系愈加错综复杂。日本认为，企图通过直接使用军事力量来改变这种错综复杂的关系已变得困难起来，在这种平衡的制约下，亚太地区当前不可能发生大规模的武装冲突，而且，由于日美军事同盟的存在，日本的安全得到了保证。

在这种背景下，日本于 1976 年 10 月制定了《防卫计划大纲》（以下简称"76 大纲"），1978 年制定了《日美防卫合作指导方针》（以下简称"78 指针"）。以此为标志，日本开始对"专守防卫"军事战略进行了首次调整。这次调整的重点主要体现在充实和完善"专守防卫"军事战略的内涵，给"专守防卫"军事战略填充了比较具体的内容，为它赋予具有指导意义的战略思想，并进一步明确日美作战分工，制定出各种情况下的日美联合作战计划。

从"76 大纲"中可以看出，日本防卫当局对所谓"威胁"的认识发生了变化。以往日本认为，只要美苏处于相互威胁的状态，日本在日美安全保障体制下，就可避免核大战和可能发展成为核大战的大规模武装冲突。至于小规模冲突则有随时发生的可能，应做好必要准备。而此时，日本防卫当局对"威胁"进行重新分析后认为：所谓"威胁"指的是敌国的侵略能力和侵略意图。没有侵略意图，即使能力再大也不构成威胁，既有能力又有意图才是对别国的现实威胁。由于当今世界上一个国家的决策者发动侵略的意图是同国际形势、国际政治格局分不开的，因此他必须考虑发动侵略对国际政治可能带来的影响和严重后果。而且侵略的意图越大，受到的限制就越明显，决策者也就往往不敢轻率地发动侵略。作为日本，平时应对那种事先难以发现迹象、不经过大规模准备、不改变军事态势就能发动的有限的、小规模的侵略做好准备。而以往日本把敌国发动有限侵略的能力看成是对自己的威胁，并努力建设一支能够与敌国的"能力"相抗衡的防卫力量。但此时的日本则认为，防卫力量的规模不一定要与威胁和程度相一致，只要均衡地配置一支编制、体制合理的防卫力量，并使这支防卫力量平时能充分完成各种警备任务，做好必要时向非常状态转换的各种准备，就足以应付"有限的侵略"。因此，自卫队的规模不一定要很庞大，而是要重点打好基础，全面发展，以便在需要时能够向新的防卫态势转变。

日本军方经过对周边国家情况的具体分析，认为"中国、朝鲜能力有限，对日本构不成直接威胁"，而"苏联对日本既有侵略能力又有侵略意图"，因此必须重点对付苏联。日本防卫当局对苏联进攻日本的时机、规模、兵力、样式和主要方向做了如下分析：第一，时机。认为有三种可能：一是欧洲爆发全面战争，苏联为牵制美国在亚太地区兵力，对日采取军事行动；二是朝鲜半岛发生局部战争，苏联介入，对日行使武力；三是日美关系恶化或美国无力顾及日本，苏联乘机入侵。第二，规模。由于大规模入侵

"将导致美苏直接冲突"，因而可能性较小，而中小规模入侵风险较小，有可能发生。第三，可能投入的兵力。根据苏联远东海空运输能力推算，开始时苏联可能投入 2～3 个师，尔后视战况增加兵力，最多可能达到 10 个师。第四，作战样式。认为苏联将以突然袭击的方式进攻日本，力求短期速决，抢在美军增援部队到达或大规模介入之前，迫使日本就范。第五，入侵方向。认为北海道可能性最大，因为那里距离苏联较近，便于苏军隐蔽企图、发动突然袭击和实施作战支援，同时在其占领后，可以控制宗谷、津轻二海峡，确保苏太平洋舰队进出太平洋的通道，同时也可以此为前进基地，必要时向日本腹地发展进攻。

面对苏联的威胁，日军的战略设想是：以苏军发动 2～3 个师的局部小规模入侵为前提，以北海道为主要防御方向，以作战时间 1 个月为期限，实施防御作战。首先以自身力量抵御苏军进攻，待美军来援后，与美军一道实施反击。

"76 大纲"明确提出了日本自卫队的两大任务，即保卫日本和应对大规模的自然灾害等。为了能胜任这两大任务，日本防卫当局强调，自卫队"主要不是增加数量，而是充实和提高质量"，"改变武器装备落后的局面，尽快适应国外的技术水平"；"对部队进行全面的教育训练，从人员方面充实防卫力量"；"保持一批优秀的技术骨干"，以便"随时掌握现代化装备"和"适应战时扩充的需要"。"76 大纲"所体现的战略方针，是利用美、苏、中的矛盾维持远东地区军事力量的相对均衡，以美国的战略力量和日本的"少而精"的军事力量相结合，遏制或者抵御苏联的武力进攻。"76 大纲"所体现的军事理论是一种"门槛威慑与动员理论"，或称为"最小限度威慑理论"，即在日美安全保障体制的前提下，日本平时应拥有一支高质量的、有效的武装力量，以便能独立应对小规模入侵；当入侵规模超过这个限度即"门槛"时，就由具有强大威慑力量的美国来支援。而日本实现这一"威慑"效果的力量就是"基础防卫力量"。

"76大纲"首次明确提出了"基础防卫力量构想"。该构想的基本含义是平时保持少而精的常备兵力,战时则可迅速扩充。其主要内容可以概括为:在国内形势暂不发生重大变化的前提下,着眼于建设平时适应多种作战要求、编制、体制、配置均衡合理的防卫力量;以能有效对付限定的小规模侵略事态为目标;具备在必要时能迅速转入非常体制的机能。在军队建设上,"76大纲"采纳了以对付"小规模侵略事态"为目标的"基础防卫力量构想",明确了自卫队建设所应遵循的原则及兵力规模。当时的日本防卫厅次官久保卓指出,所谓"基础"有两个含义:"一是指第一线兵力,二是指一旦发生战争,可以迅速扩充"。从20世纪70年代日本完成的第四次《防卫力量发展计划》和"76大纲"前三年的指标来看,自卫队武器装备的数量虽然没有显著增加,但其现代化程度却有很大提高。

"78指针"的出台既是日本谋求自身安全的需要,同时也是日美长期加强防卫合作的结果。鉴于国际形势动荡不定,日本认为,在一个相当长的时期内,维护日美军事同盟,是保卫日本安全"最现实、最安全的方法"。基于这一认识,1970年6月23日,日美两国发表声明,宣布无限期自动延长《日美共同合作与安全保障条约》。为加强防卫合作,1970年,日美还设立了"安全保障协商委员会",以两国的外交和防卫首脑为委员,商讨重大防卫问题,协调两国政策。为进一步加强两国防卫首脑间的联系和磋商,1975年8月,日美两国决定日本防卫厅长官和美国国防部长每年举行一次会谈。1976年7月,日美双方又成立了由防卫界首脑参加的"防卫合作小组委员会",下设作战、情报和后勤保障三个分会。1978年11月,日美双方通过并发表了《日美防卫合作指导方针》,这标志着日美军事合作进入了实质性阶段。"78指针"规定了日美双方"为预防对日本的武装入侵"、"在日本遭受武力进攻时"及"在远东地区发生影响日本安全的事态时"双方军队的具体合作事项，包括制定联合作战计划、加强联合演习训练、加强武器装备技术合作、日本增加驻日美军的驻留费用、提高驻日美军作战能力等。"78指针"具体内容主要包括：第一，规定了日美两国为预防对日本的武装入侵所应采取的措施。日本方面将在自卫所需的范围内，拥有适当规模的武装力量，同时确保美军稳定而有效地使用日本的基地和设施。美国方面将在继续保持核威慑力量的同时，在前沿地带部署应急部队，保持常备不懈的为支援日本所需的其它兵力；日美两国努力加强在作战、情报和后勤保障等方面的合作，研究制定保卫日本的联合作战计划，适时实施必要的联合演习和训练；研究制定作战、情报、后勤保障方面的共同措施，并建立日美两国军队间的情报交换和通信联络体系。第二，规定了日美双方在日本遭受武力进攻时的行动。当日本受到武力进攻的威胁时，两国应根据形势的变化，建立军队间的指挥协调机构，通过协调机构在作战、情报和后勤保障等方面进行密切合作，小规模侵略由日本独自排除，如遇困难，美国应给予必要的合作；日美两国军队为协同关系，将由各自的指挥系统负责指挥，按事先商定的作战部署采取行动。具体作战分工为：美军负责支援日本自卫队的守势作战和对敌人实施反攻，而日本自卫队则"主要在日本本土和周围海域、空域担负守势作战"。其中，陆上自卫队在保卫日本的地面作战中"实施阻击、固守和反击作战"；海上自卫队"主要实施防守日本重要港湾和海峡作战"以及反潜护航作战；航空自卫队"主要实施防空、抗登陆、反空降以及对地支援"等作战。第三，规定了两国在远东地区发生影响日本安全的事态时要进行合作。两国政府将根据形势变化随时协商，日本将根据《日美安全保障条约》及其有关协定以及日本有关法令，向美军提供方便，双方将事先研究在法律范围内日本向美军提供方便的具体措施，包括有关美军使用自卫队基地及日本为美军提供其他方便的具体做法。

"78 指针"的制定，意味着 20 世纪五六十年代内容较为空洞的日美军事合作得到了充实并开始具体落实，给《日美共同合作与安全保障条约》注入了一针强心剂。日本舆论界认为"78 指针"填补了 20 多年来一直为人们所忽视的漏洞，提高了《日美共同合作与安全保障条约》的有效性和可靠性。除此之外，"78 指针"还表明日本自卫队将更加紧密地依附于美国的军事战略，从而使日美两国走上军事一体化的道路。按照"78 指针"的规定，《日美安全保障条约》第 5 条不仅适用于"发生对日本的武装侵略时"，而且还适用于"有可能发生对日本的武装侵略时"，日美两国将进行合作，因而日美两国共同采取行动的时间概念得到了扩大。根据"78 指针"所明确的日美两国的作战分工，日本自卫队的作战行动超出了日本本土，扩大到了日本"周边海域的反潜作战、保护船舶作战及其他作战"，从而为日本介入周边地区冲突制造了借口，因而日美两国共同采取行动的范围也得到了扩大。"78 指针"所规定的两国军队间应设立的协调机构，实质上就是日美两军的联合作战司令部，使自卫队更好地配合美军行动，从而使自卫队的职能发生了重要变化。另外，"78 指针"还规定了两国要建立统一的后勤补给体制，使自卫队同美军的关系更加密不可分。

很显然，日美两国这种军事合作关系的加强，既把日本的军事力量纳入了美国的全球战略，使日本自卫队成为美军在西太平洋地区开展对苏作战的一翼，而且也为日本扩大"专守防卫"军事战略的内涵和进一步扩充军备提供了充足的理由和依据。"78 指针"进一步明确了日美作战分工，制定了各种情况下的日美联合作战计划。例如，在作战中自卫队负责防御作战，美军负责攻势作战等。

在"76 大纲"和"78 指针"制定之后，日本"专守防卫"军事战略发生了几个比较显著的变化：

第一，在作战对象上，明确了假想敌国，公开指出苏联是日本的"现实威胁"。

第二，在兵力部署上，以北部为重点，加强了针对苏联的调整部署，并完成了三个海峡（宗谷、津轻、对马）及西太平洋广大海域的对苏监视体制。

第三，在军队建设上，确定了"质重于量"的方针，加速推进武器装备的国产化、现代化，在不进行大规模扩充人员数量的前提下，着重提高兵员及训练质量。首次正式提出建设"基础防卫力量"的建军目标，即：一是要求日本毫无遗漏地具备各种防卫机能，能够对各种侵略采取所需最小限度的对抗措施；二是要求日本军事力量各种机能的建设和组织适应日本的地理特性；三是要求日本陆海空自卫队等力量均衡配置，设施和器材完备。

第四，在作战指导思想上，积极配合美军战略调整，开始强调"遏制防卫"和"防止侵略于未然"，并进一步强调实行"自主防卫"，从依赖美国的军事保护、等待美军前来增援转变为着眼于凭借日本自身军事力量粉碎外敌小规模武力入侵，由消极防御向积极防御转变。

第五，在防卫范围上，将所谓"周边海域"的范围由过去的"日本海100海里、九州西方200海里、太平洋一侧300海里"，扩大为"周边数百海里"，把远洋航线由调整前的500海里进一步拓展至1000海里（日本本土到巴士海峡）。使以海上自卫队为代表的日本军事力量重新开始从近海走向远洋。

第六，在联盟战略协作上，进一步明确了日美作战分工，提出"由美国负责提供核威慑（核保护）、战略进攻以及作战支援，日本承担本土防御、防空、海峡封锁以及关岛以西、菲律宾以北的反潜护航作战。"

日本"专守防卫"军事战略经过第一次调整，其内涵有了很大的拓展，开始由过去单纯的消极被动防御向积极防御转变。在

"76大纲"和"78指针"开始实施后，日美军事合作关系在以下几个方面获得明显加强并取得了实质性的进展：

一是就"有事研究"取得共识，两国共同应付危机的有所能力增加。这一研究包括：防卫研究；有事法制研究；日美共同作战研究；远东有事研究；海上通道防卫研究。防卫研究，始于1976年6月，主要内容是从联合作战的角度出发，重新评估日本陆、海、空三支自卫队的指挥系统，包括警戒监视、警戒待机区分，兵员的补充、配置，作战指挥系统的统一和灵活运用，以及为使船舶、飞机的安全运行，武装力量及有关机关所应采取的措施。有事法制研究，始于1977年8月，其主要内容是在11种法令中增设"特例措施"，大约共有15项，包括为圆满完成任务而必须占用土地构筑阵地以及阵亡人员的埋葬办法等。日美共同作战研究，始于1979年1月，其主要内容包括在日本遭到武装入侵时，日美两军共同应对的要领及彼此的作战分工。远东有事研究，始于1981年1月，其主要内容为朝鲜半岛爆发战争时，日本为美军提供的各种方便及后方支援。海上通道研究，始于1982年8月，其主要内容为在现有兵力条件下，如何确保战略物资的运输和运输通道的安全畅通，包括对威胁的分析、可能遭受攻击的样式以及美军投入兵力的评估等。

二是美国加强了在日本的军事部署和应变能力。进入20世纪80年代以后，驻日美军的作战力量不断增强：其中，美军人数由4.67万人增至近5万人；美海军船只由12艘增至15艘；美空军增配了20架垂直起降攻击机和48架"F—16"战斗机。"F—16"战机的战斗航程可至苏联远东滨海地区，对夺取日本北部地区的制空权，确保北海道的安全意义重大。

三是日美联合军事演习进一步加强。为了促进日本自卫队和美军在战术方面的相互协同配合，在战时能顺利进行联合作战，日美两国从20世纪70年代末开始，加强了日美联合军事训练和演习，致使演练次数不断增多，规模逐年扩大，内容日益充实，由单兵种的对应训练发展成为诸军兵种的图上作业和实战演练。

四是日本做出向美国提供军事技术的决定。由于日本在 1967 年 4 月制定了"禁止武器出口三原则"①，即"不向社会主义阵营国家出口武器装备；不向联合国禁止的国家出口武器；不向发生国际争端的当事国或者可能发生国际争端的当事国出口武器"，所以在 20 世纪 80 年代以前，日美两国的军事技术合作只限于美国单方面向日本提供技术。但随着日本科学技术的进步，美国对这种状态日益不满，于 1981 年 6 月和 1982 年 3 月，先后两次向日本提出了由日本向美国提供可用于军事的通用技术的要求。日本首相中曾根上台后，情况发生了较大转变，先后同美国进行了多次协商，于 1983 年 11 月 8 日同美国完成换文，决定将美国作为"禁止武器出口三原则"的一个例外，向其提供武器技术及其试制品。

五是日本逐步增加承担驻日美军驻留费用。根据 1960 年制定的"驻日美军地位协定"第 24 条规定，除基地等设施由日本提供并负担其所需的费用外，驻日美军维持经费全部由美国自己负担。但在 20 世纪 70 年代后期由于日元升值，美元下跌，国际经济形势发生重大变化，驻日美军的驻留费用成为美国的一个沉重负担。日本政府为了稳定驻日美军和为美军提供服务的日本人，减轻美国的负担，于 1977 年决定从下一年度预算中拨出 61.86 亿日元作为为美军服务的日本人的福利费等。1979 年 3 月，日本国会通过了共同分担驻日美军防务费用的议案，日本开始负责营房、家眷住宅的新建、改建等费用。在美国的要求下，日本逐年增加了这

---

① 日本政府是在 1967 年 4 月首次提出"禁止武器出口三原则"的。当时，在众议院决算委员会上，有人向佐藤荣作首相质问有关日本武器出口的标准时，佐藤以"禁止武器出口三原则"作答，这也是日本政府首次提出该原则。1976 年，三木武夫首相在众议院预算委员会上明确表示，日本向不受约束的其他地区出口武器也应保持"谨慎"，日本从而全面加强了对武器的出口禁令。

笔费用。

总之，由此可以看出，这一阶段日本调整"专守防卫"军事战略的目标就是确保日本本土和周边海域的安全。经过第一次调整，"专守防卫"军事战略的内涵有了很大的拓展，开始由消极防御向积极防御转变。其军事战略的实质已由"被动防守"演变为"积极的本土防卫"。

二、前方阻止（1984～1989 年）——日本对"专守防卫"军事战略的第二次调整

随着日本综合国力的提高，以及军事实力的增强，日本在 20 世纪 80 年代中期前后，开始对"专守防卫"战略进行第二次调整。其标志是：1983 年日本防卫厅提出了"前方阻止，洋上击破"的战略方针，强调在海洋（公海）上阻击、歼灭来犯之敌，即实施"海上歼敌"，突破了"防御作战只限定在日本领空、领海及周边海域"的自我限制。这次调整，主要体现在作战方针和防卫体制的改革上。

从调整的背景看，进入 20 世纪 70 年代后期，日本面临的国际战略环境发生很大变化，美苏军事力量对比发生了不利于美国的变化，在美苏全球争霸中，出现了苏攻美守的整体战略态势。特别是在亚太地区，苏联对日本的威胁进一步增大，这对以往日本单纯依赖美国确保国家安全的战略产生了重大影响。这期间，日本面临的战略环境的改变主要表现在以下四个方面：第一，国际政治外交经济环境的变化。包括中国在内的第三世界正在崛起，开始在国际事务中发挥着越来越大的作用，这是 70 年代后期国际政治的最显著特征。伴随着美国亚洲政策的调整，为顺应形势，日本校正了原来单纯重视西方的外交方针，认为日本必须在维持"世界范围内的日美伙伴关系"的同时，全面发展与本地区各国的

关系，积极主动地创建和平稳定的周边安全环境。在经济上，此时的西欧和日本已分别成为资本主义世界的三大中心之一。第二，苏联的军事实力大增，积极推行对外扩张政策，日本认为来自北部方向的军事威胁有所增加。进入70年代后期，美苏军事力量对比已基本处于均势。当时，苏联的军费已占国民生产总值的13%～15%。其中，在战略核武器方面，苏联的数量不断增加，其核能力与美国已势均力敌；苏联着力发展海军和远程运输机，使其远距离军事投送能力得到很大提高；苏联在常规武器的数量和质量上的飞速发展，更是从根本上改变了亚太地区的军事态势与军事力量对比。例如，在远东，苏联太平洋舰队的力量明显增长，它在越南的金兰湾建立军事基地，使其海空军的活动范围向南延伸了数千公里；苏联在远东部署的"逆火"式远程轰炸机，使其作战半径可以覆盖整个日本列岛。特别是70年代末以后，一直到80年代初中期，苏联在勃列日涅夫的"有限主权论"的理论指导下，入侵阿富汗，支持越南侵略柬埔寨，在全世界范围内摆出向以美国为首的西方国家挑战的姿态。第三，作为日本盟国的美国，经济上由于政策的失败，导致国力相对下降，军事上则因苏联实力的快速增长而丧失了优势。国际安全形势以及美苏军力对比的这一变化，迫使美国已经不能像过去那样能够单独地、在广泛的范围内承担一切防务，已无力一如既往地实践其对日本的全领域的绝对安全防务承诺。特别是由于中东形势日趋紧张，在这种情况下，美国第七舰队不得不抽出相当兵力调往印度洋和波斯湾，造成了西太平洋地区美军兵力的不足，这在安全上对日本非常不利，在日本国内引发了很大恐慌。尽管由于《日美共同合作与安全保障条约》的存在，美国仍要继续履行义务对日本的安全作出贡献，但日本已不可能再像以往一样在国家安全问题上"免费乘车"。这种情况迫使包括日本在内的所有美国的盟国，都需要加强自身的防卫。尤其是对于日本的地理位置而言，它不得不面对作为东西方对抗最前沿、面临着可能来自苏联的最直接的毁灭性军事打击的残酷客观现实。既然以往美国对日本承诺的那种"高浓度"安全已不能指望，那么，日本就必须基于"自主安全"，做好"自助努力"，认真思考如何进一步加强本国军事防卫能力的问题。第四，来自经济方面的威胁日趋凸显。特别是20世纪70年代发生的两次"尼克松冲击"（即"美元冲击"）和两次"石油危机"，对日本的经济造成了严重影响，给了日本以深刻的教训，使日本充分认识到缺乏资源和能源以及依赖西方货币和贸易体制的本国经济潜在的脆弱性，从而开始注重应付各种威胁。由于先天不足，日本对海外能源资源的全面依赖，使其经济经受不起国际政治、经济风浪的冲击。日本深深体会到，能源和资源也是一种致命的武器，日本要想生存下去，除了必须要具备对付军事威胁的能力之外，还要同时具备应付多种经济及其他威胁的能力。

在这种背景下，日本提出了"综合安全保障战略"这一国家安全战略。按照日本的解释，国家安全战略是"遏制或排除外部军事的或非军事的威胁和侵略的方略"。国家安全战略的概念较军事战略或防卫战略广泛，是在军事战略之上的战略层次，其内涵大于军事战略，对军事战略的制定和调整起指导和引领作用。自第二次世界大战结束以来，一直到2012年的数十年期间，日本从未出台过官方正式的国家安全战略①，其国家安全战略的主要宗旨和大体内容基本反映在不同时期首相咨询机构提交的国家安全政策建议的报告之中。"综合安全保障战略"的倡导者和推行者是日本前首相大平正芳。20世纪70年代末期，在前首相大平正芳的积极倡导下，日本提出了作为战后国家安全战略蓝本的"综合安全保障战略"。该战略体现的基本思想是"在建设防卫力量的同时，综合运用经济力量、外交力量和文化创造力量"等一切综合力量，

①　"防卫省改革会议报告"，2008年7月15日。

"而其中的核心是充实防卫力量"，遏制和排除对日本的军事与非军事威胁和侵略，以确保国家的安全和稳定。

日本最早提出综合安全保障这一概念的是退役将领奥宫正武，他从军事角度出发，认为日本应当建立"由军事防御、经济防御、民防、心理防御等组成的国内综合防御"，并将国内的综合防御与对外的和平外交活动结合起来保卫国家的安全。在70年代后期和80年代初，日本众多专家学者及官员纷纷从不同角度论述实行综合安全保障政策的必要性，但他们的看法大多缺乏全面性和系统性，亦不代表官方，而真正全面系统阐述"综合安全保障论"并使之在官方政策中得以具体体现的是1979年诞生的大平内阁时期。1978年，大平正芳将"综合安全保障战略"列入其自民党总裁竞选纲领之中。在同年11月大平当选自民党总裁后发表的政治纲领中正式提出：所谓"综合安全保障战略"，就是不仅要把军事力量，而且要把经济力量、和平外交和文化创造力量都用一根链条连接起来，其基本构成要素是军事力量的充实与发展，目的是为日本在世界上的生存与发展创造一个和平的国际环境，并对付日益增大的来自北方的威胁。1979年1月，大平正芳在当选首相后的第一次施政演说中表示，要切实实行综合安全保障政策，以对付严酷的国际现实，这是"当前最主要的课题之一"。同年3月，大平正芳又在日本防卫大学学员毕业典礼上提出："确保我国的安全，只有在建设军事力量的同时，综合运用经济力量、外交力量、文化创造力量等我国拥有的一切力量，才能做到。"大平正芳的继任者铃木善幸首相也采纳了这一战略。而1982年中曾根出任日本首相后，对军事在综合安全保障战略中的地位和作用给予了较高重视，使综合安全保障战略的内涵有了新发展。由于这一战略阐明了军事力量与非军事力量在国家安全战略中的相互关系和各自的地位及作用，从而成为20世纪80年代日本防卫政策的重要组成部分。

　　"综合安全保障战略"认为，由于核武器的出现，大规模军事冲突或战争的破坏性和毁灭性大大增强，所以超级大国都力避发生军事冲突，从而使爆发世界规模军事冲突的可能性减小。这使得外交活动的意义变得更加重要起来。然而当今的世界上主权国家林立，由各种原因引起的威胁、纠纷、摩擦仍然不断发生，因此虽然日本的安全要靠经济、政治、外交、文化和军事等综合力量来保证，但是保证民生安定和国家领土主权完整的最终手段还仍将是通过军事力量实施军事手段。也就是说，"综合安全保障战略"认为军事手段是"不可缺少的最终手段"。军事力量的两项基本职能是排除危机、遏制侵略。日本自卫队以应付"有限的、小规模侵略事态"为目标，"大规模侵略事态"则依靠美国的军事力量来完成。也就是说，日本的安全最终依靠自己和美国的军事力量。因此，日本首先要做的是确保日美安全保障体制的有效性，推进日美军事合作，加强本国军事力量，加强本国周边海空域的警戒体制。

　　1980 年，日本首相大平正芳继提出"综合安全保障战略"后，又提出做"西方一员"的口号，认为日本应首先同以美国为首的西方世界保持协调一致，维护以日美安保体制为基轴的日美友好合作关系，这样才能为确保和平稳定的国际环境和实施综合安全保障战略打下坚实的基础。这意味着日本国家安全战略的立足点开始向"国际国家"转变。此后，铃木内阁通过表明日本要在军事方面"分担责任"，使这一"西方一员"的政策更加具体化。1982 年中曾根首相上台后，首次正式提出了日本"国际国家论"，表示"日本要分担对世界的安全责任"等等，决心实施"战后政治总决算"。① 1983 年 1 月，中曾根在第 98 届国会上发表的首次施政演说中，提出"为了适应时代的激烈变化，我认为应该不设禁

_____

　　① 　藤原彰：《日本军事史（下）》，日本评论社，第 185 页。

区，以新的想法、观点去如实地重新认识过去的基本制度、格局和结构等，并应以新的目光，毫无禁忌地予以切实地更正"，[①] 把争当政治大国作为日本的国家战略目标。他一方面接受了综合安全保障的概念，承认"国家的安全保障是由外交、经济合作、对世界的舆论工作、资源政策以及其它因素综合而成的东西，以自卫队为中心的所谓防御，仅是综合安全保障的一个组成部分"。另一方面，又力图将自己的战略思想揉入到"综合安全保障战略"中去，从而使"综合安全保障战略"有了新的发展。1983 年 9 月 10 日，中曾根在日本第 100 届临时国会的施政演说中，进一步阐述了"国际国家"的含义。他指出："日本不仅要实行经济的国际化，而且在文化和政治方面，如果不把我国再向前发展成为积极发挥世界性作用的国家，那么，我国就够不上真正的'国际国家'。"[②] 在中曾根执政期间，日本政府已明确将"国际国家"作为日本面向 21 世纪的新的战略目标。如果把"国际国家论"同"战后政治总决算"放在一起考虑，就可以看出"国际国家"的实质就是从根本上摆脱战后以来日本的"不平等国家"的地位，做与美苏平起平坐的世界"政治大国"。日本在 80 年代至 90 年代初的综合安全保障战略可以概括为：通过积极的外交努力，建立和平稳定的国际环境，发挥与日本的国际地位相适应的政治、经济作用；确保日美安全保障体制的有效性和推进日美安全合作，加强本国的军事力量建设，积极推进国际裁军和军备控制；保障经济安全，维护自由贸易体制，扩大经济合作；促进科学技术的研究发展，推进文化等领域里的国际合作。这一战略在实施过程中主要有以下四个特点：一是加强与西方的合作；二是发展军事力量和推进军控双管齐下；三是大力发展经济；四是促进科技研究。

---

① 日本外务省编：《外交蓝皮书》，大藏省印书局 1983 年版，第 376 页。
② 日本外务省编：《外交蓝皮书》，大藏省印书局 1984 年版，第 373 页。

由此可以看出，"综合安全保障战略"体现了日本对"自主安全"的原始渴望。然而，由于受冷战时期国际战略格局的制约，"综合安全保障战略"始终未能摆脱其与生俱来的矛盾属性，尤其是在军事安全上的"对美依存"和"自助努力"之间所固有的相互排他性，更是其挥之不去的制度性痼疾。严格地讲，诞生于冷战时期的"综合安全保障战略"只是停留在理论架构阶段，其所强调的"自助努力"，在实际操作过程中显然难以与"对美依存"位于同一层面。

日本决心由"非正常不平等国家"走向"国际国家"，由依附"美国霸权秩序"走向与美国分担责任的"共同管理秩序"，反映了日本国家战略及国家安全战略的转变。这种转变导致了包括军事战略在内的防卫政策的变化，使其防卫政策由"白坐美国的安全车"转为"分担责任"。在"国际国家"战略和"综合安合保障战略"的指引下，进入80年代后，日本对其"专守防卫"军事战略进行了第二次重大调整。1981年，日本宣布将作为"西方一员"承担西太平洋的防卫。当年5月，铃木首相在访美期间，竟然对记者公开表示，日本要承担起"1000里航线"的防卫责任，"确保海外资源运输的安全，对于资源贫乏的日本，是一个生死攸关的问题。当美国第七舰队前往印度洋、波斯湾执行安全防卫任务，日本海周边就不得已形成一个空白。日本当然要承担起防守作为自己庭院的这一海域的责任，我认为把日本在周边数百海里的范围，以及1000里航线作为防卫范围，合乎（日本）宪法的条章规定，希望作为今后的政策进一步加强。"① 1983年，日本又进而提出将日本列岛变为"不沉的航空母舰"的设想，并声称日本自卫队的三大目标是：阻止苏联逆火式轰炸机南下，封锁日本周边海峡和确保日本海上运输通道的安全。这一表态实际是对以往历届内阁

---

① 大岳秀夫：《日本的防卫与国内政治》，三一书房1983年版，第363页。

"专守防卫"战略原则的否定，意味着日本正在成为西方阵营与苏联军事对抗的战略前哨。归纳起来，日本这次对军事战略的重大调整，主要体现在作战指导方针的转变和防卫体制的改革上。

首先，在作战指导方针上，1983 年度的日本《防卫白皮书》首次正式提出"洋上击破"的防御战略方针。它的基本点是在海洋（公海）上截击、歼灭而不是在日本本土上阻击、歼灭来犯之敌，修正了以往以本土为重点的"刺猬防御战略"，突破了"防御作战只限定在日本本土上阻击、歼灭来犯之敌"、"防御作战只限定在日本领空、领海及周边海域"的防卫承诺。根据这一战略指导方针，陆海空三自卫队都相应调整了各自的军种战略：陆上自卫队改变了以往的"内陆持久反击"战略，将其调整为"歼敌于海上或水际滩头"，提高国土防卫能力，力避在日本本土展开战斗，并为此而大力发展地对舰导弹部队，装备射程为 150 公里的 SSM 岸舰导弹。海上自卫队改变了"近岸歼敌"战略，以及重点保卫港湾、海峡的作战思想，把它调整为"洋上歼敌"战略和旨在保卫日本周边海域和 1000 海里海上航线安全的作战指导思想，开始着重强调远洋的制海权和制空权；为提高海上航线的反潜和水面打击能力，日本决定为海上自卫队重点装备 P－3C 反潜巡逻机，建设新型护卫舰，实现舰艇导弹化等；此外，为提高海上航线的防空能力，对付苏联的"逆火"式远程轰炸机和空舰导弹的威胁，日本决定为其海上自卫队引进能捕捉 4000 公里以外的机动目标的 OTH 超视距雷达，以及能同时对付空中多个目标的"宙斯盾"导弹驱逐舰等。航空自卫队则把以政经中枢地域为中心的"本土防空"、"要地防空"战略调整为"以海岸线作为本土防空的最后防线"的"广域防空"和"海上防空"战略，树立在远离本土的海上拦截敌机的指导思想，强调"早期预警、快速反应、海上拦截、海空决战"，为此，航空自卫队于 1983 年组建了临时警戒航空队（1986 年正式编为警戒航空队，隶属于航空总队指挥），逐步用 F—15 歼击机和"爱国者"防空导弹替换 F—4EJ 歼击机和"奈基"防空导弹，同时研究引进超视距雷达、E—2C 空中预警机和空中加油机的问题，力图建立大纵深、多层次的防空体系，力争歼敌于数百海里之外。

其次，在防卫体制改革上，为落实军事战略的调整工作，日本防卫当局采取了多种措施，其中主要措施有两项：一是对现行防卫体制和三军编制进行改革，例如，日本防卫厅 1985 年 10 月设立了负责改革的临时性研究咨询组织"业务、运营自主监察委员会"，并于 1986 年 5 月将该委员会升格为"防卫改革委员会"，下设"业务监察小组委员会"、"海上防空体制研究会"和"陆上防空态势研究会"，专门负责具体地研究海上防空和陆上防卫的各种问题，以落实 1986 年 1 月由防卫厅经过调研而正式决定出台的对自卫队进行的 7 大类 32 项改革措施。日本自卫队改革的重点是提高部队的作战效能，以适应未来战争的需要。其主要内容包括：强化参谋长联席会议的权力；改善通信网络，设立以首相为首的中央司令部，提高快速反应能力；在三军编制方面，决定改善后勤保障体制，合并三自卫队的同类后勤机构；新设空军预备役、扩充三军预备兵力等。二是将防卫厅的防卫力量发展设想改为政府的正式扩军计划，并使军费突破了 1976 年日本内阁确定的"军费不得超过占国民生产总值 1％"的比例限制，从而在经费上对"专守防卫"战略的调整和防卫体制的改革给予保障。

经过第二次调整，日本军事战略在内容上出现了几个明显的变化：

第一，日美安全保障体制的性质已发生变化。进入 20 世纪 80 年代后，美国进行了战略调整，开始奉行"多方向作战"的"前沿遏制战略"。美国认为，苏联已拥有在世界各个方向同时作战的能力，而美国必须应付苏联在各个方向的挑战。由于世界任何地区出现力量真空都可能影响美苏战略均势，因此美国必须消灭

"薄弱环节"。基于这一认识，美国一方面大力加强军事实力，另一方面调整对盟国政策，要求盟国真正承担起维护西方世界安全的责任。美国的这种战略调整从根本上讲是企图"通过谋求与盟国共同分担责任，建立美国统率下的安全保障秩序"。对于日本来说，美国要求日本在它向中东、波斯湾地区调兵时，日本应填补在西太平洋可能出现的力量真空；美国在远东对苏联实施战略打击时，日本应给予辅助。在这种情况下，日本"白坐美国的安全车"的政策已不合时宜，这在客观上使"日本的自卫能力与作用对整个太平洋乃至全球的安全显示出重要的意义"。① 而日本出于自身国家利益的需要，也想顺应美国的要求，在坚持日美军事同盟的基础上，积极加强军事力量建设和分担防卫责任，向做"西方一员"的战略方针转变。

1981 年 5 月，铃木首相访美，在日美联合声明中，铃木承诺："为了确保日本及远东地区的和平与稳定，日美间有必要进行适当的责任分工"，并把日本周边海域数百海里、海上航线 1000 海里视为"日本自卫的范围"。1983 年 1 月 18 日，中曾根首相访美，在接受《华盛顿邮报》记者的采访时发表了"不沉的航母"的讲话，并再次对日本分担西方防卫责任做出承诺。中曾根当时言称：日本"第一个目标是要把日本列岛或者是日本本土构筑成像一只不沉的航空母舰那样的巨大的壁垒，以抵御苏联的'逆火'式远程轰炸机的入侵；第二个目标是为了完全控制日本列岛周围的四个海峡（后改为三个海峡），不让苏联潜艇以及海军军舰经过，同时阻止其它舰船的活动；第三个目标是为了确保和维护海上通道的安全，要把海上防卫网延伸到数百海里，因为要确保航线安全通畅，所以我们的愿望是防卫关岛至东京、台湾海峡至大阪的海上通道的航线安全"。这种承诺的核心思想是，日本站在"西方安

---

① 日本防卫厅：《防卫白皮书》，大藏省印书局 1981 年版，第 104 页。

全不可分"的立场上，通过盟国间的协调、共同分担防卫责任，从而建立起对苏联的一种新的遏制态势。在这种思想的指导下，日美间的军事合作有了很大的进展。例如，根据 1978 年制定的日美《防卫合作指针》，对日美联合作战进行研究；日美联合军事演习和训练向大规模和实战化的方向发展；日本应美国的要求逐步增加对外战略性经济援助，承担更多的驻日美军的经费；日本开始向美国提供军事技术，并参与美国的"星球大战"计划的研究等。

第二，自卫队的建军方针发生了变化。1976 年日本制定的《防卫计划大纲》为自卫队规定了"谋求防御态势的均衡发展"和"对付有限的、小规模侵略"的发展目标。从构成《大纲》灵魂的"基础防卫力量构想"来看，"76 大纲"所体现的是一种"和平时期的防御力量构想"和"最小限度的威慑战略"。"76 大纲"以"国际形势缓和"为由，认为日本并不面临着现实的威胁，从而给自卫队数量规定了上限。而且基于"76 大纲"精神，日本政府于 1970 年 10 月做出了"军费不超过国民生产总值的 1％"的比例规定。

但进入 20 世纪 80 年代以后，日本对国际形势的判断发生了新的变化，认为"苏联的威胁"是日本的首要威胁。日本政府内部要求加快扩军步伐的《大纲》修改论者对"76 大纲"的否定态度越来越强烈。他们认为："76 大纲"已不能适应国际形势发展的需要，苏联已成为日本巨大的"潜在威胁"，制定"76 大纲"的前提条件已不复存在，因此"76 大纲"应该修改。并且认为："76 大纲"所包含的基础理论——"基础防卫力量构想"是错误的理论。他们的观点是：首先，一个国家所拥有的军事力量只有强大到能够给敌人以毁灭性打击，才能抑制敌人的侵略意图，才能维护和平与安全；维护和平与安全的能力同有效应付侵略的能力是相互依存、不可分割的统一体，而"76 大纲"所要建设的"基础防卫力量"根本起不到维护和平与安全的作用。如果按照"基础防卫力量构想"的精神，日本防卫力量的意义在于保持和维护和平与安全的机能，那么"基础防卫力量"就失去了军事力量的本来意义，而且"76 大纲"所提出的靠防卫"决心"和"小规模的防卫力量"来抑制敌人的侵略意图也是行不通的。其次，"76 大纲"只提出要建设一支能够"有效地对付有限的、小规模侵略事态"的军事力量，但没有明确指出"对付有限的小规模侵略"的军事力量的数量标准和具体的样式，从而无从知道需要保持一支多大规模的军事力量，而在当今的世界上，一旦发生"侵略"，就不会是"有限的、小规模的"；如果说以这种抽象的、模糊不清的指导思想来建设军事力量，自卫队就不可能充分行使其保卫国家的和平与安全的职能。再次，"76 大纲"认为，只有具备侵略能力和侵略意图的敌人才构成对日本的威胁；没有侵略动机的敌人，能力再大也不构成威胁。同时，"76 大纲"还认为，国际形势已趋缓和，以美苏为首的东西方两大阵营之间发生全面军事冲突或可能导致全面军事冲突的大规模武力争端的可能性不大，也不会发生直接针对日本的大规模武装侵略。这就是说，日本的敌对国家并不存在侵略意图，或者侵略意图很小，因此日本只要保持一支小规模的防卫力量即可保持国家的和平与安全。这种只看敌人的"侵略动机"而不看敌人的"侵略能力"的威胁判断方法在目前苏联的"侵略能力"获得巨大增长的情况下，是不正确的和极其危险的。

因此，《大纲》修改论者认为，日本应该指明苏联是日本的主要威胁，并根据远东苏军的规模和进攻能力以及可能对日本采取的进攻样式来建设日本的军事力量；日本还应把敌人的"侵略能力"作为制定军备目标的主要依据，进而日本自卫队的建设也应以具备对付威胁的能力为指导思想。

第三，军费不超过国民生产总值1％的限制发生了变化。日本在 1976 年做出军费不超过国民生产总值1％的决定时，是出于这样的考虑：一是"76大纲"所要求发展的军事力量"应考虑当时的财政经济情况，力求同国家的其它各项政策协调一致"；二是对于发展军事力量，存在着日本的和平宪法、日本国内的非武装中立思想、国际上特别是亚洲国家对日本是否重新走军国主义的警惕态度等制约因素；三是从20世纪60年代到70年代中期这段日本经济高速增长时期的军费一直占国民生产总值的1％左右，日本政府估计今后经济仍会保持高速增长，如果以同样的比率，也可满足《大纲》对军费的要求。

但《大纲》修改论者认为：由于国际形势发生了显著变化，尤其是苏联的军事力量日益增强，在这种情况下还限制本国军事力量的发展，已与现实格格不入。此外，1973年以后日本经济已结束了高速增长期，如果继续把军费限定在1％的比率内，则不能实现《大纲》所规定的目标。再者，军费占国民生产总值1％的限制并不是国际惯例，也不是按国家经济负担能力推算出来的，何况世界上很少有军费占国民生产总值3％以下的国家，占1％的国家则几乎没有，现在仍然坚持这一限制是没有道理的。

在这样的背景下，1984年12月，和平问题研究会（中曾根首相的私人咨询机构）、自民党政务调查会下属的三个防卫问题专门委员会向日本政府提交了一份报告。该报告指出，世界战略形势正向对西方不利的方向发展，"基础防卫力量构想"，"没有提示对付紧张激化情形或可以预想的有事情形下的过程与原则"，认为"有必要对《大纲》予以重新研究"。1986年版的日本《防卫白皮书》提出，"经过安全保障会议以及内阁会议的审议，可以变更《大纲》附表的内容"。

在20世纪80年代，日本虽然没有对"76大纲"进行修改，但却改变了建军方针，从建设一支能应付"有限的、小规模侵略"的自卫队，转向建设一支"与美国的威慑力相配套，能够防御各种侵略于未然，万一发生侵略时能够予以排除"的"质量精强的自卫队"。为此，日本先后打破了扩军的各种禁忌，例如，"武器出口三原则"已因 1983 年决定向美国提供军事技术而被打开缺口；"无核三原则"已因允许美军搭载核武器的舰只进驻而形同虚设；"军费不超过国民生产总值的 1％"的明文规定已在 1986 年被取消。日本还着手引进世界一流水准的武器装备来武装自卫队等。而且，日本政府制定的 1986 年至 1990 年的《中期防卫力量发展计划》规定，防卫开支突破了 1％的限额，以岸舰导弹、F—15 战斗机、P—3C 反潜巡逻机和能同时对付多个空中目标的"宙斯盾"导弹驱逐舰作为自卫队的主力装备，并积极研究引进 OTH 超视距雷达、空中加油机等，以加强保卫日本国土和提高海上防空能力。

第四，作战指导思想发生了变化。在二战后相当长的一段时期内，由于美国在太平洋地区拥有强大的海空军优势，日本实际上奉行的是重视内陆作战和"保卫周边海域"的"刺猬防御战略"，即"列岛守备型"的战略方针。例如，日本基本上是重点发展陆上自卫队，海上自卫队的防卫区域在相当时期内局限于太平洋一侧 300 海里、日本海一侧 100 海里的范围内，1976 年制定《防卫计划大纲》时航空自卫队只考虑过日本周边海域 400 公里范围的防空。进入 80 年代后，1983 年度的日本《防卫白皮书》首次正式提出"洋上防空"、"海上击破"的战略方针，其基本点是在海洋（公海）上而不是在日本本土上阻击、歼灭来犯之敌，突破了"防御作战只限定在日本领空、领海及周边海域"的承诺。根据这一战略指导方针，日本将自卫队的防卫范围扩大到"周边海域数百海里、海上航线 1000 海里"。由于位于日本列岛南端的东南航线与西南航线，既是日本经济的生命线，又是苏联潜艇的"展开线"，因此，日本把确保海上航线 1000 海里的安全作为海上自卫队的任务之一，这对遏制苏联太平洋舰队的活动和确保美军在作战时有效增援日本具有重要的意义。为此，日本加强了海上和航空自卫队的建设。1984 年中曾根首相指示防卫厅，在制定"业务计划"时，"要以重视海空与海上歼敌思想为核心"。

经过第二调整后的"专守防卫"军事战略的内涵已发生了很大变化，可以说，调整后的"专守防卫"军事战略在某些方面已经背离了原宗旨，发展成为一种新的战略体系。这一新的战略可以称为"前方阻止"战略，即日本军方所称的"前方早期处置战略"，其基本内容是：在威胁判断上，以苏联为主要假想敌，以朝鲜为次要假想敌；在联盟战略上，以美国的战略威慑力量为后盾，以日本高质量的战术层面军事力量为主力；在防卫范围上，以西太平洋的广阔空间为战场，以一道（北海道）、两线（东南、西南远洋航线及其与本土所夹三角形海域，含日本"周边海域"）、三海峡（宗谷、津轻、对马）为防御重点；在作战样式上，以海空决战为主要作战样式；在自卫队建设上，改革指挥体制和后勤支援体制，扩充三军预备役兵力，将防卫厅的防卫力量发展计划改为政府的防卫力量建设计划等。调整后的"专守防卫"军事战略的基本特征是"北守南进"，也就是在确保以北海道为重点的领土安全的同时，保证日本谋求资源、能源和占领海外市场，并向太平洋的广阔空间发展。这一阶段日本军事战略目标是：确保日本周边海域和 1000 海里海上航线的安全。

虽然日本自称它"以对付小规模入侵"为建军目标，处于战略守势，但这种战略守势就其具体内容而言，却十分重视常规军备的遏制与威慑效果，重视战略机动能力和远洋作战能力的建设与发展，重视积极的攻势防御作战，是建立在较强的抵抗力量和一定程度上的反击力的基础上的。经过 20 世纪 80 年代特别是 80 年代后期的发展，日本已拥有较为强大的防空、反潜及远洋护航能力。在本土防空方面，日本具有对付除大规模空中入侵之外的对空作战能力。在"确保海上航线方面"，日本在 1000 海里航线的海域具有能够发挥相当程度反潜作战的能力。在"抗登陆入侵"

方面，具有在一定时期内不造成占领事实的"持久作战"的能力。可以说，在 20 世纪 80 年代，日本已成为西太平洋的军事强国之一。它的"前方阻止"战略，是与美国对苏联的"前沿遏制战略"相一致的，同时具有鲜明的日本特色，是企图以加强军事手段、发挥军事作用来实现其"综合安全保障战略"，是日本加速向政治大国目标迈进过程中的必然产物。

可以说，日本"专守防卫"军事战略自 1970 年首次提出，经过冷战期间的两次重大调整，它的内涵已经发生了深刻变化，由于防卫区域的扩大和作战思想的转变，在很大程度上已经背离了它原来的意义，可称之为"前方阻止"战略，即日本军方所说的"前方早期处置"战略。归纳起来，这一时期"专守防卫"军事战略的主要特点是：根据当时的周边安全环境，特别是面对来自苏联的军事威胁，确立符合本国国情和国力的"专守防卫"战略；随着国际安全环境的发展变化和国力的逐渐增强，日本在不改变"专守防卫"军事战略名称的前提下，不断拓展其军事战略的内涵和外延，将最初的被动式的防守战略调整为"积极的本土防卫"，并借机扩充自身军事力量；进而抓住安全环境相对改善和日本国力增强的机遇，再将"积极的本土防卫"拓展为"洋上击破"、"海上歼敌"战略。

总之，自二战结束以后，战败的日本并不甘心"白坐美国的安全车"，屈居于"被保护人"的地位。20 世纪 60 年代，日美重新签订了《共同合作与安全保障条约》。从此，日本由"被人保卫"的国家转变为"与人共同保卫"的国家。进入 20 世纪 70 年代后，日本将军事战略正式确定为"专守防卫"战略。此后直至冷战结束前，日本通过对"专守防卫"军事战略进行的两次重大调整，逐渐将其演变为更加强调积极主动防卫的"前方阻止"战略。

第二章

冷战后时期日本军事战略的
调整演变

冷战结束后，日本所面临的内外环境的变化以及追求"政治大国"、"军事大国"、"正常国家"的迫切需求，为日本对军事战略进行调整提供了藉口和良机。1995 年、2004 年、2010 年和 2013 年，日本先后出台《1996 年度以后的防卫计划大纲》（简称"95 大纲"）、《2005 年度以后的防卫计划大纲》（简称"04 大纲"）、《2011 年度以后的防卫计划大纲》（简称"10 大纲"）和《2014 年度以后的防卫计划大纲》（简称"13 大纲"），从而对冷战后不同时期的日本军事战略进行了具体阐述和重大调整。

第一节 主动先制（1989—2000 年）
——冷战结束后日本军事战略的
第一次调整

一、冷战结束后日本首次调整军事战略的相关背景

进入 20 世纪 90 年代以后，由于苏联解体，美苏对峙长达四十

余年的两极格局崩溃，国际形势发生了巨大变化。随着冷战的结束，日本所面临的直接和现实威胁基本消失，使日本彻底摆脱了身处冷战前沿"窒息般的"安全压力，同时，世界出现了多极化趋势。国际形势的变化，为日本开始推行以争做世界政治大国为主要内容的新国家战略提供了机遇，而长期高居世界前列的经济大国地位也为日本进一步发展军事力量奠定了比较雄厚的物质基础。此时的日本急欲通过海外派兵参与国际安全事务，提升大国的地位，谋求国际安全的主导权，以配合政治军事大国目标的实现。为了适应国际战略格局和日本所面临的安全形势的巨大变化，同时，也为了配合实现政治大国的国家战略目标，日本军方从上世纪90年代初开始论证日本国家的防卫问题，研究新时期新的军事战略方针。例如，1993年6月，日本防卫厅举行了"新时代防卫研讨会"，讨论了包括组织、编成、装备等在内的整个国家防卫问题。1994年1月，日本首相细川护熙宣布设立"防卫问题恳谈会"，负责对日本的安全战略与防卫政策进行全面研讨，提出改革方案。同年2月，防卫厅举办了以防卫厅长官为主席的"防卫力量应有态势讨论会"，从而使讨论走向常态化。同年8月12日，日本首相私人咨询机构"防卫问题恳谈会"向日本首相提交了一份"防卫问题恳谈报告"，题为《日本的安全与防卫力量的应有状态——对21世纪的展望》，也称"94报告"。"94报告"是日本冷战后第一份涉及国家安全战略调整的文件，它大体勾勒出了冷战后初期的日本国家安全战略，提出以加强自身军事力量为基础、以多边安全合作为主体的"能动的建设性安全保障战略"。日本政府曾表示，有关日本的安全保障问题，将依照这一报告具体实施。该报告提出了冷战后日本安全保障政策以及防卫力量在新时代的发展方向；同时提出了日本自卫队改革的具体方案。按照该报告执笔人渡边昭夫的说法是："不能因为有了宪法第9条，日本就可以采取与其他国家不同的立场，不用说，这里所指的是所谓自卫权问题""为了国防目的而创建军事力量，将这种力量运用到国防以外的目的，是一种新的时代"。① 由此可以看出，当时多党联合执政的细川内阁虽然没有公开提出修改宪法，但却完全抛弃了"一国和平主义"的精神，摒弃了宪法对日本发展军事力量的制约。该报告明确将加强日本自身的军事力量建设作为其国家安全战略的至为关键一环。报告认为，"安全保障的最终基础，是国民自己保卫自己的决心和拥有为此而采取的适当手段"，"自卫力量，是一个国家的自我管理能力以及危机管理能力的具体体现"。因此，日本应"在提高日美安全保障体制可靠性的同时，能动地、建设性地参与多边安全保障合作"，并确保"日本自身防卫态势的稳固"。可以说，"94 报告"所确定的"能动的建设性安全保障"这一国家安全战略为日本军事战略的调整提供了有力指导，也正式吹响了日本冷战后开始调整"专守防卫"军事战略的号角。1995 年 6 月，安全保障会议（日本最高国际咨询机构）就"今后的防卫力量应有的态势"开始了政府级的讨论。此后，安全保障会议共举行了 10 次会议，从宏观上进行了综合审议。日本政府是从上世纪 90 年代中期开始，全面地调整它的军事战略。其主要标志是：1995 年 11 月，日本第一次重新修订出台了《防卫计划大纲》即"95 大纲"；1997 年 9 月，日本与美国联合发表新的《日美防卫合作指导方针》即"97 指针"。这是冷战结束以后，日本第一次调整其"专守防卫"军事战略。如果考虑到"专守防卫"军事战略自 1970 年提出后在冷战期间所经历的两次调整，这次调整也可称为"专守防卫"军事战略的第三次调整。

---

① 渡边昭夫：《今后日本的安全保障政策与防卫力量——围绕着防卫问题恳谈会的报告》，防卫学研究会编：《防卫学研究》第 13 号，第 23、27 页。

二、冷战结束后日本首次调整军事战略的主要内容和特点

冷战结束后，日本政府和防卫当局从 1995 年开始第一次对其"专守防卫"军事战略进行重大调整。这一世纪之交的军事战略调整的主要内容是：强调"威胁"的多元化，建立全方位防御体系；建立新型日美军事合作关系，为日本发展军事力量提供条件；在继续标榜坚持"专守防卫"军事战略的同时，注重强调积极主动的战略原则；扩大军事力量的职能范围，加紧由内向型向外向型转变；加强质量建军，建设"合理、精干、高效"的军事力量。

（一）强调面临"多元威胁"，建立全方位防御体系

冷战后，日本防卫当局对"威胁"的判断发生较大改变。首先，关于威胁形态，由冷战时期主要对付苏联转向强调对付以"周边事态"为主的"多种多样的威胁"，认为主要有以下几种：干扰海上交通安全、侵犯领空、有限目的的攻击、非法侵占部分领土、各种恐怖活动和武装难民流入等。日本强调军事力量必须具备灵活处置、不使威胁发展成为大规模冲突的控制能力。关于"威胁"来源，强调应付来自朝、中、俄的"多元威胁"，其中对付所谓中国和朝鲜的"威胁"被摆在相对重要的位置。

基于以上分析，日本防卫当局主要采取了以下措施：一是调整兵力部署，建立全方位防御体系。由以往单纯侧重北方转变为北西并重，在继续保持北部地区一定作战能力的同时，结合军队的整编，有计划、有针对性地加强西部、西南方向的军事部署，重点提高反导能力、快速反应能力和机动作战能力。二是与美合作研制战区导弹防御系统，确立日本在亚洲的军事优势。1995 年，随着日美安全保障体制的重新定位，日本开始对与美联合研制战

区导弹防御系统的可行性进行研究。1998 年 2 月，日美军方就此达成基本协议。1998 年 9 月下旬，日本借口朝鲜试射"大浦洞 1 号"导弹，正式与美国在纽约签署联合声明，宣布与美国联合开发研制战区导弹防御系统（TMD)[①]。三是加强情报搜集与分析能力。在参谋长联席会议下设立情报本部，将以往分散于各军种的情报机构集中使用，以提高情报搜集分析能力。

（二）建立新型日美军事合作关系，为发展军事力量提供条件

1996 年 4 月，日美发表了《面向 21 世纪的同盟——日美安全保障联合宣言》。该宣言是对新时期日美安全保障体制的重新定位，其所确立的新型日美军事合作关系为日本冷战后的军事战略调整奠定了基础，同时也为日本面向 21 世纪发展军事力量和包括在国际军事领域发挥作用提供了条件。其要点是：第一，日美安全保障体制由"针对苏联型"转变为"地区控制型"，其目的是纵横亚太，掣肘中国，控制朝鲜，防范俄罗斯，维护两国在亚太地区的"共同利益"。第二，两国确立了面向 21 世纪的"平等伙伴"关系，提高了日本的政治、军事地位，为日本发展军事力量并扩大其职能范围提供了合理借口。第三，日美军事合作范围扩大至整个亚太地区及中东地区，同时还强调日美两国将在"全球性问题"上进行新的合作，为日本向海外派兵、干预地区冲突和在世界范围内对突发事件做出迅速反应提供了依据。

为保证日美新型军事合作关系的顺利发展，日本采取了以下主要措施：一是加强在各个级别上的与美政策协商和情报交换。二是强化在"97 指针"框架内的日美军事合作，通过对"周边事态"概念的模糊解释，扩大日美军事干预行动的范围。三是出台"97 指针"相关法案，为日美军事合作提供法理支持，同时提出"准

---

① ［日］《朝日新闻》，1998 年 9 月 21 日。

有事"概念[1]，进一步扩大"周边事态"的外延。四是通过发表"日美冲绳问题特别行动委员会最终报告"和出台《驻日美军用地特别措施法修订》等，在增加美军保障经费的同时，调整、合并、缩减驻日美军设施，确保驻日美军稳定使用设施和基地。五是通过签署和修订《日美相互提供物资与劳务协定修正案》，以保障日美两军在联合训练、联合国维持和平行动及人道主义国际救援活动时各自所需要的物资或劳务。六是签署"日美民间公司联合研究军民两用技术协定"，加强两国在装备技术领域的相互交流与合作。

（三）改造"专守防卫"军事战略内容，突出积极主动的战略原则

一是扩大行使"自卫权"的地理范围。日本政府宣称要保卫1000海里海上航线的安全，承诺战时将保护在日本周边行动的美军舰船，分担美军在西太平洋地区的防务负担，这意味着日本军事力量的活动范围已经超出日本本土。二是重点加强远程投送能力和海、空进攻能力。日本"自卫队"不发展和装备进攻性武器是日本国宪法赋予"专守防卫"军事战略的一条重要原则。然而，日本通过列装"宙斯盾"驱逐舰、"大隅"级大型运输舰、大型运输机、空中加油机等，提高了远程投送及海空力量的进攻能力，扩大了自卫队的作战行动范围，已明显超出"自卫所需的最小限度"。三是军事力量走出国门。战后日本的和平宪法明确规定禁止日本政府向海外派兵，《自卫队法》规定日本自卫队的任务仅限于自卫。但随着经济和军事实力的不断增强，日本试图成为政治大国和军事大国的欲望不断膨胀，从20世纪90年代初以来，日本军

---

① "准有事"概念：1999年5月28日，日本政府出台的《周边事态法》对"准有事"所给予的定义是"如置之不理则可能发展成为对我国的直接武力攻击之事态等"。

事力量不断走向海外。1992 年 6 月,日本国会通过《国际紧急救援队派遣法部分修订》和《联合国维持和平活动合作法》(PKO)①,向柬埔寨派出首批维和部队。同年,日本政府强行突破宪法限制,将日本海上自卫队的扫雷艇开进波斯湾。此后,日本又相继向多国多地派遣部队,实现了海外派兵的既成事实,完全违背了"专守防卫"军事战略方针的一贯立场。

(四)扩大军事力量的职能范围,由内向型的"自卫队"向内外结合型的"国防军"过渡

根据"95 大纲"的规定,日本军事力量在新时期的职能已经由过去单一的"对付有限的小规模侵略事态",扩大为"日本的防卫、应付大规模自然灾害等各种事态和为建立更加稳定的安全保障环境做贡献"三大职能。可以说,日本自卫队的职能正由内向型的"自卫队"向内外结合的"国防军"方向过渡。关于"日本的防卫","95 大纲"提出要"防止侵略于未然"和"对付外来侵略事态",其中突出强调的是通过先期威慑,将所谓的"侵略事态"控制于发生之前,其主动防御的色彩十分浓厚。关于"对付大规模灾害等各种事态","95 大纲"强调日本自卫队须强化应付"大规模自然灾害和恐怖活动造成的特殊灾难及其他需保护生命财产等各种非常事态"以及"对日本的和平与安全有重大影响的事态"。"为建立更加稳定的安全保障环境做贡献"则包括实施国际和平合作业务、参加国际紧急救援活动和参加或组织安全保障对话及军事交流、对联合国等机构实施的军控和裁军活动给予合作等。

(五)加强质量建军,建立"合理、精干、高效"的军事力量

在军队建设方面,"95 大纲"在基本沿袭"76 大纲"所提出

---

① 〔日〕《防卫厅相关法令集》,内外出版印刷株式会社,1998 年版,第 93、97 页。

的"基础防卫力量构想"的同时，就日本今后应保持的"防卫力量"提出具体设想，即"对现有防卫力量的规模和机能重新审视，使其更加合理、精干、高效，并通过努力充实必要的机能和提高质量，建立起一支能有效应付多种多样事态的防卫力量，并使其确保适当的弹性，以便能灵活应付事态的发展变化"。其具体措施包括：一是通过三军编制和装备的逐步调整和削减，谋求部队编制的"少而精"。二是加大军费投入，为实现既定的建军目标提供可靠保证。三是大力发展高技术武器装备，在加强对外引进和与美国合作开发的同时，"通过装备的适当国产化来维持军工生产和技术基础"。四是完善教育训练体制，加强人才培养与储备，确保稳固而富有"弹性"的国防基础。

从以上可以看出，冷战后日本首次军事战略调整主要有三个特点：一是根据冷战结束后国际形势发生的新变化，及时将"洋上击破"、"海上歼敌"调整为"海外展开"、"域外部署"，将日本的防卫战线进一步推远至海（境）外，主动积极防卫的思想更加明显；二是修改《防卫计划大纲》和《日美防卫合作指导方针》，在巩固日美军事同盟关系和维护日美安全保障体制的框架下，以配合美国干预"周边事态"和参与美国主导的军事干预行动等借口和形式，积极干预和介入包括朝鲜半岛和台湾问题等在内的所谓"周边事态"；三是通过调整优化编制体制进一步加强防卫力量建设，致力于追求"合理、精干、高效"的军队建设目标。

可以说，日本之所以在冷战结束后不久就开始紧锣密鼓地调整"专守防卫"军事战略，其追求的战略目标，归纳起来无非就是要力求达到"三个确保"，即确保日本安全，确保地区安全，确保国际安全。

三、冷战结束后日本首次调整军事战略的具体举措

作为具体表现形式，日本采取了以下举措：

1995 年 11 月，日本制定了新《防卫计划大纲》，明确了日本自卫队在新形势下的地位和作用。同时，提出了日本自卫队未来十年乃至更长时间的发展方向。

1996 年 4 月，日美发表了《面向 21 世纪的同盟——日美安全保障联合宣言》，对日美军事同盟关系进行了重新定位，确认了冷战结束以后，日美军事同盟的重要性和新的作用。

1997 年 9 月，日美重新制定了《日美防卫合作指导方针》，规定了日美三大合作机制，明确了日本将主要在"用兵"、"设施使用"、"后方支援"三个方面多达 40 项配合美军的相关作战行动和日美具体合作内容，并首次正式提出同美国共同对付所谓"周边事态"。该指针与 1995 年 2 月美国国防部发表的《东亚战略报告》紧密配合，旨在强化日美同盟在日本"周边地区"的作用，明确将台湾海峡也包括在其范围之内。

1999 年 5 月，日本政府出台了与"97 指针"相关的三项法案，即《周边事态法案》、《自卫队法修正案》以及《日美相互提供物资与劳务协定修正案》，不仅规定日本防卫范围可任意扩大，而且可为美军提供后勤支援，这三项法案是对"97 指针"做出的法律上的修改和补充，它的出台表明日本已经为今后随时出动自卫队参与美军的干预"周边事态"行动完成了立法程序，标志着日本要成为美国推行全球霸权的工具。

1999 年 8 月，日本同美国签署了有关共同研究和发展战区导弹防御系统的换文和备忘录，决心与美国共同研制战区导弹防御系统。

2000 年 9 月，日本决定重新着手制定"有事法制"，即所谓的"交战规定"，企图从法律上消除对日本自卫队行动的各种禁锢，完成"合法"干预"周边事态"的各种法律程序。

至此，日本完成了冷战后的第一次军事战略调整。

以上这些举措，是日本军事战略进行调整的具体体现。通过这次调整，尽管"专守防卫"军事战略在日本官方称谓上没有任何变化，但在内容上有了重大突破，其内涵得到了极大的延伸和扩展，它赋予了日本自卫队走出国门的任务，使日美结成了具有进攻性的军事同盟关系。应当说，经过这次调整后的日本军事战略，既与美国的全球战略有着密切的联系，又具有鲜明的日本特色，是日本向政治大国过渡的产物。

四、冷战结束后日本首次调整军事战略的主要步骤

从 20 世纪 90 年代中期开始，日本在军事战略调整方面先后采取了六大步骤。

（一）修改 1976 年制定的《防卫计划大纲》，于 1995 年 11 月出台了新《防卫计划大纲》

"95 大纲"的制定以调整日本的防卫政策以适应冷战结束后的东北亚安全保障环境为目的。日本防卫当局认为，自"76 大纲"于 1976 年 10 月制定以来，已经历了约 20 年，由于冷战的结束，国际形势发生了巨大变化。例如，以美苏两国为中心的东西方之间的对峙格局消失了；"在日本周边地区，由于冷战结束和苏联解体，出现了远东俄军裁减数量和军事局势的变化。另一方面，包括核武器在内的大规模军事力量依然存在，许多国家以发展经济为后盾，正倾注力量扩充军事力量，乃至实现现代化。此外，仍然存在着不透明、不确定的因素，例如，朝鲜半岛局势依然紧张，稳定的安全保障环境尚未建立等。在这种情况下，不能排除在我国周边地区发生对我国安全有重大影响的事态的可能性"。日本防卫当局还认为，人们"对自卫队发挥作用的期望越来越大，自卫队不仅应担负作为其主要任务的我国的防卫，还应在对付大规模的灾害等各种事态，以及开展国际和平合作业务等构筑更加稳定

的安全保障环境方面做出贡献。有鉴于此,有关我国今后的防卫力量的应有状态,在此以'1996年开始执行的《防卫计划大纲》'的形式,明确了新的方针"。

同"76大纲"一样,"95大纲"规定,日本的安全保障和防卫的基本方针是:将继续"在日本国宪法指引下,谋求推进外交努力以及依靠内政的稳定确立安全保障基础;另一方面,基于始终坚持'专守防卫',不做威胁他国的军事大国这一基本理念,坚持日美安全保障体制,确保文官执政,恪守无核三原则,即'不制造、不拥有、不运进有核武器';同时自主建设一支适度的防卫力量"。"95大纲"还继承了"76大纲"所提出的"基础防卫力量构想",即"保持一支独立国家所必需的最小限度的基础防卫力量"。同时,与"76大纲"相比,"95大纲"在自卫队的作用、自卫队的发展方向上规定了许多新的内容。

在自卫队的作用上,"95大纲"认为,"虽然我们以自卫队的主要任务是保卫我国为根本,但如果考虑内外各种形势的变化和我国在国际社会中所处的地位,那么自卫队还应充分准备应付在社会的高度化和多样化中能够带来重大影响的大规模的灾害等各种事态;同时,还应在我国为建立更加稳定的安全保障环境所做的积极努力方面,适时发挥作用"。也就说,日本防卫当局把自卫队的任务扩充为三大项:"一是保卫日本;二是应付大规模灾害等各种事态;三是为建立更加稳定的安全保障环境作贡献"。其中,第二和第三大任务是首次作为自卫队的任务而明确提出的。第二大任务的含义是:除了关心像阪神、淡路大地震那样的大灾害等外,还设想了日本周边可能会发生给日本的和平与安全带来重大影响的事态。第三大任务的含义是:要求自卫队要积极参加联合国的维持和平行动和其他国际救援活动、推进双边或多边安全保障对话和防卫交流,以及参加国际军控、裁军领域的工作等。这就是说,日本自卫队的职能与作用得到了扩展和强化,另外,"95

大纲"还在自卫队的第二大任务中首次提出了"周边地区发生的可能影响日本的安全与和平的事态"即"周边事态"的概念。日本对"周边事态"的解释是：大量的难民涌入日本、侨居海外的日本人要求紧急避难、日本周边海域漂流着的水雷对日本的船只造成威胁等，都可能会危胁到日本的安全。这里值得警惕的是，关于"周边事态"的概念，日本防卫当局多位政要先后明确表态，这不是一个地理概念，而是需要根据具体情况而定，只要是日本认为发生了可能会对其国家利益造成重大影响的事态，都可以根据当局的需要随时确定为"周边事态"。"周边事态"界定的模糊化、随意化和主观化，势必导致日本自卫队行动范围的相应扩大，这无疑会对周边国家安全及地区形势造成很大威胁和消极影响。而对付这些事态，日本政府声称自卫队将采取灵活有效的行动，如支持联合国的相关行动，与美军进行合作（如允许美国使用日本的基地、设施）等等。

在军队建设上，"95大纲"明确提出，要把日本自卫队建设成为一支"合理、精干、高效"的防卫力量，"通过谋求必要的功能和提高防卫力量的质量，建设一支能够有效地对付多种事态的防卫力量，同时确保适当的灵活性以便还能圆滑地应付事态的发展"。它的含义主要是：在削减防卫力量规模和武器装备数量的同时，提高自卫队人员的素质和武器装备的质量，重点发展高科技武器装备，保持防卫力量的"灵活性"。

（二）"95大纲"重申了日美安保体制的有效性

在1996年4月克林顿访日时，日美两国发表了《面向21世纪的同盟——日美安全保障联合宣言》。《日美安全保障联合宣言》对两国政府在1960年缔结的《日美共同合作和安全保障条约》进行了根本性的修改和补充。《日美安全保障联合宣言》认为，"亚太地区形势依然存在不稳定、不确定因素，重申了以日美安全保障条约为基础的两国安全保障关系仍是该地区在 21 世纪维持繁荣稳定的基础"。双方再次强调，日美两国紧密的防卫合作是保卫日本的最有效的合作，日本将以日美安全保障体制为基础，继续通过提供基地、设施、设备和土地等做出"力所能及的贡献"。《日美安全保障联合宣言》谈及了在提高日美同盟关系的信赖度方面发挥重要支柱作用的日美防卫合作的具体措施，日美两国决心以稳固的日美安全保障关系为基础，在地区及全球范围内进行广泛的合作。《日美安全保障联合宣言》指出，"为应付国际安全保障形势中可能发生的变化，双方须就最能满足两国政府所需要的防卫政策以及包括驻日美军兵力构成在内的军事态势继续进行密切协商。"《日美安全保障联合宣言》还要求加强日美两国在技术、装备领域及有关弹道导弹防御系统等方面进行合作。《日美安全保障联合宣言》具体明确了两国在作为合作关系主要支柱的安全保障方面的合作态度，目的在于进一步深化日美安全保障关系。

《日美安全保障联合宣言》的意义在于，它重申了日美安全保障体制的重要性，以及对日美军事同盟关系进行了重新定位。此外，在《日美安全保障联合宣言》发表的同时，日美双方还签署了《日美相互提供物资与劳务协定》。该协定是日美多年来的一个悬案，通过缔结该协定，在增加日美间军事合作的灵活性方面向前迈进了一步。另外，在《日美安全保障联合宣言》中还涉及了《日美防卫合作指导方针》的修改与"日本周边可能发生的事态会给日本的和平与安全造成重要影响时"日美间进行合作的研究，并具体地提出了将要修改 1978 年制定的《日美防卫合作指导方针》，从而进一步密切了日美两国军队间的合作关系。

（三）根据《日美安全保障联合宣言》，日美两国从 1996 年 6 月开始修订日美《防卫合作指导方针》

1997 年 9 月 23 日，日美发表了新《防卫合作指导方针》，即

"97指针"。在修订过程中进行的讨论已经以修订进展状况报告（1996年9月）以及修订的中期报告（1997年6月）的形式先后发表。

关于修订《日美防卫合作指导方针》的背景和原因，如前所述，旧指针（"78指针)制定于1978年11月。冷战结束后，日美两国政府一直就日美安全保障体制的意义与作用等进行密切协商。作为其成果，1996年4月，日美两国发表了《日美安全保障联合宣言》，重申日美安全保障关系是维护亚太地区在21世纪稳定与繁荣的基础。其中，为增进日本与美国业已建立的紧密合作关系，两国政府就修改旧指针达成了一致意见。按照日本政府的解释，修改旧指针有如下考虑：一是旧指针是以旧大纲为基础制定的。鉴于日本国内外的各种形势已发生变化，日本于1995年11月制定了新大纲（"95大纲"）。新大纲在再次强调了坚持日美安全保障体制的同时，认为应努力实施诸如建立有效合作态势等各种对策，以提高日美安全保障体制的信赖度，使其发挥有效作用。因此，对明确日美军事合作基本事项的旧指针的内容进行修改是十分必要的。二是冷战结束后，亚太地区依然存在着一些不稳定因素，日本周边地区仍有可能发生对日本的和平与安全产生重要影响的事态。在发生这种事态时，包括防卫事态扩大在内，日本采取适当的对策有助于保障日本自身的安全。为了采取更适当的、更有效的对策，新大纲力求顺利而有效地运用日美安全保障体制。但是并没有明确日美两国在发生上述事态时应开展哪些具体合作，例如因日本宪法或现行法律的原因可以实施或不能实施合作的领域，或无法做出准确判断的领域。三是此前日本防卫厅与美军一直在进行以旧指针为基础的研究。这些研究包括有关日本遭受侵略时的联合作战计划、有关保卫海上交通线以及有关日美防卫装备通用性等方面。迄今为止，上述研究已取得一定的成果，双方均认识到日美联合作业有助于增进日本自卫队与美军的相互理解和信任。

关于"97指针"的内容和意义，按照日本军方的解释，日美在该指针下进行的防卫合作是以下述四个基本前提和看法为基础的，即"（1）不改变日美同盟关系的基本框架。（2）日本的行动应在宪法制约的范围内，依据'专守防卫'、'无核三原则'等基本方针实施。（3）日美两国的行为应符合和平解决争端、主权平等的国际法的基本原则以及联合国宪章等有关的国际法规。（4）日美两国政府依据各自的判断，将新指针反映在具体的政策和措施中"。

按照日本防卫厅的说法，制定"97指针"的目的有以下两点：一是构筑牢固的基础，以在平时和发生针对日本的武力进攻以及发生周边事态时，日美两国开展更为有效且值得信赖的合作；二是就日美两国平时和发生紧急事态时应发挥的作用，以及合作与协调的方式，明确基本框架及方向。"97指针"规定了新时期日美防卫合作包括平时的合作、日本有事时的合作和日本周边有事时的合作等，其中日本周边有事时的合作是核心，它包括了三个方面的40项具体合作事项。这些事项主要有：日本自卫队为美军搜集情况、进行监视、排除水雷，日本在本国领土乃至与"战斗地区"毗邻的日本周围公海及空中，对美军展开全面的后方支援，确保美军能够临时使用自卫队设施、民间机场和港口等。

在对付"周边事态"问题上，"97指针"明确"日本将根据需要提供新的设施和区域，同时确保美军临时使用民用机场和港口。另外，后方地区支援与对付周边事态相关联，日本对美军可以提供的支援限定在与展开战斗行动的地区划清界线的地区，所以日本对美军的支援主要是根据日本的领域和状况在日本周边的公海及其上空进行"。

关于"周边事态"的概念，"97指针"明确表示"它不是地理概念，而是着眼于事态性质"。

为了在"97指针"下有效地推进日美防卫合作，日美两国将在平时、日本遭到武力攻击及发生周边事态等安全保障的各种情况下，抓住一切机会交换情报，进行政策协商。为了调整政策、作战和行动领域，双方决定建立两个机构：一个是"全面的机构"，其目的是在就联合作战计划和相互合作计划进行研究的同时，确立共同的标准和实施要领，不仅自卫队和美军，而且两国的其他有关机构也将参加这一机构。另一个是为了调整日美在紧急事态中的行动而在平时建立的"调整机构"。可以看出，"97指针"的一大意义就是明确了日本在发生周边事态时日本自卫队对美军的作战行动提供合作。

综上所述，"97指针"超越了日本当时的防卫政策、军事战略及法律的主要内容，具体表现在：（1）日美军事合作关系发生了质变，由以保卫日本为主的内向型合作关系转向了以介入周边地区事务为主的外向型合作关系。这就突破了"专守防卫"军事战略和宪法规定的禁止行使"集体自卫权"的约束。（2）扩大了日美安全合作的范围，对"周边事态"作暧昧的解释，称"周边事态的概念不是地理概念，而是着眼于事态的性质"，这种棉里藏针的做法将为日美随意在周边地区进行军事干预埋下伏笔。（3）采取军事行动自行判定，"97指针"规定，"日美两国应根据各自的判断，以适当的形式，把努力实施新指针，以及在新指针下开展合作的结果反映到各自的具体政策及措施中"。这就是说，"97指针"虽然有许多合作项目还不符合日本"国内法律"，但可通过事后立法来解决，而且日本政府已提出要完善"有事法制"，这是一种通过军事先行、立法在后的方式绕过和平宪法有关限制的危险倾向。（4）开辟了日美防卫合作的新领域，包括通过共同对付"周边事态"，使日美安全保障体制和日本自卫队的作用扩大到周边地区；使日美合作及日本对美军的支援由战时扩大到平时；成立具有统一司令部职能的"日美联合协调所"，为在必要时统一运用日本自卫队及美军创造了条件。由此可见，随着"97指针"的出台和实施，不仅日美军事同盟关系得到进一步深化，日美安全保障体制的合作内容进一步具体化，而且日本自卫队的职能作用和军事行动范围也进一步增大了。

（四）制订"97指针"的相关配套法案

1999年5月，日本政府批准了与"97指针"相关的三项法案，即《周边事态法案》、《自卫队法修正案》、《日美相互提供物资和劳务协定修正案》，1999年4月和5月，日本众议院和参议院分别表决通过了以上相关三法案。这三项法案是对"97指针"做出的法律上的修改和补充。它的出台意味着日本为今后随时参与美军的干预行动完成了立法程序，从法律上明确了自卫队要协助美军干预所谓的"周边事态"的方针，标志着日本要开始成为美国推行全球霸权的工具。

其中，《周边事态法案》规定，当日本"周边地区"发生对日本的安全与和平产生重大影响的事态时，日本可"适当而迅速地实施后方地区支援、后方地区搜索救助活动和其他旨在对付周边事态的必要措施，以努力确保日本的和平与安全"。其中"后方地区支援"指的是"发生周边事态时，日本自卫队对美军的行动提供物资、劳务、方便和其他支援措施。""后方地区搜索救助活动"指的是"对因发生周边事态过程中进行的战斗行为（指作为国际武力争端的一部分而进行的杀伤人员或破坏物品的行为）而遇难的参加战斗力人员进行的搜索或救助活动（包括运送已被救助的人）。""后方地区"指的是"我国领域和现在没有发生战斗行为并被确认在整个活动期间不会发生战斗行为的我国周边公海（包括有关海洋法的联合国条约所规定的专属经济区）及其上空范围。"

另外，为进行"后方地区支援"和"后方地区搜索救助活动"，日本自卫队向美军提供的物资和劳务的内容包括补给、运输、维护和修理、医疗、通信、机场和港湾业务、基地业务等。《周边事态法》还规定了日本自卫队员在进行"后方地区支援"和"后方地区搜索救助活动"时，"为保护自己或与自己一起执行该任务的人的生命或身体，在有充分的理由认为不得已和必要的情况下，根据其事态，在认为是合理的必要的限度内可以使用武器"。

由于现代战争并无"后方"与"前方"之分，所以，战时日本自卫队在对美军进行后方支援时，进行情报收集、警戒监视、运送弹药等行动，以及规定自卫队员可以在上述条件下"使用武器"，这都意味着自卫队实际上是在与美军共同作战，是在行使日本宪法所明确禁止的"集体自卫权"。

《自卫队法修正案》规定，自卫队的运输机可以派往国外，用来在发生动乱和灾害的地区运送受困的日本人和外国人；还规定在发生周边事态时，自卫队"在不妨碍自卫队执行任务的限度内，可以作为后方地区支援而提供物资"，"可以作为后方地区支援而提供劳务"、可以"进行后方地区搜索救助活动"。

关于《日美相互提供物资与劳务协定》，该协定本来是日美两国于1996年4月15日签署的，6月经日本国会批准，10月起正式生效。事隔两年，1998年4月，日本政府批准了经过重新修订的《日美相互提供物资与劳务协定修正案》。该协定的目的是"顺利而有效地运用日美安全保障条约，并为联合国的国际和平努力做出积极的贡献"。该协定的原则是，自卫队和美军任何一方要求提供物资或劳务时，另一方就可以提供。该协定适用于联合训练、联合国维持和平行动以及国际人道主义救援活动等。该协定涉及的对象包括：粮食、水、住宿、运输（包括武器弹药的运输）、燃料、油脂、润滑油、被服、通信、卫生业务、基地支援、保管、设施的利用、训练业务、零件、成品、维修、保养以及机场和港口业务等。

该协定称："在依据本协定所提供的物资中，有的属于'武器出口三原则'禁止的范围，但鉴于本协定的内容及意义，提供的物资可不遵循'武器出口三原则'。然而，本协定又规定所提供的物资或劳务只要违反联合国宪章就禁止使用，未经提供方政府的事先同意不得向第三国转让，以此来避免助长国际冲突，确保'武器出口三原则'的基本方针。"

冷战结束后，特别是从 20 世纪 90 年代中期以来，日本一年一个新举措，从"95 大纲"的出台到"有事法制"的制定，人们不难看出，经过第三次调整后的日本"专守防卫"军事战略已经绕过了日本"和平宪法"的限制，使"专守防卫"的内涵和外延得到了极大的延伸与拓展，更加突出了日本军事力量的作用，同时还扩大了日美安全合作的领域和范畴，在世人面前树立了"主动先制"的形象。

（五）与美国合作，共同开展战区导弹防御系统的技术研究

1999 年 8 月 16 日，日本同美国签署了有关共同研究和发展战区导弹防御系统（TMD）的换文和备忘录，加快了与美国共同研制战区导弹防御系统的步伐。以此为开端，日美联合技术开发进入了实质性阶段。根据日美共同研究 TMD 的备忘录，日美共同研究的主要内容包括：识别和追踪目标的红外线传感器；直击和破坏对方弹头的能动弹头；防止空气和弹头剧烈摩擦的弹头保护装置；三级导弹中第二级火箭的推进装置。按照日美战区导弹防御系统的发展计划，此备忘录只适用于此后两三年的设计阶段，设计阶段结束后，日美两国再交换试制和实验的新备忘录。为了保证研究开发工作的顺利进展，同年 10 月 22 日，日美两国进行了战区导弹防御系统第 13 次高级磋商，相互通报了技术研究的进展情况。

截止 1999 年 2 月，日本在战区导弹防御系统建设中已投入经费 15.32 亿日元。据防卫厅估算，在此后 5 年内还需投入大约

200～300 亿日元。为了确保日美联合导弹防御技术的开发，日本防卫厅在 1999 年度防卫预算中拨款 9.62 亿日元，正式开展与美国的联合技术研究，并在 2000 年度防卫预算中再次列入 20.6 亿日元的 TMD 研究经费。日本从现实和效果两个方面考虑，确定重点研究"海上部署型高空拦截系统"（NTWD），以配备在 4 艘"宙斯盾"导弹驱逐舰上。作为战区导弹防御系统的重要组成部分，日本防卫厅在拟定的《2001～2005 年度中期防卫力量发展计划》中，决定引进 2 艘可用于截击导弹的新型"宙期盾"驱逐舰和"PAC—3 导弹"（"爱国者 3"拦截导弹）。日美战区导弹防御系统的技术研究开发阶段预定需 4～5 年。技术研究开发阶段结束后，日本在充分研究其技术上的可行性及日本防卫政策的基础上，再决定具体的开发和实战部署。据防卫厅估算，日本要建立战区导弹防御系统至少需要 100～200 亿美元的费用。

关于日美战区导弹防御系统的建设，日本外务省和防卫厅认为，它"能够密切日美军事同盟关系，构筑有效的防卫体系，以遏制弹道导弹及核、生、化武器所带来的威胁"。美国在 1999 年度国防报告中则宣称："TMD 的目的是与'核保护伞'相结合，将'同盟国家和友好国家'纳入 TMD 的保护网，防止其他国家拥有核、生、化武器和弹道导弹。"由此可见，日美战区导弹防御系统是日美实施联合军事遏制战略的一大支柱。截至 2000 年，日本已拥有包括 4 架"E—767"大型预警指挥飞机（其雷达探测距离能深入中国东部国土和沿海）、24 套"爱国者—3"型防空导弹系统、4 艘可发射 36 枚海基高空拦截导弹的"宙斯盾"驱逐舰等在内的可用于战区导弹防御系统的基础武器系统，初步构筑起由海基导弹中远段防御系统和陆基导弹末段防御系统组成的高低空双层拦截防御体系，并制定了矛头针对中国和朝鲜的多层次防御系统方案。

日美联合研制战区导弹防御系统，必然会对亚太地区的安全形势产生重要影响，也势必会打破地区的军事平衡，而且还事实上引起了新一轮的军备竞赛。虽然亚太地区各国和日本国内的许多民众期望日本政府能够慎重行事，不要采取影响和危胁地区战略安全环境的消极举措，为亚太地区的和平与稳定做出努力，但事实证明：日本政府和防卫当局对此置若罔闻，始终我行我素，多年来一直在致力于同美国共同研发和部署建设导弹防御系统，已经造成了地区军事力量失衡的危险。

（六）为干预"周边事态"，日本开始着手制定"有事法制"

2000 年 9 月 18 日，日本首相森喜朗提出制定在日本争议了多年的"有事法制"，并于 10 月责成防卫厅长官虎岛和夫等有关政府内阁成员着手进行制定法案的前期准备工作。制定"有事法制"的主要目的在于，当有可能发生对日本的和平与安全产生重要影响的"周边事态"时，可以调动自卫队所属部队、构筑阵地、征用土地、运输物资等，为日本今后干预"周边事态"制造法律依据。据此，日本政府成立了一个由政府有关部门组成的专门机构，具体负责制定自卫队法修正案及相关法案，计划于 2003 年向国会众参两院提交这些法案，力促国会予以通过。此外，2000 年 11 月 30 日，日本政府通过了《船舶检查活动法》。根据该法的规定，当发生所谓"周边事态"时，自卫队可以对在日本领海、周边公海航行的其他国家船舶进行登船检查，必要时有权要求被检查船舶改变航线。这些举措表明，日本在冷战结束之后的十多年里，一直在努力通过不断制定和出台各类相关法案逐步消除法律上特别是日本战后宪法对自卫队行动的各种禁锢，以完成"合法"干预"周边事态"的各种法律程序。

关于"有事法制"的制定问题，实际上日本酝酿已久。据有关资料记载，日本从 1977 年就试图制定"有事法制"，但由于当时日本国内的强烈反对以及国际社会的批评，此事一直在"水面下操作"，处于研究阶段。进入 20 世纪 90 年代后，随着与军事有关的法律的修改或制定，特别是自卫队法的几次修改和"海外派兵法"、"周边事态法"等的相继通过，使自卫队的职能范围尤其是赴海外执行任务的范围不断扩大，并可使自卫队在未来出现所谓"周边事态"时能够采取相应的军事行动。在这种情况下，日本开始重新启动研究制定"有事法制"的工作，并加紧为制定"有事法制"制造舆论。经过多年的舆论造势和准备工作，森喜朗在90年代末期就任首相后认为时机终于已经成熟，决定正式启动"有事法制"的制定工作。日本恰逢此时正式提出制定"有事法制"，显然是想在未来修改宪法之前使1997年重新制定的《日美防卫合作指导方针》的相关法案更具法律依据，为日本参与美军的干预行动制造"合理"、"合法"的理由和藉口，这种做法必然导致了日美防卫合作的范围及自卫队职能的双重扩展。

第二节 拒止与拓展（2001—2010 年）
——冷战结束后日本军事战略的第二次调整

一、冷战结束后日本对"专守防卫"军事战略进行第二次调整的相关背景

进入21世纪后，日本认为国际安全环境进一步发生了深刻变化，必须对其军事战略做出新的调整。这次调整的主要背景是，2001年"9·11"事件发生后，日本认为其面临的内外安全环境再次发生重大的变化，国际战略环境中诸如恐怖主义、大规模毁伤性武器的扩散等非传统安全威胁因素明显增多，"21世纪的安全保障掀开了新的一页。那种认为安全的主要问题仅来自于国家的威

胁的时代已一去不复返，必须从正面认真思考来自恐怖主义和国际犯罪集团等非国家主体的威胁问题，并制定相应的安全政策"①。与此同时，日本还认为，国家间的安全问题同样也并未彻底消失，"世界各地频仍的内战、民族矛盾、政权不稳等情况，正成为冷战结束后军事冲突的主要根源，潜在着演变为国际军事对峙的可能性"②，在东亚地区仍"存在着两个核大国（俄罗期和中国）以及一个始终不肯放弃开发核武器念头的国家（朝鲜）"，日本同朝鲜之间的国家对立依然存在，尤其是朝鲜开发远程弹道导弹和涉嫌研制核武器等威胁在上升，朝核问题正成为"地区安全中重大的不稳定因素"，日本同有关邻国的领土纠纷加剧，朝鲜半岛和台湾海峡随时可能出现危机。对于中国，日本则认为，"对本地区安全有着重大影响力的中国，在推进核力量和海空军现代化的同时，正在谋求海洋活动范围的扩大，对这种动向今后仍需关注"。日本森野军事研究所在《日本的安全环境与面临的威胁》中指出："仅就军事而言，必须考虑到过去预想的来自陆海空正规军的直接进攻与恐怖活动、游击队、使用大规模杀伤性武器等非对称军事威胁同时发生的可能性。"③ 有鉴于此，日本综合认为，"目前世界安全形势远比过去复杂"，"发生非国家主体可能发动的极尽想象的恐怖袭击"和"由国家主体发动的典型战争"的可能性俱存，加之"其中间存在着由各种情况交错而引起的危险"，总体看"国际安全环境不容乐观"。基于上述判断，日本政府和防卫当局一致认为，亟需通过大力发展军备，增强军事实力来防止和消除威胁，运用军事手段积极主动改善安全环境。于是，美国先后发动阿富汗战争和伊拉克战争后，日本在迅速推出《恐怖对策特别措施法》

① 《面向未来的安全保障与防卫力量构想》，安全保障与防卫力量恳谈会，《世界军事参考》（军事科学院），2004 年第 98 期。

② 同上。

③ 《日本的安全环境与面临的威胁》，《军事研究》2003 年 1 月号。

等"反恐法案"，规定日本可在全世界范围内协助美国进行反恐活动的同时，很快实现了军事力量行动范围的对外拓展。另外，在日本国内，经历了经济上"失去的十年"和政坛的剧烈振荡后，脆弱的国民心理逐渐异变为民族主义情绪，从而自然形成了对改变现状的强烈渴求。而此时，高举"改革无禁区"大旗的小泉纯一郎就任首相后，很快便以其大刀阔斧的"改革"形象赢得了日本国民的认同，其"鹰派"作风重新点燃了日本民众的改革期冀。上台初期，小泉内阁的支持率扶摇直上，高达 80% 以上的支持率成为战后日本政坛的神话，这无疑使得小泉政府更加踌躇满志。在此情况下，2004 年 5 月，日本首相智囊团向小泉提交了《安全与防卫研究报告》。该报告提出的政策建议多被防卫厅采纳，成为制定 2005 年起执行的新《防卫计划大纲》的理论基础。该报告指出："日本调整 1995 年制定的《防卫计划大纲》，制定新的军事战略时，要使自卫队的活动范围超越本土防卫，再进一步向海外展开，不可避免地将涉及到基础防卫力量的改革。届时，不仅要考虑本土防卫，为应对国际恐怖主义等新型威胁，还必须具体研究与盟国之间的职责分工等问题。"2004 年 10 月，日本首相的咨询机构"安全保障与防卫力量恳谈会"在向小泉提交的《面向未来的安全保障与防卫力量构想》报告（"04 报告"）① 中，提出了日本新的国家安全战略，即"统合安全保障战略"。该战略主张统一运用一切手段，实现"保卫日本和改善国际安全环境"两大战略目标。"04 报告"出台的主要目的就是为日本修改《防卫计划大纲》提供决策咨询和重要参考。国家安全战略的调整牵引了军事战略的调整。经过多方造势和反复酝酿、研究论证，2004 年 12 月，日本终于对其所谓"专守防卫"军事战略方针进行了冷战后的第二

---

①　吕川：《面向未来的安全保障与防卫力量构想》，安全保障与防卫力量恳谈会，《世界军事参考》（军事科学院），2004 年第 98 期。

次重大调整，归纳起来，这也是自 1970 年 "专守防卫" 军事战略方针首次提出以后，日本政府第四次正式调整其军事战略。其主要标志是：2004 年 12 月，日本政府重新修改颁布了新《防卫计划大纲》（以下称 "04 大纲"）。虽然日本在 "04 大纲" 中依然强调继续坚持 "专守防卫" 的军事战略方针，但从此次战略调整的主要内容看，日本所谓的 "专守防卫" 军事战略已具有鲜明的 "积极防卫" 特征。"04 大纲" 的颁布及其前后出台的对策等相关三法（2001 年 11 月）、《伊拉克重建支援特别措施法》（2003 年 8 月实行）、《武力攻击事态法案》等有事法制相关十法（2003 年 6 月、2004 年 6 月）、《反海盗法》（2009 年 6 月）等一系列相关法律，事实上绕开了和平宪法对日本发展军事力量和拓展军事行动范围，以及行使 "集体自卫权" 的严格限制，描绘出日本冷战后第二次军事战略调整的整体轮廓。

二、冷战结束后日本第二次调整 "专守防卫" 军事战略的主要内容和特点

这次军事战略调整的重点主要体现在几个方面：在威胁判断上，提出新威胁观，除继续渲染传统威胁外，开始强调新型威胁和多种事态。在战略指导上，继续标榜坚持 "专守防卫" 军事战略方针的同时，注重强调积极主动的战略原则，积极防御来自周边邻国的威胁和通过积极主动地改善国际安全保障环境预防威胁。在兵力部署上，调整作战重点，以 "西南部" 为军事战略重点方向，其防御体系开始由重视北方向西南方向转移。在军事力量职能作用上，扩大军事力量的职能范围，提出 "周边事态" 的新概念，将日美安全保障体制的作用范围扩大到亚太乃至世界范围，使日本自卫队加紧由内卫型向外向型转变。在军队建设上，坚持质量建军原则，确立了 "快速、机动、多能、灵活、有效" 的建

军目标，加快推进自卫队改革，重点发展海、空自卫队力量，建设一支"合理、高效、精干"的军事力量。在联盟战略上，强调建立新型日美军事合作关系，推进日美军事一体化，充分借助美国的力量，实现"共同保卫日本、共同应对周边事态、共同应对全球性问题"的目的。其主要内容和特点大体表现为：

（一）提出"新型威胁和多种事态"的新威胁观，为军事战略调整提供理论依据

"9·11"事件的爆发促使日本的威胁观发生了改变。"04大纲"提出，国际安全环境"已不单纯是以往那种以国家间军事对峙为核心的问题，国际恐怖组织等非国家主体正在成为重大的威胁"，"日本面对的不再是冷战型的威胁，而是大规模毁伤性武器和恐怖主义等新型威胁，以及给日本的和平与安全带来影响的多种事态"。为此，日本认为国际社会需要通过密切的安全合作，以有效应对"包括大规模杀伤武器和弹道导弹的进一步扩散、国际恐怖组织活动等在内的新威胁以及影响和平与安全的多种事态"。在战略目标上，日本提出"防止和排除直接威胁"、"改善国际安全保障环境"两大目标。

对于周边安全环境，"04大纲"在继续对俄罗斯在远东地区包括核力量在内的大规模军事存在表示忧虑的同时，首次对朝鲜和中国给予了"特殊关照"。认为，"北朝鲜在进行大规模杀伤性武器及弹道导弹的开发、部署、扩散等的同时，还保持着大规模的特种部队"，其军事动向是地区安全中的"重大不稳定因素"；而"对本地区安全拥有重大影响力的中国"，正在通过"推动核力量、导弹力量和海空军的现代化"，谋求扩大海洋活动范围，对此需"加以关注"。事实上，日本对中国的"关注"已超出其字面范畴，从本质上讲就是防范和遏制。据日本《东京新闻》2004年11月8日透露，日本防卫部门曾设想未来与中国发生军事冲突的三种可

能动因，即台湾问题、钓鱼岛问题和东海大陆架划界问题，并为应对此种"事态"制定了作战计划。

很显然，日本这一新威胁观中包含着两大因素。一是国际安全环境中的"新型威胁和多种事态"，已不单单是某一国家所能够独自应对的问题，在国际安全合作中，日本理所当然地应当承担相应的责任。二是地区安全中的中国和朝鲜因素正在上升，日本必须通过更加积极主动的安全作为，确保地区的和平与稳定。不难看出，这正是日本这一时期以拒止和拓展为主要内涵的军事战略的理论原点。

概括地说，日本认为其面临着三大威胁：传统威胁、新型威胁和多种事态。所谓"传统威胁"是指"朝鲜半岛的军事对峙、朝核问题及台海问题"。所谓"新型威胁"是指"大规模毁伤性武器和弹道导弹扩散、国际恐怖组织活动等"。所谓"多种事态"是指危害日本安全的五种样式："导弹袭击、游击队和特种部队的袭击、侵占岛屿、侵犯领空行为，以及特工船非法侵入"等。根据威胁程度，日本认为的威胁对象依次是朝鲜、中国和俄罗斯。实际上，这一时期，在日本防卫当局的战略判断中，能够对其进行"武力攻击"或构成"军事威胁"的主要国家就是朝鲜和中国。①

（二）配合驻日美军部署调整，全力推进日美军事一体化

自 2005 年以来，伴随着驻日美军部署的全面调整，日美明显加大了在战略层面的磋商力度。2005 年 2 月，日美安全保障磋商委员会会议（"2＋2"会议）② 发表联合声明（被称为日美"新安

---

① 《冷战后日本军事战略思维的基本规律探析》，《日本学刊》2006 年第 3 期，第 48 页。

② 日美安全保障磋商委员会会议，简称"2＋2"会议，是由分别负责两国外交和国防的主要官员，通常由美国国务卿、国防部长和日本外交大臣、防卫大臣参加以安全保障问题为主的双边磋商会议。

保声明"），明确了美日两国在亚太地区和全球范围内的"共同战略目标"，重新定位了日美两国各自的作用、任务和能力，提高了日本在同盟中的地位，加快了日美军事一体化的进程。在联合声明所确定的 12 项地区战略目标中，有 3 项内容与中国有关，其中甚至涉及到了中国的核心利益问题。除了提出"发展与中国的合作关系，欢迎该国在地区及全球事务中扮演负责任及建设性的作用"外，还首次将我台湾问题和军事力量发展纳入日美需重点关注和干预的"共同战略目标"，称"鼓励通过对话和平解决台湾海峡相关问题"。这是日美两国首次在台湾问题上联手表态，特别是日本一改含糊其辞的态度走上前台。① 该联合声明成为日美军事同盟进一步强化的指针性文件，意味着台湾问题已与日美同盟直接挂钩，凸显了日美意欲通过台湾问题阻止中国统一，迟滞中国发展的深远战略企图。

经过多年的讨论和协调，2005 年 10 月 29 日，日美安全保障磋商委员会发表了驻日美军调整的"中期报告"，美第一军司令部从本土迁至日本后负责指挥朝鲜半岛应急作战；2006 年 5 月 1 日，日美安全保障磋商委员会发表"日美整编实施路线图"，宣告结束了两国在军事一体化方面的政策调整，确定了具体的推进计划。2006 年 6 月 29 日，日美首脑会晤后发表了题为"新世纪的日美同盟"的联合声明，为"世界中的日美同盟"做出定位，并对两国军事同盟关系的调整与发展表示满意。

从"日美整编实施路线图"的内容来看，在整编计划方面，除有部分内容的微调外，基本认可了 2005 年 10 月 29 日的"中期报

---

① 根据《周边事态法》，日本在"周边地区"发生威胁其安全的事态时将向美军提供支援。但对"周边地区"是否包括台湾海峡，日本政府一直未予明确，仅表示对台海局势的"关注"；而此次的立场至少有两个变化：一是"关注"方式从口头到文件，二是与美国共同表态。胡继平：《美日"共同战略目标"与日本涉台立场变化》，《现代国际关系》2005 年第 3 期，第 35 页。

告":

1. 驻冲绳美军的调整整编。包括建设普天间机场的替代设施，驻日美军兵力削减、部分兵力调整移驻至关岛，以及归还桑江兵营及油库、瑞庆览兵营、普天间机场、牧港补给区和那霸港口等项目。

2. 强化驻日美陆军司令部的能力。包括在 2008 年前完成对驻日美陆军司令部的改编，日陆军中央快速反应集团司令部在 2012 年前移驻座间兵营，从而实现日美两军双方司令部的并设、推进日美军事一体化建设等内容。

3. 横田机场及其所属空域的调整。日本自卫队航空总队司令部及相关部队与驻日美军第 5 航空队司令部并设横田机场，设立日美联军运用调整所，美军将部分横田空域的管制业务归还日本并实现机场的军民共用等。

4. 转移美军航空母舰舰载机基地。美第 5 航母舰载机联队从厚木机场移驻岩国基地，日本海上自卫队 E—P3 等飞行队与其对调，选定并研讨建设永久性美航母舰载机起降训练设施等。

5. 导弹防御。美军将新型 X 波段雷达部署于日本航空自卫队的车力基地，美日共享该雷达的侦测数据，在现有驻日美军基地内部署"爱国者 3"型防空导弹等。

6. 调整训练设施。包括双方共同制定 2007 年度以后的共同训练年度计划，双方使用日本自卫队设施进行共同训练和演习，取消日本自卫队设施共同使用条件中有关共同训练次数的限制等。

从上述"日美整编实施路线图"的具体内容以及两个联合声明基本内容的精神来看，此轮日美同盟关系的调整至少达成了以下三个目的：一是确立了日美在共同战略目标上携手处理地区乃至全球安全事务的"世界中的日美同盟"关系的态势；二是美国完成了在西太平洋地区指挥系统与兵力结构的优化，提高了在地区乃至全球范围内的危机反应能力，而日本则借此在一定程度上解决或缓解了其在驻日美军基地问题上所面临的诸多压力和难题，并在一定程度上推动了其体制编制与兵力部署的调整，可谓双方各有所得。三是双方通过共用训练设施、强化共同训练、并设指挥机构，以及设立"联军作战调整所"等方面所取得的实质性进展，大大加快了日美军事一体化的进程。

从这一调整时期日美军事同盟关系发展的总体情况来看，尽管2009年9月日本民主党上台后，日美间关系曾经出现过短暂的波折，但随着后期民主党政权的政策性回归与调整，日美同盟关系正越来越密切，日美安全保障合作的范围和内容变得越来越广泛和深入，日美双方军事一体化的进程也得到稳步推进。

（三）扩大"周边事态"范围，注重防止危机于未然

自"97指针"提出"周边事态"概念，并将其定义为非地理性概念之后，1999年《周边事态法》进而提出了"准有事"概念，即"如置之不理则可能发展成为对我国的直接武力攻击之事态等"，将日本的所谓"有事应对"时机推至危机发生之前。2003年5月15日和6月6日，日本国会众参两院分别以绝对多数的赞成票通过"有事法制"相关法案后，日本又进一步提出了"推断有事"的新概念，声称"有事"包括"已发生武力攻击之事态或事态紧迫、预测可能遭受的武力攻击事态"，这无疑扩大了"有事"的外延，同时也体现了日本在危机应对方面更大的自主性和随意性。2003年2月13日，时任防卫厅长官石破茂公然宣称："如果日本有确切情报证明朝鲜有用导弹袭击日本的计划，那么日本一定会对朝实施先发制人打击。"① 同年9月，石破茂在接受记者采访时还有意强调，如果台湾海峡发生"战争"，那也属于"有事"

---

① ［日］《朝日新闻》2003年2月13日。

范围。① 值得一提的是，2001 年 12 月 22 日，日本海上自卫队在东海公海海域发现 1 艘所谓"可疑船只"，立即派遣 14 架飞机、20 多艘巡逻船，甚至还包括"宙斯盾"驱逐舰和护卫舰主动出击，不仅在国际公海上击沉了该船，而且造成 2 名船员死亡、15 人落水。很显然，与以往的"集体防御"、"依美防卫"、"专守防卫"和"前方阻止"军事战略相对比，日本军事战略已发生了很大变化。日本在军事上的这一突出变化，清楚地表明日本已经摒弃以往立足于"防卫"的被动式"危机反应"战略，开始注重强调对危机的"先期预防与拒止"，其战略判断上的主观随意、军事手段运用上的先制威慑及武力行动范围的无限扩张具有非常明显的主动干预色彩，已经开始具备"主动出击"、"积极遏止"等攻势战略色彩。

（四）明确军事力量的内外职能定位，推动其性质转型

"04 大纲"为新时期日本军事力量的职能进行了重新定位，即"保卫日本"和"预防国际性威胁"。很显然，日本自卫队在职能上的这一转变与其军事战略方针的调整是完全吻合的，同时它也必然会带动日本军事力量性质的根本性转变，即由内卫型的"自卫队"向内外结合型的"国防军"转型。2004 年 11 月，执政的自民党在提出的宪法修改案中就公开提出将"自卫队"更名为"自卫军"，这是一个明显的信号，表明日本在努力谋求其军事力量尽早摆脱战后"问题儿"的形象，想要堂堂正正地出现在国际军事舞台。

1. 本土防卫。根据"04 报告"和"04 大纲"，日本的军事力量须在密切与美国及国际社会合作的同时，承担起"保卫日本"的三大职能：一是应对源于国家间冲突的威胁；二是应对源于非

---

① 王屏：《与防卫厅长官谈"有事法"》，《澳亚周刊》2003 年 9 月号。

国家主体的威胁；三是应对大规模灾害等。

（1）在应对"源于国家间冲突的威胁"时，其基本判断有三点：第一，冷战时期作为重点防卫对象的正规武装入侵的威胁已经不复存在（重点指苏联）；第二，美军对核武器、弹道导弹威胁的遏制作用依然有效，但导弹防御系统可以进一步完善和增强美军的遏制能力；第三，日本必须能迅速应对游击队和特种部队向重要设施等发动的攻击行动、国内动乱、对岛屿地域的入侵，以及发生在周边海空域的非法军事行为等低强度的军事行动。鉴于以上判断，日本认为应着力在以下六个方面"建立具备必要的机能和更高的快速反应能力的体制"：一是岛屿防卫和排除周边海空域军事入侵；二是防护重要设施免遭游击队和特种部队的破坏以及防止事态扩大；三是对周边海域武装间谍船只等的警戒监视和及时处置；四是周边空域的警戒监视和领空侵犯处置；五是对弹道导弹攻击的早期预警和有效处置；六是关于周边各国军事动向的情报搜集与分析。为有效实施国土防卫任务，日本自卫队在平时和战时所执行的主要作战任务包括：一是警戒监视活动。即对日本领海和领空及其周边海空域进行警戒监视、搜集整理和分析防卫所必需的情报等活动。二是防空作战。认为根据日本的地理特点及现代战争的样式，敌国对日本进行侵略时，开始最有可能利用飞机和导弹发起突袭式攻击。对此，日本的防空可分为国土防空和区域防空。国土防空以空军为主体，以尽早发现和识别目标，并在尽可能远离本土的空域进行拦截，不使敌方获得空中优势，防止国民及本土遭受侵害，确保遂行防空作战的能力。区域防空由陆、海、空自卫队分别担负，主要任务是保卫各自的基地和部队安全等。三是周边海域的防卫及确保海上交通安全的作战。日本认为"日本有许多生存所必需的重要资源都依赖海外。因此，周边海域的防卫及维护海上交通的安全对于确保日本的生存基础不可或缺，并对确保续战能力和等待美军来援十分必要"，因此，日本自卫队必须遂行包括巡逻、警戒、护航和海上防空等在内的海上作战，以确保日本的海上交通安全。四是抗登陆反空降作战。根据登陆和空降作战的特点，认为日本"有必要尽量在前方应付，早期击溃入侵的地面部队"。并将抗登陆、反空降作战区分为"海上作战、海岸地区作战和内陆作战"三种样式。五是对其他各种事态的处置。主要包括对可疑船只和武装特工、恐怖袭击、核生化武器袭击和计算机攻击等的应急处置，以及"在日本周边地区发生武力冲突之类的事态等"时，适时采取措施实施难民搜救、撤侨和排雷等行动。

（2）在应对"源于非国家主体的威胁"时，强调日本自卫队必须具备能够应对包括生化武器在内的恐怖袭击的能力，同时保持高水平的快速反应和应急出动处置能力。这其中尤其强调要与警察部门等地方治安机构保持及时可靠联系与密切合作。

（3）在应付大规模灾害方面，强调日本自卫队要积极配合地方各级政府和消防、警察部门，切实予以应对。"如有关机构请求自卫队采取抢险救灾行动，自卫队应在有关机构的协助下，适时、妥善地实施抢险救灾等必要的行动，为安定民生做出贡献"，"如事态紧急，无暇等待请求时，亦可实施自主派遣"。日本自卫队实施的具体抢险救灾任务主要有：搜索下落不明者，紧急医疗救护，供水，紧急运送人员及物资装备等。

2. 海外参与。自20世纪90年代初期以来，日本的军事力量便逐步开始走出国门、迈向了海外军事参与的道路。1992年6月《联合国维持和平行动合作法》和《国际紧急救援队派遣法部分修订案》出台后，日本已先后向柬埔寨、莫桑比克、扎伊尔、戈兰高地和东帝汶等地派遣了维和部队。"9·11"事件后，随着《反恐怖特别措施法》、《伊拉克重建支援特别措施法》和《反海盗法》等的相继出台，日本先后在支援美国等国反恐和打击海盗、维护海上航道安全等旗号下，向外派遣了较大规模的武装部队。其中，日本以反恐名义首次将自卫队驱逐舰派往远离日本本土的印度洋为美军提供后勤支援。而伊拉克战争后，又借口援助伊拉克重建，在联合国框架之外首次将拥有重型装备的部队派至伊拉克。2007年，日本又把自卫队的海外派兵作为常规任务的法案交由参议院外交防卫委员会通过。另外，日本明确提出要在亚洲反海盗和海上恐怖主义的体制中发挥主导作用，以情报共享中心的支配者的身份来构建东南亚各国军事合作体制。日本企图通过此举把军事力量渗透到南亚海域，特别是马六甲海峡以及印度洋海域。2008年日本以"商船被海盗劫持、日本籍船长被杀"事件为由头，开始频繁在联合国进行运做，终于在2009年获得联合国粮食计划署授权，实现了向亚丁湾、索马里海域派出日本自卫队的"反海盗"护航编队，从而开辟了战后第一次独立向印度洋长期派遣海上自卫队人员和军舰的历史。特别是从2010年开始，日本又以保障自卫队打击在亚丁湾海域日渐猖獗的索马里海盗行动的名义，将其军事力量在海外行动的触角伸向远离日本万里之遥的非洲大陆及其海域，在位于"非洲之角"的国家吉布提，历史性地开始修建自二战结束以后日本的第一个海外军事基地，并长期向该区域轮换派遣自卫队军舰和P-3C"猎户座"巡逻飞机，试图实现日本自卫队人员和武器装备常年驻军海外。在"04报告"和"04大纲"将所谓"预防国际性威胁"确定为日本自卫队的主要职能后，可以看出，日本自卫队海外参与的渐进路线图已基本勾勒成形。其主要表现为：军事合作对象由美国扩大到美国以外的其他国家，其中，既包括了美国的一些主要军事盟友，还有在历史上或当下同中国存在领土或领海纠纷的国家，甚至还包括多年来同中国关系一直比较友好的国家；日本自卫队的军事行动范围已经由"周边地区"扩大到全球领域，通过海外派兵，日本在军事上又向成为正常国家迈进了一步；自卫队的海外派兵由平时扩大到战时，海外军事行动干预的色彩日渐浓厚；扩大了日本自卫队的武器使用权限，放宽了对致命性武器的使用限制；紧急情况下首相可直接下达防卫出动命令，扩大了首相的决策权。可以看出，在联合国的框架内或者以协助美军行动为由，以维和和反恐等名义逐步扩大日本自卫队海外参与力度一直是日本发展外向型军事力量的重要举措，这不仅会为其更广泛地参与国际安全事务提供藉口和机会，也是其走向军事大国过程中的必然选择。

3. 预防性军事外交。作为"本土防卫"和"海外参与"行动的必要补充，日本防卫当局对开展预防性军事外交，即双边及多边安全合作与交流态度积极。日本认为，"要建立国际社会稳定的安全保障环境，重要的是要增加各国现有军备及国防政策的透明度，通过防卫当局的对话、交流等加深信任关系，抑制不必要的军备增长，防止不测事态的发生及其扩大"。为此，日本防卫当局除积极参加包括东盟地区论坛、环太平洋岛国会谈、亚太地区安全对话即"香格里拉会议"等在内的与安全有关的国际性会议外，还由防卫厅（省）、防卫研究所和防卫大学分别主办各类安全研讨会，并派军官参加"西太平洋海军专题研讨会"和"太平洋地区后勤补给研讨会"等军事性会议。此外，日本防卫当局还分别与中国、韩国、俄罗斯、印度尼西亚、新加坡、菲律宾、泰国、马来西亚、柬埔寨、澳大利亚、加拿大等亚太地区各国及一些欧洲、美洲国家或举行安全磋商或进行军事交流。其中，近些年来日本尤其以反恐、确保海上航线安全和人道主义救援为由，辅之以军事援助手段，加大了对东南亚国家以及澳大利亚、印度等国施加影响，力求消除一些东南亚国家如马、新、印尼等国的对日防范，逐步渗透进了马六甲海峡及周边海域。上述举措在很大程度上提高了日本自卫队在亚太地区及国际军事领域的地位，扩大了日本军事力量在参与地区及全球安全事务方面的影响力。

（五）加强体制编制改革与装备发展，建设一支"多能、弹性、有效"的军事力量

"04 报告"和"04 大纲"为 21 世初期日本军事力量建设确定了新的发展方向，即放弃战后以来长期坚持的"基础防卫力量构想"，提出了建设"多能、弹性、有效"的军事力量新构想。其具体做法是：

1. 深化体制编制调整。其主要有三项重大举措

（1）改革防卫高层领导体制，谋求转变军事力量性质。防卫高层领导体制改革是日本军事体制改革的关键环节，同时也是决定日本军事转型方向的重要一步。这一改革主要包括两个方面的内容：一是"厅改省"；二是防卫省内部改革。

2007 年 1 月，日本防卫厅正式升格为防卫省。"厅改省"后，防卫部门的地位得到明显提高。首先，对比防卫厅长官，防卫大臣明显位高权重，不仅可以就重大防卫问题、相关法律制定和修订、高层人事安排和预算要求等提请内阁讨论，同时还从内阁总理大臣手中接管了除最高指挥监督权和"防卫出动命令"以外的所有军事权限，大幅提高了防务当局在国家安全事务中的决策权。其次，作为日本的"国防部"，防卫省的成立对于日本军事转型具有决定性的影响，不仅"解决了日本防务当局与其他国家国防部门的不对等地位"，更重要的是确立了防务部门在国家政治生活中的重要地位。这对尚未完成宪法第 9 条修改的日本而言，等于在事实上确立了"正常化国家"的"正常化军事体制"，意义非常重大。再次，作为连带效应，防卫省所辖的"自卫队"在实质上已经完成了向"正常化军队"的性质转型。

2008 年 7 月 15 日，"防卫省改革会议"向首相正式提交了改革论证报告。核心内容是日本自卫队的组织文化改革和防卫省的组织机构改革。报告建议对防卫省内部部局、联合参谋本部和军种参谋部进行彻底整合，将文官与现役军官混编为政策制定、指

挥运用、军队建设和行政管理、人事、教育与训练等四大职能部门。大体有两案：第一个案是四大部门全部纳入防卫省内部部局；另一个案是对后三个部门进行个案处理，即在现存体制的基础上进行职能与机构的调整。很显然，第一案更为彻底，更具颠覆性。由于联合参谋本部和军种参谋部全部并入防卫省内部部局，改革后的内部部局已经成为高度集权化的军事战略决策与军事指挥中枢。从报告的总体思路来看，此次改革主要针对的是防卫省事务层文官的过度集权以及部门和军种利益至上等弊端。正是出于此种考虑，四大部门全部采用"文军混编"，防卫省内部部局和四大参谋部也将重新进行拆分定位。"文军混编"冲击的是二战后半个多世纪以来日本军事体制的核心，即"文官控制"、"文官主导"制度，而内部部局与参谋部的拆分定位则触及了防卫省和日本军事力量现行所有部门和军种的既得利益。

尽管 2009 年 9 月民主党上台执政后日本政府叫停了上述改革方案，但防卫省改革是一个大的方向，也是日本防卫力量建设发展的大势所趋，所以其实施也是必然的。实际上，无论日本采取何种改革方案，防卫省改革都对日本的军事发展走向与军力建设产生了重大影响。

（2）成立联合参谋本部，完善联合作战指挥体制。2006 年 3 月，日本撤销于 1954 年成立的参谋长联席会议，成立联合参谋本部，开始实行作战一元化指挥和训用分离体制。以此为标志，日本自卫队联合作战指挥体制正式启动。联合参谋本部的主要职责是统一三军指挥与作战运用、协调自卫队兵力的海外派遣、引进导弹防御系统、完善对大规模恐怖活动的应急反应机制等。与以往仅为合议机制而长期权责有限的参联会相比，联合参谋本部被赋予了真正的指挥联合作战的权限，为在更高层级上实施联合作战、联军作战和联合行动的指挥，提高联合作战效能奠定了基础。

联合参谋本部的成立，实现了军令和军政的分离。联合参谋本部成立前，陆海空各自卫队的参谋长听从防卫大臣的指挥，参联会只是防卫大臣的咨询和协调机构。而联合参谋本部成立后，联合参谋长掌握作战指挥权（包括单一军种的作战指挥），军种参谋长退出作战指挥链，专门负责部队管理、军兵种的训练和提供本军种部队给联合参谋长及军种指挥官使用。新的联合作战指挥体制是：内阁总理大臣——防卫大臣——联合参谋长（联合参谋本部）——军种部队指挥官（陆上自卫队各军区司令、海上自卫队联合舰队司令、航空自卫队航空总队司令）和联合任务部队指挥官。另外，为确保联合作战的效能，日本还提高了情报本部的地位，把原来隶属于参联会的情报本部升格为直属防卫省。之所以要进行此项改革，主要是因为日本过去认为情报功能只是一个作战支援要素，而近年来随着周边安全形势、现代战争形态，以及联合作战方式和作战要素的不断变化，日本认为情报对高层决策和联合作战越来越重要，应将情报能力定位为军事力量核心要素之一。

与此同时，为适应联合作战的需求，日本自卫队在军种层面上同样也进行了旨在实现"军政、军令分离"的体制编制调整。其中，海上自卫队于2007年末完成改编后，联合舰队司令及各地方队总监成为海上自卫队军令系统的指挥官，护卫舰队、航空集团、潜艇舰队、扫雷队群等的司令则成为负责舰队训练和日常管理等任务的军政系统指挥官，战时为前者提供作战兵力。而陆上自卫队则计划在各军区之上设立"陆上总队"，陆上总队司令将与联合舰队司令、航空总队司令平级，位于军种指挥系统的顶层。

（3）调整部队体制编制，提高联合作战与远程机动作战能力。日本陆上自卫队的体制编制调整起步于1996年，最终完成了由冷战时期确立的"13师＋2混成旅"编制向"9师＋6旅"的改编。传统的重装师转变为轻型师、旅，并依据任务需求，将9个师中的7个师、6个旅中的4个旅指定为"快速反应现代化部队"，其余部队作为战略机动部队，以增强灵活应变能力。2007年3月，陆上

```
              ┌──────────────┐
              │  内阁总理大臣  │
              └──────┬───────┘
                     │
              ┌──────┴───────┐
              │   防卫大臣    │
              └──────┬───────┘
                     │
   ┌─────────────────┼─────────────────┐
┌──┴───────┐         │         ┌────────┴────────┐
│ 联合参谋长 │         │         │  情报本部部长    │
├──────────┤         │         ├─────────────────┤
│联合参谋本部│         │         │    情报本部      │
└──────────┘         │         │  (联合情报部)    │
                     │         └─────────────────┘
    ┌────────┬───────┼───────┬──────────────┐
┌───┴───┐┌───┴──┐┌───┴──┐┌───────┴──────┐
│陆上自卫│││联合舰队││航空总队││  联合任务部队  │
│队各军  ││司令等 ││司令等 ││  指挥官等     │
│区等    ││      ││      ││              │
└───────┘└──────┘└──────┘└──────────────┘
```

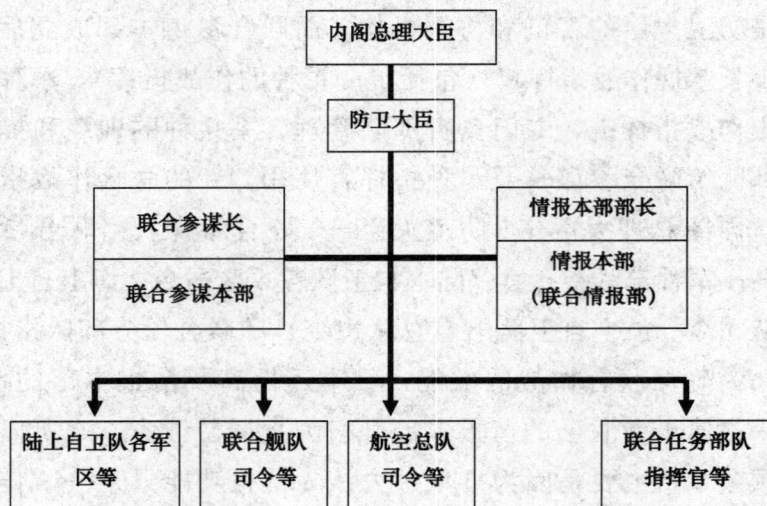

日本自卫队新的指挥体制

自卫队还组建了首支综合特种部队"中央快速反应集团",作为防卫大臣的直辖部队,这支 5000～6000 人的部队,接受联合参谋长和集团司令一元化指挥,主要遂行国际任务,包括反恐作战、反游击战和反特种战等,同时还担负对西南争议离岛紧急情况的快速应对处置任务,是日本自卫队参与海外军事行动的主要力量。此外,"中央快速反应集团"还包括负责探测化学武器和消毒任务的 101 化学防护队、负责使用轻武器进行巷战的第 1 师—部以及专司维和任务的"和平活动专门部队"等。

海上自卫队于 2007 年末完成了自创立以来最大规模的部队改编。在舰艇部队编成方面,各护卫队群(即所谓的"8·8 舰队")由原来的"旗舰、3 个护卫队"的体制改变为"DDH 群、DDG 群"① 体制,提高了今后遂行多样化任务的灵活运用能力。原属地方队的护卫队划归护卫队群,在各海上保安本部配合下主要遂行

---

① DDH 是指海上自卫队装备的直升机驱逐舰。

沿海海域的巡逻护卫任务。海上自卫队航空兵部队的固定翼巡逻机部队由 8 个航空队缩编为 4 个，旋转翼巡逻机部队由 9 个航空队缩编为 5 个，旋转翼救援机部队由 7 个航空队缩编为 6 个。改编后，海上自卫队的联合运用态势和遂行海外任务能力都得到了进一步的充实和加强。

航空自卫队虽未进行重大的结构性调整和改编，但通过组建空中加油/运输机实用试验队、部署新型自动雷达警戒管制系统JADGE、在冲绳部署 F—15 战斗机等举措，其联合作战能力、远程作战能力也在不断加强。

2. 发展高性能武器装备

近年来，日本通过不断加大武器装备的研发投入、重点引进远程机动作战武器装备、加强武器装备采购的统一管理等举措，积极开发和引进先进的武器装备，力求建立并保持在重点武器装备领域的相对优势，为军事力量的外向型发展及更好地军事干预海外事务提供坚实基础。

（1）确保采购和研发投入，推进武器装备高技术化。尽管日本军费开支一直比较紧张，但日本自卫队用于武器装备采购和研发的费用在年度预算中始终占有较高比例，以 2010 年为例，装备采购费为 7738 亿日元，占军费总额的 16.5%；研发费为 1588 亿日元，占军费总额的 3.4%。近些年来，日本在持续保证经费投入的基础上，重点推进武器装备的高技术化，以确立在侦察预警、防空反导、海上作战和反潜作战等常规战力方面的优势。

（2）着眼远程机动作战能力，推进装备体系转型。为适应外向型军事战略发展的需要，日本自卫队装备体系正日益向大型化、远程化和机动化的方向转变。在陆战装备方面，主战武器装备正在由常规型向快反型转变，在大幅压缩坦克、火炮等传统主战装备数量的同时，配合部队"师改旅"整编进程，积极研发和采购、引进新型坦克、高机动性的轮式步战车、轻型装甲运输车、通用直升机、运输直升机等先进装备，大力增强部队的快速反应和机动能力。截止 2006 年底，日本自行研制的第三代 90 式主战坦克已约占其坦克总数的 20％。在海战装备方面，日本先后建造了 8900 吨的"大隅"级两栖登陆舰（日称"运输舰"）和 1.35 万吨的"摩周"级大型补给舰；较新型的"日向"级直升机"驱逐舰"，标准排水量达到 1.395 万吨，截止 2010 年底，该型"驱逐舰"也是日本战后建造的吨位最大的水面作战舰艇，它采用全通式甲板，可保障 4 机同时运用并可搭载 7～11 架直升机，实际上就是直升机轻型航母，具备强大的作战指挥功能和海空攻击能力。此外，日本研究试验多年的新型反潜巡逻机 P－1 下一步也将替换目前已服役多年的 P－3C "猎户座"反潜巡逻机陆续入役。上述这些先进武器装备的陆续投入现役和用于实际部署，有助于提高日本军事力量的远程投送和远洋作战能力。在空战装备方面，重点发展防空反导系统、远程投送与终端支援装备，积极协商购买先进战机，并对现有主力战斗机进行升级改造，使其拥有更先进技战性能。其中，包括引进新型 C－2 运输机和运输直升机、对 F－15 和 F－2 战机进行升级改造，以及积极同美国协商拟购买世界最先进的 F－35 "闪电"隐形战斗机等。在导弹防御系统方面，继 2002 年 12 月美国国防部宣布从 2004 年开始正式全面部署导弹防御系统之后，时任日本防卫厅长官石破茂也随即声称日本将把日美两国正在研制中的战区导弹防御系统（TMD）推进到开发和部署阶段。2003 年 6 月 21 日，日本政府正式决定出资从美国购入弹道导弹防御系统，该套系统由在大气层外截击导弹的"宙斯盾"舰载"标准－3"型导弹系统（SM－3）和在地面附近截击导弹的"爱国者－3"型导弹系统（PAC－3）两部分组成，并于 2007 年装备部队。之后，又决定为全部 6 个防空导弹群换装"爱国者－3"型防空拦截导弹等。到 2007 年底，日本已初步完成了 TMD 系统的部署。截止 2010 年底，航空自卫队已经装备部署了 16 套"爱国者－3"防空导弹系统。

（3）瞄准焦点敏感领域，寻求战略力量建设的突破。在大力推进常规军事力量转型的同时，日本积极加强战略力量的建设。一是加紧争夺太空优势。依靠已达到世界一流水平的固体燃料火箭技术，日本自 2003 年 3 月起，陆续发射 7 颗情报收集卫星。2008 年 5 月，日本政府通过了《宇宙基本法》，打破了日本在太空利用领域近 40 年的立法限制，允许日本以"自卫目的"对太空进行军事利用，从而打开了日本太空军事化的大门。二是重点发展信息能力。从 2000 年 9 月起，防卫厅相继出台《关于信息军事革命》、《信息军事革命手册》、《未来 5 年信息化建设行动计划》和《防卫厅和自卫队应对信息通信技术革命综合措施推进要纲》（简称"IT 要纲"）等一系列政策文件，以实现中央指挥所通过卫星通信对任务部队的远程实时指挥控制。针对 2006 年 2 月计算机感染病毒导致的泄密事件，日本通过制定网络安全规定及采取专设信息通道、增强防火墙强度等技术措施，对军事网络安全加以特别防护，并成立专门机构，应对黑客对计算机系统和通信系统的攻击。三是蓄意挑起核武装论。虽然受"无核三原则"[①]、《原子能基本法》、《核不扩散条约》以及日美同盟框架、国内反核民意等因素的限制，日本目前尚不具备拥核条件，但是日本官方对持核论调却采取日益纵容甚至暗中支持的态度，试图打破日本核武装的舆论禁忌，逐步改变国民的恐核心理，为未来的核武装讨论打下基础。2006 年 10 月、2009 年 5 月，日本政府分别以朝鲜两次进行核试验为契机，多名军政要员、右翼团体和狂热民粹分子纷纷公开表态支持拥核，日本政府则借机发表声明称，尽管日本无意拥有核武器，但是宪法允许日本拥有自卫所需的最低水平的核武器、保持最低水平的核能力。

---

① "无核三原则"，指日本"不拥有、不制造、不运进有核武器"。

3. 改革后勤保障体制。日本政府和防卫当局主要采取了两项重要举措

（1）确立三军联勤保障体制，加强顶层组织领导。日本防卫省作为装备保障工作的最高领导机关，负责制定日本自卫队装备保障规划和计划，编制和划拨预算，并对武器装备的科研、补给和维修实施一元化管理。防卫省内部部局设有经理装备局，负责日本自卫队武器装备和军需品的采购、补给、调拨、维修等领导工作；防卫省直属的装备设施本部，负责实施装备的统一采购；联合参谋本部辅佐防卫大臣指挥三军的装备保障。实行高度的三军联合采购体制，陆海空自卫队的主要武器装备和物资均由防卫省及其所属的采购机构实行统一采购，即所谓"中央采购"，与由三军及所属部队实行的"地方采购"相区别，"中央采购"经费约占日本自卫队全部采购费用的 70% 以上。基本运作方式是：在经理装备局长等提出采购申请后，装备设施本部实施具体采购业务，同时，由经理装备局长牵头的防卫省"采购协调会议"负责部门之间的协调工作，由装备设施本部总务副部长牵头的装备设施本部"指定自由合同委员会"负责审议合同方式、合同对象及其他事项，并向部长报告。

（2）优化中央采购机制，改善装备采办业务。一是明确指导思想。针对装备保障业务方面出现的技术进步加速、装备成本升高、单年度装备获取数量逐渐减少、装备退役周期延长等变化，日本提出"根据装备寿命周期实施采购"的方针，在综合考虑装备寿命周期（构想—立案—开发—试验—列装—运用—补给—维持—退役）基础之上，着手构建一种由装备采购部门统辖成本核算、合同采购及开发管理等各种职能的新型采购体制。二是改革中央采购机构。2001 年 1 月，针对防卫厅高层事务官渎职案，对装备采购体制进行调整，废止采购本部，将其合同部门归入新设的特别机关"合同本部"，成本核算部门归入内局；2006 年 7 月，防卫

厅再次对成本核算部的成本核算职能与合同本部的合同质量管理等职能进行合并，新设装备本部；2007年9月防卫设施厅解散后，装备本部吸收其部分职能，更名为装备设施本部，在部长之下设7名副部长，分别负责总务、管理、通信制导、军械物资、舰船车辆、飞机和设施的采购业务。三是建立研究评估机制。鉴于装备研究开发周期延长，为保障技术研究的战略性实施和民用技术的军事应用，充分依托模型模拟、技术实证型研究等手段，从技术性观点实施研究和评估，强化技术研究本部的技术战略策定、技术评估、技术实证三大职能。四是加强监督教育。为保证装备采购业务的透明和公正，建立了采购业务的制衡机制。2001年改革后，成本核算监查和合同签订管理分立的新体制，保证了防卫省内部部局对专业采购机构的相互监督；2007年改革后，装备设施本部通过总务、管理、实务等7位副部长的业务分工，形成内部多重制约，并由内部部局实施外部总体监督，有利于减少采购业务中的监管缺失和贪污腐败等问题。此外，日本自卫队还注重对采购部门职员实施系统监查教育，并加强相关宣传报道提高装备物资采办业务的透明度。

综上所述，这一战略调整时期的主要特点是，冷战结束后，日本面临的安全环境发生重大变化，特别是面临的直接和现实的威胁基本消失，日本适时将"专守防卫"军事调整为"域外拒止"和"海外展开"，即通过向海外投送兵力，"为改善国际安全环境做贡献"，积极预防对日本的可能威胁；进而不停地寻找敌人，不停地夸大威胁，不停地渲染危机，借机将"专守防卫"军事战略调整为真正意义上的"积极防卫"，即由"自卫型"转向"自卫与海外参与型"，由"被动御敌"转向"先制性防卫"，由"美主日从型"转向"共同应对型"；同时，以应对多元威胁为借口、为动力、为牵引，加快发展"多能、弹性、有效"的军事力量。

经过这次调整，"专守防卫"军事战略在性质上已经由体现

"积极防御与有选择参与"思想的"主动先制"战略进一步演变为"积极防卫"思想更加突出的"拒止与展开"战略。

第三节 动态防卫（2011—2013年）
——冷战结束后日本军事战略的第三次调整

日本在1970年首次提出本国的军事战略方针，即"专守防卫"。从日本"专守防卫"军事战略方针提出后四十多年的发展过程看，尽管其对外称谓一直没有变化，始终坚称仍是"专守防卫"，但实际上日本一直在根据内外环境的变化和自身战略需求，不断地调整着其军事战略，这其中包含有很强的战略欺骗性和隐蔽性。2010年12月，日本对军事战略进行了冷战后的第三次重大调整，这也是"专守防卫"军事战略方针提出后，日本第五次进行调整，其标志是：2010年12月，日本政府出台了新版《防卫计划大纲》（以下简称"10大纲"）。该大纲对日本新时期的军事战略进行了全面阐述。通过该大纲可以清楚看出，日本军事战略在"多层次合作安全保障战略"的指导下，以"动态防卫"为基本军事战略方针、以"机动防卫力量建设"为发展目标的军事战略走向，不仅在威胁判断上更加明确地指向中国，其主动性威慑与外向性拓展的战略取向也更加明显。虽然日本在"10大纲"中强调继续坚持"专守防卫"战略方针，但从调整的内容看，日本军事战略已被调整为"动态防卫"。毋庸讳言，日本数十年来一直坚称的"专守防卫"军事战略方针，发展至今，其内涵和外延已发生重大改变，早已由当初的以防卫日本本土安全、确保日本不受外敌侵略，转向近年来着力强调的突出积极主动、进攻性极强的"攻势防卫",实质上早已是超越日本本土的广义上的"攻势防卫"。可以说,日本所谓的"专守防卫"军事战略方针,经过冷战结束后的第三次重大调整,其内涵和外延已被调整为更加深刻和广泛的三层含义:第一,确保日本领域的绝对安全,这其中包括日本单方面主张的所谓"专属经济区";第二,确保日本周边地区的安全,这里所称的"周边地区"除众多离岛、经济区外,甚至包括了所谓"应对朝鲜半岛有事和台海有事"等周边事态;第三,确保日本在海外的利益,包括保卫西南航线等在内的所谓"日本海上生命线"的安全等。其中,日本自卫队的防卫对象已正式由冷战时期的主要强敌苏联变成了现在的中国和朝鲜,其军事部署也相应地由以往注重东北方向转向了侧重西南诸岛的机动防卫部署。

一、冷战结束后日本对"专守防卫"军事战略进行第三次调整的相关背景

这次调整的背景是,日本对安全环境的判断有了新的认识,认为,"全球安全保障环境的发展趋势是:随着相互依存关系的进一步加深,主要国家间发生大规模战争的可能性降低,另一方面,一国发生的动乱与安全问题迅即波及全球的风险也在加大。另外,除民族/宗教对立等引起的地区冲突外,围绕领土主权、经济权益等问题而发生的未上升为武力冲突的对峙和争端,即所谓'灰色区间'的争端呈增加趋势。在此背景下,随着中国、印度、俄罗斯等国国力的增强,美国的影响力相对减弱,全球力量对比正在发生变化,但美国仍继续对世界和平与稳定发挥着最重要的作用。对包括日本在内的国际社会来说,应付大规模杀伤性武器和弹道导弹扩散、国际恐怖组织、海盗行为等问题,仍然是最为紧迫的课题。加之,地区冲突、统治机构无力、失败国家的存在也将给

全球安全保障环境带来影响。此外，海洋、太空、网络空间利用的安全风险正成为新的课题。从长远看，还有必要关注气候变化问题对安全保障环境带来的影响。上述全球性安全保障问题，依靠一国之力极难应对，因而拥有共同利益国家的平时合作就显得尤为重要。"日本还认为，"在亚太地区，随着国家间相互依存关系的扩大和加深，为解决安全问题，各国正在不断充实并加强彼此间的合作关系，尤其在非传统安全领域进展明显，已针对相关问题开展了具体的合作。另一方面，全球力量对比的变化在这一地区表现得尤为突出。日本周边地区，仍然集中着包括核力量在内的大规模军事力量，多数国家正在积极推进军事力量的现代化，军事活动日益活跃。此外，由于领土和海洋问题、朝鲜半岛和台湾海峡等问题的存在，该地区仍然存在不透明、不确定因素。"在这一背景下，2009 年 8 月，日本首相的咨询机构"安全保障与防卫力量恳谈会"向首相提交了《安全保障与防卫力量恳谈会报告书》（简称"09 报告"）。"09 报告"认为，"冷战结束至今已有 20 年，两级格局虽早已宣告终结，但世界尚未迎来和平安定的局面，民族纠纷仍此起彼伏，国际恐怖主义活动日趋活跃，失败国家依然存在，海盗行为频繁发生。在日本周边地区，朝鲜重新进行了弹道导弹发射及核试验，中国的军事力量随着经济的发展而逐渐强大，安全问题正日趋复杂。另外，一直借助于绝对军事实力优势推行单边主义政策的美国，随着奥巴马政权的诞生，开始重视国际合作，国际安全趋势因之出现了新的变化。"因此，"日本应适应安全环境的变化，在深化日美同盟关系的同时明确自身的作用；为应对伴随全球化出现的国际恐怖主义、失败国家等新课题，日本有必要充实国际合作的质与量"。"09 报告"的出台距"04 报告"仅仅 5 年，与"04 报告"一样，也是为了重新修订《防卫计划大纲》建言献策。

日本政府之所以如此高密度地修订《防卫计划大纲》，是有着深刻的国际国内背景的。首先，自 2007 年起的金融风暴很快便波及到了日本，使其在小泉内阁时期得以短暂复苏的经济形势再次面临困境，日本社会上下不满与失望的情绪开始蔓延，民族主义思潮进一步抬头。民主党自 2009 年 9 月击败自民党上台执政后，在经历了鸠山执政时期采取的对美"紧密且对等"的平等关系诉求遇阻以及"东亚共同体倡议"无疾而终后，日本政界各派别间政治矛盾进一步突出。为缓解内政压力，菅直人和野田政府理所当然地将外交与安全作为稳定政局的突破口，开始与周边国家在领土主权争议上采取高压姿态，提出修改宪法第 9 条和为自卫队正名等政策主张。其次，中国综合国力的高速增长加剧了日本的心理失衡，"中国威胁论"再度沉渣泛起，以"中国军事力量增长"、"中国军费开支长期不透明"、"特别是中国海上军事力量向远海扩张"等为借口，日本开始加紧在军事上对中国的遏制与防范，明确以中国为主要假想敌，将其军事力量部署重点向西南诸岛方向转移。第三，美国"亚太再平衡"战略的实质是加紧对中国的围堵和牵制，这无疑契合了日本的战略利益。2008 年全球金融危机爆发以后，相对于美国综合实力的下降，中国的综合国力和国际影响力逐步得到加强。为此，美国开始将其战略重心逐步东移，推出军事力量"重返亚洲"，也即所谓的"亚太再平衡"战略，试图以此来迟滞中国的快速发展和强力崛起，防范中国最终向其全球霸主地位发起挑战。为了全力呼应美国，更为了自身战略需求，日本政府在不遗余力地强化日美军事同盟关系的同时，还积极作为，加强与我国周边国家的安全防卫合作和军事交流，竭力编织对我国进行战略围堵的"日美＋N"同盟网。有鉴于此，日本在国家安全战略和军事战略方面都相应做出了重大调整。首先，日本在《安全保障与防卫力量恳谈会报告书》（"09 报告"）中提出了新的国家安全战略："多层次合作安全保障战略"，即以防卫力量为基础，加强同盟国合作、同亚太地区国家合作、同国际社会合作，保障国家安全。可以说，正是日本新的国家安全战略的出台才再次牵引了其军事战略的重大调整。

二、冷战结束后日本第三次调整"专守防卫"军事战略的主要内容和特点

这次调整的主要内容体现在几个方面：在威胁判断上，日本认为，"除大规模杀伤性武器及导弹扩散、国际恐怖活动、海盗行为等国际社会面临的共同威胁外，在日本周边地区，仍然集中着包括核力量在内的大规模军事力量，多数国家正在积极推进军事力量的现代化，军事活动日益活跃。此外，由于领土和海洋问题、朝鲜半岛和台湾海峡等问题的存在，该地区仍然存在不透明、不确定因素。"在战略目标上，日本提出了"防止发生对日本的直接威胁，在威胁已发生时予以排除，并使其危害降至最小限度；通过营造更加稳定的亚太地区安全保障环境和改善国际安全保障环境，预防威胁的发生；为确保世界的和平、稳定与人类安全做贡献"等三大战略目标。在兵力部署上，调整作战重点方向，以"西南部"为战略重点方向，强化对中、朝的防卫部署态势。在自卫队建设上，确立了"建设一支具备快反性、机动性、灵活性、持续性和多用性，以军事高技术能力和信息能力为支撑的机动防卫力量"，即"五性两力"的建军方针，加快推进自卫队改革。在联盟战略上，依靠日美同盟确保日本安全；利用日美同盟遏制地区危机；借助日美同盟塑造国际秩序。

（一）强调面临多种威胁，将朝鲜和中国列为重点防范对象

这一时期，日本对安全环境的判断是，日本正面临着"传统威胁"、"新型威胁"和"多边事态"三大威胁。在这三大威胁之中，

"传统威胁"有所缓和,"新型威胁"和"多种事态"的威胁日趋增大。所谓"传统威胁"是指,"东亚地区国家之间发生的对立、纠纷,或者国内动乱等";"新型威胁"是指,"大规模杀伤性武器和弹道导弹扩散、国际恐怖组织活动等";"多种事态"是指,"弹道导弹袭击、游击队和特种部队的袭击、侵占岛屿、侵犯领空行为、特工船非法侵入,以及自然灾害等"。

关于国际安全环境,"10大纲"认为,世界经济与社会的全球化进程使得世界各国正越来越多地共同分担着利益与风险,大国关系因此趋于稳定。随着世界各国相互依存关系的进一步加深,"主要国家间发生大规模战争的可能性降低,但一国发生的动乱与安全问题迅即波及全球的风险也在加大"、"局部冲突的影响范围呈现出扩大化的趋势"。失控国家、国际恐怖主义、国际犯罪与海盗行径等正越来越深入而广泛地影响着国际安全环境的稳定,除因民族与宗教对立而引发的地区冲突外,所谓"灰色区间"的争端——"围绕领土主权、经济权益等问题而发生的未上升为武力冲突的对峙和争端"——也有增无减。特别是大规模杀伤性武器和弹道导弹扩散、国际恐怖组织、海盗行为、地区冲突、统治机构弱化、失败国家的存在,以及海洋、太空、网络空间利用的安全风险等传统与非传统威胁仍将是国际安全领域面临的严峻问题。尽管美国的绝对力量优势依旧,仍继续对世界和平与稳定发挥着最重要的作用,但随着中国、印度、俄罗斯等国国力的增强,美国的影响力相对减弱,美国独力解决国际事务的能力在逐渐减弱,全球力量对比正在发生变化。而美国影响力的消减及国际公共财产的不足对于世界安全、亚太地区的稳定和日本自身的安全构成重大影响。为此,"10大纲"强调,针对上述问题,依靠一国之力已难以应对,与拥有共同利益国家的平时合作非常重要,日本应与欧盟一道,共同协助美国提供更多的国际公共财产,或者参与其中。"军事力量在国际社会中的作用更趋多样化,除慑止和应对武装冲突、增进国家间互信和友好关系外，还将参与从预防冲突到重建援助等的和平构建活动。同时，在非传统安全领域，军事力量与非军事部门携手合作，发挥重要作用的机会也日益增加"。显然，"10大纲"是在为日本军事力量在国际安全领域发挥更大作用寻找前提和藉口。

关于地区安全环境，"10大纲"认为，"全球力量对比的变化在这一地区表现得尤为突出"，这一地区仍集中存在着包括核力量在内的大规模军事力量，多数国家正在积极推进军事力量的现代化，军事活动日益活跃。同时还认为，"由于领土和海洋问题、朝鲜半岛和台湾海峡等问题的存在，该地区仍然存在不透明、不确定因素"。在威胁源的判断上，日本首先认为，朝鲜的核武器与导弹开发对亚太地区的和平与稳定构成了威胁，而朝鲜的对外封闭政策使其与国际社会间的双向判断困难，若其政体崩溃，包括核技术与设施外流等在内的连带影响将不容小觑。其次，日本除将朝鲜的"大规模杀伤性武器及弹道导弹的开发、部署、扩散"等动向定位为"地区安全保障中紧迫且重大的不稳定因素"外，对于中国的重视程度达到了前所未有的高度，认为"中国在经济高速增长的背景下，持续增加国防费用，全面、快速地推进以核、导弹力量和海空军为核心的军事力量现代化，大力加强远程投送能力建设，在日本周边海域活动日趋扩大和活跃，加之中国增强军事力量的意图与发展规模不明确，中国军事与安全透明度不高，这些动向正成为地区和国际社会的忧虑事项。"毫无疑问，日本对中国的所谓"忧虑"体现的正是对中国的敌视、警惕与防范，中国已经成为其主要的假想敌。此外，日本认为俄罗斯在国际关系与安全领域仍是一个重要大国，对亚太地区安全有重要影响力，其今后的动向值得关注。综合来看，日本对亚太地区总体安全形势的判断是，在政治、经济和社会等领域正在发生剧烈变化，合作与对立因素并存，区域内尚存在东海问题、南海问题等领土争议，多数国家强军备武的动向尚需关注，多边安全合作有限，地区安全框架尚未形成，特别是围绕钓鱼岛主权归属、东海油气田开发、台湾问题等领土主权和海洋资源的争端有可能引发激烈对峙或武装冲突。

关于对日本的威胁程度和排序，日本政府认为朝鲜是现实中的主要威胁，中国是重要的潜在威胁，俄罗斯对日本的威胁不容小视。

（二）不断拓展军事战略目标，突出强调消除威胁于未然

随着周边安全环境的变化，日本及时调整提出了三大战略目标，从冷战时期重点防御北方防御苏联入侵转向重视西南方向重视中国和朝鲜威胁，从防止对日本的直接侵略转向防范威胁于未然。与这一调整相适应，日本自卫队的主要职能也随战略目标的定位而日渐明确。"10 大纲"为新时期日本军事力量的职能定位有三项：有效威慑与应对各种事态；维持亚太地区安全环境更加稳定；改善全球安全环境。从中不难看出，日本军事力量的使命任务已经覆盖了从国土防卫到维护地区乃至全球安全的全部领域，其属性已经是完全意义的正常化军队。从"10 大纲"对日本自卫队职能使命的重新定位，不难看出，日本军事战略的目标更加清楚，指向性愈发明确，特定针对性也日益增强。

从"10 大纲"来看，日本军事战略目标主要有三个：一是"防止发生对日本的直接威胁，在威胁已发生时予以排除，并使其危害降至最小限度，确保日本的和平与安全"，也就是要防止和排除对日本的直接威胁；二是"通过营造更加稳定的亚太地区安全环境和改善国际安全环境，预防威胁的发生"，即尽早发现和消除对日本的可能威胁；三是所谓"为确保世界和平与稳定及人类安全做贡献"，其实质就是要使日本积极参与全球事务以谋求更大利益。相较以往一些时期的"隐晦含糊"，经过冷战后第三次调整的

日本军事战略目标，其表述变得更加明确、清晰，其中一个最重要的变化就是，由排除对日本的直接威胁向预防、消除对日本的可能威胁和维护国际安全秩序方向转变。

日本之所以确定上述战略目标，是有其理论基础的。因为日本认为，随着近年来所面临的安全形势不可预测性的持续增大，以及周边安全保障环境的不断恶化，仅立足于确保日本本土和领海、领空的绝对安全已不能满足国家的安全保障需求，而且也变得难以实现。"在安全与威胁日益全球化的今天，只有安外，才能保内。自卫队不仅要在日本本土的水际滩头应对各种威胁，更重要的是，在尽可能早的时期内，在外围努力预防和消除各种威胁。特别要在'事前防止'或'早期解决'阶段发挥应有作用。只有保证周边地区的安全乃至世界的稳定，才能真正确保日本国内的安全。因此，要使自卫队的活动范围超越日本本土防御，继续向维护地区秩序和全球安全合作的方向努力。"另外，从这一时期日本军事战略的第二和第三个目标指向可以清楚看出，日本军事战略的视野已然由以往主要的所谓"一国主义"拓展到地区乃至全球领域的安全，这同时也呼应了日本以争当世界"政治大国"为核心目标的国家战略。可以说，三大军事战略目标表露了日本意欲从国际秩序的遵从者向设计者乃至塑造者转换的大国雄心，其重视地区合作的思想既是对以往思想的纠偏，也体现了日本自主安全防卫思想的本质，暗示着日本军事发展的发展走向必将发生根本性转变。

为实现上述三大军事战略目标，日本提出了四种必要手段，即自身努力、与盟国的合作、加强亚太地区的合作和实现全球合作。所谓"自身的努力"主要是指，加快"建设一支能够更加有效遏制和应对各种事态、进一步稳定亚太地区安全环境、能动地改善全球安全环境的机动防卫力量"。所谓"与盟国的合作"主要是指同美国的合作。所谓"亚太地区内的合作"主要是指"同澳大利亚、印度、菲律宾等与日本拥有共同的基本价值观和诸多共同安全利益的国家合作"。所谓"全球合作"主要是指，日本通过"积极推进国际和平合作活动，加强与欧盟、北约及欧洲各国的合作，在维持和加强海洋、太空、网络空间安全等国际公共产品，与大规模杀伤性武器和导弹等运载工具相关的裁军与防扩散等领域里的国际合作中发挥积极作用"。在由三大战略目标和四种实现手段相互交叉后形成的巨大空间中，军事手段已渗透到所有领域。由此不难看出，这一阶段日本正力求通过包括政治手段和军事手段等在内的各种手段并用来试图努力实现其战略目标。特别是其军事手段已经在日本国家安全战略和军事战略中占据核了心地位，其所涵盖的使用范围已然渗透到了国际安全的各个领域。

"10 大纲"围绕军事战略目标，在军事力量的运用原则上，强调自卫队要重点进行"领域防御"和"海外展开"。所谓"领域防御"包括两层含义：一是确保日本领域的绝对安全，包括日本单方面宣称的专属经济区的安全在内；二是确保日本周边地区的安全，其中包括所谓"朝鲜半岛有事和台湾海峡有事"等周边事态。而"海外展开"，则是指"运用自卫队积极主动参加反恐和防止导弹扩散的行动，预防、制止和处理武装冲突行动，以及参加重建支援行动等等"。从围绕实现三大战略目标而确定的四种手段和军事力量运用两大原则，不难看出，现今的日本已远远不满足于使用军事力量来确保"日本本土领域的绝对安全"，而是以确保所谓"周边地区安全"为借口，伺机积极介入亚太地区纷争，意图重在携美干预我国台湾问题，以谋求日本在亚洲的海上霸权和遏制中国的崛起。而且，从近几年日本军事力量发展和运用的趋势看，日本早已把眼光定格在参与全球安全事务上，目前正试图以不断强大的军事力量来扩大其全球影响力，以谋求更大的利益，为其实现政治大国、军事大国的最终战略目标服务。

为了确保军事战略目标的最终实现，日本在"10大纲"中确定了"动态防卫"战略，该战略要求日本自卫队继续对军事部署进行调整，改变以往部队均衡部署的方式，军事部署重心逐步向西南方向转移，重点加强西南地区特别是对离岛及附近海空域的警戒监视、防空、反导、反潜、岛屿攻防以及指挥通信等能力建设，同时加紧西南诸岛的战略战备建设，强化以岛屿攻防为主要内容的作战演训等，针对中国的战略指向性十分清晰。日本提出"动态防卫"思想，加紧将主战方向和军事力量部署的重点转向西南岛屿，其战略目的主要有三个：一是通过扼控第一岛链，全力阻滞中国海上力量进出太平洋；二是把握主动态势，为与中国争夺领土主权和海洋权益预做准备；三是对我形成牵制，阻挠中国的统一大业。

（三）加强"机动防卫力量"建设，着力提升快速反应和应急处置能力

在力量建设上，日本由过去多年来始终强调的建设一支"多能、灵活、有效"的基础防卫力量，转向建设具有强大"动态威慑力"的"机动防卫力量"的建设目标，提出日本自卫队要由重视"静态威慑"向实施"动态拒止"转变。"10大纲"首次提出了"机动防卫力量"思想，所针对的对象是"基础防卫力量构想"，其理论源点是"09报告"和"10报告"。

"基础防卫力量构想"首见于1976年的日本第一版《防卫力量大纲》，其核心思想是"均衡部署、有限发展"，体现的是一种"存在性静态威慑"。这一思想在近三十余年的时间里，尽管也有过程度不同的调整，但其对于日本军事力量建设的指导地位始终未见根本性动摇和改变。而"机动防卫力量"思想所强调的是"机动运用、能力优先"，体现的是"实效性动态威慑"。根据"10大纲"的阐述，日本确立的建军方针是建设"机动防卫力量"，而

"机动防卫力量"的内涵主要包括"五性二力",即:快反性、机动性、灵活性、持续性、多用性和技术能力、情报能力。建设目标是"能够更加有效遏制和应对各种事态,进一步稳定亚太地区安全环境,能动地改善全球安全环境"。同时,大纲还提出了日本军事力量"有效应对新型威胁和多种事态必须以'联合作战'为基本作战方式",强调各自卫队之间以及与美军之间的联合作战。

"10大纲"突出强调了日本自卫队平时需保持的三种战略态势,即:快速反应、联合运用和国际和平合作活动。同时,在日本军事力量体制建设方面则提出以下六点要求:加强联合、加强岛屿攻击的应对能力、加强参与国际和平合作的能力、加强情报机能、应对科学技术发展、建设高能有效的军事力量。事实上,这些思想在2010年的"3·11"大地震抢险救灾行动、以应对朝鲜试射卫星为借口展开的日美联合反导战略行动以及日美联合军事演习、反海盗护航等海外军事行动中,近年来都已得到了具体体现。

依据建军方针和建设目标,围绕能力建设,在这一时期,日本在军事发展上重点抓了人力资源和武器装备建设。日本防卫当局认为,人力资源与装备建设始终是军事力量建设的根本性要素。"10大纲"将其作为确保军事力量能力发挥的基础,要求要推进各种措施维持人才队伍与装备建设的有效发展。为落实"10大纲"要求,日本在加强"机动防卫力量"建设上,主要采取了以下重大举措:

1. 注重提升陆海空网等各防卫力量的整体建设水平

围绕"机动防卫力量"的建设目标,日本突出抓了重点武器装备的研制更新。日本提出的总体装备发展思路是:由过去的"传统防御型"装备向"高技术攻防型装备"转变,以应对所谓的"多样化威胁"。根据这一构想,陆海空各自卫队分别调整了各自的装备发展战略。

（1）陆上自卫队由"发展重型装备"向"发展轻型装备"转变。日本军方认为，在可预见的未来，日本受到正规侵略的可能性很小。陆上自卫队的主要作用是应对恐怖活动等各种突发事件，为此，日本军方提出，装备发展应注重提高部队的快反性和机动性。为此决定，陆上自卫队将坦克和火炮削减约40%，反坦克导弹削减约90%，重点发展轻型装甲机动车、多用途直升机等快速机动装备，以及提高应对核生化兵器攻击的能力。

（2）海上自卫队由"近海防御型装备"向"远海防御型装备"转变。主要措施有两项。首先，重点发展提高战略防御能力的装备。为了对付朝鲜的导弹威胁，日本海上自卫队新装备了2艘配备"标准—3"海基反导系统的"爱宕级""宙斯盾"舰，并把原有的4艘"金刚级"舰配备的"标准—2"反导系统升级为"标准—3"。其次，注重发展确保领域安全的常规装备。为了对付中国的潜艇和航母，日本分别于2009年和2011年新装备了2艘满载排水量近2万吨的"日向"级直升机驱逐舰（16DDH）。从2010年开始建造多艘满载排水量超过2.5万吨的"22DDH"型直升机驱逐舰，上述大型舰只实际上就是轻型航母。"22DDH"型的首舰"出云"号已于2013年8月6日下水服役，排水量高达2.7万吨。同时，日本还决定增加潜艇数量，计划由16艘增至22艘，以阻止中国海军突破第一岛链。为了确保所谓"领域安全"，日本还订购了10架几年前研制成功的新一代侦察反潜巡逻机（P—1），逐步替换服役多年的P—3C巡逻机，以更好地追踪潜艇活动。日本政府希望这一机型2013年投入使用，首次将派往冲绳。日本自卫队目前装备的94架P—3C巡逻机是20世纪80年代从美国引进的生产线，起飞重量56吨。而据日本防卫当局称，日本研制的新一代续航远、载重大的反潜巡逻机起飞重量达80吨。

（3）航空自卫队由"单纯防御型装备"向"攻防兼备型装备"转变。主要措施有三项。首先，也是重点发展提高战略防御能力的装备。为了更加效地对付朝鲜的导弹威胁，实施高低空双重拦截，航空自卫队至2011年部署16套"爱国者－3"反导系统。其次，注重发展提高远程投送能力的装备。为了应对有可能发生的岛屿入侵等事态，航空自卫队订购了10架日本自行研制的"C－2"战略运输机，起飞重量达到120吨，是美军"C－1"战略运输机起飞重量（38.7吨）的近3倍。与此同时，日本加快从美国引进的4架空中运输加油两用机形成战斗力的步伐。最后，积极发展提高战略进攻能力的装备。一方面，日本积极与美国协商，于2011年12月决定斥资80亿美元从美国购买42架F－35"闪电"隐形战斗机；2012年6月29日，日本防卫省和美国政府正式签订2012年度"F－35"战机4架的采购合同，单价约102亿日元，2017年3月前交付，这是日本首次签订"F－35"战机采购合同。另一方面，由于F－35量产时间延迟到2019年以后，日本从2012年3月份开始加紧组装国产第五代隐形战机"ATD－X心神"的技术验证机，计划在2014年实现首飞，同时，已开始着手预研"i3"第六代战机技术。此外，日本还积极对现有的主战武器装备进行升级改造。2012年2月份，日本防卫省决定投资360亿日元对日本航空自卫队的60架F－2战斗机进行升级。另据日本媒体报道，为弥补雷达和有人机监控体制的"漏洞"，日本政府和自民党从2012年开始就引进美军"全球鹰"高空无人机事宜展开协调。同时，防卫省开始研究让自卫队引进"鱼鹰"倾转旋翼机，力求未来能够灵活使用"鱼鹰"防御西南诸岛。

（4）加速发展网络攻击能力。近年来，日本政府在大力发展常规重点武器装备的同时，还开始注重论证和逐步加强网络攻击能力。2012年日本防卫省首次表示将网络攻击视为"武力攻击"，并加快相关立法准备，以将别国的网络攻击认定为"武力攻击"

（即"有事"），从而启动"自卫权"。同年 6 月 13 日，日本防卫省决定将在 2013 年度预算草案中安排 100 亿日元资金组建陆上、海上和航空自卫队的联合部队"网络空间防卫队"，编制 100 人，由四个主要部门组成，分别是"情报搜集部"，负责收集民间关于网络攻击的最新信息；"动态解析部"，以接近真实的环境模拟分析攻击演练的结果；"静态解析部"，负责对被用于网络攻击的计算机病毒进行结构分析；"应对演习部"，主要负责提高应对网络攻击的能力。作为陆海空三大自卫队的联合部队，"网络空间防卫队"将打造"网络防护分析装置"，对被用于网络攻击的计算机病毒进行解析，同时着手研制形成攻击能力的新型病毒。2012年 9 月 4 日，日本防卫省确立了 2013 年度末成立"网络空间防卫队"的方针。"网络空间防卫队"成立后，不仅可应对网络攻击，本身也具备进行网络进攻的能力。为实施攻防演习，网络空间防卫队还将研制包括新型病毒在内的网络攻击技术，并培养拥有网络领域专业知识的人才。防卫省已从 2012 年初开始研制一种反攻击病毒，在受到网络攻击之际，该病毒可反向探知攻击路径，直捣攻击源，并让攻击程序瘫痪。防卫省还将研究和美军网络部队实施联合训练。

2. 将提高海上作战能力作为军事力量建设的重点

在围绕自卫队"机动防卫力量"建设的各项举措中，海上自卫队的力量建设无疑成为重中之重，其投入力度和建设规模格外引人注目。这其中包含着日本政府及防卫当局的深层战略考虑。日本同英国、新加坡等国家一样，是一个真正意义上的纯粹的海洋国家。这一点，日本政府和防卫当局非常清楚。因此，近年来，日本在加大推进海洋战略的过程中，为了确保海上航线的安全，十分重视海上自卫队作战能力的建设。日本认为，"朝鲜半岛和台湾海峡正朝着不安定的方向发展"，为了应对新的多样事态的安全威胁，保护日本的海上资源和权益，特别是确保维持日本国家及民众赖以生存发展的"海上生命线"的通道安全，必须建设一支强有力的、高机动性的海上军事力量。其具体做法主要有：

（1）调整海军战略，优先发展海军力量。对于四面环海的日本来说，海上航线的安全至关重要。因此，近年来，日本在积极谋求政治大国和军事大国的过程中更加注重发展海上军事力量。通过冷战以来的调整，日本的海军战略已从"近海防御"转变为"远海积极防御"，即从近海、浅滩或滩头歼灭敌人的消极防御战略，转变为中远洋阻击歼敌的积极防御战略。同时担负起关岛以西、菲律宾以北 1000 海里以外海上防线的防卫责任。一旦日本有事时，通过封锁宗谷、津轻和对马三海峡，日本自身就会变成"不沉的航空母舰"。日本的新海军战略已经从"专守防卫"发展到了强调先发制人的"先发式自卫"。

（2）强化反潜和远洋作战能力，建设世界一流海军。近些年来，日本通过优先发展海上自卫队，目前海上自卫队已经成为亚洲最强的海军。其中，扫雷能力世界第一，反潜作战能力仅次于美国居世界第二，舰艇总吨数居世界第六位，水面作战舰艇总吨数居世界第四位。[1] 在强化海上自卫队装备时，日本着重提高舰队的反潜能力和远洋作战能力。从现有装备看，海上自卫队拥有"夕潮"、"春潮"、"亲潮"、"苍龙" 4 种类型共 16 艘潜艇。而"10大纲"和与其配套的《中期防卫力量发展计划》中明确日本海上自卫队将加快研发装备新型潜艇，将潜艇总数增至 22 艘。日本的现役潜艇都装备了反潜鱼雷，同时兼有强大的反舰性能。日本还拥有"榛名"、"白根"、"初雪"等 10 种类型共 42 艘驱逐舰，并装备有大量的反潜武器，有很强的反舰和防空能力。近来，日本为

---

① 张卫娣、肖传国：《21 世纪日本对外战略研究》，军事科学出版社，2012 年版，第 59 页。

了综合提高部队的防空、反潜和反舰作战能力，着手调整海上自卫队的主力编队，有意将"八八舰队"①改为"十九舰队"。除此之外，为了扩大确保海上航线安全的区域，日本正在努力提高自卫队的远洋运输和远洋航海能力。截止到2012年底，日本海上自卫队已拥有3艘排水量为8900吨的"大隅"级运输舰，2艘排水量为1.35万吨的"摩周"级大型补给舰，2艘标准排水量达1.395万吨的"日向"级"16DDH"型直升机驱逐舰。这2艘"日向"级直升机驱逐舰分别于2009年和2011年下水服役，该舰采用全通式甲板，可保障4机同时运用并搭载7～11架直升机，实为直升机轻型航母，且具有强大的作战指挥功能。尤为引人注目的是，为了落实"10大纲"和《中期防卫力量发展计划》，日本2011年以后加快了建设更大型"准航母"，即"22DDH"直升机驱逐舰的实际步伐。据日本媒体披露，经多年努力，日本第一艘"22DDH"型直升机驱逐舰（实为轻型航母）的首舰"出云"号已于2013年8月6日正式下水服役。这也是二战后迄今为止日本建造的吨位最大同时也是最先进的一艘水面战舰。耐人寻味的是，这艘满载排水量接近3万吨的准航母下水的日期恰逢日本广岛原子弹爆炸68周年纪念日，而且又是以二战期间日本侵华主力战舰"出云"号的名字命名，这不是简单的巧合，其中自有日本政府和防卫当局的更深用意，其否认侵略历史、威胁亚洲邻国、挑衅战后国际秩序和试图走军事大国道路用心昭然若揭。有分析指出这种最新型的"直升机驱逐舰"的战斗力远远超过一般的日本战舰，被视为日本自卫队真正意义上拥有的第一艘"准航母"，战斗力甚至可以匹敌中国的首艘航母"辽

---

① "八八舰队"：是指联合舰队下辖的4个护卫队群中，每个护卫队群都拥有8艘驱逐舰和8架直升机。具体为：1艘直升机驱逐舰担任旗舰，搭载3架直升机；5艘多用途驱逐舰每舰搭载1架直升机；2艘导弹驱逐舰，只设平台，不搭载直升机。

宁舰"。日媒指出，"22DDH"军舰满载排水量高达 2.7 万吨，舰长达到 248 米，宽 38 米，比英国的"无敌"号航母还要长，仅次于法国的"戴高乐"航母，机库和甲板足够停放 14 架舰载直升机，可满足同时起降 5 架直升机的需要。据称，该舰将装备三部"密集阵"近防武器系统和两套"海拉姆"导弹系统负责防空，其中"海拉姆"防空系统是一种舰空导弹系统，可弥补"密集阵"防空系统留下的空白。同时，该舰还装备有先进的诱饵发射系统和声像干扰系统等反潜武器，其战力之强可以匹敌中国的"辽宁舰"。"22DDH"首舰的下水也引起了世界上相关国家的密切关注。美国全球安全网站报道，作为一艘轻型航母，"22DDH"可以搭载 12 架日本拟从美国购买的最新型的 F—35B 新锐隐形战机，该机型可以在甲板上垂直起飞。而加拿大汉和防务评论说，今后从"22DDH"上起飞的"F—35B"凭借隐形能力和先进的有源相控阵雷达就能够对中国"辽宁舰"上的"歼—15"型舰载机实施先敌开火。但进入空中缠斗阶段，"歼—15"可以利用爬升和尾追速度等方面的优势占据主动。有媒体则报道说，"8 架'F—35B'的综合战斗力不会比 24 架'歼—15'逊色，这意味着'22DDH'与'辽宁舰'战力相当。但'辽宁舰'排水量远超'22DDH'，中国航母在搭载战机数量、舰载机出动架次等方面优势明显，如果对比这两艘航母的整体作战能力，中国的'辽宁舰'仍拥有绝对优势。"同年 10 月 31 日，日本海上自卫队最新型潜艇"苍龙"级的第 6 艘"黑龙"号在位于神户市的川崎重工造船厂下水，将于 2014 年正式入列海上自卫队。该潜艇安装了不依赖空气推进系统（AIP），其水下排水量 4200 吨，水下续航能力长达 3 周，性能接近核潜艇水平，被外界称为"亚核潜艇"，是世界上性能最先进、吨位最大、隐蔽性最强的常规潜艇，对水面、水下乃至近岸和纵深目标等都构成了巨大威胁。

3. 将人才培养和装备建设水平作为军事力量建设的根本

为确保"机动作战能力"目标的实现，在军事力量建设方面，日本非常注重将人力资源与装备建设作为其军事力量建设的根本性要素。"10 大纲"将其作为确保军事力量能力发挥的基础，要求推进各种措施维持人才队伍与装备建设的有效发展。

（1）在人才队伍建设方面，强调要保持日本自卫队官兵高昂的士气和严明的纪律。其具体措施包括：一是切实应对少子化、高学历化和任务多样化，确保和培养高素质人才、实施必要的教育训练；二是完善卫生勤务保障，保持官兵的强健体魄；三是推动安全保障问题相关研究与教育，提高人员素质；四是对遂行艰巨或危险任务人员给予适当待遇；五是控制部队的人员规模和结构，扩大士兵规模，降低干部及准尉、军士的构成比例，对级衔及年龄结构进行合理化调整；六是进行人事制度改革，强化人力资源的合理化配置；七是有效利用民间力量，提高后勤保障效率；八是控制人事费用，维持有效战力；九是加强退役安置工作，落实退役待遇，并探讨实行早期退役制度；十是积极推进官民合作和人员交流。

（2）在装备建设发展方面，"10 大纲"在强调"须高效、有效地推进装备的维持与建设，维持高水平的出动率，以谋求充实防卫力量运用中所不可或缺的装备运用基础"的同时，在以下三个方面提出了具体要求：一是谋求装备采购的高效化。日本提出要全面改善装备采购合同的相关制度，采取短期集中采购和一揽子采购等高效的采购方式，彻底控制包括采购价格在内的全寿命管理成本，提高效费比。同时，还要通过加强外部监察制度等措施，提高装备采购的透明度。二是维持和培育军工生产与技术基础。日本提出要制定军工生产与技术发展战略，对重点项目给予倾力扶持，并通过有选择和有集中的研制，确保军事力量的中长期稳定维持与发展。三是探讨武器装备出口问题。日本提出要在维和行动中，通过向受灾国等提供装备，扩大军事合作，并通过参与装备的国际联合开发和生产，降低国内装备采购成本。尤其日本谋求向外国提供武器装备和参加军事装备的国际研发、生产，这势必要违背日本政府坚持多年的"武器出口三原则"。日本早在1967年4月针对武器出口问题提出了三项原则，即"不向共产主义阵营国家出口武器、不向联合国禁止的国家出售武器、不向发生国际争端的当事国或者可能要发生国际争端的当事国出售武器"。1976年2月，三木首相提出对"武器出口三原则"对象以外的地区和国家也不出售武器。受宪法和该原则的制约，以及考虑国际社会的可能反应，日本多年来一直没有突破"武器出口三原则"向他国出售武器装备。但近年来随着日本追求政治军事大国野心的不断膨胀和国内政治日益右倾化，日本开始加大突破"武器出口三原则"的努力。主要表现有：2011年12月，经内阁安全保障会议讨论通过，日本政府决定大幅修改和放宽"武器出口三原则"；2012年，日本加强有关武器装备研发和出口的一系列论证筹划和实际运作，并与一些国家密切展开接触；2013年7月4日，英国政府宣布和日本达成突破性的防务合作协议，双方将在武器装备研发和情报交流等方面展开合作，其中生化和核安全将是双方率先进行合作的领域，英国也成为战后以来国际上（除美国以外）第一个和日本签署综合性防务合作协议的国家；同年7月26日，在日本防卫省公布的《防卫力量发展研究中期报告》中，日本政府明确提出将会考虑"武器出口三原则"的应用现状并采取必要的措施；同年8月，据日媒报道，日本政府内部已制定一个推动自卫队向海外出口装备的方案，该方案将允许日本陆上自卫队出口其高性能车辆，这也将开辟日本向国内出口武器装备的先河。日本政府之所以致力于修改"武器出口三原则"的适用范围，其根本目的就是要放宽或取消对日本武器装备出口的严格限制。因为根据该原则要求，只要是日本与他国双方共同研制的武器装备，即使日本没有直接出口到有关当事国，也可能会造成间接突破"武器出口三原则"。上述举措，也是日本对"10大纲"精神的具体落实措施之一。那么，突破或取消"武器出口三原则"，对外进行武器装备出口，对日本军事发展到底有何重要意义呢？其意义主要体现在两个方面：一是有利于提振日本的国防工业。日本拥有三菱、富士和川崎重工等世界一流水平的军工企业，自卫队的主战装备中也有许多位居世界前列，如自已生产的"标准-3"导弹、"秋月"级驱逐舰、"日向"级以及"22DDH"型直升机航母、"苍龙"级潜艇和"10"式坦克等等。但由于受国防预算限制，每年采购数量很少，使装备成本很高，有的甚至高的离谱。为了保证装备生产国产化，日本政府每年都不得不对武器装备生产线投入巨额补贴。如果能够打破出口限制，日本就可能会抢占到国际军火市场的一部分份额，以此来盘活其军工产业，并使其技术研发优势更好地转化为武器产能。二是有利于提高日本军力。这也是日本政府和防卫当局最看重的。虽然日本制造的武器装备在研发时的技术水平定位都很高端，但很少能进行后续的技术升级和改造。如果放宽或取消武器出口限制，通过出口和合作研发，日本军工企业就有大量资金和更多机会来对武器装备进行更好的改造升级。

（3）谋求制定新《防卫计划大纲》，为日本军力发展加速。就在安倍晋三2012年底重新上台执政后不久，立即开始着手制定新的《防卫计划大纲》。其中的重点目标就包括计划建立"海军陆战队"、引入无人机等内容，旨在加强对西南岛屿的防卫能力。同时，还计划通过引入"鱼鹰"机等措施以提高快速攻击能力。在2013年7月中旬发表的日本新《防卫计划大纲》修正案和中期报告中，日本明确提出自卫队将具备"海军陆战队机能"的目标，表示日本将引入无人机。修正案提出了日本版"海军陆战队"的三大建设目标：一是强化陆上自卫队西部方面普通科连队的建设；

二是创建一支拥有水陆两用战车和可垂直起降的鱼鹰运输机的专门部队；三是打破陆海空三军的管理界限，建立一个统合指挥机构。基地位于长崎县佐世保市的陆上自卫队西部方面普通科连队，近年来一直在接受美军的综合训练。这一支700人的精锐部队已经多次参与美日联合军事演练，被视为日本自卫队中的"准海军陆战队"。目前，日本只有陆上自卫队、海上自卫队和航空自卫队，没有海军陆战队的建制。根据现行《自卫队法》，如果要单独建立第四支武装力量的话，必须修改《自卫队法》，但修改《自卫队法》难度较大。因此，日本政府计划在陆上自卫队的基础上，吸纳海上和航空自卫队的精锐力量，组建一支"离岛特别机动部队"，作为日本版的海军陆战队，担负钓鱼岛等冲绳附近岛屿的防御与夺岛作战任务。而关于引入无人侦察机问题，《中期报告》称，日本政府将在新《防卫计划大纲》中体现拥有"先发制人"打击能力的思想，考虑引入无人机，以加强钓鱼岛附近的警戒监视力量。报告针对中国在钓鱼岛周边领域活动日趋活跃及朝鲜核开发升级问题，强调了采购引进高空滞空型无人驾驶飞机的必要性，并把保持对敌基地攻击能力及确保海军陆战队功能作为核心内容。

可以看出，"机动防卫力量"建设思想从根本上改变了日本的军事发展方向。首先，"五性二力"建军目标中所体现出的"能力优先"原则，是对"专守防卫"军事战略方针的直接扬弃，将极大地牵动日本军事力量的性质转型。其次，"实效性动态威慑"的实质是通过军事力量的"机动运用"，达成预防性威慑的目标，潜藏在深层次的战略企图则是"制敌于机先"。由此可以看出，在这种多样化能力建设与先制性威慑手段并举的"机动防卫力量"思想的指导下，日本军事力量发展的战略归着点已绝非本土防御，而是寻求对亚太地区乃至全球安全事务的全面参与。

2010 年日本《防卫计划大纲》提出的未来防卫力量建设规模（2011 年度以后）

陆上自卫队	编制员额现役员额 应急预备役员额		15.4 万人　14.7 万人　0.7 万人
	基干部队	平时固定部署部队	8 个师 6 个旅
		机动部队	中央快速反应集团 1 个装甲师
		地空导弹部队	7 个地空导弹群／团
	主要装备	坦克	约 400 辆
		火炮	约 400 门（辆）
海上自卫队	基干部队	护卫舰部队	4 个护卫队群（8 个队） 4 个护卫队
		潜艇部队	6 个队
		扫雷部队	1 个扫雷队群
		反潜巡逻机部队	9 个队
	主要装备	护卫舰	48 艘
		潜艇	22 艘
		作战飞机	约 150 架
航空自卫队	基干部队	航空警戒管制部队	4 个警戒群 24 个警戒队 1 个警戒航空队（2 个飞行队）
		战斗机部队	12 个飞行队
		航空侦察部队	1 个飞行队
		航空运输部队	3 个飞行队
		空中加油和运输部队	1 个飞行队
		地空导弹部队	6 个防空导弹群
	主要装备	作战飞机	约 340 架
		其中战斗机	约 260 架
亦可用于弹道导弹防御的 主要装备与基干部队		"宙斯盾"护卫舰	6 艘
		航空警戒管制部队	11 个警戒群／队
		地空导弹部队	6 个防空导弹群

注 1："亦可用于弹道导弹防御的主要装备与基干部队"已列入海上自卫队主要装备或航空自卫队基干部队的实力之内。

注 2：关于具备弹道导弹防御能力的搭载有"宙斯盾"系统的护卫舰，基于弹道导弹防御相关技术的发展和财政状况等，如需另行规定，可在上述护卫舰范围内，予以追加建设。

（四）坚持日美同盟的核心地位，修补强化军事同盟关系

日美同盟是战后日本对外关系的基轴，而日美军事同盟则始终是日美同盟关系的核心和最重要支点。日美同盟自战后建立以来，总体来说，一直发展比较顺利和平稳。期间，经历了冷战结束后由于共同战略目标消失而造成的"短暂漂流"，以及 2009 年 9 月民主党上台执政初期的"有限弱化"，主要是由于时任首相鸠山由纪夫的战略思想所致。鸠山主张"日本对美国在安全关系上家长作风的长期忍受应当结束，应建立更加对等的日美关系，改变目前的日本对美国唯唯诺诺、唯命是从的关系"。尽管经历了短暂的"漂流"和"弱化"，但日本政府很快调整了有可能导致日美同盟关系受损或破裂的政策，采取各种修补举措迅速地实现了回归。鸠山下台后，从菅直人到野田佳彦，再到 2012 年底再度重新执政的安倍晋三，一直都在致力于通过各种措施和手段来密切和实质性地加强日美同盟关系，特别是军事同盟关系，全力维护日美共同合作和安全保障体制。尤其是"10 大纲"，更是对加强日美同盟关系、深化日美军事合作和维护日美安全保障体制提出了更高的要求和希望。

"10 大纲"强调日美同盟对于确保地区安全和推进多边安全合作具有重要作用，提出日美将继续推进战略对话和政策调整，评估两国所面临的安全环境，确定共同战略目标，明确日美两军各自的作用、任务和能力等，同时积极推进情报合作、弹道导弹防御合作、装备技术合作等传统领域的合作，以确保美国延伸威慑的可靠性。此外，在加强联合训练和设施共用等日常合作的同时，积极推进两国在国际安全领域的合作，共同维护太空、网络空间和海上交通安全等国际公共产品等。

在"10 大纲"提出建设"机动防卫力量"思想后，日本又提出要加强日美"机动防卫合作"，以进一步深化日美同盟关系。在

强调主动应对各种事态、提高日美同盟遏制力的同时，着力推行以下具体措施：一是增加日美联合军事演习和训练，提高日本自卫队的快速反应能力、作战效能以及日美两军互联互通能力；二是加强日美联合警戒监视，确保情报优势，提高遏制效果；三是日美双方共同使用对方的演习场、机场、港口等军事设施，以提高日美联合训练的多样性和高效性，扩大联合监视活动的范围，增加联合监视的数量和次数。日美加强机动防卫合作的目的主要在于，进一步提高日美联军作战的高效性、互通性、快反性、机动性和持续性，从而提高日美军事一体化的程度和水平，强化日本军事同盟的遏制力和执行力。

与此同时，"10大纲"还提出要争取联合韩国、澳大利亚等其他美国盟友构建共同的军事同盟体系。这是日本战后以来对联盟战略思想做出的最为重大的调整。从更深层次剖析日本战后的联盟战略思想，可以得出以下三点结论：其一，调整后的联盟战略是以日美双边军事同盟为内核、以多边军事同盟为外延的多重同盟关系体系。这不仅丰富了日本的联盟战略思想的内涵，同时也符合其在日美同盟框架之下寻求相对自主空间的战略设计。其二，联盟战略既是日本军事战略的核心内容，又是其赖以发展和强大的基本平台。在日美同盟与多边同盟关系体系之下，日本既可以在自身安全上求得温存，亦可以在外向型军事发展上觅得借重，这可以认为是日本走向政治大国、军事大国的必然选择。其三，联盟战略思想具有明显的遏制中国崛起的指向性和针对性。从维护自身战略利益和谋求军事发展的角度出发，日本始终认为，其与中国的直面碰撞甚至冲突对抗不可避免，因此无论其自身力量如何，构建同盟体系对于日本而言，都是可以达成其战略意图的最佳途径和最现实选择。

可以说，经过冷战后的第三重大调整，日本"专守防卫"军事战略在性质上已经由"积极防卫"进一步发展演变为更具攻击性的"动态防卫"。

概括地说，"动态防卫"时期的主要特点是，在"多层次合作安全保障战略"这一国家安全战略的指导下，日本改变了消极保安全的固化思维模式，更加注重以合作求和平；昭示日本要在国际安全体系中加大作为，角色由国际秩序的遵从者向国际秩序的塑造者转换，挤身成为一个担负领导世界责任的国家；明确宣示日本要发挥军事力量的国际化作用。在力量建设上，强调建设一支具备"快反性、机动性、灵活性、持续性和多用性，以军事高技术能力和信息能力为支撑的机动防卫力量"。在力量运用上，由注重"静态威慑"转变为"动态威慑"，强调武力的实战化运用，不使军事力量成为摆设。在兵力部署上，正式明确重点加强西南地区的军力建设和防卫运用，以西南部为重点作战方向进行军事部署调整。在联盟战略上，继续坚持"紧密且对等"的联盟战略思想，进一步深化和发展日美军事同盟关系，在同盟内部追求平等地位，在军事发展和国际安全体系中的作用等方面寻求独立自主权。

第三章

日本现行军事战略及未来走向剖析

　　近年来，随着日本国内政治日益右倾化，民族主义和右翼思潮迅速抬头，军国主义大有死灰复燃之势。特别是 2012 年 9 月 11 日，日本野田内阁罔顾历史事实和国际法理规则，不顾中国政府的严正警告，悍然将钓鱼岛实施国有化，致使中日两国关系全面陷入低谷。同年 12 月，自民党在大选中获胜，时隔四年重新夺回政权，安倍晋三第二次上台执政，日本的外交与安全政策开始全面的迅速回归自民党执政时期的既有路线。执政期间，安倍内阁多次发表试图否认侵略历史的"侵略未定论"，出版否认侵略历史、否认岛屿争端的教科书，不遗余力地借中日岛屿争端极力渲染"中国威胁"，积极开展修改和平宪法、解禁集体自卫权、建设正规国防军等各种努力，并不顾中韩等周边邻国的警告和盟友美国的提醒，执意参拜了供奉有 14 名二战甲级战犯灵位的靖国神社。在安倍内阁的错误引导下，日本社会开始全面走向右倾。尤其在军事上，日本政府更是动作频频，安倍内阁认为酝酿于自民党政权时期、由民主党政权最终出台的"10 大纲"已不能满足日本安全保障的需要，因此高调宣布废止"10 大纲"，并迅速着手制订新的《防卫计划大纲》，新大纲将发展进攻性武器装备、强化军事力量的作战能力，以及对敌方基地的主动攻击能力作为重要内容进行讨论。2013 年底，安倍政府成立国家安全保障会议，在国会强行通过"保密法案",并抛出所谓的"积极和平主义",为新大纲的重新修订和最终出台造势。经过安倍内阁和防卫当局的紧张运作,2013 年 12 月 17 日,日本国家安全保障会议和内阁会议讨论通过了《国家安全保障战略》(NSS)、《2014 年度以后的防卫计划大纲》(简称"13 大纲")和《2014～2018 年度中期防卫力量发展计划》(简称"新中期防"),这三份文件也被称为日本安倍内阁的"安保三箭"。其中,《国家安全保障战略》是日本战后正式出台的第一份关于国家安全战略的官方文件,而"13 大纲"距上一版"10 大纲"颁布实施仅隔三年。上述三份重要文件的同时颁布,标志着日本安全政策、防卫政策和防卫力量建设目标出现重大转变,也标志着日本现行军事战略正式出台。

第一节　日本安倍内阁的国家安全战略

2013 年 12 月,安倍内阁出台日本战后历史上的首份《国家安全保障战略》(简称"安保战略"),这也是日本版"国家安全保障会议"(NSC)成立后通过的首份重要文件。作为日本防卫政策和外交政策的指导性文件,该"安保战略"全面规划今后日本的国家安全战略,提出日本国家安全保障的基本理念和目标,评估分析当前国际安全环境和日本所面临的安全保障环境,确立日本国家安全保障课题,并在此基础上阐述了日本应对国家安全保障的战略方法以及所应采取的政策和措施。"安保战略"反映了安倍内阁对日本国家安全的认知,从中可以看出当前和今后数年日本的安全战略。可以说,日本确立《国家安全保障战略》,为日本现行军事战略及其未来走向确定了基调和方向,其最终目标是使日本成为"政治大国"、"军事大国"。

一、"安保战略"的主要内容

"安保战略"阐述了日本对国家安全保障基本理念的理解，分析了日本面临的安全保障环境与安全保障课题，提出日本应对国家安全保障的战略途径和方法。概括地说，安倍内阁出台的日本《国家安全保障战略》主要有三大内容。

（一）确立日本政府制定该"安保战略"的宗旨和国家安全保障的基本理念，提出日本的国家利益和安全保障的目标

"安保战略"指出，"日本的安保环境越发严峻，为了继续发展富足与和平的社会，在以长期的观点认清日本国家利益的基础上，日本政府有必要制定日本应该前进的路线与应对国家安全保障的方案。"① "日本为地区与世界的和平、稳定与繁荣做出了贡献。在全球化不断推进的世界，日本作为国际社会的主要角色，应该发挥更加积极的作用。"正是基于这样的认识，安倍内阁制定了这份"安保战略"。作为国家安全保障的方针性文件，该"安保战略"将为日本在海洋、宇宙、网络、政府开发援助、能源等领域的政策提供指导。"安保战略"提出，在实施其他政策时，"要根据该安保战略，充分考虑国家安保方面的观点，以顺利发挥外交力、防卫力等作为整体的机能"。在此基础上，"安保战略"进一步阐述了日本的国家安全保障基本理念，即"在今后的安保环境下，日本将继续坚持走和平国家的发展道路，作为国际政治经济的主要参与者，从基于国际协调主义的积极和平主义立场出发，为实现日本的安全及亚太地区的和平与稳定，确保国际社会的和

① 日本防卫省/自卫队网站（http：//www. mod. go. jp/j/approach/agenda/guide-line/pdf）

平、稳定与繁荣，做出更加积极的贡献。"为了实现国家安保的基本理念，"安保战略"明确了日本国家利益的三个方面：一是"维护日本的主权与独立，保全领域（即领土、领海与领空），确保日本国民的生命、身体、财产的安全，继承丰富的文化与传统，维护以自由和民主主义为基调的和平与安全"；二是"通过经济发展，实现日本和日本国民的更加繁荣，进一步巩固日本的和平与安全"；三是"维持并拥护基于自由、民主主义、尊重基本人权、法律支配等普世价值和规则的国际秩序"。"安保战略"还提出了日本国家安全保障的三大目标：一是强化必要的威慑力，防止威胁直接波及日本，在威胁已然波及日本的情况下，尽快排除威胁，并使损害降到最低；二是巩固日美同盟，强化与地区内外伙伴国之间的信任与合作关系，推进务实的安保合作，改善亚太地区的安全保障环境，从而预防威胁的发生；三是通过外交等方面的不懈努力，强化基于普世价值和规则的国际秩序，在纷争解决过程中充分发挥主导作用，最终改善全球安全保障环境，构筑和平、稳定、繁荣的国际社会。由此可以看出，日本安倍内阁的"安全战略"仍然是坚持以具有冷战思维的军事同盟为基础，借此谋求日本军事力量的快速增长。这种战略思维和走向，必将损害亚太地区的和平与安全。

（二）阐述安倍内阁对日本安全保障环境的认知，确定日本的安全保障课题

"安保战略"指出全球安保环境与课题主要包括六个方面的内容，即权力平衡的变化以及技术革新的迅速发展、大规模杀伤性武器等的扩散带来的威胁、国际恐怖主义的威胁、与国际公共资源有关的风险、与"人的安全保障"有关的课题、面临风险的全球经济。鉴于亚太地区与日本具有更紧密的关系，"安保战略"专门分析了日本面临的亚太安保环境与课题。"安保战略"认为，全球权力平衡的变化提高了亚太地区的重要性，既提供了安保合作的机会，也造成了问题和紧张局面。"亚太区域内各国的政治、经济、社会体制的差异性依然很大，各国的安全观也多种多样"。该战略关注朝鲜军事力量的发展与行动。它指出，"北朝鲜面临深刻的经济困难，一方面人权状况完全没有得到改善，另一方面资源被重点分配在军事方面"；"北朝鲜在增强以核武器为代表的大规模杀伤性武器和弹道导弹能力的同时，在朝鲜半岛不断进行军事挑衅和对包括日本在内的国家进行言语挑衅，导致地区局势的紧张"。"安保战略"对于中国的迅速崛起与广泛影响着笔很重。它强调："中国在遵守国际规范的同时，对地区和全球课题也发挥了积极、协调的作用。另一方面，高额国防费的持续增长缺乏充分的透明度，广泛、迅速地强化了军事力量。"事实上，中国的发展给世界和亚太地区带来了诸多机遇，中国始终是维护世界和平与地区稳定的坚定力量。与中国所发挥的作用恰恰相反，正是日本大力谋求发展军事力量，企图突破宪法限制行使集体自卫权才造成亚太地区局势紧张的后果。安倍内阁在"安保战略"中指责中国崛起等因素恶化亚太地区安全环境之作法，严重歪曲事实真相，试图误导世界各国和日本国内民众的认知。

（三）提出日本在国家安全方面应该选择多元化的战略途径

"安保战略"认为，"有必要强化日本自身的能力和这种能力得以发挥的基础，扎实地发挥日本应该发挥的作用，使日本的能力顺应状况的变化"；"在强化经济力和技术力的同时，还要强化外交力和防卫力，提高日本在国家安全保障方面的坚韧性，与以亚太地区为首的国际社会的和平与稳定紧密联系在一起，将其塑造为战略方法的核心"。由于"安保战略"部分沿袭了之前的多层次安全观，为此，其标志性的自主安全、同盟关系、地区与国际合作等手段均在其中有所体现，"安保战略"认为日本应该选择下列战略途径：

一是在日本自主安全方面，提出要增强日本自身的能力和作用，包括加强日本外交的国际环境创造力，构建保卫日本的综合性防卫体制，加强日本的国土防卫能力，确保海洋安全，加强网络空间安全，加强国际反恐，强化情报搜集能力、发展防卫装备与加强技术合作，确保宇宙空间的稳定利用及推进相关技术在安保领域的有效利用，加强技术研发能力等十项内容。二是在日美同盟体系建设方面，强调要加强日美在各个领域的运用合作与政策调整，在导弹防御、海洋、太空、网络空间，以及应对大规模自然灾害等广泛领域加强合作，确保美国在日本稳定的军事存在，适时修订出台《日美防卫合作指导方针》。三是在双边与多边安全合作领域，强调日本要加强与伙伴国之间的外交、安保合作，共同致力于国际社会的和平与稳定。在这方面，日本应选择的主要合作伙伴是与日本"拥有共同价值观和战略利益"的韩国、澳大利亚、东盟各国、印度等国，同时加强同蒙古、中亚各国、南亚各国、太平洋岛国、新西兰、加拿大等亚太地区及其他区域国家的合作；与中国则要从大局和中长期的视角，努力构建并强化中日"战略互惠关系"，敦促中国为地区的和平、稳定与繁荣发挥负责任的建设性作用，同时针对中国"以实力改变现状的尝试"予以冷静且坚决的应对；对朝鲜则要求一揽子解决绑架日本人、核武器、导弹开发等日朝关系中存在多个悬而未决的突出问题；推进与俄罗斯的"全领域合作"，提升日俄关系水平。此外，还提出要加强与亚太其他友好国家、欧洲各国、新兴国家、海湾国家和非洲国家的外交与安全合作，利用各种地区合作框架，参与建构东亚地区制度化安全保障框架。四是在国际和平合作领域，强调日本要在"积极和平主义"思想指导下，积极发挥日本的作用，为国际社会的和平与稳定贡献力量。"安保战略"指出，要强化联合国外交，强化国际法治理念，主导国际裁军、军控活动和与核不扩散有关的国际努力，推进国际维和与国际援建，推进应对国际恐怖主义威胁的国际合作。五是在参与全球治理方面，提出为解决全球性课题，日本应强化在共同价值观基础上的合作。为了加强国际社会和平、稳定与繁荣的基础，日本应该借助共有普世价值，加强与相关国家的合作，谋求强化开放的国际经济体系，促进解决贫困、能源短缺、贫富差距扩大、气候变化、灾害、粮食不足等开发问题和全球性课题，谋求积极地、战略性地利用政府开发援助（ODA），推进实现"人的安全保障"，即在民主化进程、法制建设、人权维护、民生安全、人才培养、人际交流等多领发挥积极作用。六是在国内环境营造方面，强调要加强国家安保的国内基础，促进国内外的理解，包括维持并强化防卫生产与技术基础，强化情报信息发布、稳固社会基础与加强智力储备等。"安保战略"将重点放在强化日本的防卫力、强化日美同盟关系等方面，这表明日本的战略重心已从恢复经济转移到发展军事力量上。一段时期以来，日本与中、韩等周边国家关系紧张并导致地区局势动荡，在很大程度上就是安倍内阁上述错误战略思路造成的恶果。从日本国家安全战略的路径选择上，我们不难看出，日本所谋求的目标无非是：以自主安全为核心、以日美同盟关系为倚靠、以双边和多边安全合作为拓展、以国际和平合作为平台、以全球性问题为突破、以营造国内环境为基础，通过自主性的多元化路径选择，全力实现日本的国家安全目标，从而为其最终实现政治与军事双重"正常化"的国家战略目标提供有力支撑。

二、"安保战略"的主要特点

安倍内阁制定的《国家安全保障战略》是日本外交、安保领域的纲领性文件，将指导今后十年左右日本的外交与安保政策。安倍晋三第二次担任日本首相（2012 年）以来，积极推动制定日本的安保战略，强化"安倍政权的自主外交"、"俯瞰地球仪外交"，成立日本的"国家安全保障会议",进而推出了"安保战略"。作为日本战后第一份国家安全战略文件,"安保战略"有自身的突出特点。

(一)"安保战略"反映了安倍内阁对国际安全环境的忧虑,特别是对日本所面临的安保环境的担忧

"安保战略"利用较大篇幅分析了全球安全保障环境的变化,认为中国、印度等新兴国家的崛起导致了权力平衡的变化,进而引起国际社会整体的治理能力在世贸组织贸易谈判、联合国气候变化谈判等方面的弱化或缺失。单一国家的经济危机向世界扩散的风险在增加,这在金融领域表现得尤为明显。新兴国家和部分发达国家开始显现保护主义动向,对制定新的贸易规则采取消极和回避态度。"安保战略"指出,核武器、生化武器等大规模杀伤性武器以及弹道导弹等的转移、扩散、性能提升等问题,依然是日本与国际社会面临的重大安全威胁。日本已成为部分国际恐怖主义组织的攻击对象,日本国家及其国民在国内外都面临国际恐怖主义的威胁。"安保战略"还指出,海洋上发生冲突与不测事态的危险性都在增加。另外,因沿岸国家地区争端、国际恐怖主义、海盗等问题的危害性加剧,从中东地区到日本近海海上交通线,即"西南航线"的脆弱性在增加。日本约 90％以上的原油和天然气、约 30％以上的液化气依赖中东和北非地区,而当前日本的"中东依存度"难以大幅度降低,因此,日本对于这条海上交通线的安全性极其敏感。可以说,国际安全环境的变化及其对日本的影响,以及日本政府对这种影响的忧虑,正是日本政府制定"安保战略"的动力之一,也成为日本谋求大力发展军事力量的重要借口。

(二)"安保战略"对日本的国家身份进行了定位,显示出日本要在国际事务中发挥主导作用的意图

"安保战略"认为,日本既是一个经济大国,也是一个海洋国家。"日本拥有广阔的专属经济区和较长的海岸线，通过海上贸易和海洋资源的开发促进了经济发展，是追求'开放安定的海洋'的海洋国家"。同时，"日本在战后一直坚持走和平国家的道路，贯彻专守防卫，没有成为给他国带来威胁的军事大国，坚持'无核三原则'的基本方针"。"安保战略"对日本国家身份的这一定位，正是安倍内阁执政自信的来源。安倍内阁多次宣称，日本是经济大国，坚持走和平道路，与美国等国家持有相同的所谓"普世价值观"，并积极参与国际事务。然而，事实上，日本正在改变战后和平国家的发展道路，安倍内阁以"联合机动防卫"取代了战后以来长期坚持的"专守防卫"军事战略方针，2014 年的日本防卫预算比 2013 年的 4.6804 万亿日元增加了 1035 亿日元，并且明确提出要努力获得并维持航空优势和海上优势。与此同时，日本在国际社会中谋求主导地位的意图显露无疑。"安保战略"认为，"必须主导设定国际社会的课题，能动地积蓄拓展日本国家利益的力量"；"作为世界上唯一遭受原子弹袭击的国家，日本积极致力于裁军和核不扩散，以实现'无核世界'，并主导国际社会的对策"。日本"作为海洋国家，在维持和发展'开放安定的海洋'时，要发挥主导性的作用"；"强化以法律和规则作为支配的海洋秩序是国际社会和平与繁荣所不可或缺的国际共有认识，在形成这种认识时，发挥主导性作用"。此外，"在设定新的国际开发目标时，也是发挥主导性作用"。同时，"要主导防灾领域的国际合作"。不难看出，日本谋求在诸多领域发挥主导作用，是其在新形势下提升国际地位、争做政治大国的手段。当前，日本经济处于复苏中，海外投资整体上有增无减，这使得安倍内阁敢于在国际舞台上大展身手，将其谋求"政治大国"地位的梦想再次付诸实践。历史地看，日本企图以强大的经济实力作为支撑，参与全球治理，主导全球治理规则的制定和全球治理进程，一味地依靠经济影响力的扩散推动"政治大国"的构建，其对国际社会带来的危险性不言而喻。然而，日本认为，中国、印度等新兴大国的崛起，将会对现有国际秩序产生严重冲击，国际秩序的大调整势在必行，而且东亚地区秩序的重构也在进行中。日本极力谋求在此过程中发挥重要作用，并希望借此机会摆脱战后秩序的束缚。

（三）"安保战略"显示出安倍内阁的外交姿态和战略趋向，这突出体现在日本的周边外交上

一方面，安倍内阁在"安保战略"中指责朝鲜和中国。关于日朝关系，日本关心的是朝鲜核问题、导弹开发以及绑架日本人问题。"作为东亚地区的不稳定因素"，日本对朝鲜核问题可能引发的危险最为担忧。日本认为，朝鲜的核开发与导弹开发问题"与其说是地区问题，不如说是国际社会整体的和平与稳定面临的重大威胁"。"朝鲜开发射程覆盖美国本土的弹道导弹，尝试核武器的小型化和用弹道导弹运载，对包括日本在内的地区安全有着实质性的威胁"。日本还认为，不解决绑架日本人问题，就无法与朝鲜实现外交关系的正常化。关于中日关系，日本对中国提出一系列无端指责，主要包括：中国国防费不断增加且缺乏透明度；中国试图根据自身主张，凭借军事实力在东海、南海等岛屿争端问题上改变现状；经常发生中国舰机"入侵"尖阁列岛（即我钓鱼岛）附近海空域的事件等等。而事实上，中国一直坚持和奉行防御性的国防政策，中国国防力量的发展完全是出于保障国家安全的正常需要。钓鱼岛及其附属岛屿自古以来就是中国的固有领土。正是日本政府采取"言行不一"的手法，一边声称愿意与中国展开对话，一边却不断采取行动恶化局势；在钓鱼岛问题上不断挑起争端，是中日关系恶化的祸首。凡此种种，使日本站到了中国及其他亚太各国的对立面，而这正是"安保战略"出台的重要背景，也是其"安保战略"顽固坚持"右倾化"基调的主要根源。另一方面，安倍内阁在"安保战略"中突出强调日美同盟的重要

性，并表示要加强与韩国、澳大利亚、印度等周边国家的合作关系。首先，"安保战略"认为日美同盟是确保日本国家安全的基轴。"在过去的 60 年里，为了维护日本以及亚太地区的和平与稳定，日美同盟发挥了不可或缺的作用"。因此，"安保战略"主张日本必须"坚持日美同盟以维持日本的和平与安全"。在当前美国经济衰退、财政压力增长、日本积极谋求更多战略主动的形势下，日美同盟面临调整，《日美防卫合作指导方针》（"97"指针）将会再次予以修改。"安保战略"指出，既要确保稳定的美军存在感，也要采取措施减轻驻日美军基地周边居民的负担。显然，这表达出安倍内阁的双层意图：既向美国政府保证，日本将继续允许并欢迎美军驻扎日本，这意味着日本将继续保持部分主权丧失的状态；同时，又向日本国内政治势力和派别有所交待，安抚对美军驻日的不满情绪。其次，"安保战略"指出，为了改善日本面临的安全保障环境，日本需要强化与亚太地区内外伙伴国之间的互信与合作关系。"安保战略"特别强调了构筑日美韩三边军事合作和日美澳三边军事合作的重要性，认为日美韩三边合作有助于实现东亚地区的和平与稳定，而日美澳三边合作将有助于对亚太地区秩序的形成、国际和平与稳定的维持等方面发挥重要作用。在亚太地区秩序形成问题上，日本"安保战略"倾向于推进多层次的多边合作，并坚持以日美同盟为核心和基础。然而，日美同盟的军事核心性质及其向多边军事联盟扩展的潜在可能性，无疑将会进一步增大亚太地区秩序重构的不稳定和不确定性。

三、"安保战略"的内在实质

"安保战略"阐述的是安倍内阁的国家这全保障战略及政策，是对民主党执政时期日本安保战略和政策的一次调整，预示着安倍时期日本国家的发展方向，因而值得关注。

（一）"安保战略"的制定与通过，既是日本政府在当前国际环境下进行国家发展战略选择的必然结果，也是日本执政联盟有所妥协、党派之间相互博弈的结果

在当前的国际环境中，日本认为，需要从自身国家利益出发，制定统筹全局的安全保障战略，其战略选择表现在三个方面。一是领土争端等传统安全领域的问题依然存在，跨国犯罪、恐怖主义、海盗等非传统安全领域的问题频发，日本自身的发展也受到这些因素的干扰，仅仅依靠一国之力难以应对，加强国际合作成为必然选项。二是日本经济长期低迷以及政府应对措施的乏力，加深了日本国内矛盾，日本政府为转移矛盾不得不调整国家发展方向，以强硬的外交姿态争取国内政治支持。三是美国的相对衰落和战略重心转移，给日本带来了发展军事力量的机会。次贷危机引发的金融危机，沉重打击了美国经济，导致其财政压力增大、就业机会减少，迫使美国政府的主要注意力转向国内，从而相对限制了美国的海外行动能力，以至于其要求盟友提供更多的支持。在这种形势下，日本强化军事能力的战略选择，既可以配合美国的亚太"再平衡"战略，牵制中国的发展强大，又可以为日本自身进一步扩充军备创造条件和籍口。

在日本国内政治中，由于执政联盟内部自民党和公明党之间的分歧难以弥合，因此在"安保战略"中没有写入修改宪法及解禁集体自卫权等争议较大的内容。执政联盟中的公明党尤其对于写入这方面内容持有相当谨慎的态度。关于修改宪法问题，公明党的态度是，坚持"尊重基本人权、国民主权、永久和平主义"三大原则，同时应该讨论宪法的修改条件、修改手续和修改内容，维持"硬性宪法"的性质，增加适应新时代的理念和条文。显然，公明党并不像自民党那样一味追求修改宪法第9条（即修改内容），也注重对宪法第96条（即修改条件和手续）的讨论。关于解禁集

体自卫权问题，公明党党首山口那津男认为，不承认行使集体自卫权，是长期以来日本政府的考虑，公明党尊重这种考虑，目前的政府见解在宪法层面具有法律的稳定性。而对于自民党试图以变更宪法解释的方式达到解禁集体自卫权的目标，山口那津男则认为有必要进行广泛、深入和慎重的讨论，应该先弄清楚为什么要变更宪法解释、如何变更宪法解释、一旦变更宪法解释后会产生什么结果、带来什么样的影响等问题。由于始终无法与公明党在修改宪法解释和解禁集体自卫权这两个重点问题上达成统一共识，自民党无奈之下选择了先使"安保战略"获得顺利通过的权宜之举，在"安保战略"中暂时放弃写入修改宪法和解禁集体自卫权等相关内容。对此，自民党干事长石破茂指出，将在 2014 年与公明党继续加强协商，争取寻求公明党的让步和理解。可见，"安保战略"是自民党与公明党相互斗争相互妥协的结果，因此并没有完全体现自民党的意志和要求。由此可以预料，今后自民党仍将会寻找一切可利用的机会来继续推动修改宪法和解禁集体自卫权。

（二）"安保战略"虽然是日本战后首份国家安全战略文件，但其内容并无多少新意，严格地说属于"新瓶装旧酒"

一是"安保战略"用大量篇幅和笔墨强调日美同盟的重要性以及日本在其中发挥的举足轻重的作用，以此向美国表达"不可丢弃日本"的战略观点。事实上，战后的日本正是在日美同盟的庇荫下才实现了迅速恢复和持续发展，而日本在美国的亚太同盟体系中所扮演的重要角色更是不言而喻。"安保战略"越是反复强调这种重要性，越说明日本对美国抛弃自己的一种强烈担心，日本非常担心在面临争端或武力冲突时美国不站在自己一边。毋庸质疑，随着中国的崛起和强大，在诸多国际问题的解决过程中，都离不开中国的影响和作用，中美合作的重要性远远大于日美合作。所以，日本企图拉拢美国对抗中国的做法从根本上说是行不通也靠不住的。二是在"安保战略"中，日本多次宣扬基于普世价值和规则的国际秩序，既是要向国际社会表明日本始终在遵守国际秩序，也是在争取提高国际社会对日本的认同，这实际上与日本提出的"自由繁荣之弧"、"价值观外交"、"俯瞰地球仪外交"如出一辙，无非是想展现日本的一种外交姿态，强化其所谓的"自主外交"，而其最终的真实意图就是营造和构筑一个遏制中国崛起的战略包围圈。然而，日本这种外交方式仍然具有浓重的"以金钱换取政治支持"的明显特点，是缺乏战略眼光的机会主义做法，因而最终不可能给日本带来所期望的战略收益。三是渲染所谓的"外部威胁"，为突破宪法限制，进一步增加军费、发展军力制造由头和借口。这也是日本多年来所惯用的传统伎俩。此次，在"安保战略"中，日本又多次提及中国的崛起，并无端指责中国，渲染"中国威胁"。然而，当前的日本及日本政府面临而且亟待解决的主要问题是其国内经济和社会问题，尤其是日益突出的劳动力人口缺乏、少子化和老龄化等严重问题，而依靠"安倍经济学"主张的日元贬值、提高消费税和加大财政投入等实现经济增长的方式很难长期维系下去。在此情况下，日本一味渲染所谓的"外部威胁"，不仅无助于解决国内面临的严峻问题，而且不利于亚太地区局势的安全和稳定。从目前形势来看，日本在安倍内阁的领导下，无疑将会继续增强和发展军事能力，未来的日本是否会重新再走军国主义道路，必须引起国际社会的严密关切和警惕。

（三）"安保战略"所强调的"积极和平主义"，根本目标仍然是为了修改和平宪法，使日本成为所谓的"正常国家"

安倍内阁上台不久，就抛出了"积极和平主义"。但何谓"积极和平主义"，日本政府并未给出正面解释和说明。和平主义和民主主义是战后日本立国的原则和根基，也是战后日本得以迅速恢复和发展、取得成功的政治保证。可以说，一旦失去"和平主义"，日本国家的发展方向必然将发生重大变化。安倍内阁将和平主义改为"积极和平主义"，其真实用意清楚地体现在安倍内阁一年多来的执政实践中。在与周边国家关系中，安倍内阁继续采取民主党野田内阁恶化中日关系的行为，借助侵略历史问题、慰安妇问题、岛屿争端问题等，更加变本加厉地破坏地区局势的安全和稳定，致使中日关系、韩日关系受到严重损害，出现重大倒退。面对中日关系日益恶化的现状，安倍内阁不仅不采取负责任的态度和措施积极修复两国关系，反而继续频繁制造事端，穿棱游走于世界多国，借助"金元外交"重点利诱拉拢亚太地区的一些国家，挑拨中国与周边国家的关系，并百般谋求修改宪法，以变更宪法解释的方式试图解禁集体自卫权，以"外部威胁"为借口增加军费投入、强化军事力量。在"安保战略"中，安倍内阁既提出要修改《日美防卫合作指导方针》，又明确表示将修改"武器出口三原则"，制定适应当前安全保障环境的新原则。安倍内阁虽然宣称要积极参与以联合国为首的国际组织的活动，但更加重视渲染自身面临的所谓"外部威胁"，大力推进军力发展，从而给"积极"一词涂上了浓厚的军事色彩，这实际上严重违背了日本多年来所坚持的和平主义理念。可以说，安倍内阁的真正用意是借"积极和平主义"之名，行"修改宪法、扩充军备"之实，力图不择手段地使日本早日成为所谓的"正常国家"。

综上所述，安倍内阁的"安保战略"是日本政府对当前日本安全环境总体认知的体现，也是今后大约10年期间日本防卫政策、外交政策的总方针。该"安保战略"还为日本现行军事战略的制定和出台规定了原则框架和方向指引。与"安保战略"同时获得通过的日本"13大纲"和"新中期防"就是在"安保战略"的基础之上重新制定的军事战略（防卫战略）和政策，上述文件的颁布，也标志着日本现行军事战略的正式出台。可以说，日本对自身安全环境的认知，是其制定安保政策的重要基础，但这种认知不应当以破坏地区安全和稳定为前提。近一年多来，日本周边安全形势的恶化，都是因日本挑衅而起，日本的这些行为不仅对相关国家而且对日本自身安全都极具危险性和破坏性。由于修改宪法和解禁集体自卫权等内容没能在此次的"安保战略"中得以体现，因此，可以预见这份"安保战略"只是安倍内阁对日本国家安全战略的阶段性规划，今后日本必然会随着国际环境、地区形势的变化，以及日本国内政治变动和自身军力发展需求，不断对其国家安全战略和军事战略进行调整和充实。

第二节　日本现行军事战略的主要内容及未来发展走向

战后至今，日本先后出台了 5 部《防卫计划大纲》。其中的第 5 部大纲，即《2014 年度以后的防卫计划大纲》（"13 大纲"），以及《2014～2018 年度中期防卫力量发展计划》（"新中期防"）的正式通过和颁布实施，标志着日本现行军事战略（"联合机动防卫"）的正式出台。"13 大纲"作为指导日本军事建设和发展方向的纲领性文件，在遵照《国家安全保障战略》（"安保战略"）基本精神的基础上，对于日本的军事力量未来 10 年的发展进行了中长期规划，这表明日本军力又进入了一个新的发展阶段和建设时期。与之前的"机动防卫"战略相比，现行的"联合机动防卫"战略有了诸多调整和变化，其内容和未来发展走向主要体现在以下几个方面。

一、在威胁判断上

"13 大纲"对日本所面临的安全环境的总体判断是，世界主要国家间爆发大规模战争的可能性降低，但自 2010 年以来，"日本周边安全环境进一步严峻，各种安全议题和不稳定因素正呈现表面化、尖锐化"。"13 大纲"所列举的所谓"安全议题"，诸如国际安全问题的扩散性风险、围绕领土主权与海洋权益的"灰色区间"争端、公海航行自由受到侵害、朝中俄军事动向影响地区稳定等，其基本观点与"10 大纲"相比，并没有大的变化，比较明显的变化之处主要在于开始突出强调"中国威胁"。

（一）日本认定朝鲜仍是其现实中的主要威胁

"13 大纲"沿袭"10 大纲"的观点，继续渲染朝鲜威胁，认为朝鲜增强军事实力和进行各种挑衅行为对日本构成了实质性安全威胁，是日本必须解决的紧要安全议题。

作为主要对手，近些年来日本一直始终是将朝鲜认定为现实中的主要威胁。关于来自朝鲜的威胁问题，日本列举了许多方面的事例，但其中有两件事让日本最为感到担心和不安。这些事例主要包括：一是朝鲜特种部队在 1977 年至 1983 年期间绑架日本人的问题；二是朝鲜在 1998 年 8 月、2009 年 4 月、2012 年 4 月、2012 年 12 月朝鲜先后多次发射"光明星 1、2、3 号"系列卫星，特别是前两次发射的卫星飞越了日本上空，日本认定朝鲜每次发射的都是弹道导弹而并非卫星；三是朝鲜在 2006 年 7 月、2009 年 5 月、2013 年 2 月先后三次进行核试验，2013 年 3 月宣布废弃"停战协定"，2013 年 4 月初又宣布重启宁边核反应堆，而且多次试射弹道导弹；四是朝鲜在 1999 年和 2001 曾两次派遣特工船进入日本领海实施侦察活动，近年来又发现有疑似朝鲜特工船进入日本领海进行非法活动等。日本认为，在上述多项事例中，朝鲜研究开发核武器、弹道导弹以及绑架日本人问题对日本安全的威胁尤为严重。

首先，关于朝鲜数次发射卫星和频繁试射导弹，尤其是朝鲜发射的卫星飞越日本领空问题，一直以来始终是日朝之间存在严重龃龉和现实危险的难题。对于朝鲜每次宣布的卫星发射，日本都先入为主，毫无疑问地确认为导弹，而不是卫星。为此，从日本政府至民间都在争论朝鲜的导弹到底会不会落到日本领土上。有关朝鲜的导弹威胁，日本认为威胁主要来自两个方面：一方面朝鲜的导弹明确把日本作为直接攻击目标，专门针对日本进行发射，这是最直接、最现实的威胁；另一方面，日本认为朝鲜的导弹从研制到试射，再到具体部署以及实际使用，在诸多个环节上都可能会存在着安全隐患或者技术上的不过关，这样一来，朝鲜发射的导弹，即使不是把日本作为攻击目标或者按正常飞行轨迹和弹道规划不会飞越日本领空，但随时都可能会因导弹自身的设计缺陷或技术问题，而误击日本或者飞越日本领空甚至坠落在日本的领土上，从而对日本造成威胁和意外伤害。对比这两个方面的导弹威胁，日本政府和防卫当局认为，来自后一种情况的威胁更加难以预料和发现，因此对日本造成的安全威胁也就更大。日本的研究机构还专门进行过测算，朝鲜的导弹平均 8 分钟就可能打到日本，而日本的预警反应时间却需要长达 10 分钟之久。因此，日本认为朝鲜是一个随时都可能会威胁到日本安全的国家，是日本当下面临的最现实和最直接的危胁。可以说，近两年来对于所谓"来自朝鲜的导弹威胁"，日本政府和国内民众是愈加担心和不安。众所周知，从 2011 年以来，每当朝鲜宣布可能发射卫星（导弹）或纪念某个重大节日（纪念日）时，日本政府都会高度紧张，防卫当局更是如坐针毡、如临大敌，每次都是倾其所能地进行紧急应对，除陆海空各自卫队奉命进入高度戒备状态，每日全天候密切加强警戒监视外，防卫大臣还下达对导弹及碎片进入日本领域的"拦截摧毁"命令。在对导弹的拦截上，除海上自卫队装备"标准－3"海基远程拦截导弹的多艘"宙斯盾"驱逐舰，加紧在日本海、黄海等海域展开部署外，日本政府还在日本本土多处重要地区、经济圈或要害目标附近，其中就包括在防卫省的办公大院内紧急部署"爱国者－3"陆基近程拦截导弹。最新的一次事例更能体现出日本政府对朝鲜导弹发射的恐惧和不安。2013 年 7 月 26 日，即朝鲜战争停战 60 周年纪念日的前夜，日本防卫省在朝鲜方面没有宣布任何关于发射卫星或导弹的计划和异常征兆的前提下，却如临大敌，连夜在防卫省办公大院内再次紧急部署了数套"爱国者－3"防空导弹拦截系统。由此不难看出，日本防卫当局对来自朝鲜"导弹威胁"的恐惧和忌惮已达到寝食难安、夜不能寐的程度。

其次，关于朝鲜绑架日本人问题，现在已成为日朝两国之间存在的一个不争事实和无法回避也难以解决的棘手问题。日本把绑架问题看得非常严重，专门为此成立了一个部长级机构，任命了公安委员长兼绑架问题担当大臣。让日本几届政府和国民感到羞辱的是，日本警方在日本国内都没有尽到保护国民生命安全的职责。据称，2002 年 9 月，时任日本政府首相的小泉纯一郎访问朝鲜，这也是战后日本首相第一次对朝鲜进行访问，双方就绑架问题进行了交涉，并就送回被绑架者及子女、移交死者遗物遗骸等相关事宜进行了探讨和协商。但日本政府对朝鲜所称被绑架的数名日本人死亡一事，根本就不予相信，强烈要求朝鲜方面提供相关死亡证据，并进行公开道歉和赔偿。在其后的十几年间日朝双方数次接触但均未达成协议，使绑架问题至今仍然成为一个悬案。2013 年 5 月 14 日，日本首相安倍晋三的特使、其朝鲜问题特别顾问饭岛勋受命再次访问朝鲜，饭岛勋曾是日本前首相小泉纯一郎的高级幕僚，2002 年 9 月和 2004 年 5 月曾两次随同小泉访问朝鲜。据相关媒体报道，这次商谈主题仍与朝鲜曾绑架日本人事件有关，饭岛勋要求朝鲜"让所有被绑架的日本人回国，查明真相交出犯人"。可以说，围绕被绑架日本人问题，日本与朝鲜之间几十年来一直在不断地进行交锋和协商，但时至今日，两国间的人质绑架问题仍未得到彻底解决。从日朝两国关系的发展前景来看，人质绑架问题无疑是今后制约日朝之间实现邦交正常化的一个重大障碍。

（二）日本认为中国已成为一个重要的现实威胁

"13大纲"与"10大纲"相比，在威胁判断上最大的变化就是有关"中国威胁"的表述明显增加。列举的主要观点包括："中国持续保持着高水平的军费增长，加速推进军事现代化"、"中国增强军事力量的目的和目标尚不明确，还不能充分体现与军事和安全相关的透明度"、"中国急速扩大在东海和南海等海空域的活动范围，不断增强活动频率"、"中国扩大并增加在更远的海空域的活动，海空军进出太平洋活动常态化，活动范围有可能会进一步扩大至包括日本北方的广泛区域"等等。"13大纲"声称日本将继续"强烈关注"中国的军费高速增长、军力发展的不透明、海空活动的急速扩大化与活跃化、试图以实力改变现状等军事动向。同时还刻意指出，中国的这一动向将危及地区与国际社会的安全。"13大纲"关于"中国威胁"的论述表明，日本已经抛弃了"10大纲"将中国视为一个"潜在威胁"的基本判断，转而开始将中国视为现实中的威胁和主要对手。这也是"13大纲"在有关威胁认知上最明显的改变。日本此举无非是借渲染"中国威胁"来继续歪曲解读中国的和平崛起，以便为其大幅增加防卫预算换取国内外支持，用于增加自卫队的编制员额，在国内外采购大量先进武器装备，以及发展超出本土防御需要的军事力量。这也是安倍"积极和平主义"外衣下掩盖的真实目的。虽然在字面上看，中国是仅次于朝鲜的日本第二位防范对象，但综合分析"13大纲"提出的建设方向、兵力部署、装备重点、核心作战能力建设等内容可以判明，朝鲜只不过是日本全面提升军事实力的一个表面借口，而中国才是其未来作战准备的真正对象。

归纳起来，日本渲染"中国威胁"的理由主要有如下五个方面：一是中国希望在地区和世界事务中发挥更加积极的作用，并持续保持较大规模军费增长，军事力量飞速提升。二是中国竭力阻止别国军事力量接近其周边地区，增强非对称军事能力以妨碍其他国家在本地区的军事行动。三是中国增强军事力量的目的并不明确，在军事和安全领域仍然不够透明。四是中国在东海、南海等海空域的活动迅速扩展，特别是在存在海洋利害冲突的问题上，试图通过武力改变现状，呈现咄咄逼人的态势，并采取了有可能导致不测事态的危险行为，包括时常侵入日本领海或领空，并单方面划设"东海防空识别区"，妨碍公海上空的飞行自由等。五是中国军队的舰艇和飞机出入太平洋已实现常态化，包括日本北方在内，其活动区域逐渐扩大，进一步活跃在更远的海空域。

关于日本最先提出和主导渲染的所谓"中国威胁"，我们不妨简单回顾一下：1990 年 8 月日本学者村井友秀最先在日本国内发表《论中国这个潜在威胁》的文章，正是在该文章发表之后，所谓"中国威胁"的论调才开始在日本乃至西方蔓延。日本官方是在 1996 年首次公开提出"中国威胁"的，尔后，日本几乎每年都要在其正式防卫文件或军事计划中加以强调和渲染。例如：

——1996 年日本《防卫白皮书》正式提出"中国是防范对象国"。

——2001 年日本《防卫白皮书》鼓吹"中国导弹威胁论"。

——2003 年日本《防卫白皮书》认为"中国开辟经由日本的战略通道"。

——2004 年 11 月日本自卫队制订《防中国进攻计划》，计划认为，"第一，如果中国大陆与台湾爆发战争，中国可能袭击日本部分地区，以阻止驻日美军援台；第二，随着中日领土纠纷的加剧，中国可能以武力夺取钓鱼岛；第三，中国可能采取各种手段确保其在东海的利益"。

——2005 年日本自卫队制订《陆海空防卫警备计划》，计划认为"日中必有一战"。"冲突的地点是在东海：时机一是两国东海争端恶化，二是日本追随美国卷入台海争端"。

——2008 年日本防卫省开始研究应对"中国军事崛起"。

——2009 年日本《防卫白皮书》鼓吹"中国海军威胁论"。

——2010 年日本《防卫白皮书》鼓吹"中国是地区不稳定因素，是重要防范对象之一"。"中国一直在加强海上军事活动，包括在日本附近海域活动。中国国防政策不透明及其军事活动引起包括日本在内的东亚地区和国际社会的担忧"。

——2010 年 12 月《2011 年度以后防卫计划大纲》提出"中国持续增加国防费，全面加快军力现代化建设，在周边海域活动日趋扩大和活跃，已成为地区和国际社会的忧虑事项。"

——2011 年 4 月 6 日，日本战后首次公布《综合安全保障报告》，指出"经济发展带来的国家利益扩大是中国增强力量的背景，中国海军为了确保贸易航线和海洋利益，试图将太平洋训练常态化，并反复在南海训练战斗机空中加油，力图确保航空优势"。

——2011 年日本《防卫白皮书》宣称"中国海空军活动范围日趋扩大"、"中国随着实力的增强，在同周边国家解决领土问题时的态度更加咄咄逼人"、"中国发展深海潜水器可能用于军事目的，对他国的安全构成威胁"。

——2012 年日本《防卫白皮书》除老调重弹，再次鼓吹"中国海军的活动范围扩大，对他国威胁在日益加大"外，还别有用心地无端揣测和凭空煽动"中国领导层和军队之间存在问题和分歧"，其祸心昭然若揭。

——2013 年 7 月，日本《防卫白皮书》又大肆渲染中国威胁。白皮书强调了中国海洋发展战略对于日本的"威胁"，表示要在强化日美军事同盟的同时，强化日本独自的防卫力量。白皮书内容涉及 8 个国家，但是 1/3 的内容是分析中国的海洋发展战略以及"扩张主义"，"企图霸占钓鱼岛，控制南海航行权的野心"。书中还阐述日本如何强化独自的军力，而不完全依靠美国的力量，站在"守卫领土、领海、领空"的最前沿保卫日本。该份白皮书针对中国部分的内容，言辞激烈程度超过以往任何一次的白皮书。日本防卫省官员称，虽然这一份白皮书批判中国的语词比较激烈，但是事先已经征得安倍首相的过目和赞同。

——2013 年 12 月，日本《国家安全保障战略》宣称，中国"在东海和南海方向基于与既存国际秩序相悖的单方面主张，试图以实力改变现状"。

——2013 年 12 月，日本《2014 年度以后防卫计划大纲》宣称，中国"不时侵入日本'领海'、侵犯日本'领空'，并根据单方面主张划定'东海防空识别区'，妨碍在公海上空的飞行自由，可能会导致不测事件的发生"。

日本之所以极力渲染"中国威胁"，其主要目的无非有两个：一是通过积极寻找威胁对象，夸大威胁程度，努力为日本发展超强军力造势；二是通过渲染和夸大中国威胁，强化日美军事同盟关系，孤立弱化中国，遏制中国的发展强大。

关于"中国威胁论"的形成、背景及影响，在本章的第五节还将专门进行具体分析和阐述。

(三) 日本认为俄罗斯仍是其重点防范对象

"13 大纲"认为，"俄罗斯正在努力实现以加快推进军事变革，强化快速反应态势，引进新型武器装备等核心的军事力量现代化。"同时，"俄罗斯的军事活动呈现出日益活跃的趋势。"日本关于来自俄罗斯的威胁判断，也是由来已久。

二战结束以后，特别是冷战时期，苏联几乎一直是日本军事重点防范的主要作战对象。随着冷战的结束，日本来自东北方向威胁的减弱，日本逐步降低了俄罗斯在日本军事战略中关于威胁判断上的长期突出地位。在"13大纲"中，日本继续将俄罗斯作为日本需要重点防范的对象，认为其对日威胁程度位于中、朝两国之后，位居第三位。日本所列举的关于俄罗斯的威胁因素主要包括三个方面：

第一，日本认为，冷战结束苏联解体后，俄罗斯虽然大规模地降低了军事实力，对外扩张意图有所收敛，军事作战和行动能力有所削弱，但时至今日"俄罗斯仍然拥有远超过日本的军事实力，其在远东地区依然拥有包括核武器在内的大规模军事力量"，对日本的威胁远未消除，且始终不能小视。继近年来俄罗斯频繁举行针对日美的军事演习外，进入2013年后，俄罗斯和中国更是首次在日本海周边海空域举行大规模海上联合军事演习，令日本政府和防卫当局十分紧张。

2013年7月5日至12日，中俄第一次在日本海彼得大帝湾举行"海上联合－2013"军事演习，其间的8日至10日举行了联合实兵演练。此次演习，中俄双方共有20余艘各级别舰艇、10余架飞机和直升机参演。期间，主要演练了联合反潜、防空和反舰防御，护送船舶，海上补给，解救被劫持船只，海上救援等科目，演习结束后双方进行了海上阅兵。据悉，由于这是中俄两军第一次在靠近日本列岛的海空域举行演习，所以，对于中俄此次在日本海附近海空域举行"海上联合－2013"军演，日本政府和媒体均给予了高度关注。其主要反应如下：一是强化对相关海空域警戒监视，日政府指示自卫队加强搜集相关情报。7月3日，日本防卫省参谋本部公布称，中国导弹驱逐舰及导弹护卫舰等共计7艘舰船组成的编队，于3日凌晨通过对马海峡。防卫省认为此次通过的7艘舰船即为参加中俄海上联演编队，这也是自2011年8月以来中国海军舰艇时隔近两年后再次通过对马海峡。日本防卫省官员称，中俄联合演习海空域距北海道仅约300公里，日方将"清晰了解"演习全过程。日本海上自卫队和航空自卫队出动 P-3C 型反潜巡逻机、预警机、侦察机及"岛风"号等数艘驱逐舰，自中方参演编队经对马海峡前往演习区域起，就开始实施 24 小时全天候连续跟踪监视。另外，驻冲绳美空军和驻三泽美海军分别出动 RC-135U 型电子侦察机和 P-3C 型反潜巡逻机，赴北海道周边海空域实施往返侦察。二是同期高调举行日美联合空战演练。7 月 8 日至 12 日，日美在北海道千岁基地和青森县三泽基地实施联合空战演练，日本航空自卫队和美空军分别出动 8 架 F-15 型战机和 8 架 F-16 型战机参演。日媒对此高调报道，强调日美此次联合空战演练与中俄海军联演时间"高度吻合"，参演战机数量超过近年来日美同类演练，演习区域与中俄演习区域均位于日本海附近，相距仅 600～800 公里。报道评称，日美在"敏感时期"举行联合演练，意在联手监控中俄演习，日本海"上演着中俄与美日之间激烈的侦察与反侦察斗争"。三是揣测中俄联合军演意图。《读卖新闻》、《产经新闻》、日本广播协会（NHK）等日本主流媒体持续报道中俄联合军演相关情况并发表评论。主要观点有三个：（1）认为演习意在牵制日本。中俄海军首次在日本海举行联合演习，尽管双方声称演习不针对第三国，但由于中俄两国均与日本存在领土争端，其"指向性非常明确"。（2）认为中俄有意联手对抗美日。中俄在美推行亚太"再平衡"战略、美日加强安全合作以及半岛、东海局势趋紧的背景下实施联合军演，且规模空前，针对日美同盟的意图明显。（3）认为中俄军事合作进一步深化。中俄在东亚拥有共同利益，双方自 2003 年以来已举行 8 次联合演习，特别是 2012 年首次在黄海海域举行联合军演，此次又首次在日本海举行联合军演，显示出中俄两国军事合作日益深化。日俄关系近年来虽有改善，但较中俄关系存在明显"温差"。

第二，日本认为，俄罗斯自二战结束以来一直占据着日本的北方四岛（俄称南千岛群岛），期间尽管日本多次通过各种渠道、动用多种方式和手段，强烈要求俄罗斯归还该岛屿，但俄罗斯始终不为所动。特别是近年来，俄罗斯更是加快了对南千岛群岛的建设和开发利用步伐，并计划通过增加岛上兵力部署、完善加固防卫设施、更新守卫部队的武器装备、加强岛屿防卫与夺占实兵演练，逐步强化岛上的军事实力和防卫作战能力。从 2010 年以后，俄罗斯的总统、总理、国防部长及副总理等其他军政要员多次实地登上南千岛群岛，或者以各种方式对该群岛进行视察、考察和勘察。继普京登岛后，2012 年 7 月 3 日，刚刚就任总理的梅德韦杰夫又一次登上该群岛中的国后岛进行视察，并再次表示南千岛群岛为俄罗斯领土。据媒体报道，对于日本方面对此次登岛的抗议，梅氏明确表示，俄罗斯的总理视察俄罗斯的国土，有什么可大惊小怪的？而且，从 2011 年以后俄罗斯还实质性地开始对该群岛进行投资招商和合作开发。对于俄罗斯方面强化对南千岛群岛占领和开发建设的种种举措，日本方面除了偶尔在海上或空中远距离对该群岛进行所谓的"视察"外，无计可施，目前在该群岛的争端问题上日本已经陷入困境。关于 2013 年 7 月举行的中俄"海上联合－2013"军演，防卫省就有相关人士称，虽然俄罗斯答应与日本会商"北方四岛"问题，但这次的中俄联合军事演习似乎包含着"中俄联手守护岛屿主权"的含义，因此该演习让钓鱼岛问题和"北方四岛"问题变得更加敏感。而中俄"海上联合－2013"军演硝烟还未散尽，俄罗斯紧接着又举行了旨在重点加强对南千岛群岛防卫能力的超大规模"应急"军事战备演练，更是让日本如坐针毡。

中俄"海上联合－2013"军演刚刚结束，俄罗斯总统普京又下令从 2013 年 7 月 13 日开始，俄三军举行自苏联解体 22 年以来最大规模的"突击战备"演习。俄东部军区、中部军区、太平洋舰队、俄空军远程航空兵与军事运输航空兵等，合计共有多达 16 万军人、5000 多辆坦克和装甲战车、70 多艘舰艇、130 多架战机参加都参加了演习。演习横跨数个时区，从西伯利亚一直到远东地区，无论参演兵力还是涉及地区都大大超越以往历次演习。有评论认为，这次演习一方面在于检验俄军的作战能力和战备水平，另一方面也是在向日美等国展现俄在远东及太平洋地区的影响力。俄罗斯总统普京亲临位于俄远东萨哈林岛的训练场实地观摩。此次大规模演习的核心内容包括萨哈林岛登陆作战演练、鄂霍兹克海反潜作战演练，而萨哈林岛和鄂霍兹克海恰恰位于俄日存有争议的南千岛群岛附近。有媒体报道，这次俄罗期在东部地区进行的大规模军演，就是想向日本、美国展现出俄在领土问题上绝不退让的决心。针对此次演习，日本方面显然极为紧张，特别是对萨哈林岛登岛作战演练内容十分敏感。据日本时事通讯社报道，日本防卫省在俄演习期间，全天候展开工作，密切关注着宗谷海峡及主张的北方四岛领土附近俄军舰和战机的动向，而日本航空自卫队的战机则紧急起飞对参与演习的俄图－95 战略轰炸机进行警戒监视。可以说，进入 2013 年以来，俄罗斯在针对南千岛群岛的领土争端问题上表现得非常强势，除自同年 2 月起俄总统普京多次对武装力量进行随机突击检查以测试战备水平和应急作战能力外，俄罗斯政府和民众还在极力争取将南千岛群岛中国后岛上的佳佳火山评为俄罗斯国家的"十大美景"之一。

第三，日本认为，俄罗斯战机经常入侵日本领空和在其领空周边实行抵近侦察或从事威胁活动。据日本防卫当局声称，近年来，包括图－95 远程战略轰炸机、苏－27、苏－30 等攻击战斗机在内的俄罗斯先进战机，发生过"入侵日本领空"的事件，而俄罗斯的战机编队在日本领空周边巡逻更不鲜见。日本媒体曾报道，2012 年 2 月 8 日，包括苏－27、图－95、A－50、伊尔－76 等在内的 5 架俄罗斯战机编队围绕日本领空周边持续飞行长达 10 个小时左右，令日本政府非常紧张，日本航空自卫队的战机频繁紧急起飞，进行警戒监视，严防发生入侵和其他不测事件。日本航空自卫队的多名高官甚至称，这是冷战结束后俄罗斯对日本最严重的一次空中挑衅，是日本航空自卫队的"耻辱日"。2013年3月15日，俄罗斯2架图—95战略轰炸机绕日本列岛附近上空飞行了一周，航空自卫队派战斗机紧急升空应对。报道称，该机经朝鲜半岛东侧的日本海上空朝对马海峡方向南下，随后穿过冲绳本岛和宫古岛之间，继而沿日本列岛的太平洋一侧北上至北方领土附近。此前，俄罗斯军机曾于2011年9月也进行过同样的飞行。日本防卫省认为，来自俄空军的入侵行为或入侵图谋对日本的领土、领空和国民的生命安全构成很大威胁，必须引起警惕，加强防范认真应对。

概括起来，日本认为，朝鲜的核扩散和导弹开发对其构成最直接的主要现实威胁；中国的军事崛起和军力快速增强，已开始对日本形成现实威胁，而且这一威胁正在日趋上升；俄罗斯恢复军事大国的意图和努力依然需要认真加以防范。

二、在军事战略目标上

近年来，日本根据对国际环境及周边安全形势的判断，以及国内政治军事需求，不断对其军事战略的目标进行调整。与此相适应，日本军事力量的职能、任务也日渐明确。2013年12月，日本在出台的《国家安全保障战略》（"安保战略"）中提出了安全保障三大目标，这也是日本在军事上所要达成的战略目标。围绕这些战略目标，"13大纲"首次提出了"日本防卫基本方针"，并为新时期的日本自卫队定位了两项主要职能。从"安保战略"和"13大纲"不难看出，日本现行军事战略的目标更加明确，其军事力量的职能、任务也愈发清楚和宽泛，对地区乃至世界的和平、安全与稳定构成了严重威胁。

（一）军事战略目标的主要内容

"安保战略"指出，日本要坚持"为维护国家利益、在国际社会上履行相应责任和基于国际协调主义的积极和平主义"这一基本理念，来制定国家安全保障目标。为此，日本提出三大战略目标。

第一个目标：为了维护日本的和平与安全、确保国家的稳定存在，要强化自身必要的威慑能力，从而预防和避免对日本构成的直接威胁。与此同时，一旦发生这种威胁，日本要有能力尽早消灭和排除威胁，并且将威胁所造成的损失减少到最小程度。也就是通过增强日本自身军力，确保日本的和平与安全，防止和消除对日本的直接威胁。

第二个目标：强化日美同盟关系，增强与地区内外伙伴国家之间的相互信任及协作关系，要通过实质性地推进双边或多边安全保障协作，改善亚太地区的安全环境，防范和消除地区内发生可能针对日本的现实性威胁。也就是依靠同盟及伙伴力量，改善地区安全环境，预防和排除对日本的可能威胁。

第三个目标：依靠持续的外交努力和不懈的人类贡献，进一步维护基于共同价值观和规则的国际秩序，在解决争端上发挥主导作用，改善全球安全保障环境，构建和平、稳定和繁荣的国际社会。

由此可以看出，日本现行军事战略的上述三大目标，表述更加清楚、定位更加广泛。较之以往，最重要的变化有两点：一是在应对各种威胁上，更加注重强调防患于未然；二是在解决地区乃至全球争端上，日本已不满足于"10 大纲"所称的"积极参与"，而开始强调要发挥主导作用，这充分说明安倍政府已将在国际事务中谋求领袖及主导地位作为国家安全及军事战略的重要目标。这三大目标更加清晰地体现出日本军事上的主动攻击倾向和国家发展上的更大野心，意味着日本将彻底告别战后体制，谋求成为国际政治舞台上的主要力量。

（二）为实现军事战略目标而采取的重大举措

根据"13 大纲"的要求，日本围绕着三大战略目标的实现，在军事上采取一系列重要举措：

1. 首次提出"防卫基本方针"（军事基本方针）

根据日本在国家安全战略和军事战略上提出的上述三大目标，"13 大纲"首次提出了"日本防卫基本方针"（即军事基本方针），这也是"13 大纲"同以往历次大纲的明显区别之一。基本方针的内容主要包括四个方面：

（1）根据国家安全战略要求，从基于国际合作的积极和平主义立场出发，强化日本自身的外交与防卫能力，充分发挥防卫力量的职能作用，为维护日本的安全和亚太地区的和平与稳定，确保世界和平、稳定与繁荣，做出较之以往更加积极的贡献。

（2）构建综合防卫体制，加强威慑与应对能力，紧密配合外交政策，不断强化日美同盟关系，积极推进与各国的双边或多边安全合作，为发挥防卫力量的能力奠定基础。

（3）遵守和平宪法，贯彻"专守防卫"军事战略方针，不做威胁别国安全的军事大国，确保文官控制，遵守"无核三原则"，努力建设和发展高效、联合的一体化防卫力量。

（4）针对核武器威胁，日本应与美国密切合作，维持并加强美国以"核威慑力量"为中心的延伸威慑的可靠性，同时，加强日本自身的反导能力建设与保护国民的能力，积极参与核不扩散与核裁军进程。

就上述内容来看，"13 大纲"尽管在表面上仍旧强调日本将继续遵守"专守防卫"的军事战略方针，但无论是从日本自主安全手段的追求，综合国防体制的构建，还是瞄准高效联合的军事力量建设目标来看，所谓"专守防卫"的实质内涵均已荡然无存。日本在不断发展壮大军事实力的背景下，逐步摆脱美国约束和国内外各种因素的制约，走自主安全之路的战略企图已然十分清楚。

2. 对军事力量的职能进行重新定位

为了实现军事战略目标，依据防卫基本方针，日本对军事力量的职能、作用和任务进行了重新定位。"13 大纲"明确要求，今后日本自卫队要重点完成以下两大职能任务：

（1）有效遏制及应对各种事态。"13 大纲"指出，为及时、有效地应对各种事态，坚决保护国民的生命、财产，保卫国家的领土、领海、领空，平时就要注重掌握各国的军事动向。为了尽早发现各种危险征兆，要加强在周边广阔领域内开展常态化的持续侦察监视，以确保情报优势，防范各种事态于未然。为此，应特别重视以下五个方面：第一，确保周边海空域的安全。对周边广阔领域开展常态化的持续监视，对侵犯领空领海的行为采取及时妥当的处置措施；对包括"灰色地带"事态在内的有可能发展为侵害日本主权的行为，要进行灵活有效的应对，确保日本周边海空域的防卫安全，力求万无一失。第二，应对岛屿攻击。在应对岛屿攻击方面，要根据安全环境的需要来部署和迅速展开岛屿防卫部队，并确保海上及空中优势，阻止和排除敌侵略行为；在岛屿遭受侵犯时，要及时夺回被占岛屿。第三，应对弹道导弹攻击。提早发现弹道导弹发射征兆，通过导弹防御实施多层次拦截。一旦受到袭击时，要尽可能控制损失范围。如果在遭受弹道导弹攻击的同时，还受到游击队、特种部队的袭击，要注意加强对核电站等重要设施的防护，并搜索和消灭入侵部队。第四，应对宇宙空间和网络空间的攻击。平时要积极构建常态化的持续监视体制；一旦攻击事态发生，要迅速确定源头，采取必要措施，控制受损范围，并迅速恢复受损装备（设备）。由于整个社会对宇宙空间和网络空间的依存度越来越高，因此，要加强相关机构的合作，明确职责分工，灵活有效地运用自卫队的能力，为政府采取综合性措施做出贡献。第五，应对大规模灾害等。发生大规模灾害等情况时，要迅速运送、部署救援部队，并注意开展早期应对，以确保万无一失。同时，还要视情保持长时间的应对态势。对受灾国民及受灾地方团体的需求要认真应对，与相关机构、地方公共团体及民间部门开展密切合作，开展人员救助、秩序恢复和生活支援等活动。

（2）促进亚太地区稳定及改善全球安全环境。"13 大纲"明确，自卫队要在日本周边实施常态化不间断侦察监视和训练演习等各种活动，确保日本周边及亚太地区的安全稳定；要加强与盟国及伙伴的合作，在各个层次上推进双边及多边军事合作交流、联合演习训练等，加强构建亚太地区的区域性合作框架，努力促进全球安全环境的稳定。"13 大纲"还指出，军事力量的作用正呈现出多样化的趋势。为此，应特别注重以下六个方面：第一，加强训练和演习。自卫队要着眼需要经常、有效地进行训练演习，推进亚太地区双边或多边联合训练演习，以积极主动的明确姿态，展现日本维护地区稳定的强大意志和能力，积极构建并强化与相关国家的合作关系。第二，加强军事合作与交流。增进与各国和国际机构间的相互理解和信任，是促进安全环境稳定的基础。在共同关心的许多领域面临的安全问题上，如人道主义救援、灾害救助、确保海洋、太空和网络空间的稳定利用等，建立、强化合作关系，进一步推进多层次的军事合作与交流。第三，帮助推进能力建设。充分、灵活地运用自卫队的能力，通过帮助培养人才和技术支援等方式，不断提高发展中国家的能力，积极主动地维护亚太地区稳定，改善全球安全环境。第四，确保海洋安全。作为海洋国家，"开放稳定的海洋"秩序是和平与繁荣的基础，强化这一秩序极为重要，因此，要采取各种措施确保海上航线安全。在与相关国家共同开展反海盗合作的同时，还要帮助沿岸各国提高自身的反海盗能力，利用各种机会在日本周边地区以外的海域进行联合训练和演习。第五，开展国际和平合作活动。与相关机构和非政府组织开展合作，积极参加以国际和平协作和国际紧急救援为主的国际合作活动。在上述各项国际合作中，要注重发挥日本的主导作用。要强化快反态势和能力，以便能够根据事态需要迅速向国外派遣部队。同时，还要做好长期遂行海外任务的准备，强化能够持续应对的态势。第六，开展军备控制、裁军和防扩散合作。积极参与联合国在军控、裁军领域内举行的各种活动，包括提供人员在内，使自卫队所拥有的经验和知识能够充分发挥作用。大规模杀伤性武器及其运载工具的扩散、武器转移扩散等问题，对包括日本在内的国际社会的和平与稳定构成重大威胁，因此，日本要加强与相关国家和国际机构的合作，共同采取措施防止扩散。

3. 继续加大对情报工作的关注和投入。作为实现军事战略目标的重要需求之一，近年来，日本对情报工作的重视和投入尤其引人注目。为落实"13 大纲"精神，日本政府和防卫当局确认继续密切监视中、朝动向对日本的安全保障不可或缺，而加强收集两国的相关情报自然成为重中之重。在情报建设方面，近年来，日本通过引进最先进的技术设备，逐步构筑起了集宇宙、太空、地面、海上为一体的情报侦察网络系统。其中：

（1）在宇宙空间侦察方面，日本以 1998 年 8 月朝鲜发射弹道导弹事件为契机，于当年 12 月做出引进情报收集卫星的内阁决议。按计划，日本于 2003 年 3 月成功发射"光学一号"和"雷达一号"卫星，2006 年 11 月发射"光学二号"卫星，2007 年 9 月发射"雷达二号"卫星，2009 年 4 月发射"光学三号"卫星。日本的情报卫星在距地面 400—600 公里的低轨道环绕飞行，可以收集非常详尽的情报信息。现在，日本有了独立的情报搜集卫星系统后，每天至少可对全球进行一次太空情报侦察，每隔 6 小时可对日本周边地区观测一次，大大提高了日本监控全球和应对突发事件的能力。2009 年 4 月，日本召开宇宙开发战略本部会议，制定"宇宙开发五年计划",决定在此后的 5 年内发射包括 4 颗间谍卫星在内的共 34 颗卫星。日本的这些举措,突破了战后以来确立的宇宙开发只能用于和平目的的原则。2012 年,日本更是加快了宇宙航天事业发展步伐,其手段主要包括加强领导指挥、确保财政支持、发挥技术能力优势、推进重点项目建设等一系列措施。同年 2 月 14 日,日本政府在内阁会议上正式做出决定,针对开发"H2A"火箭和"准天顶"卫星等项目,将《宇宙航空研究开发机构设置法》中"仅限于和平目的"的规定删除,允许用于防卫目的,这使日本的宇航机构此后可以名正言顺地参与侦查卫星和早期预警卫星的研发等工作。同年 6 月 20 日,日本国会众参两院一致通过修改后的《独立行政法人宇宙航空研究开发机构法》,在该法中也删除了规定宇宙航空研究开发机构的活动"限于和平目的"的条款,将"限于和平目的"条款改为"根据宇宙基本法和平利用的基本理念",从而使宇宙研究开发机构今后可以研制用于安保、防卫的间谍卫星。为了进一步强化宇宙空间开发战略,日本政府 7 月 12 日成立"宇宙战略室",时任首相野田佳彦出席了挂牌仪式,感叹日本历经曲折"终于走到了这一步"。野田把太空开发定位为日本重生"新前线"之一,期待战略室发挥重要作用。"宇宙战略室"主要负责汇集日本政府各部门的相关政策,就太空政策向首相和相关阁僚提出建议,统管宇宙开发的整体方针,承担宇宙研究开发重点项目,如日本版 GPS"准天顶"卫星系统的建设和运用,以加强日本对太空的开发利用,达成对日本周边地区甚至全球范围内的相关目标的实时侦察监视目的。其实,日本历届内阁都十分重视宇宙空间事业的发展。经过半个多世纪的努力,日本的宇宙空间开发事业无论是技术上还是规模上都已进入世界先进国家行列。据不完全统计,截止 2012 年底,日本的卫星发射次数接近 200 次,涵盖了气象与通信、地球观测、科技研发、宇宙实验与外星探测、间谍情报卫星等各个领域。其"H2"火箭发射了 20 余次,成功率超过 95%。2012 年 5 月 18 日日本还为韩国发射了"阿里郎 3 号",在卫星发射商业领域迈开了重要的一步。而且,经过多年研究发展,日本实际上已具备了载人航天的条件,多名日本航天员广泛参与国际航天航空活动。例如,航天员古川聪完成了国际空间站的长期驻留任务,有着扎实的能力和成熟的经验。作为国际空间站组成部分的日本实验舱"希望号",早在 2001 年 9 月就已制成,2008 年 3 月由"奋进号"航天飞机搭载升空并与国际空间站对接成功,可供 4 名宇航员生活工作。2012 年 7 月下旬,日本"鹳"号无人太空货运飞船将 5 颗小型实验卫星运抵国际空间站,9 月日本由航天员星出彰彦从"希望号"把这些卫星释放投入轨道。

近几年来,对日本来说,最重要的是推动"准天顶"卫星定位系统的建设。2011 年 9 月 30 日,日本内阁会议决定通过的《推进实用准天顶卫星系统事业的基本考虑》提出,要紧跟国外卫星定位系统的建设进程,尽可能快速组织实施准天顶卫星系统的建设。在 21 世纪头 10 年后半期完成发射 4 颗,并逐步扩大定位的范围,提高定位精度,增强定位的可靠性,未来达到 8 颗,实现持续定位。日本的"准天顶"卫星定位系统有着重要的军事用途和实战应用价值。有学者认为,逐步摆脱对美空间情报依赖,通过加快发展和充实宇宙空间军事力量,提高对地区局势及周边主要竞争对手的军事战略与战术自主应对能力,才是日本在近两年强力推进"准天顶"卫星定位系统等宇宙空间重点项目建设的真正动因所在。

(2)在航空侦察方面,日本政府为航空自卫队装备了搭载光学相机和侦查雷达的"RF—4E"、"RF—4EJ"侦察飞机,引进 4 架号称"空中雷达"的"E—767"预警机。日本自卫队的电子飞行探测队的"YS—11EB"侦测机一直以日本海为中心收集电波情报。此外,日本还注重借助美军的力量加强电子侦察能力。随着美国军事战略重心向亚太地区转移,美日在西南诸岛聚集了大量先进武器装备和军事人员。2012年3月，美国海军向外界展示了刚刚抵达日本，部署于神奈川县厚木基地的最先进电子战飞机EA－18G"咆哮者"。2013年12月出台的"新中期防"决定，下一步日本将从美国采购3架从高空收集情报信息的美军RQ－4"全球鹰"无人侦察机，强化对钓鱼岛海空域的警戒监控能力。

（3）在地面侦察方面，配备号称王牌的"FPS－XX"波段雷达，在情报本部电波部6个通信所以及冲绳宫古岛配备全新式雷达等。电波部下设的通信所从北海道至西南诸岛分布在日本海沿岸，6个通信所中有4个负责中国方向，特别是九州南部喜界岛通信所的探测距离达到1000公里以上，可以捕捉到中国境内十分微弱的电波。防卫省还在距钓鱼岛仅约180公里的宫古岛增设电波监听系统，加强西南方向的电子情报收集能力。在福江岛新建一座颇具规模的电波侦测站，对渤海乃至黄海海域进行24小时全天候监控。日本新增的电子监听站与美军在亚太设置的电子侦测站联网成片后，可对整个东海和台海所有中国军事动向进行有效而全面的不间断监控。特别是，继2006年美军在日本东北地区的青森县津轻市航空自卫队车力分屯基地部署首部"X波段雷达"后，2013年2月22日，日美两国首脑在会谈中确认将在日本再次部署"X波段雷达"。4月，日本防卫大臣小野寺五典与美国国防部长哈格尔达成了在日本京都部署"X波段雷达"的协议。12月12日，小野寺五典表示，日本将于2014年在京都府京丹后市航空自卫队经岬分屯基地内部署美军高性能的"X波段雷达"。"X波段雷达"被认为是世界上最先进的导弹防御预警雷达，探测距离超过4000公里。它可以准确搜索、分辨和追踪弹道导弹及其运行轨迹，并将数据传送到海上的"宙斯盾"军舰或陆地上的"爱国者－3"防空导弹发射系统。防卫省官员称，之所以将部署地点选在日本的近畿地区，主要是因为这一雷达的主要监控目标是朝鲜。但有军事专家分析认为，"X波段雷达"可以监测4000公里以远的目标，远远超过朝鲜全境的战略纵深，因此，该雷达最重要的用途，其实还是为了防御中国这样具有大战略纵深的国家。

（4）在海上侦察方面，日本购进了最先进的情报收集设备。海上自卫队配备了104架性能极佳的"P－3C"型"猎户座"反潜巡逻机，其数量仅次于美国的250架，居世界第二位；装备了12架美军高性能"MH－53E"海上预警直升机。最引人注目的是，为了对俄罗斯及中国潜艇的动向进行监视，日本引进了电子数据收集飞机"EP－3"及多用途飞机"OP－3P"。"EP－3"负责监听朝鲜的军事电波和中国的雷达电波；"OP－3P"为"P－3P"的改进机种，负责对日本海及东海的所谓"可疑船只"进行实时监视。

另外，近两年，日本和美国还从以下三个方面加强双方的情报合作：一是日本加紧制定新的情报战略，力求与美国建立司令部级的情报共享机制；二是加强日美情报部队之间的合作交流与情报共享；三是加强日美两国情报人员之间的交流与合作。可以说，加强情报建设和提升情报能力已经成为日本近年来谋求强化军事实力，实现军事战略目标的一个必要步骤。

三、在军事力量建设上

（一）提出打造"联合机动防卫力量"的建设目标

"10大纲"提出要建设"机动防卫力量"，以取代战后长期执行的"基础防卫力量构想"，将以往的"存在性静态威慑"转变为"实效性动态威慑"，其内涵包括"五性两力"：快反性、机动性、灵活性、持续性、多用性；技术能力和情报能力。"13大纲"提出了"联合机动防卫力量"建设目标。所谓"联合机动防卫力量"，主要包含两层含义：一是指自卫队将以联合作战为主要运用样式；

二是指自卫队将重点发展机动作战能力。"联合机动防卫力量"建设目标的核心内涵则可概括为"一个基础两种能力"和"两面四性"。一个基础指的是广泛的后勤保障基础；两种能力指的是技术能力和情报指挥通信能力；两面四性指的是在硬件和软件两方面的快反性、持续性、坚韧性和联通性。通过对比，可以看出，"联合机动防卫力量"建设思想更加注重联合作战的相关能力建设，其中的指挥通信、互联互通、后勤保障和战斗力要素等，都是"10大纲"所未提及的，说明日本军事力量的建设目标正在向着真正形成联合作战能力的方向发展，其"动态威慑"思想的核心内涵得到了本质性充实。

（二）确立军事力量建设的"质量并重"原则

在冷战前后多数时间里，日本的军事力量建设基本上都是沿着"重质轻量"的道路发展，而"13大纲"出台后，这一状况将得到根本性改变。"13大纲"着重指出，要从质和量两方面维持必要且充足的军事力量，以提高威慑与应对能力。可以认为，"13大纲"是从政策层面为日本防卫力量的规模扩充提供了依据。事实上，自安倍上台以来，日本防卫预算已经开始出现了多年来的首次正增长，自卫队员额也随之开始微幅增加。根据"13大纲"的规定，未来五至十年，陆上自卫队将增加约5000人，员额达到15.9万人，接近"04大纲"施行前的水平。此外，陆上自卫队还将新编1个水陆两栖机动团（即"日本版"海军陆战队），以实施登陆夺岛作战；海上自卫队将新建7艘驱逐舰，其中包括2艘新型"宙斯盾"导弹驱逐舰，在役潜艇数量从16艘增加到22艘，这意味着日本海上自卫队也将进入大规模扩充时代；航空自卫队将扩编1个战斗机飞行队，使战斗机部队达到13个飞行队，新增战斗机约20架，同时扩编1个预警机飞行队和1个空中加油/运输机飞行队，以全面提升空战、预警和补给能力。

另外，根据"13大纲"提出的"联合机动防卫力量"建设构想，"新中期防"规定，自2014年起，日本陆续展开陆上自卫队的编制体制调整。"13大纲"规定，未来陆上自卫队的基干部队将分为四类：一是机动作战部队，包括机动师（旅）和装甲师，也包括空降、两栖作战、特种作战、空中输送等作战支援部队；二是非机动作战部队（前述以外的师旅）；三是岸舰导弹部队；四是防空导弹部队。"新中期防"据此提出了陆上自卫队未来五年的改编计划：首先，为统一陆上自卫队的作战指挥权，计划改编部分方面队，设置陆上总队，以便构建陆海空三自卫队的一元化指挥体系，提升联合作战效率。其次，陆上自卫队还将新编多个机动师（旅），新编海岸监视部队和担负遂行应急出动任务的警备部队，新编两栖作战部队。为此，决定将在全国的15个陆上自卫队师团和旅团中，改编7个师团和旅团为"机动师团"和"机动旅团"，使其可以在一旦有事时能够快速反应。具体而言，未来十年间将改编第2师团、第6师团、第8师团、第5旅团、第11旅团、第12旅团、第14旅团为机动师团和机动旅团。新诞生的3个机动师团和4个机动旅团将分别设立编制员额为800人的"快速机动部队"，并配备8轮可高速行驶的新式机动战车。这样，一旦西南诸岛等地出现防卫需要时，位于北海道和本州的"快速机动部队"也可以利用机动战车和航空自卫队的"C—2"新型运输机进行快速机动和尽早展开。海上自卫队和航空自卫队的编制总体变化不大，但前者将新增潜艇部队，后者将新增战斗机飞行队和预警机部队，其部署重点是冲绳地区，以用于加强西南诸岛的防卫力量。"新中期防"提出，未来五年陆上自卫队将采购99辆日本自主研发的新型轮式自行火炮，该炮具备联网作战能力；采购52辆美式"AAV—7"型两栖登陆作战车，准备未来用于"夺岛"作战；采购17架美式"MV—22"型"鱼鹰"倾转旋翼运输机，未来可能主要搭载于大型驱逐舰（实为轻型航母）上，用于加强登陆支援作战。海上自卫队继续建造大型、新型驱逐舰和引入美军新式战舰，包括：新建 2 艘"宙斯盾"驱逐舰，未来很可能用于搭载日美联合研制的"标准－3BlockIIA"型海基拦截导弹系统，构建海基高层反导体系；继续建造 3 艘"秋月"级多功能驱逐舰，该型舰具备反潜、防空和对舰攻击等综合作战能力；采购 23 架日本自主研发的"P－1"型巡逻机，该型机具备"发现即打击"能力，续航距离长，反潜和对海作战支援能力均较强；将引入 3 艘美国最新锐的濒海战斗舰，以加强离岛沿海地带的防卫。航空自卫队继续先期采购 28 架美式"F－35A"型"闪电"隐形战斗机，以提升夺取制空权的实力；采购 10 架自主研发的"C－2"型运输机，该型运输机活动半径超过 6000 千米，在加油机支援下，可遂行全球范围内的运输任务；采购 4 架预警指挥机和 3 架空中加油/运输机，加上现有的 4 架"E－767"预警指挥机和 4 架 K"C－767"空中加油/运输机，航空自卫队的预警能力和空战支援能力将倍增。此外，自卫队还将采购 3 架美式"RQ－4"型"全球鹰"无人机，继续采购中程地空导弹，在自卫队内正式组建"网络防卫队"，发展卫星通信、太空态势感知和网络攻防能力。上述举措表明，自卫队正在围绕争夺陆海空天电网等"全谱优势"，大幅提升军事实力。

（三）力求全面提升自卫队综合作战能力

"13 大纲"较"10 大纲"更加清晰地赋予了自卫队"慑止和应对"包括"灰色地带"争端在内的各种事态、复合型危机以及周边海空域、岛屿、太空、网络空间等威胁的任务，同时强调将致力于通过力量运用来改善亚太及全球安全环境。自 2013 年 11 月 23 日，中国国防部宣布设立东海防空识别区以来，日本自卫队方面多次表示，要加强对周边海空域的常态化情报搜集与监视，"防止事态恶化"。"13 大纲"重点强调自卫队要增强以下九个方面的能力：（1）警戒监视。为确保有效遏制和应对各种事态，将灵活运用无人机装备。在日本周边的海空域，对飞行、舰船的活动情况实施大范围常态化监视，并根据形势变化情况加强灵活应对处置。（2）情报功能。强化情报搜集、处理、分析及共享机制，以便尽早察觉事态征兆，迅速进行应对。为此，将扩展人力情报、公开情报、电波情报、图像情报等"情报搜集功能"及通过无人机实现"常态监视功能"，并注重建立培养高水平情报人员的综合体制。（3）运输能力。加强与民间运输力量的合作，增强综合运输能力，确保部队能够快速、及时的实施机动、展开。（4）指挥控制与通信能力。为建立能够综合运用全国军事力量的指挥控制体制，在各自卫队的司令部中，交叉配备所需的陆、海、空自卫官。同时，新设负责指挥陆上自卫队各军区的陆上总队司令部，实现在全国范围内对陆上自卫队各作战部队进行快速灵活指挥。由于情报通信能力是实施作战指挥的基础，因此，将充实、强化岛屿地区的基础通信网以及各自卫队之间的数据链。（5）针对岛屿攻击的应对能力。确保制海制空权是针对岛屿攻击采取有效应对行动的前提，为此，将强化飞机、舰艇、导弹的综合运用能力，尽可能在海上阻止针对岛屿的入侵攻击。新建一支真正意义上的水陆两栖作战力量，以便一旦发生针对岛屿的敌对攻击时，自卫队能够迅速实施登陆夺回岛屿。（6）弹道导弹防御能力。鉴于朝鲜弹道导弹能力不断提高，要强化尽早发现、及时应对和持续应对态势，增强对日本全境的防卫能力。在弹道导弹防御上，要增强日本自身的应对能力，并根据日美任务分工，强化日美同盟间的整体遏制能力。（7）太空与网络空间防护。提高卫星的情报搜集、情报通信及指挥控制能力，确保有效、安全地利用宇宙空间。要与国内相关部门及美国加强合作，采取措施提高卫星的抗毁性，在发生各种事态时能够持续发挥作用。在网络空间方面，应强化综合常态监视和应对能力，阻止妨碍自卫队有效运用的各种行为。（8）应对大规模灾害。在发生各种灾害时，应迅速运送和部署救援部队，综合运用各种力量和手段，建立长期应对机制。（9）国际和平合作。强化必要的防护能力，确保人员、部队在执行国际和平合作行动时的安全。努力提高在非洲等遥远地区长期执行任务所需的运输、机动和情报通信能力，构建持续执行任务所需的后勤补给和卫生勤务保障等相关体制。

（四）谋求通过突破武器出口限制实现"军事正常化"

《国家安全保障战略》和"13 大纲"均明确指出，适当的防卫生产与技术基础是提高威慑力的潜在要素，而由于受财政窘迫、装备研发成本提高、国内装备品采购数量下降，以及国外企业竞争力的加强等诸多因素影响，日本在防卫技术与生产领域所面临的形势正日趋严峻，因此，有必要对"武器出口三原则"进行重新评估，在设置严格条件的前提下，允许防卫技术与装备向国外转让。尽管上述表述比较委婉，但其真实意图已经清晰可见，这意味着日本将突破战后几十年来的政策性限制，开始尝试在防卫技术与武器装备出口转让方面迈出了关键一步。

为落实"安保战略"和"13 大纲"精神，日本政府在 2014 年 2 月制定了代替"武器出口三原则"的新原则方案。4 月 1 日，日本政府召开内阁会议，决定通过"防卫装备转移三原则"，大幅放宽向外输出日本武器装备和军事技术的条件。此举意味着，日本放弃实施多年的"武器出口三原则"，这也是日本战后和平国家理念的重大转折。新出台的"防卫装备转移三原则"声称，随着安全保障环境的变化，有必要修改"武器出口三原则"，向海外输出日本的防卫装备有助于维护国际和平与安全。"武器出口三原则"是日本前首相佐藤荣作于 1967 年制定的，即禁止向社会主义阵营国家、联合国决议规定实施武器禁运的国家以及国际冲突的当事国或有冲突危险的国家出口武器。1976 年，当时的三木武夫内阁又对上述原则进行了增补，实际上全面禁止了武器出口。1981 年

1月，日本国会通过了《关于武器出口问题的决议》，禁止向任何国家出口武器。"防卫装备转移三原则"规定的主要内容有三项：①日本不向明显妨碍维护国际和平与安全的地区出口防卫装备；②对允许出口的情况进行限定和严格审查，争取信息透明；③出口对象将防卫装备用于目的之外或向第三国转移时，需获得日本事先同意并置于适当管理之下。根据新的"三原则"，日本将在下述情况下允许出口武器装备和技术：（1）有助于促进世界和平和国际合作；（2）有助于日本的安全保障。基于第二点，日本还将可以与以美国为首的安保领域合作国共同开发和生产武器装备，加强与同盟国等的安保与防卫合作，确保自卫队和日本人在海外活动的安全。

事实上，为了摘掉"武器出口三原则"这一"紧箍咒"，近年来，日本右翼势力可谓费尽心机。2006年6月1日，小泉纯一郎政府以政府开发援助为名，向外国提供武装巡逻艇，迈出了突破性的一步。而安倍政府比小泉走得更远。安倍内阁将原来的"三不"标准改成了"一不二仅"，看似淡化了意识形态色彩，仍对武器出口设定了门槛，实则是对日本武器出口禁令的彻底颠覆。由于在实际运用中，"有利于国际和平贡献"、"有助于日本安全"之类概念的解释权完全掌握在日本政府手中，伸缩空间极大，所以如果日本政府随意解释，那么未来日本不仅能对武器和军事技术出口大开绿灯，甚至还可以在军售上"大撒把"。这一举措的影响无疑是巨大的。日本放开军售，最大的受益者是防卫产业。众所周知，日本没有国营防卫产业，武器装备生产完全靠民营。长期以来，日本受"专守防卫"战略原则限制，自卫队的武器装备只能保持在必要的最小限度，采购预算投入不足。"无利可图"导致防卫产业没有研究、开发新型武器装备的经济动力。为了保持技术优势，日本政府不得不用纳税人的钱向防卫产业"输血"，武器装备采购和维护成本因而居高不下。安倍此番突破"武器出口三原则"，其防卫产业得以进军国际军火市场，日本或将成为国际军火出口大国。而这无疑会加剧地区紧张局势和助推军备竞赛，安倍领导下的日本作为地区麻烦者的本质进一步显现。反过来，巨额的出口利润又会带动日本防卫产业的研发和生产能力。战后日本的防卫相关产业在政府的长期保护与扶持下，其技术与生产水平始终处于世界领先地位，由于受限于"武器出口三原则"，它不能开展国际合作，不能批量生产与外销，其能力受到了严重制约。一旦放开限制，日本的防卫产业将迅速恢复活力，不仅会给日本经济的复苏注入强心剂，同时也会对日本的军事力量发展产生强有力的推进作用，进而为日本的"军事正常化"提供可靠的实力基础，而这正是安倍梦寐以求的。众所周知，安倍自第二次上台执政以来，打着"和平主义"的幌子，修宪、扩军，在右倾道路上越走越远。可以说，无论是解禁集体自卫权，还是解禁武器出口，都是了为实现安倍复活日本"军事大国"的梦想。日本解禁武器出口的另一动机是让"日美战车"的齿轮进一步咬合。新的"三原则"将提高日美军事装备的通用性，由此，日美军事同盟将进一步强化，日美军力的一体化程度将相应提高，对地区和平的威胁也同步增强。另外，根据新的"三原则"运用指针，日本可向有安保合作关系的国家提供救助、运输、侦察、监视、扫雷等合作领域的装备。日本媒体解读说，这意味着日本今后能以维护海上航线安全为由，向沿岸的菲律宾等"盟友"提供舰艇、军机等装备。对于日本废止坚持了几十年的"武器出口三原则"，全面放宽武器出口限制，就连日本媒体都惊呼，"防卫装备转移三原则"事实上全面允许武器出口，这样一来，日本今后将可以向冲突当事国提供武器，进而加剧冲突。宪法的和平主义理念今后将进一步被架空。① 另外，原来的三原则禁止向"国际争端当事国

---

① 日本《东京新闻》2014 年 2 月 25 日。

或有可能发生争端的国家"出口武器,但新原则删除了这一内容。只要不违反联合国安理会决议和《禁止化学武器公约》等国际公约,以及日本国家安全保障会议认为没有问题,就可以向争端国家出口武器。因此,不排除日本产武器可能出现在实际战斗中。

日本放弃"武器出口三原则",意味着安倍揭去了幽闭日本军国主义"伏地魔"的又一道符。国际社会认为,日本通过的"防卫装备转移三原则"将会导致武器扩散,进而对地区安全与世界和平构成严重威胁。日本的这一危险举动值得国际社会高度警惕。

2013 年《防卫计划大纲》提出的未来防卫力量规模(2014 年度以后)

类别		现状(2013 年度末)	将来
	编制员额	约 15.9 万人	15.9 万人
	现役自卫官员额	约 15.1 万人	15.1 万人
	预备役自卫官员额	约 0.8 万人	0.8 万人
陆上自卫队 基干部队	机动作战部队	中央快反集团 1 个装甲师	3 个机动师 4 个机动旅 1 个装甲师 1 个空降团 1 个两栖机动团 1 个直升机团
	地区驻防部队	8 个师 6 个旅	5 个师 2 个旅
	岸舰导弹部队	5 个岸舰导弹团	5 个岸舰导弹团
	地空导弹部队	8 个导弹群/团	7 个导弹群/团

续表

类别			现状（2013年度末）	将来
海上自卫队	基干部队	驱护舰部队	4个护卫队群（8个护卫队） 5个护卫队	4个护卫队群（8个护卫队） 6个护卫队
		潜艇部队	5个潜艇队	6个潜艇队
		扫雷部队	1个扫雷队群	1个扫雷队群
		巡逻机部队	9个航空队	9个航空队
	主要装备	驱护舰 （宙斯盾驱逐舰） 潜艇 作战飞机	47艘 （6艘） 16艘 约170架	54艘 （8艘） 22艘 约170架
航空自卫队	基干部队	航空警戒 管制部队	8个警戒群 20个警戒队 1个航空警戒队（2个飞行队）	28个警戒队 1个航空警戒队 （3个飞行队）
		战斗机部队	12个飞行队	13个飞行队
		航空侦察部队	1个飞行队	—
		空中加油运输部队	1个飞行队	2个飞行队
		航空运输部队	3个飞行队	3个飞行队
		地空导弹部队	6个导弹群	6个导弹群
	主要装备	作战飞机 其中战斗机	约340架 约260架	约360架 约280架

注1：坦克、火炮的现在规模（2013年度末）分别为约700辆、约600辆/门，将来规模分别为约300辆、约300辆/门。

注2：用于弹道导弹防御的主要装备和基干部队，将在上述驱护舰（宙斯盾驱逐舰）、航空警戒管制部队和地空导弹部队的范围内发展。

四、在日美同盟关系上

"安保战略"和"13大纲"再次确认日美同盟是日本外交的基础和核心支柱这一定位，突出强调了日美同盟的重要性。除此之外，日本还表示要加强与韩国、澳大利亚、印度等周边国家的防卫合作和军事交流，这其实仍是安倍之前提出的"价值观外交"

思想的延续。

首先，"安保战略"认为，"在过去的 60 年里，为了维护日本以及亚太地区的和平与稳定，日美同盟发挥了不可或缺的作用。"因此，日本必须"坚持日美同盟以维持日本的和平与安全"，要根据当前形势需要，研究修订《日美防卫合作指导方针》（"97 指针"）。"安保战略"还提出，既要确保稳定的美军存在感，也要采取措施减轻驻日美军基地周边居民的负担。同时，为了改善日本面临的安全环境，要强化与亚太地区内外伙伴国之间的互信与合作关系，特别强调了构筑日美韩三边军事合作和日美澳三边军事合作的重要性，认为日美韩三边合作有助于实现东亚地区的和平与稳定，而日美澳三边合作将有助于对亚太地区秩序的形成、国际和平与稳定的维持等方面发挥重要作用。在亚太地区秩序形成问题上，日本"安保战略"、"13 大纲"主张坚持以日美同盟为核心和基础，积极推进多层次的多边安全合作。勿庸质疑，由于日美同盟的军事核心性质及其向多边军事联盟扩展的潜在可能性，必然会进一步加剧和激化亚太相关国家间的矛盾和争端，对地区乃至世界的和平、安全和稳定构成重大威胁和不利影响。

其次，"13 大纲"认为，"基于日美安保障条约的日美安保体制，和日本自身的努力相辅相成，成为日本安全保障的基础。而且，以日美安保体制为核心的日美同盟，作为一种'共同财富'，不仅对日本，而且对亚太地区乃至全世界的安全、稳定与繁荣都发挥着重要作用"。该大纲指出，一方面美国以亚太再平衡战略为基础，不断加强与日本等盟国间的合作，继续保持并强化对亚太地区的参与和在该地区的存在。另一方面，日本周边安全环境正越来越严峻、复杂，因此，深化日美同盟关系、加强日美军事合作，对日本的安全保障来说尤为重要。"13 大纲"强调要重点从三个方面巩固和强化日美同盟关系：

　　一是要强化日美同盟的遏制力及应对力。为了维持和强化美国对日本及亚太地区的参与，确保日本的安全，要以提高日本自身能力为前提，积极推进《日美防卫合作指导方针》的修订，进一步加强日美防卫合作，不断提高日美同盟的遏制与应对能力。同时，为应对更加严峻的安保环境，要提高日美在西太平洋地区的影响力，构建从平时到发生各种事态之间的"无缝隙"合作态势，包括"灰色地区"事态的合作。因此，日美要继续推进联合训练和演习、联合情报收集、警戒监视和侦察（ISR）活动，不断扩大美军与自卫队共同使用的设施、区域；进一步紧密推进日美间各种运用合作和政策调整，包括弹道导弹防御、筹划研究作业、扩大遏制协作、各种事态应对及中长期战略规划等。

　　二是要强化、扩大日美在广泛领域内的合作。除了加强反海盗、能力构建支援、人道主义救援、维和、反恐等领域的日美合作外，还要加强海洋、宇宙、网络空间的合作，以利于维持包括亚太地区在内的国际社会的和平与稳定。在应对灾害方面，美军其中包括驻日美军设施、基地，在诸如东日本大地震这类事件中，为日本国民的安全做出了重大贡献。因此，要致力于加强日本自卫队与美军在国内外的共同合作。进而，日美还要不断加强和扩大在诸如情报合作、情报保护措施、装备，以及技术层面的合作等在内的广泛领域内的协作关系，从而构建牢固而有效的军事同盟关系。

　　三是要落实驻日美军驻留的相关政策和措施。通过执行驻在国支援等各种政策、措施，稳定地确保驻日美军顺利而有效地实现驻扎。同时，扎实推进驻日美军整编，既要维持美军的遏制力，又要减轻地方负担。特别是对于冲绳而言，一方面在安全保障上处于极其重要的地位，美军在此驻留能够很大程度地增强日美同盟的遏制能力；另一方面，由于多数的驻日美军设施、基地都集中在这里，因此，要通过整合、压缩包括普天间机场搬迁在内的驻冲绳美军设施、基地等措施来缓解压力,力求减轻冲绳当地政府和居民的负担。自二战以来,美国一直重视冲绳的战略地位,曾将其作为越南战争的中途补给基地。目前,美国在冲绳县仍有34处军事基地,占美国在日本军事基地总数的3/4。

由"安保战略"和"13大纲"可以看出,日本现行军事战略之所以非常注重强化日美同盟关系,最根本的目的还是在于要依托日美同盟实现日本自身的战略目标。在现行军事战略中,日本把坚持日美同盟作为其军事战略的重要支柱之一,提出今后将"巩固、深化和发展日美同盟"。日本认为,"日美同盟对于确保日本的和平与安全是必不可少的,而且,驻日美军的军事存在,发挥着慑止和应对本地区发生不测事态的作用,特别是日本所处的安全环境日益严峻,加强日美同盟,使之更为平衡,更加有效,都对确保日本的安全至关重要。进而,日美同盟对于日本有效推进多边安全保障合作和应对全球性安全问题也是十分重要的。"此外,日本还特别强调:"面对核威胁,必须依靠以美国的核威慑力量为主的延伸威慑加以应对。"从日本对日美同盟的定位可以看出,日本"巩固、深化和发展日美同盟"的主要目的有三个:一是依靠日美同盟,确保日本自身安全;二是利用日美同盟,介入周边事务,遏制和应对所谓的"地区危机";三是借助日美同盟,主导塑造国际秩序。从日美同盟的发展走向看,今后日本将在"紧密且对等"的联盟战略思想指导下,进一步巩固和深化同盟关系,在同盟内部追求平等地位,在军事发展和国际安全体系中的作用等方面寻求独立自主权,角色由国际秩序的遵从者、参与者向国际秩序的塑造者、主导者转换,争取跻身成为一个担负领导世界责任的"政治军事大国"。

尽管日本在巩固和深化日美同盟关系上,多年来动了许多脑筋,付出了不少努力,也取得了一定成效。但不可否认,在强化日美同盟关系问题上,日美之间还存在着不少难题甚至隐患。目前，日美之间矛盾比较突出的问题主要有三个：

第一个问题，关于驻日美军普天间基地搬迁问题。普天间基地的搬迁问题，是目前日美两国之间的同盟关系面临的最严峻考验之一。冲绳居民强烈要求驻日美军将该基地迁走的呼声由来已久，而且近年来在日本国内反对该基地存在的抗议浪潮也此起彼伏，愈演愈烈。日本国民尤其是冲绳居民对该基地的反感和厌恶主要来自三个原因：一是驻日美军军纪比较涣散，特权思想严重，有的指挥官缺乏对部属的严格管理和日常约束，多年以来经常发生美国大兵轮轩、强奸和污辱日本女性的残忍暴行，酿成多起恶性事件。据日本媒体统计，这些年来，驻日美军发生的针对日本国民的伤害及其他不良案件，累计已达数千起，对日本国民的正常生活和人身安全构成一定威胁，在日本国内激起很大民愤，大多数民众强烈要求将驻冲绳的美军基地彻底迁走。二是普天间基地主要是驻日美军海军陆战队的战备和训练机场，多年来其飞机常态化地进行昼夜起降等科目训练，训练所产生的尖锐噪声，以及排放出大量废气甚至包括一些有害气体，既严重干扰当地居民的日常生活和休息，又对当地的大气环境和植被造成很大破坏和污染，甚至有的冲绳居民近年来频繁患病，许多日本民众认为与该基地的长期存在有关。三是美军不顾日本民众的强烈反对，强行将危险系数较高存有严重安全隐患的战机派驻冲绳。日美两国政府借口为了提高对钓鱼岛等争议岛屿发生紧应事态时的应急反应速度，2012 年 7 月不顾日本国内大多数民众特别是冲绳居民的执意反对，强行将 12 架美国海军陆战队的"MV－22"型"鱼鹰"倾斜旋翼运输机派往冲绳。2013 年 8 月，美军不顾日本民众的反对再次将追加部署的 12 架"鱼鹰"运输机派至普天间机场，这 12 架新"鱼鹰"部署在普天间机场后，代替已经老化的"CH－46"中型运输机。这样，加先前部署的 12 架，美军在冲绳共强行完成总计 24 架的部署计划。"MV－22"型"鱼鹰"运输机在美国国内也是争议很大的一款新型海军陆战队战机,从其试飞到实际部署以来,已在美国本土和多国境内数次发生机毁人亡的悲剧,可以说,"MV-22"型"鱼鹰"运输机堪称是目前美军安全隐患较大、风险系数较高的一款飞机。对于"MV-22"型"鱼鹰"运输机在日本的强行部署,面临危胁最大的冲绳民众一直是心怀恐惧、强烈反对的。由于驻冲绳美军与当地居民冲突、摩擦不断,冲绳居民多年来一直要求美军迁出。重压之下,美国曾提出将普天间基地由人口密度较大的冲绳县中心区迁往该岛北部的沿海地区,但冲绳居民其中包括冲绳知事仲井真弘多仍强调反对美军在冲绳县另寻新址,要求将该基地完全迁出或者直接关闭,日美双方一直僵持不下。但是,2013年12月27日,普天间基地搬迁问题出现了重大进展。12月26日,日本首相安倍晋三不顾中韩等周边邻国的强烈反对,悍然参拜了供奉有二战甲级战犯灵位的靖国神社。对此,不仅中韩提出强烈抗议和谴责,美国驻日大使馆和国务院也历史性地首次在参拜当天和次日相继对安倍的参拜行为明确表示"失望"。[①] 为了及时修补因此而受损的日美同盟关系,安倍遂于27日紧急向美国奉上一份大礼:27日当天,日本冲绳县知事仲井真弘多终于批准一项填海造地计划,为美军在冲绳沿海地区名护市边野古兴建新基地扫清道路,使久拖不决的冲绳美军基地搬迁问题在搁置17年之后突然获得重大进展,这也意味着美军可以继续驻留冲绳。有日本媒体分析称,现年75岁的冲绳知事此番立场大逆转主要是源于安倍的"利诱",安倍承诺将在2021年之前每年为发展冲绳经济注入巨额资金。东京一桥大学名誉教授加藤哲郎说:"安倍一掷千金,换得冲绳县知事点头,这在华盛顿为他挽回了一些颜面。"

第二个问题,关于反对日本承担驻日美军军费问题。根据日美地位特别协定,驻日美军不仅无偿使用日本领土、领海、领空,

①《中国青年报》,2013年12月30日,第4版国际评论。

以及基地和设施等，除此之外，日本政府每年还要给驻日美军提供数十亿美元的经费帮助。对这一问题，日本的一些政党和许多国民都认为不平等，持反对和批评态度。而且随着驻日美军伤害日本国民事件的频繁发生，日本民间对政府提供驻日美军军费问题的抗议声浪愈发强大。特别是在经历了"十年徘徊"的日本经济近年来未见根本好转、国民生活水平总体下滑、"银根紧张"状态持续的情况下，这一问题所引发的矛盾愈加显现。许多日本国民认为，在自身经济状况不佳、民众生活水平下降的情况下，还要每年都无偿给驻日美军提供数十亿美元的经费，特别是一些美国大兵经常酗酒滋事、扰乱治安，甚至屡屡伤害日本民众特别是女性公民，这本身就是一个大问题，是很不公平、不合理的做法。现在在日本国内，包括一些政党、团体和多数民众都在不断奔走呼吁应该尽快修改"日卑美尊"的"日美地位特别协定"，反对日本政府继续向驻日美军提供经费支持。

第三个问题，关于反对日本为美军撤走提供搬迁费问题。多年来，与冲绳普天间机场搬迁问题相连带的就是驻冲绳美军的一并撤走问题。日本政府一直致力于将这两个问题进行捆绑的一揽子加以解决，而这也成为长久以来困扰日美两国政府和防卫当局的一个难题。近年来，日美不断通过安全保障磋商"2＋2"会议、首脑会谈，以及两军高层对话等多种方式，加快了协商解决这一问题的步伐，但始终没有结果，导致日本国内抱怨之声日渐增大。迫于国内压力，日美双方经多次沟通协调后改变思路，将普天间基地的搬迁和驻冲绳美军撤走分开处理、分步实施，经过漫长的协调和反复磋商，2012 年 4 月 27 日，日美两国终于形成并联合公布了《关于驻日美军重组中期报告》。该报告提出双方将共同出资在美国关岛和北马里亚纳群岛建立日美共同使用的训练场，并开展日美两军联合训练；将驻冲绳美军的规模维持在 1 万人左右，其他的 9000 人分别迁至关岛、夏威夷和澳大利亚。报告还认为，日美将通过联合训练和联合侦察监视行动加强"机动防卫力"。防卫省认为，以坦克和火炮为主力的陆上自卫队如果能够和高机动性的美国海军陆战队联合训练，可以对在这一地区崛起的中国形成牵制之势。稍后，日美又具体协商了9000名海军陆战队的撤出问题，美军明确其中的约5000人迁至关岛，其他的数千人将迁至夏威夷、澳大利亚，以及到菲律宾等地进行轮训驻扎。近万名美军的搬迁自然会产生大量费用问题，而根据日美两国政府2010年达成的最初协议，美国要求日本政府承担约100亿美元搬家费中的60多亿美元，日本的一些政党和大多数民众认为不合理，坚决反对。就是在这种美军实施搬迁日本政府需要承担搬迁大部分费用的情况下，美国国会连续两年拒绝为美军从冲绳搬走安排预算开支，时任的美国国防部长甚至还要求日本再追加数亿美元的搬家费用，这在日本国内引起了强烈反响和不满。其实，关于美国最后能够同意从冲绳撤出数千人的海军陆战队，美国国内有着不同的解读。据美国国防部一名官员透露，随着中国军力的发展，武器装备特别是导弹的射程不断延伸、精度不断提高，驻日美军基地特别是冲绳的安全已无法得到可靠保证，在这种情况下，美军为了作战需要及自身安全的考虑，不会把"所有的鸡蛋都放在同一个篮子里"。由此可见，美军从冲绳的部分撤出，其中的深层原因当然也有确保自身安全和利益的考虑。

第三节　战后以来日本军事战略
调整的主要特点

在战后日本军事力量60多年的发展进程中，其军事战略的调整走出了一条由被动到主动、由防卫到攻击、由内向到外向的发

```
┌─────────────────────────────┐
│          集体防卫            │
│      (1950年—1957年)        │
└─────────────────────────────┘
              ▼
┌─────────────────────────────┐
│          共同防御            │
│      (1957年—1970年)        │
└─────────────────────────────┘
              ▼
┌─────────────────────────────┐
│          专守防卫            │
│      (1970年—1978年)        │
└─────────────────────────────┘
              ▼
┌─────────────────────────────┐
│    积极防卫（仍称"专守防卫"）  │
│      (1978年—1983年)        │
└─────────────────────────────┘
              ▼
┌─────────────────────────────┐
│    前方阻止（仍称"专守防卫"）  │
│      (1983年—1989年)        │
└─────────────────────────────┘
              ▼
┌─────────────────────────────┐
│    主动先制（仍称"专守防卫"）  │
│      (1989年—2000年)        │
└─────────────────────────────┘
              ▼
┌─────────────────────────────┐
│   拒止与拓展（仍称"专守防卫"）  │
│      (2000年—2010年)        │
└─────────────────────────────┘
              ▼
┌─────────────────────────────┐
│    动态防卫（仍称"专守防卫"）  │
│      (2010年—2013年)        │
└─────────────────────────────┘
              ▼
┌─────────────────────────────┐
│  联合动态防卫（仍称"专守防卫"）  │
│      (2013年—至今)          │
└─────────────────────────────┘
```

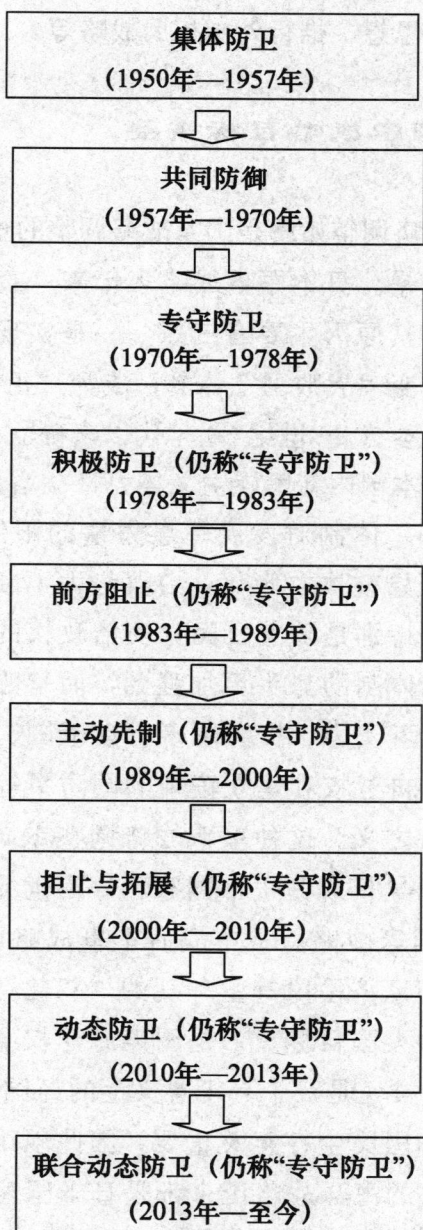

战后日本军事战略的发展脉络

展路径。其主要特点包括：呼应国家战略目标、谋求自主军事发展、重视联盟战略思想、推行外向拓展战略等。

一、呼应国家战略目标需要

日本的军事战略调整始终是国家战略调整的重要组成部分，是多种因素作用的结果。日本军事战略多年来一直是为实现其国家战略目标服务的，其原因主要有三点：一是实现政治大国战略目标的必然举措。改变"战败国"体制，成为"正常国家"，争做世界政治大国，是日本自 20 世纪 80 年代以来确立的国家发展目标。冷战结束以后，日本国内新民族主义势力日益增长，修改宪法第 9 条，摆脱"战败国"体制对发展军事力量的限制，已渐成大势。近年来日本社会开始整体右倾化，右翼势力不断壮大、右翼分子的活动日益嚣张，特别是随着自民党安倍政权的再次回归这种推动修宪、摆脱战后体制的势头更加强劲，而解除"和平宪法"的制约，大幅提升军事实力、扩大军事行动范围、增强对敌国的攻击能力、行使集体自卫权和建立正规的国防军等自然成为日本军事战略调整的应有之义。这种军事战略调整走向的最终目的，也必然是为了呼应以早日成为正常国家、争当世界"政治大国"为核心目标的日本国家战略。日本战后军事战略调整的实践表明，军事手段已成为与经济手段等量齐观的"双轮"驱动，它将带动日本驶向世界政治大国目标。二是图谋海洋权益的需要。日本四面环海，与英国一样，是一个真正意义上的岛国。对于日本而言，海洋对国家发展和国民生存至关重要，因此以维护海洋资源、确保海洋利益为核心的海洋战略历来都是日本国家战略中极为重要的组成部分，与其政治大国化的进程有着密切的联系。21 世纪是海洋的世纪，海洋日渐成为国家生存与发展的物质基础和开展国际政治、军事斗争的重要舞台，包括亚洲各国在内的越来越多的国家认识到未来海洋的重要性，从而开始积极研究、制定本国海洋战略，力图在新一轮国际海洋竞争中抢得先机。冷战结束后，日本政府开始全方位、多层次地推动岛国向海洋国家的转变，确立了"海洋立国"的海洋战略，从海洋立法、机构设置、加强军备、强化日美同盟等领域进行全方位努力，并将中国视为其主要战争威胁和竞争对手。由于日本国土面积狭小，自身战略资源十分匮乏，支撑国家经济和国民生活的重要资源及原材料，如石油、煤炭、天然气、矿产物资以及汽车和船舶等工业产口市场都严重依赖于国外，99％的资源依靠从海外进口，对于日本来说，保卫海上交通线的安全就是"保命"。因此，日本历来都将确保"海上生命线"的安全作为日本军事力量的重要任务之一。同时，近年来，随着人类对海洋资源的探测取得丰硕成果，日本开始更加重视海洋资源的开发、利用与争夺。所以，保护日本日益扩大的海洋权益，自然就成为日本军事力量的重要职能和主要任务。特别是作为与日本隔海相望、一衣带水的邻国，中国和日本在东海大陆架划分、油气田开发、钓鱼岛主权归属和冲之鸟礁地位认定等方面都存在着重大争议。为此，日本海洋战略的实施，以及日本军事战略对其海洋国家战略的强力呼应，无疑会对中国的海洋权益和海洋安全产生严重威胁和不利影响。三是应对新形态安全威胁的需要。日本认为，冷战结束后，随着世界各国之间相互依存关系的进一步加深，发生地区之间、国家之间大规模战争或武装冲突的可能性已经降低。在"13大纲"中，日本认为其面临的安全环境与"10大纲"时相比，进一步严峻，"虽然发生冷战时期人们所担忧的那种大国之间的大规模武力冲突的可能性降低"，但各种安全问题和不稳定因素日益凸显、日趋尖锐，"国家间的相互依赖关系进一步扩展和深化，某个国家或某个地区发生的混乱或安全问题直接波及整个国际社会的风险性亦在不断加大"，"国家间的传统地区纠纷依然持续不断"，未来全球安全环境依然复杂严峻。特别是日本所在的亚太地区，除因民族与宗教对立而引发的地区冲突外，围绕所谓"灰色区间"的争端，即"围绕领土主权、经济权益等问题而发生的未上升为武力冲突的对峙和争端"也有增加的趋势。在安全领域，日本面临的将是恐怖袭击威胁、大规模杀伤性武器和弹道导弹扩散威胁、对日本岛屿的小规模武装入侵威胁，以及海盗活动、地区冲突、统治机构弱化、失败国家的存在，还有海洋、太空、网络空间利用的安全风险等传统与非传统威胁仍将是国际安全领域面临的严峻问题。其中，非传统威胁即"新型威胁"更是日本今后需要着力研究和进行应对的重点。与此相适应，日本现行军事战略开始强调日军需要按照应对现实威胁特别是"新型威胁"的需要，进一步调整优化部队体制编制和组织指挥结构，建设一支灵活、快速、多能的"联合机动防卫力量"，以强大的综合"机动防卫力"有效应对"大规模杀伤性武器扩散和弹道导弹袭击、游击队和特种部队的袭击、侵占岛屿、侵犯领海领空行为、特工船非法侵入，以及自然灾害等"。

二、谋求军事力量的自主发展

日本的军事战略调整从深层次分析，应该至少要满足其军事发展方面的三个"正常化"需求。一是军事力量性质的正常化。作为日本的军事力量，自卫队自1954年正式成立至今已经60多年。在这半个多世纪里，由于"和平宪法"的存在，特别是宪法第9条对日本保持和发展军事力量的明确限制，其军事力量存在的合理性始终没有在政策上予以解决，但在执行层面日本军事力量却早已超越了所谓的"自卫力量"范畴。客观来看，时至今日，尽管宪法仍未完成修改，但日本借助巩固日美同盟关系、强化日美安保体制、"9·11"事件后全球反恐和防止大规模杀伤性武器扩散、打击海盗、参加联合国维和及亚丁湾护航等战争或行动需要等借口，数十年间来不断制定、修改和完善其军事力量发展和建设的相关法规法案，不断变更宪法解释，逐步放宽对"自卫队"行动的各种限制。现今日本的军事力量，无论是从其战略目标，还是军事实力，以及任务使命和行动范围等方面来看都已经在实质上完成了对所谓"自卫"的大胆突破。对此，日本并未满足，安倍晋三2012年底重新上台执政后，多次明确表示将修改宪法，解禁集体自卫权，大力增强军事力量，将自卫队升格为国防军，实现为日本"自卫队"彻底松绑。2013年7月参议院选举结束后，日本执政联盟的自民党和公明党大获全胜，终结了持续数十年之久的"扭曲国会"的窘状，确保了在日本政坛相对稳定的地位，也为安倍谋求修宪带来了希望。此后，日本自民党政府更是毫无顾忌地加快了修改和平宪法、实现军事力量性质正常化的步伐。二是军事力量发展的正常化。日本战后宪法第9条明确规定，"日本永远放弃以国家权利发动的战争、武力威胁或使用武力作为解决国际争端的手段。为达到前项目的，不保持陆海空军及其他战争力量，不承认国家的交战权。"从该规定可以清楚看出，作为战败国家，日本要消除战争能力，不能发展正常军事力量，特别是绝不允许其发展战略进攻性力量。受此制约和限制，战后日本借助日美同盟战略需要顺利完成军队重建并表面上一直在发展其常规军力，重点建设战略防御力量。但私下里日本却始终在不断研究探讨如何提升其战略进攻能力、实质性地发展其战略进攻力量的问题，非常注重战略进攻性武器生产技术和原材料的储备，以备时机一旦成熟能够迅速制造并在尽可能短的时期内形成强大的战略进攻战力。目前，日本除核武器和战略进攻性武器外，其军事实力在亚洲已首屈一指，在世界上也居于先进行列。以其海上自卫队为例，截止到2010年底，日本海上自卫队已成为亚洲实力最强的海军，其扫雷能力世界第一、反潜能力世界第二，舰艇总吨位世界第六，水面作战舰艇总吨位世界第四。而且，其陆上自卫队和航空自卫队的实力在亚洲也位居前列。按照"13大纲"和

"新中期防"，在未来五至十年里日本军事力量的发展水平将会有更大的跃升，其军事实力将得到大幅增强。总体上，就日本军事实力现状以及未来发展趋势看，日本军事力量尽管仍将不会采取大规模的发展模式，但已由突出质量建设转向质量与数量并重，重点发展大型化、远程化、信息化海空装备，保持对东亚国家的海空武器优势，并通过大力发展类似于"22DDH"型的大型直升机驱逐舰（实为准航母），以及大型运输机和中远程导弹（甚至弹道导弹），强化战略机动、部署和投送能力等，逐步弥补战略进攻性武器方面的缺项。毋庸质疑，由此可以看出，日本军力发展所选择的道路显然已经是一支正常化军队的发展道路。三是军事力量运用的正常化。日本军事战略自20世纪70年代正式提出后，不断进行调整完善。经过数次重大调整，尽管对外称谓仍为"专守防卫"，但从日本现行军事战略的内涵来说，日本的"自卫队"目前几乎已经没有任何行动禁区，从内卫到联防，再到地区"安全维护"和"国际和平构建"，其"确保日本领土安全"、"自卫队用于防卫本土"等原始属性可以说荡然无存。从20世纪90年代开始，日本军事力量加快了海外运用的脚步。1991年日本以协助海湾战争善后为名，派遣扫雷部队前往波斯湾扫雷，将驱逐舰派往远离日本本土的印度洋为美军提供后勤支援，实现"自卫队"自建立后第一次走出国门，并首次突破了"不得向海外派兵"的禁令；伊拉克战争结束后，日本又借口援助伊拉克战后重建，在联合国框架之外将拥有重型装备的部队派至伊拉克；1992年日本通过《国际紧急救援队派遣法部分修订》和《联合国维持和平行动合作法》，并据此向柬埔寨派出了维和部队；之后数年间，日本继续以协助联合国进行"国际和平合作业务"和"国际紧急援助活动"为名，相继向莫桑比克、扎伊尔、戈兰高地和东帝汶等地派遣维和部队，向卢旺达派遣"人道主义救援"部队，实现了日本军事力量在联合国的旗号下走出国门的常态化；2001年"9·11"

事件发生后，日本陆续出台《恐怖对策特别措施法》、《伊拉克重建支援特别措施法》和《反海盗法》等系列法案，并先后以支援美国等国反恐为名，向海外派遣了较大规模的武装部队，大大放宽了对自卫队员使用武器装备包括致命性武器的相关限制；2008年以后，日本借其商船曾经被海盗劫持、日本运输船只在马六甲海峡以及印度洋的正常航行面临严重威胁、亟须打击海盗为名，向索马里、亚丁湾海域不断派遣多批次远洋护航舰队，人员、舰艇定期进行轮换，实现了自卫队人员和武器装备的长期涉足海外；2010年，日本更是借反海盗、保障护航行动需要之名，行扩张军事实力、拓展武力行动范围之实，在远离日本本土达一万多公里之遥（5400多海里）的位于非洲东北部、濒临非洲之角的吉布提建立了二战结束后日本的第一个海外军事基地，将日本自卫队大量的"P—3C"型"猎户座"反潜侦察飞机和军事人员常年驻防该地；特别是从2006年至今，日本更是以反导、反恐、反海盗、海上救援、应对岛屿入侵和地区危机等各种借口，频繁地与美国、印度、澳大利亚、韩国、菲律宾，以及东南亚国家进行各种联合军演。其中与美、澳、菲等国进行的一些演习，演练区域多设在远离日本本土及周边海空域的别国境内，均是采取将日本自卫队兵力投送到海外，在别国领土上进行联合作战演练的方式进行。而近年来在这些海外军演中又以日本在美国和澳洲本土进行的联合军演目的性、指对性更强，其针对中国的作战意图尤为引人注目。可以说，从以上日本军事力量的运用情况足以看出，其"自卫队"的军事实力和作战能力已大为增强，实质上早已发展成为一支自身实力强大的正常国防军。这正是日本多次苦心调整其军事战略的题中应有之义。

三、重视联盟战略思想

日本向来就有与霸者结盟、与强者为伍的传统和理念。日本的联盟战略思想可以追溯到日本中世纪战国时期，其代表人物武田信玄、织田信长和德川家康等之所以能够在诸侯林立的情况下得以称霸一方，多是通过合纵联横的手段来达成彼消此长的目标，这可以认为是日本联盟战略思想的雏形。日本的联盟战略思想在此后的历史中不断地被用于实践，最终成为日本军事战略思想的标志性特征之一。在日俄战争中，日本选择与当时具有世界最强大海上作战力量的英国为盟，而作为日本同盟国的英国成功地迟滞了俄国波罗的海舰队驰援太平洋舰队，为日本取得战争的胜利扫清了障碍。在第二次世界大战中日本又联合德意两国，组成了臭名昭著的"轴心国"，试图通过军事联盟在欧亚非大陆的协同作战，实现统治亚洲的野心。二战战败以后，无论初衷如何，日本通过与美国结盟，为其国家安全和抵御外来入侵提供可靠的保障，从而得以心无旁骛地实现了战后振兴与发展。

作为达成日本军事战略目标的重要手段，以日美同盟体制为核心地位的联盟战略思想始终没有动摇。但单就日美同盟体制的内涵而言，经历了一个逐渐质变的过程。根据1951年9月的《日美安全保障条约》，美日间实际上确立的是一种保护与被保护的双边关系，尚不足以称之为同盟关系。1960年1月的《日美共同合作与安全保障条约》使日本"由一个受保护的国家变成了与人共同防卫的国家"，日美同盟雏形初现，但双方地位仍差异悬殊，可以认为是一个准同盟的关系。在整个冷战时期，尽管日本也曾经有过自主性防卫尝试，试图与美确立一种平等的同盟关系，但受限于当时的国际战略环境和严峻军事安全形势，日本的这一努力始终未能达成目标。

冷战结束后，日美同盟关系在经过短暂的摇摆反思后完成了重新定位。而日本确立在继续坚持联盟战略的同时，亦对其进行了大幅度调整和充实完善。在"95大纲"颁布后，日本通过"日美同盟再定义"实现了日美同盟的世纪转型，宣告日美新型同盟关系就此确立，其标志性文件是 1996 年发表的《日美安全保障联合宣言》。就其实质而言，这一全新的同盟关系已经具备了同盟的基本属性。美国首次承认日本"负有领导世界的责任"，确认美日两国在同盟内部关系的相对平等。此次调整达成的目标包括：日美名义上的平等合作，防卫范围由日本周边扩大至亚太地区乃至全球。由此，"联盟战略"在日本冷战后军事战略中的支柱地位得以确立。这一同盟关系的位移对日本意义重大。一是日美间紧密且平等的同盟关系符合日本"与强者为伍"的战略理念，有利于满足其安全利益追求。尽管日美之间对平等的理解不尽一致，但日本在同盟内外自主空间的双向扩展，无疑为其确立真正意义上的联盟战略体制提供了基本条件。二是借助日美同盟关系，日本的国际政治与军事地位得以显著提高，它不再仅仅是国际秩序的遵从者，而是一个担负着"领导世界责任"的国家。这显然与日本的政治大国目标相契合，是日本国家安全战略、军事战略的本质内涵，也是日本联盟战略思想所追求的最高目标。三是日美同盟为日本军事力量走向国际舞台提供了适宜而可靠的平台。日本军事力量走出国门，向海外拓展，其目标指向已不仅仅是满足自身的安全关切。对比冷战时期，由"大国责任、平等伙伴、海外拓展"等内涵构成的日美新型同盟关系，其本质变化清晰可见。

"9·11"事件发生后，日美同盟的重新调整与强化使日本的联盟战略思想得到进一步充实和完善。从 2002 年底开始，日美连续举行由外长和防长参加的日美安全保障磋商"2＋2"会议，并相继发表一系列的指导文件，其达成的主要目标包括：制定日美共同战略目标，进行彼此作战力量的整合，推进日美军事一体化，明确两军职能和任务分工。而在此期间出台的"04 大纲"则是从政府层面对这一新型联盟战略的政策性认定。

2009 年，日本在完成政权更替后，民主党政府在执政初期以追求对美的"对等且密切"的平等关系和倡导暗含将美国排斥在外的"东亚共同体"构想,情非所愿地将日美同盟关系拖入了相对紧张和矛盾重重的复杂棋局中。而在这一阵痛后的必然结果,就是鸠山政权的黯然出局和菅直人政权所选择的对日美同盟关系不可逆转的政策性回归。野田政权时期特别是 2012 年底自民党安倍政权的重新执政,使大力加强和深化日美同盟关系的强劲势头更加无法阻挡,大有愈演愈烈之势。重要表现之一就是以日美同盟为核心的联盟战略思想在日本军事战略中得到了更加清楚和充分的体现。在 2010 年 12 月出台的"10 大纲"和 2013 年 12 月出台的"13 大纲"中,日本所表露出的联盟战略思想,都已不再满足于日美同盟,它所要求的不仅仅是对日美双边同盟关系的强化,甚至还包含着联合印韩澳菲等美国的其他重要盟友,构建价值观同盟体系,试图营造围堵中国的"C 形包围圈"的设想,具有明显的遏制中国崛起的指向性。对日本"13 大纲"提出的联盟战略思想进行剖析不难发现,该思想是日本军事战略赖以发展的基本平台,其中包含着日本军事战略的核心内涵,它迎合了日本对当前安全环境和面临威胁的判断,其实质仍是日本多年沿袭下来的"冷战思维"的一种现实表现,有着很强的功利性和目的性。通过构建以日美双边军事同盟为内核,以日美韩、日美澳等多边军事同盟为外延的由多重同盟构成的联盟战略体系,日本既可以实现借双边或多边军事同盟关系的框架和实力来满足追求自身安全的需要,又可以在地区乃至全球范围谋取更多更大的利益;既可以进一步丰富日本的联盟战略思想的内涵,又可以符合其在日美同盟框架之下寻求相对自主空间的战略设计;既可以实现日本自卫队在包括朝鲜半岛和台湾海峡等在内的所谓"周边区域"采取军事行动的正常化,又可以为其军事力量觅得更多的"借船出海"机会,使其自卫队走出国门、出兵海外更加便利化、合理化;既可以借联盟战略体系的整体实力来实现干扰中国迅速发展、阻遏中国强大的现实企图,又可以在外向型军事发展上觅得借重,为其实现军事力量正常化、成为世界"政治大国"的国家战略目标服务。由此可以看出，从维护自身战略利益和谋求军事发展的角度出发，日本始终认为，其与中国的直面碰撞不可避免，无论其自身力量如何，构建同盟体系对于日本而言，都是可以达成其战略意图的最佳途径。日本政府在"13 大纲"中提出的联盟战略思想，也是日本自二战结束以来迄今为止对联盟战略思想做出的最为重大的调整。

四、推行外向型拓展战略

日本自卫队自 1991 年首次迈出国门，成功出兵波斯湾后，日本政府多年来先后通过制定或修订一系列支撑海外军事战略行动的单行法规，在二十多年的时间里，日本的海外军事战略实现了从无到有、从模糊到清晰的三次跨越。

第一次跨越：从 20 世纪 90 年代初开始日本在以协助海湾战争和在联合国框架内进行"国际和平合作业务"和"国际紧急援助活动"的名义先后成功遂行了波斯湾扫雷、柬埔寨维和、莫桑比克维和及卢旺达人道主义救援等国际性任务后，日本政府在"95 大纲"中首次正式将自卫队职能扩展到"为建立更稳定的安全保障环境做出贡献"，将自卫队推进海外军事战略的具体行动样式确定为"国际和平合作业务"和"国际紧急援助活动"，体现了"有限参与"的鲜明特征，是"拓展"战略思想的初步显现。

第二次跨越：当日本自卫队在伊拉克、柬埔寨和莫桑比克等国的海外军事行动实践初战告捷后，日本政府在"04 大纲"中又将自卫队的海外军事战略指导方针扩展到"自主、积极地致力于改善国际安全保障环境"。这一"自主性"原则，与"同盟关系"和"国际合作"之间所形成的互补关系，在日本自身军事力量迅速发展的背景下，已然成为一种自主可控的灵活选择。"04 大纲"所确立的日本自卫队的"自主性",宣示了日本的海外军事战略正式脱离以往宽泛而模糊的"借助日美同盟论"和"国际贡献论"等,其"积极主动参与"的特点将"拓展"战略思想进一步推向务实。

第三次跨越:进入 21 世纪后,在美国高调宣布重返亚洲、推行"亚洲再平衡"战略和日美同盟关系再度强化的背景下,日本认为,二战结束后迄今,日本在参与国际安全事务和维护国家安全的手段方面,始终奉行的是一种相对消极被动的"节制性"的军事防卫政策,但是,当今世界的战略格局正在发生巨变,日本所面临的安全环境日趋严峻和复杂多变,这就要求日本必须摒弃以前消极保安全的固化思维模式,而应认真思考在建构国际安全体系和环境中日本的作为空间以及如何作为。因此,日本在"10大纲"中所提出的"营造更加稳定的亚太地区安全保障环境和改善国际安全保障环境",便是正式宣告了日本以"主动塑造"为核心的外向型拓展战略的最终形成。值得关注的是,作为落实"10大纲"所确定的外向型拓展战略的重大实际举措之一,就是日本以满足海上自卫队在索马里海域长期打击海盗需求为借口,在2011 年 6 月 1 日正式启用了在吉布堤设立的海外军事基地。该基地是日本在二战后首次正式在海外建立的自卫队基地,这也使日本成为除美、法外第三个在非洲东部、濒临非洲之角的吉布堤拥有独立军事设施的国家。截止到 2013 年底,该基地驻军达到了150 人,其中包括 100 名海上自卫队官兵和 50 名来自陆上自卫队特种部队"中央快速反应联队"的官兵。该军事基地的建立,对日本实现其国家战略和军事战略都具有非常重大的意义。它不仅为日本自卫队常驻海外提供了依托和借口,也真正地拉开了日本实施外向型军事拓展战略的序幕。"13 大纲"中,日本明确提出,在参与全球安全事务上,努力显示日本的存在。为此,要"着手建立长期海外基地,为有效实现'海外派兵'提供保障基础"。此外,"13 大纲"还提出要强化自卫队的对外干预能力:一方面强化海外活动能力。今后日本将强化可满足在远离本土的海外地区展开活动的运输和通信能力，强化在非洲等遥远地区长期行动能力。另一方面，将继续在打击海盗、维护海洋秩序、确保海上交通安全等方面积极参与国际海洋秩序的构建。

日本正式确立和积极推行外向型军事拓展战略有其明确目标。外向型拓展战略的显性目标是谋求日本军事力量活动空间向国际安全领域拓展，从而以主动作为的预防式战略，在直接确保日本国家战略利益的同时，间接达成维护国家安全的目标。但就深层次目标而言，则至少应该包括：展示军事实力、谋求军事正常化、提高国际地位、实现军事政治大国目标等。

可以说，日本随着自身国力特别是军事实力的迅速发展壮大，其外向型军事拓展战略的目的指向更加清晰明确，在重点阻碍和遏制中国综合国力发展强大、全力谋求日本国家现实利益最大最优化的同时，无疑还想使自己在国际安全体系中的角色由以往的秩序遵从者向今后的秩序设计者乃至塑造者、主导者转换，为最终实现正常军事大国、世界政治大国的战略目标服务。

第四节　影响日本军事战略走向的主要因素

日本的军事战略随着安全环境的变化而不断调整。不同时期的日本军事战略，都有其特定的时代背景和内在原因。可以说，影响日本军事战略的因素有许多，既有环境因素，也有文化因素、历史因素和社会因素，等等。但从根本上说，有几个主要的因素不会改变，在各时期、各阶段都始终影响着日本军事战略的制定和调整走向。

一、国家核心利益

2013 年底，日本最新一次调整其军事战略，这次调整也是紧紧围绕国家核心利益进行的。从日本现行军事战略的主要内容看，日本首先注重的是确保日本领域的安全，其次是确保和攫取更多的海外利益。总体看，日本军事战略的内容主要体现了三个思想：

（一）体现日本国家利益至上的思想

日本认为国家利益有许多，但国家核心利益主要有六项：一是东亚地区的安全稳定。日本认为，东亚地区任何国家之间发生的冲突，或者国内动乱都必然要影响到日本的和平与发展。目前，日本列举的东亚地区最有可能威胁日本安全的国家是朝鲜和中国。二是防止日本周边出现敌对国家。日本认为，如果周边一旦出现敌对国家，而且敌对国家又是类似中国这样的大国，那就很可能会对日本的安全与繁荣产生重大影响，这一点是要竭力避免的。三是打击威胁日本国民生命财产的恐怖主义。对诸如曾经发生的绑架日本人事件、东京地铁沙林毒气袭击等类似恐怖事件，日本都要高度重视、严加防范，并坚决、快速地进行打击。四是维护自由和开放的国际经济体系。日本认为，作为世界主要经济体之一，鉴于自身岛国经济的严重脆弱性，维持自由和开放的国际经济体系对于日本经济的持续发展尤为重要。五是中东地区的稳定。由于日本自身战略资源极端匮乏，许多重要的能源和物资严重依赖进口，其中又以石油和天然气等为主要代表，因此，世界重要能源产地中东的安全与稳定直接关系日本的国计民生。据日本统计，日本每年仅从中东进口的石油就大约达到了 2.2 亿吨。六是确保海上航线的安全。日本四面环海，一些重要战略物资的运入和重要工业产品的输出都要严重依赖海上运输。在目前两条重要的海上航线之中，日本尤其认为，从台湾经中国南海、马六甲海峡、孟加拉湾到中东的这条航线（西南航线）更是日本的"海上生命线"，直接关乎到日本国家发展和国民生存，意义非常重大。

从日本战后数十年间对军事战略的多次调整来看，始终都是紧紧围绕着日本国家核心利益进行的。可以说，满足国家核心利益的需求是日本制定和调整军事战略的前提和根基。

（二）体现日本愈发重视运用军事手段谋求海外利益的思想

从战后日本数次对军事战略进行调整的情况看，随着日本国力的增强和军事力量的日趋强大，日本认为，其国家核心利益越来越多的主要集中在日本本土之外。这就使日本军事战略的制定者既着眼于确保日本及周边地区安全的"领域防御"，同时也越来越多的把战略眼光投向海外，促致日本军事力量必然会大踏步地向"海外拓展"。

自 1991 年日本自卫队首次成功跨出国门后，在其后的 20 多年间，日本或在联合国的框架内或在日美军事同盟的旗帜下"借势出击"、"借船出海"，先后以"维和"、"反恐"或"协助美军行动"、"对美军进行后勤保障支援"等名义和借口，频繁向海外争议地区甚至正处于交战之中的实际战场派出自卫队。值得关注的一个最新动向是，从 2009 年开始至今，日本更是以"反海盗护航"的名义先后向亚丁湾索马里海域派出了十多个批次的海上自卫队舰艇编队。目前，日本海上自卫队的数艘军舰、飞机和上百名自卫队员长期活跃在印度洋、阿拉伯海和中东、非洲大陆的一些沿岸国家。不仅如此，作为二战中的战败国，日本居然还借"反海盗护航"之机，绕开和平宪法的严格限制，在非洲大陆建立了战后的第一个海外军事基地。2010 年 5 月 4 日，日本公开表示，将在非洲国家吉布提建立首个海外军事基地。据当时负责此项工作的日本海上自卫队上校北川敬三表示："这是日本在国外唯一的军事基地，我们在这里部署的目的是打击海盗和自卫。"但其根本目的，无非还是为了维持日本军事力量在海外的长期"合法"存在，进而谋求和拓展日本在非洲大陆的巨大利益。

（三）体现日本一贯坚持的传统"主权线"和"利益线"的战略思想

日本军事战略中着重强调的"领域防御"和"海外展开"的作战指导思想，实际上就是日本传统的"主权线"和"利益线"扩张战略思想的现实反映。1889 年，当时的日本首相山县有朋第一次提出了日本的"主权线"和"利益线"的军事扩张理论。按照日本的解释，所谓"主权线"是指国家疆域，"利益线"则是指与"主权线"安全密切相关的区域。

从战后以来日本对其军事战略的历次调整看，其传统的"主权线"和"利益线"战略思想，一以贯之地得到了体现。其突出特点就是，随着每一次日本军事战略的调整和新的军事战略的出台，"主权线"和"利益线"战略思想也开始体现得越来越充分、越来越完全，对亚太地区乃至全球的安全带来更多的威胁。无论是从对"周边事态"概念的刻意模糊、范围界定的无限扩大，还是现今对所谓"灰色地带"事件的暧昧界定、应对范围领域的人为朦胧等等，都很好地诠释了日本传统的"主权线"和"利益线"军事战略思想的一贯扩张实质。

按照日本现行军事战略所体现出的"主权线"，范围不仅包括日本本土和专属经济区，甚至还包括了"不是地理概念"的所谓"周边地区"。而日本强调的"利益线"更是由距日本本土 1000 海里（相当于从日本本土到巴士海峡），进一步拓展到了中东地区，而且还有进一步无限延伸的可能。由日本传统的"主权线"和"利益线"战略思想不难看出，日本现行军事战略中日益突出的主动出击性和对外扩张性是有其历史渊源和深刻背景的。

二、日本自身战略文化

一个国家的民族文化自然会反映到战略领域之中，我们称之为"战略文化"。它对以往的战略决策和行为产生影响，也对当前和未来的战略选择和制定起着规范和指导的作用。

（一）根深蒂固的"岛国根性"

在日本战略文化的内涵中，地缘性与民族性占据重要地位。就地缘特点来看，日本靠近大陆兼有海峡隔阻，使其"进"可以朝鲜半岛为陆桥窥探亚洲大陆，"退"可以辽阔海域为天然屏障，但由于日本国土特点是地形狭长，纵深短浅，加上海岸线漫长，不利于在其本土展开大规模的军事作战行动。此外，日本本国资源极度匮乏，国家经济发展和国民日常生活对外依赖性很强，近99％的绝大部分战略物资和进出口贸易都要依靠海洋运输，因此，日本认为确保海上交通线的绝对安全关乎着日本国家和民族的生死存亡。这一地缘特点决定着日本一旦认为条件和时机成熟，其军事战略便会不可避免地显露出鲜明的对外扩张性和攻击性特征，这一点早已为日本数百年来的军事侵略历史所验证。如果说二战战败后或在整个冷战时期，日本由于特殊的历史原因、特定的发展阶段和特别的地缘条件，其国家安全战略特别是军事战略并未突出地体现出这一明显外张性特点的话，那么冷战结束以后，伴随着以争做世界政治大国、军事大国为主要目标的国家战略的清晰确立，在强大经济和国家实力的支撑下，日本军事战略中的外张性特点终于开始再次明确显露。事实上，调整至今的日本所谓的"专守防卫"军事战略所包含的的真正内涵已再清楚不过地诠释了这一特点。日本民族有着数千年的思想文化传统，这对日本国家战略和军事战略的形成与发展产生了深刻的影响。近代以来，对日本国家军事战略方针制定影响最大的莫过于作为日本民族性格之基本，并为日本统治阶级恶意宣扬的"岛国根性"。这是导致日本近代战略目光频频外移的理论基础和民性根源。

在日本特定的地理环境和思想文化传统下形成的"岛国根性"有优点也存在着鲜明不足。其优点主要表现为日本民族多为坚忍不拔、吃苦耐劳，彼此间特别在熟悉的人们面前勤勉谦恭、互助友善，而不足之处则表现为自卑盲从、小气狭隘，甚至有时会凶狠残暴、鲜廉寡耻。二战前，日本统治者为满足其不断膨胀的扩张野心，恶意利用了其民族性格中的不足，并最终发展成为极端民族主义。在日本统治阶级身上，"自卑变为狂傲自大，小气则流变为偏狭固执"。这些不足之处极端发展的直接恶果，就是日本在二战中给包括中国在内的大多数亚洲国家和人民甚至全世界都造成了无可弥补和挽回的巨大伤痛和损害，同时也给日本自身带来了很大牺牲和损失。并使日本军国主义永远被钉在世界历史的耻辱柱上，在给世人留下不堪回首的悲惨记忆同时，也深深刻下了日本侵略历史的丑陋烙印。冷战结束以来，随着日本战略环境的改善，日本"岛国根性"这一民族性格开始再度张扬——"正常国家"、"正常军队"口号下的政治大国、军事大国目标追求、挟美自重的周边示强、固守冷战思想的威胁观、外向型的军事力量发展与运用，等等，这些都可以在日本军事战略的理论体系中觅得踪迹。

（二）刻意渲染的"危机意识"

地震、海啸等大规模灾害频发的极端恶劣的生存环境，使忧患意识逐渐成为日本民族独特的文化。而渲染危机，自然成为日本战后加快发展军力的最理想借口。由于自然生存环境的严酷，日本人的忧患意识本来就很强烈。但是，日本历届政府还是不断地通过各种方式，通过渲染所谓的"内忧外患"，来不断刺激和增强人们的忧患意识。近年来，日本国内经常出现所谓"列岛沉没论"、"资源匮乏论"、"生存危机论"等宣传，通过渲染危机激励人们增强忧患意识；同时，也促使日本自卫队不停地寻找敌人和对手，不停地夸大威胁，不停地渲染危机，不停地制造发展军力的借口。

2006 年 7 月，日本国内放映了一部渲染"列岛沉没论"的影片《日本沉没》，这是日本第二次上映该片。最初，这部影片是根据日本作家小松左京的一部科幻小说改编而成，1973 年首次搬上银幕，在全日本引起了强烈轰动和巨大震撼。2005 年，日本东宝电影公司重拍了这部影片。这本来是一种商业行为，但在这次重拍时，日本政府给予了高度重视和大力支持，居然出动陆海空自卫队、东京消防厅等部队全力协助拍摄。影片上映后，连一直主张自卫队要与社会生活保持必要距离的日本防卫省，也打破惯例，破天荒地允许和鼓励自卫队员前去观看。《日本沉没》的剧情大意是：几位地质学家发现日本列岛出现将要沉没的征兆，消息传出，日本举国哗然。首相下令展开绝密调查。此时，东京、京都两座城市相继发生 6 级以上的大地震，尔后，日本各地地震不断，海啸和火山喷发。地质学家最后的调查结果是，距离日本沉没仅剩 79 天。此时，日本政府策划向世界各地移民，有两个颇具悲情的镜头：一个是战后一直受到日本敌视的中国、韩国抛开宿怨，大力接纳日本难民；另一个是，日本首相率领内阁大臣等跪在皇宫广场上，通过电视转播，乞求人类不要抛弃日本人。影片最后以日本列岛终于沉没在万顷波涛中而告终。如果说，这是日本利用一部科幻电影渲染危机的话，那么在现实生活中，日本渲染危机的例子也不少。2008 年 5 月 27 日，日本四大报之一的《朝日新闻》发布这样一条消息：据日本专家预测，30 年内，日本发生 7 级以上地震的可能性在 50% 至 90%，遇难者可达 5 万余人。2009 年 8 月 9、11、13 日三天，日本东京及周边地区先后发生 6.6 级强烈地震之后，日本中央防灾会议的地震学家又预测说，未来 30 年，以伊豆为中心的"东海地区"发生 8 级以上强震的可能性为 87％，死亡人数将超过 9200 人。除了渲染先天的地理缺陷外，日本还经常宣传"资源匮乏论"。日本人常说，日本除了空气和海浪以外，什么资源都没有。日本军方每年都要在《防卫白皮书》中反复强调：能源对外依赖程度为 96％以上，粮食对外依赖程度为 2/3 左右（日本是世界第三大粮食进口国）。因此，多年以来，日本每年都从中国进口大量的煤炭和稀土，除少量急用外，大多封存以备战时所需。除了渲染"内忧"以外，日本近年还刻意炒作所谓的"外患"。比如，2007 年 8 月 31 日，日本《读卖新闻》的头版头条设想了这样一个场景：2007 年某周周一，从朝鲜飞来一枚威力相当于广岛原子弹 10 倍的核弹头，在东京 23 区上空爆炸，随即，200 万人丧生，100 万人受到核辐射，170 万人失明，整个东京瞬间变成人间地狱。

可以说，日本大肆渲染危机，背景与日本所称的"军事威胁"有关。日本的媒体经常炒作朝鲜的"核武"、韩国的"反日"、俄罗斯的"占据四岛"、中国的"军事崛起"，其根本目的就是试图告诫国民：日本不仅面临内忧，还有严重外患，从而呼吁加快军力建设，甚至适当发展核武装，制订和出台先发制人的军事战略。日本民族文化中的忧患意识所带来的思维方式和行为方式，尤其是日本以强烈的忧患意识为动力，加快发展军备的做法值得我们重视和警惕。

（三）长久秉持的"能者为师"

向先进学习，超越先进，这成为日本民族文化的一个传统。从日本军事力量的发展史看，所走的就是一条"边学习、边模仿、边发展、边改革、边完善"的道路。在近代史上，日本搞过两次文化革命。一次是公元 7 世纪搞的"大化改新"，也称全面"唐化"，改革的蓝本是唐朝文化。在这一时期，日本多次派遣唐史来中国，上至典章制度，下至礼仪习俗，全面向中国学习，甚至模仿唐朝长安建造日本奈良。另一次是1868年搞的"明治维新"，也称全盘"西化"，改革的蓝本是欧美文化。在此期间，明治天皇带头穿起了西装，日本在银座依照欧美街市建起了西化一条街。促使日本"西化"的原因主要是西方列强对日本造成的生存危机：1853年美国东印度舰队司令佩里的四条"黑船"敲开了日本闭关锁国的大门，1863年英国舰队炮轰鹿儿岛，1864年英、法、荷、美四国联合舰队炮轰下关。当时，面对侵略，血气方刚的伊藤博文，后来成为日本第一届首相，曾想烧毁东京新建的英国使馆，但他随后意识到，靠武士的刀剑不可能把英国人赶走。一年后，他决定前往英国等国学习考察，拜敌为师。日本史学家在总结这段历史时说，西方列强的炮轰，轰醒了日本，激起了学习对手、战胜对手的欲望和落后必然挨打的理性思考，它战胜了狂热的民族情绪。当时，日本的精英提出"求知识于世界以振国威"的口号，纷纷涌入西方求学考察。其中的一位代表性人物福泽谕吉回国后写了《脱亚论》和《文明论之概略》，呼吁日本脱亚入欧。日本向西方学习首先是从学习军事开始的，而且先学习西方的军事体制。1868年明治政府成立后，发现英国海军的军事体制最先进，于是，日本仿效英国皇家海军建立了日本帝国海军；之后，日本又发现法国的陆军军制最科学，便又模仿法国改造了日本陆军。在军事思想方面，日本则引进了法国陆军的军制思想和英国海军的战术思想。在随后的中日甲午战争和日俄战争中，日本都取得了胜利，在一定意义上说，日本向西方学到的新思想、新体制、新技术和新战术都发挥了比较重要的作用。日本的向先进学习，甚至以敌为师，不断改革，坚持走强军之路，值得我们重视、研究和借鉴。

（四）功利务实的"与强为伍"

与强者为伍，已成为日本战略文化的重要组成部分。日本实现由"小"到"大"、由"弱"到"强"的策略之一，就是依靠结盟，借助外力摆脱沦为殖民地的困境并使自己成为强国。历史上日本有过三次结盟。第一次结盟是从 1902 年至 1922 年。1902 年 1 月，日本同英国签订了《日英同盟条约》，通过与当时的世界霸主结盟，日本如愿地解决了生存问题。并且，依靠英国提供的武器和情报挑起并打赢了日俄战争，创造了以小国打败大国的历史，也报了沙皇俄国带头入侵日本之仇。更重要的是，同英国结盟的 20 年，日本不仅摆脱了半殖民地的困境，还使自己成功进入了列强行列。第二次结盟是从 1937 年至 1945 年。1937 年 11 月，日本同德国签订了《日德防卫共同协定》；1940 年 9 月，日本同德国、意大利签订了《德意日三国同盟条约》，欲当亚太霸主，到处进行侵略和扩张，直至战败。第三次结盟是从 1951 年至今。1951 年 9 月，日本同美国签订了《日美安全保障条约》。这次结盟不是日本主观愿意的，甚至可以说是被迫的，但是，同美国的结盟却给日本带来了意外的收获，即依靠美国，日本顺利实现战后复苏，解决了战后的生存和发展，以及国家的安全保障等问题，并成为世界主要经济大国。因此，日本一直把日美同盟作为其军事战略的重要支柱之一。日本与强者为伍的战略文化，也值得我们给予重视。

三、日本传统战略思想

传统战略思想是对战争全局理性认识的历史积淀，是制定战略方针、确定战略原则等的理论基础。日本军事战略中有关"注重能力建设"的建军思想和"海外展开"的作战指导，实际上都是日本传统战略思想的现实反映。概括起来，日本传统战略思想中有两项核心内容：一是实力原则；二是攻势主义。

（一）实力原则

日本军事战略中"注重能力建设"的建军思想是传统强权战略思想的现实反映。在力量建设上，日军历来坚持实力原则。关于实力原则，给日军打下深刻思想烙印的是明治维新时期的启蒙思想家福泽谕吉。福泽认为，"国际关系自古以来都由武力决定，弱者总是呼吁真理，强者就是提倡压迫"、"世界上哪有那么多的真理，争到了利益就是争到了真理"。福泽在他的《脱亚论》这本书中总结受到侵略的教训时说："百卷万国公法不如数门大炮，数册亲善条约不如一筐弹药。"而福泽在他的另一部著作《文明论之概略》中更加直白地讲道："禽兽相接，互欲吞食，吞食他人者是文明国，被人吞食者是落后国"，"日本应加入吞食者行列，与文明人一起寻求良饵，以在亚洲东陲"。可以说，福泽关于"实力决定一切"的思想时至今日仍在深刻地影响着日本军事战略制定者的思维，已成为日本建军思想的理论起点和核心支撑点。

（二）攻势主义

日本军事战略中"海外展开"的用兵指导是传统的攻势主义思想的现实反映。日本的军事战略思想和作战指导思想历来主张"先发制人、攻势主义和决战主义"三大原则。究其思想根源，一是源于历史积淀的传统战略思想。从近代史看，早在1868年"明治维新"完成后不久，日本明治天皇便在《宣布国威》的公告中指出，日本要"开拓万里波涛，布国威于四方，置天下于富岳之安"。同时确立了"大力充实兵备，使国威光耀海外"的军事战略方针。时任首相的山县有朋明确提出，"军事发展应以对外为根本方针"。后来担任首相的桂太郎也公开宣称，日本建军的目的分为两种："其一是防御敌国入侵；其二是大扬武威。"二是受西方军事思想的影响。历史上，日本在引进的西方军事思想中，特别注重专门吸收了英法德的攻势主义思想。比如，日本充分吸收了法军1884年的《操典》中关于"攻势防御"的思想，与此同时，日本还特别崇拜德国军人麦凯尔的攻势主义思想，曾经花费重金邀请他在日本讲学两年。麦凯尔的经典名言就是"守势是弱者采取的战法"，"决定守势战略是策略用尽的开始"。从现实看，日本军方智库防卫研究所早在2005年发表的《东亚战略概览》报告中，就向日本最高决策机构提出建议说，"在高度全球化的世界中，一支仅仅专注于保卫本土的自卫队很难维护日本的整体安全。自卫队必须扩充和加强国际合作，并处理地区和全球安全问题。"

由此可见，日本自明治维新以来逐步形成的传统战略思想至今依然影响着日本军事战略的制定和发展走向。

第五节 日本渲染的所谓"中国威胁论"浅析

近年来，日本和美国都对中国的崛起感到了不安和威胁，认为中国的崛起威胁到两国在亚洲的国家利益和安全。美国芝加哥大学约翰米尔斯·海默认为："美国在21世纪初可能面临的最危险的局面是中国成为东北亚地区潜在的霸权国"，"将来中国可能会明确表示不能容忍美国插手亚洲的事务"。日本防卫大学川岛弘三直言日本将成为中国核武装化的主要敌人，中国很可能构成对日本的潜在威胁。

目前，在日本"中国威胁论"很盛行。历史有一个怪圈：凡是出现一个新的强国总是会引起人们的不安，因为它不仅向政治和战略的现状发出挑战，而且可能造成紧张的经济冲突。① 中国的崛起改变了持续多年的"日强中弱"的不对称格局，使东亚第一次出现了两个强国并立的态势。这种态势加剧了日本对中国战略意图的现实主义焦虑，担心"华夷秩序"将在东亚恢复。这是"中国威胁论"在日本盛行的重要根源。但"中国威胁论"不单纯是因为中国经济迅速发展、国际地位稳步提高、军事现代化步伐加快的正常心理反应，更重要的是反映了日本人的危机意识、周边心态等级观念和"町人根性"等习惯性思维。

一、日本"中国威胁论"的形成过程及基本内容

日本是冷战结束后宣扬"中国威胁论"的始作俑者。20 世纪80 年代是日本经济实力膨胀的时期。这一时期的日本，财大气粗，根本不把亚洲邻国放在眼里。特别是对于中国，日本认为中国即使成为日本的竞争对手，也要在半个世纪或百年以后。但进入 20世纪 90 年代后，日本泡沫经济破灭，持续陷入低迷，环顾周边发现身旁的中国正在崛起，于是便产生一种"危机意识"。作为百余年来亚洲唯一的世界强国并曾独霸一方的日本，心理上的不平衡以至产生畏惧情绪，反映在舆论上就是"中国威胁论"。可以说，日本是冷战后"中国威胁论"的真正始作俑者。而且，在日本的煽动下，美国等西方国家遥相呼应，导致所谓的"中国威胁论"在西方迅速蔓延。概括起来，"中国威胁论"的形成过程大致可分为两个阶段：第一阶段为 1990—1995 年在日本的滋生蔓延时期。1990 年 8 月，日本防卫大学副教授村井友秀在日本杂志《诸君》

---

① ［美］罗伯特·A·帕尔斯：《世纪之旅》，第 304 页，上海人民出版社 2001年版。

上发表了《论中国这个潜在威胁》的文章，该文从综合国力的角度将中国视为一个潜在敌人。1992 年 8 月，日本《朝日新闻》称，"中国正在成为破坏亚洲军事均势的不稳定因素"。1993 年 5 月，首相宫泽喜一在会见克林顿时表示"中国经济一发展，就可能在军事上抱有野心"。第二阶段为 1996—2001 年的形成时期。日本官方从 1996 年开始在《防卫白皮书》中首次宣称"来自中国的威胁"。当年，台湾即将举行"总统"选举，中国人民解放军在台湾海峡进行了导弹演习。台海局势紧张，"中国威胁论"在日本国内迅速流传开来。从 2002 年以后，日本内政危机重重，为了转移民众视线，迎合日趋上升的民族主义情绪，日本国内提高了炒作"中国威胁论"的声调，导致"中国威胁论"在日本甚嚣尘上。特别是近几年来，日本对"中国威胁论"的渲染达到了一个高潮。日本的"中国威胁论"五花八门、无奇不有，大致可以分为三类：即中国"政治威胁论"、"经济威胁论"和"军事威胁论"。在所谓"军事威胁论"方面，日本可谓穷尽其所能来极力造势，甚至不惜无中生有、造谣中伤。其中，2004 年版《防卫计划大纲》首次把"中国威胁"写入政府正式安全政策文件。2005 年 12 月 8 日，民主党前代表前原诚司在华盛顿演讲称："中国以经济增长为背景不断增加军费是极其值得忧虑的事情，对日本构成了现实威胁。"2005 年 12 月 22 日，外相麻生太郎宣称，"中国拥有 10 亿人口，有核武器，军费连续 17 年两位数增长，且内容极不透明，中国正在成为相当程度的威胁"。2007 年 2 月 26 日，自民党政调会长中川昭一在名古屋发表演讲时表示，"中国的军费支出正在迅速增加，如果台湾在未来 15 年发生变故，日本可能在 20 年内成为中国的另一个省。"日本《亚洲动态》2007 年 3 月 20 日报道称，"中国可能正在部署"DF—2N"导弹系统，每天会有近 300 枚核弹头轮流为日本'值守'"。2010 年"钓鱼岛撞船"事件发生后，日本更加卖力地宣扬"中国威胁论"，特别是从 2012 年安倍重新上台执政以后，日本对"中国威胁论"的刻意渲染更是达到了历史新高。

归纳起来，目前日本关于"中国军事威胁论"的主要观点有：中国军费连续多年持续两位数增长，在亚太地区"挑起新一轮军备竞赛"；诬蔑中国向一些国家出售大规模杀伤性武器，甚至转让核技术给"不负责任的国家"，"造成了地区局势紧张和冲突升级"；中国借实现军队现代化之机，大肆扩充军力，试图填补因美苏冷战结束而造成的地区真空；中国准备利用日益强大的海军力量，控制南沙群岛等有争议的岛屿。日本甚至还把近年来中国打击"台独"势力也说成是对日本及地区安全的威胁。此外，日本还主张扩大亚洲战略布局，缔结日、美、澳、印等多国联盟，以形成亚太地区的"北约"，对中国进行包围、制衡和有力遏制，防止"中国威胁"的发生。

二、日本所谓"中国威胁论"的思想文化根源

"中国威胁论"的出现不是偶然的，与日本人的心理习惯、思维定式等不无关联。从保守主义可以看到日本人的"周边心态"；从机会主义和依赖主义可以看到日本人的等级观念；从实用主义和危机主义可以看出日本人的"町人根性"。可以说，"中国威胁论"有着很鲜明的日本特色。要想深刻解读日本的所谓"中国威胁论"必须深入了解日本人的心理和思想观念。

（一）"中国威胁论"是日本人潜意识中的危机意识的体现

日本之所以不厌其烦地宣扬"中国威胁论"，并不是因为中国威胁已成为一种客观现实，而是因为近年来中国的迅速发展使日本感觉受到了威胁，认为中国的持续发展威胁到了日本在国际社会的地位。从心理学的角度讲，这种感觉到危机存在的心理反应就是危机意识。也就是说，日本人所抱有的危机意识，是"中国

威胁论"得以在日本广泛传播的心理基础。冯昭奎在《中日关系报告》一书中指出，日本人面对中国崛起的心理反应独有的心理因素之一就是日本危机感特强，对于中国的发展产生了过度的担心。冯昭奎在该书中还进一步谈到，日本人面对中国崛起的心理反应既有类似西方的现实主义学派的思想因素，又有日本人独有的心理因素，这种独有的心理因素归纳起来有三点：一是日本危机感特强，对于中国的发展产生了过度的担心；二是日本社会固有的森严的等级观念；三是日本的"周边心态"，因为历史上中国是东方文明的中心，日本担心中国的重新崛起，将使日本在东亚地区再次被"边缘化"。[①] 日本对国民危机意识的渲染、灌输由来已久。日本政府和社会各界经常向国民提出诸如列岛沉没论、资源匮乏论、生存危机论等日本存在的危机感，以此激励日本国民奋发图强的危机意识。例如，从 20 世纪 70 年代小说《日本沉没》诞生起，一直到日本政府于 2006 年 7 月将《日本沉没》播上银幕、荧屏，期间该著作和据此改编的影视作品无一例外地受到日本国民的持续热捧，从这件事上就可清晰地看到日本人凸显的岛国心态，很好地验证了日本人内心深处的危机意识。可以说，日本的危机意识甚至包含着过度抑郁的心理和矜持情结，显得冷静而愈加自省和忧患。一般认为，日本的危机意识通常可分为三种：第一种，来自生存环境的危机意识，即通常所说的"国土狭小、环境恶劣、资源匮乏、灾害频发"等。第二种，来自社会压力的忧患意识，例如未来人口的锐减、老龄化和少子化问题等。第三种，来自文化传统的忧患意识，日本在长期的历史发展中，大量吸收中国文化特别是儒家思想，结合自身的国情形成特有的文化传统。如孔子的"人无远虑，必有近忧"、孟子的"生于忧患死于安乐"等。可以说，文化理念与客观依据相契合，使日本的忧患意识不

---

① 参见冯昭奎：《中日关系报告》，时事出版社，2007 年版，第 260 页。

仅具有应对灾难等临时性事件的功能，而且逐渐成为日本民族独有的性格特征。

在这种危机意识的影响下，"中国威胁论"得以滋生和蔓延，即使没有所谓的"中国威胁论"，日本也会造出其他威胁论，以填补由于危机意识而引发的心理缺失。另外，由于美国是个讲究"国家利益优先"的国家，日本担心随着中国的迅速发展和强大，美国政府、经济界、大众传媒的相关人员中，认为日本是亚洲最重要伙伴的人正在锐减、认为是中国的人快速增加，由此美国会日益"轻视日本、重视中国"。因此，在美日关系方面很没有安全感的日本，深恐在美国面前"失宠"，从而大肆宣扬"中国威胁论"，其中有期待提醒美国警惕中国，从而重新赢得美国重视的目的。

（二）"中国威胁论"是日本文化保守主义的体现

在《中日关系报告》中，冯昭奎指出，"周边心态"是日本人面对中国崛起的心理反应独有的心理因素之一。在这种"周边心态"影响下，虽然近代化使东亚世界的华夷秩序消失了，但是华夷意识却变换形态残存下来。同时，华夷秩序观的边缘精神结构和中华帝国体系、近代殖民帝国体系以及冷战时期美苏霸权体系之下造成的国家间、民族间的文化等诸方面的非对等意识，在近代化发展过程中，又不断变换形态在日本的"中国威胁论"中顽固地沉淀于人们的意识深层之中。

在这种文化心理的浸染下，以冈田英弘、石原慎太郎、黄文雄、小林善纪等为代表的亲台厌华派的"中国威胁论"在日本甚嚣尘上。他们意欲通过在文化上拒绝承认与中国类似性和强调两者的异质性，消除彼此间的文明优劣等级，将日本对中国的对抗坐标鲜明化，否定"一衣带水、同文同种"等中日文化亲缘性和近似性，强调两者的历史和文化的异质性。反华急先锋冈田英弘认为，作为地区文明圈的中国，不是拥有悠久的历史、对周边具有潜在文明影响威势的世界帝国，而仅仅是一个地方文明。而右翼狂人石原慎太郎也极力主张中国文明异质论，并在此基础上，想当然地认为台湾已被日本的殖民统治同化了，提出日本与台湾的亲和性，强调统治台湾有功论。他们之所以一味地强调中日文化异质性，是因为他们抱有深深的恐惧，害怕在东亚地区被边缘化，同时也害怕有朝一日中华56个民族造就的华夏文明把大和民族也吸纳进去。

这些亲台、反华、厌华分子的消极的中国文明论的基调，以及日本政界民族保守主义政客所采取的反华措施，都是针对"中国威胁论"的具体体现。在他们看来，明治维新后经济的高速发展足以证明一个强大的日本具有可以主宰世界的文化感召力。同时，在近代殖民帝国体系和冷战时期美苏霸权体系下形成的日强中弱的观念已经植根于日本人心中，日本还沉浸在过去日强中弱的美好回忆中，不愿承认也不希望中国崛起，以达到使中国臣服于日本的目的。在这种既认为自身强大、又害怕别人强大的病态心理的作用下，随着中国的崛起，厌华、反华论调在当前危机重重的日本颇有市场也就不足为奇了。而日本政界也借此大肆宣传以天皇为核心的"大和民族优秀论"，目的无非是进一步鼓动民族主义者的情绪，将矛头指向日益强大的中国，进而遏制中国的崛起。

（三）"中国威胁论"是根植于日本内心深处的等级观念的体现

近代以来，在日本的对外战略中，以国家的大小、强弱、贫富为标准的等级秩序观念一直占有特殊的位置。日本人在看待国际关系问题时也如同审视国内问题一样，也是从等级视角出发的。美国人类学家鲁思·本尼迪克特在其代表作《菊与刀》中把日本的等级观念概括为"各得其所，各安其分"，[①] 即每个个体

---

① ［美］鲁思·本尼迪克特著：《菊与刀》，商务印书馆，1996年版，第31页。

（既可以指人，也可以指团体、民族、国家）在家庭、社会、国家和国际社会中都有一个确定位置，个体应该安于这个位置，只要按照等级准则进行生活，生活就会正常有序地运行。因此，日本在与其他国家相处时，缺乏平等相待的心态。从历史上看，中日关系曾出现过中强日弱、中弱日强、中日两强并立三种形态。在 19 世纪日本崛起即明治维新以前，一直是中强日弱，东亚国际体系的政治和文明中心一直是中国，日本处于这个中心的边缘；从日本 1868 年明治维新到 1945 年二战战败再到冷战结束，从相对地位看，一直是中弱日强；从冷战结束后至今，中国抓住和平与发展这一时代主题，加快了经济发展和民族崛起的步伐，中日间两强并立或"强强型"的新格局已开始显现。特别是近几年来，日本经济继续出现衰退，中国经济则持续快速发展，终于在 2011 年中国首次实现 GDP 超越日本而一跃成为世界第二大经济体。当前，尽管两强局面没有打破，但强势逐渐向中国倾斜。在此形势下，作为日本外交战略重要组成部分的对华政策也随之发生变化，这个时期"中国威胁论"的呼声在日本得到了更加广泛传播。可以说，在中国经济远远落后于日本时，日本可以向在其眼里是"等而下之"的中国提供帮助（ODA），可是当中国发展起来了，日本就感到不舒服、不适应了。在中强日弱和中弱日强的两个阶段，即使是在与中国建交之前处于敌对关系时期，日本的"中国威胁论"在日本社会也没有什么市场。可是在中日之间两强并立的新格局出现后，尤其是强势向中国倾斜的时候，危机感极强而等级观念又根深蒂固的日本再也按捺不住内心的烦噪和不安，从而极力制造和传播渲染"中国威胁论"。因此，正是由于这种顽固的等级观念的作祟和影响，日本欲使中国在它所建构的"国际等级结构"中继续停留在"等而下之"的地位，在军事上、政治下处处服从美国的意志，而自己则加强与美国"等而上之"的同盟关系。

（四）"中国威胁论"是日美同盟关系的体现

结盟战略是日本的国策，日美同盟是日本外交的基轴。日本能够相继加入国际货币基金组织、世界银行、关税和贸易总协定等重要的国际性机构，并从战争的废墟上迅速崛起，成为世界性主要经济强国，日美同盟起了重要的作用。因此，日本历届政府不管谁当首相，也不管首相更换多频繁，执政时都要首先强调坚持"以日美同盟关系为基轴"这一基本原则。一些日本政治家和理论家预测，美国"一超独霸"这一国际格局在可预想的未来不会有大的改变。因此，多年来，"美国领导下的和平"已成为日本根深蒂固的国际观，日本将加强与美国的同盟关系、与美国在亚太地区共谋主导权定为日本的国家战略目标。这决定了日本在国际社会如何举动均需奉美国的意愿为圭臬，视美国的需要为根本。日本的目标就是要当"远东的英国"，为实现美国的全球战略摇旗呐喊，同时使日本成为美国领导下的世界和地区发展的主导性国家。因此，从某种意义上说，日本的"中国威胁论"是美国东亚战略的一个音符，也可以说是冷战时期美国在东亚的霸权所带来的对美从属结构的副产物。美国著名战略学者、在卡特政府担任过国家安全事务特别助理的布热津斯基曾提出，"在安全保障上把日本放在美国的保护国位置，期待其承担与正在成为东亚霸权大国的中国谋求势力均衡的作用。"美国哈佛大学教授塞缪尔·亨廷顿在其重要论述《文明的冲突与世界秩序的重建》一书中，在中国文明和日本文明之间划出了"文明的断层线"，他指出，"儒教——伊斯兰教联盟"将与美国进行军事对抗，而孤立文明国家日本将作为平衡装置参与封锁这一令人讨厌的联盟。[①] 这一说法使一直利

---

① ［美］塞缪尔·亨廷顿著：《文明的冲突与世界秩序的重建》，新华出版社，2002年版，第264页。

用美国的日本找到了依据，从而加剧了日本追随美国单边主义的对美一边倒的倾向。所以，日本乘美国脱身中东和西亚，军事战略重心重新转向亚太，需要日本在亚洲分担更多责任之机，向美国示好，大肆宣扬"中国威胁论"，以弥补自身在整体军事实力和外交上还不足与中国抗衡的颓势，继续依靠美国的强权"联美制华"，控制东亚，建立以美日为主导的东亚秩序，以达到其实现政治大国、军事大国的战略目标。

三、日本宣扬"中国威胁论"的战略意图

"中国威胁论"是日本采用的一种战略手段，其战略意图主要有三点：

（一）遏制中国的崛起

日本从战略高度炮制出"中国威胁论"，其主要目的在于遏制、牵制中国，推动其大国战略的实施。具体举措主要有两点。

1. 借助国际力量遏制中国的崛起。日本决策层的一些人认为，"亚太地区当前最大的不稳定因素，当然是无法预测其行动的朝鲜。但从中长期来说，正在向超级大国迈进的中国的动向是日美两国决策者最关心的事情"。冷战后重新定位的日美同盟关系，可以说是日美相互利用、相互借重的产物，符合美国的战略需要。美国也不愿看到中国的强大，威胁到美国在亚太地区的利益，最后动摇其亚太乃至世界霸主的地位。因此，在遏制中国的问题上，日美两国一拍即合。而日本为了避免因中国崛起而使自己在日中关系中处于被动地位：一是采取了既将中国纳入国际协调体系又力图制约中国影响力的方针，这样做可以达到制约中国，避免与中国单独对抗，以及促进日中关系有限度发展的"一石三鸟"的目的；二是联合周边国家，特别是加强与一些同中国有矛盾的国

家之间的关系，其中东南亚国家诸如越南、菲律宾、新加坡等国以及澳大利亚、印度是日本争取和联合的主要对象，竭力勾画包围中国的亚太"自由之弧"。

2. 利用自身的力量遏制中国。一是利用政治经济手段积极插手台湾事务，在台海问题上搅局。从 20 世纪 90 年代开始日台关系由原来基本上局限于经济领域向政治领域发展，政治交往由隐蔽转向公开、由低层转向高层。而 2005 年日美同盟首次公开把干涉台湾问题列为双方的共同战略目标，其主要目的就是阻止中国统一台湾，长期维持台海现状。二是将对华经济援助政治化。冷战后，日本对华经济援助中加重了政治色彩，开始将贷款与中国的人权、军备、核试验等问题挂钩，企图通过"日元贷款牌"影响中国发展进程，掌握中日关系的主导权。而且，近几年来，日本政府内更是不断有人将对华援助同"中国威胁论"联系起来，出现了诸如"援助促使中国增强了军备"、"中国一边接受援助，一边还援助其他国家，想借此扩大影响力"等偏激说法。从对华ODA 援助的变化可以看出日本对华战略的调整：一是剥去 ODA 援助色彩，越发与日本的国家利益挂钩；二是对华经援政治化，从注重经济建设到注重政治建设；三是牵制中国的因素不断增长。

（二）推进政治大国、军事大国战略

日本推进政治大国、军事大国战略的主要措施：一是扩大在亚洲的影响力，力争成为亚洲盟主；二是争取通过修宪解除现行宪法对日本军事发展的制约，调整军事战略方针，加强军事力量；三是争取成为联合国常任理事国。

1. 为成为亚洲盟主造势。冷战后日本通过对日美同盟的重新定位，将日美安保合作范围扩大到整个亚洲地区。同时，通过在诸如人权等诸多敏感问题上表现出与美欧等西方国家不完全相同的立场，开始更多地笼络和争取亚洲国家，试图成为亚洲在国际

事务中的代言人。但近年来随着中国经济的持续快速发展和综合国力的不断强大，中国在亚洲地区的影响力进一步扩大，使日本觉得受到了威胁。因此，"中国威胁论"在日本的大肆宣扬与其争夺亚洲盟主的意图有很大关系。

2. 为实现修宪和大力发展军事力量甚至核武装寻找借口。从中曾根执政时期日本提出"政治大国"战略之初，日本慑于现行宪法的制约和亚洲各国对日本发展军力的警惕，其谋求"政治大国"战略的手段主要通过积极的外交和经济手段来展开。但冷战结束以后，特别是"9·11"事件发生后，随着日本政治大国战略的全面推进，日本政府开始主张应在军事领域发挥更大作用、作出更大的国际贡献，从而引发对其军事战略的主要内容进行了一系列重大调整。可以说，日本借将中国列为重点防卫对象而大肆宣扬"中国威胁论"，其主要目的就是通过修改现行宪法，为"专守防卫"军事战略方针彻底松绑，从而大力发展和增强军事力量，甚至为发展核武装造舆论，为最终实现"政治大国"的战略目标作准备。日本 2012 年 6 月对《原子能基本法》等进行了重新修改，将"原子能有益于我国安全保障"、"利用原子能为国家安全保障作贡献"等字句写入《原子能规制委员会设置法》和《原子能基本法》，试图打开核武装的大门，引起了国内外对日本意图的广泛质疑。有媒体分析指出，日本在《原子能基本法》中新增原子能开发"为保障国家安全作贡献"等内容，为把核用于军事目的扫清了障碍，为日本最终进行"核武装"留下法理依据和伏笔，这其中不乏对朝鲜发展核武器、试射远程导弹的警惕，但其背后更有"中国威胁论"的影响。

随着近年来中国综合国力和军事力量的增强，为了意图牵制中国，从而加快发展自身军备的需求，日本已将"中国威胁论"升级为"中国恐惧论"。日本的一些右翼政客甚至主张："如果要应对拥有核武器和航母的中国，日本只能开发核武器。"2012 年 11

月 20 日，"日本维新会"党首石原慎太郎在驻日外国记者协会发表演讲称，为了确保日本外交的影响力，保持军事威慑力，日本有必要进行核武器方面的研究。战后以来，日本一直依赖于日美同盟和美国提供的核保护伞，但从民主党 2009 年执政后，日美两国围绕普天间基地搬迁问题、贸易协定问题等矛盾频发，尽管安倍重新执政后对日美同盟关系进行了修补，但双方关系已不如前也让日本感到焦虑不安。日本试图进行"核武装"的举动不仅引起了亚洲周边国家的警惕，就连其盟友美国也开始忧虑。有韩国政要曾指出："日本拥有大量的钚，可以制造数千枚核弹头，在两周内就能够进行核武装"、"现在的日本不仅没有充分对过去的侵略行为进行反省，甚至还企图进行核武装"。而且，从 2010 年起，美国不断要求日本归还 331 公斤武器级钚，但日本迟迟不予归还。2014 年 2 月美国政府再次催促日本归还，迫于巨大压力，在 3 月的海牙核安全峰会上，日本终于承诺将囤积多年的核材料归还美国。

（三）转移国内矛盾，保护本国经济

20 世纪 90 年代被日本称为"不景气的失去的十年"，国内产业空心化和就业不足现象开始出现。而随着作为生产据点和消费市场的中国崛起，中国产品开始大批进入日本。在此情形下，政治领域出现明显的右倾化，出现了国家主义威胁议会政治、"文官"无力控制军方等危险征兆，各种不稳定的社会因素开始显现，而丧失社会保障感的日本民众对内寻求精神寄托。与此同时，无论是自民党还是民主党执政，在解决国内问题方面都没有明显进展，内阁支持率持续走低。为扭转这种不利局面，连续几届政府设法转移国民视线，在对外关系上不断采取强硬姿态，来迎合日趋上升的民族情绪，捞取政治资本。如在对待侵略历史、参拜靖国神社、钓鱼岛等问题上，频频挑战二战后形成的国际秩序和中

韩等相关国家的底线。特别是在对华关系上，日本坚持"不惧磨擦"的强硬立场，摆出实力对抗甚至不惜武力介入、兵戎相见的架势来解决钓鱼岛归属、东海海域划界、海洋资源开发等问题，试图通过坚持强硬立场，在同中国进行谈判时获得最大战略利益。

四、日本宣扬"中国威胁论"对中国的主要危害

"中国威胁论"对我国的主要危害体现在以下四个方面：

（一）破坏中日之间的情感基础

自近代以来中日国民间相互排斥的情绪化，近年来随着"中国威胁论"的不断飙升而进一步加剧。长久以来，中日两国政府和人民之间缺乏友好往来的情感基础，中国人和日本人在历史上形成的优劣心理以及造成的历史积怨和感情隔阂更是根深蒂固，至今尚未从根本上得到缓释。特别是近些年，中国的强劲发展和日本的持续萧条，使中日国力日趋均衡化，两国间感情碰撞越发激烈和直接，相互猜疑与日俱增，民众感情更趋恶化。这一点从2004年以来中日两国的历次民意舆论调查中都可看出，彼此间的"反感"或"不亲近"率都超过半数，而且还有日趋增加之势。

（二）导致中日两国战略误解加深

"中国威胁论"导致中日两国政治互信缺失，相互猜疑，战略误解加深，进而使得两国间由于偶发事件引起正面冲突甚至发生军事上擦枪走火事件的危险性持续加大。日本种种伤害中国人民感情的做法，一次次挑战中华民族利益和心理底线的行为，都会激发中国民众的排日、厌日情绪，这反过来又会刺激日本民众的

"反华"倾向，从而形成恶性循环，加大中日两国民族主义情绪之间的尖锐对立。

（三）阻滞中日经济往来

"中国威胁论"会破坏中日经济合作所需要的氛围和平台，使中日间的一些经济合作项目，无法获得两国国内广泛的民意支持。同时，"中国威胁论"必然会导致中日在经济上进行恶性竞争。不仅如此，"中国威胁论"甚至影响到了中日间正常的贸易关系。这从近年来中日间的经济投资增长率和进出口贸易额等方面就可以充分体现。

（四）影响中日在东亚地区的合作

在"中国威胁论"的影响下，中日两国各自同东盟开展有关自由贸易区的研究和磋商，造成了中日相互间猜疑、牵制的"东亚地区主导权竞争"。可以说，中日关系如果不能协调发展，东亚区域合作大目标的实现根本就无从谈起。

第四章

日美安全保障体制的
建立及发展演变

日美安全保障体制（下称"日美安保体制"）是日美合作的基础，是日美同盟关系的核心。坚持日美安保体制，立足与美国的军事合作，是日本防卫政策和军事战略的重要支柱之一。日美安保体制的建立意味着日美军事同盟关系的确立。二战结束以来，随着日本综合国力的迅速提高，日本要求"自主防卫"的呼声日益高涨，同时日本又追随美国，与美国大搞集体防御、共同合作、全球伙伴、军事同盟、联合干预等等。这种同盟关系在冷战时期对于维系日本安全曾经发挥了重要作用，是日本在战后的半个多世纪里得以在和平环境中全力发展经济的重要保证，也是日本获得今天的繁荣与发展的重要因素之一。冷战结束后，日美安保体制经历了短暂的漂流，获得重新定位和并得到进一步加强。因此，日本一直把坚持日美安保体制作为其防卫政策和军事战略的基本点，把日美安保条约作为维系日本安全的法律依据。

日美安保体制的建立始于 20 世纪 50 年代初。1951 年 9 月，为遏制共产主义的威胁，日美两国签订《日美安全保障条约》，从此在"美主日从"的基础上确立了日美军事同盟关系，开启了日美安全保障体制的序幕。1960 年 1 月，日美两国签订了《日美共同合作和安全保障条约》，对原条约的部分内容进行了修改，进一步确立了日美共同防御体制。冷战结束后，由于日美多年所共同面临的头号强敌苏联解体，日本一下子彻底摆脱了处于冷战最前沿"窒息般"的安全压力，持续数十年的安全危局的突变，使日本忽然之间感到茫然无措，日本国内关于日美安保体制有无继续存在下去的必要性展开了激烈论战，日本政府对日美安保合作的前景也表现出飘忽不决，日美同盟关系和安保体制开始处于漂流时期。但出于各自的国家利益考量和军事战略需求，面对新的国际战略格局，日美双方很快就对同盟关系进行了全面调整和重新界定，对日美安全保障合作机制及领域进行了明确和具体规范。1992年1月，日美两国首脑发表了《关于日美全球伙伴关系的东京宣言》，双方一致表示要建立"新型伙伴关系"。1994年8月，日本首相的咨询机构"防卫问题恳谈会"在对日本的安全战略与防卫政策进行全面研讨的基础上，出台改革方案即"94报告"。"94报告"是日本冷战后第一份涉及国家安全战略调整的文件，提出了以加强自身军事力量建设为基础、以多边安全合作为主体的"能动的建设性安全保障战略"。在"94报告"指导下，1995年11月28日，日本防卫省出台了《1996年度以后的防卫计划大纲》，即"95大纲"，在该大纲中再次明确了日美军事同盟关系的基础和核心地位，确认坚持和完善日美安全保障体制的重要性，对加强日本军事力量建设、拓展自卫队职能使命等均提高了明确要求。1996年4月，日本首脑桥本龙太郎与美国总统克林顿共同签署发表了《日美安全保障联合宣言》，重新确认了冷战结束后日美军事同盟的重要性和新的作用。1997年9月，日美两国基于对各自军事战略的调整，发表了新的《日美防卫合作指导方针》，明确了发生"周边事态"时日本对美军所提供的合作事项，使日美安保条约中有关"共同防御"条款的内涵得到了极大的发展和实质性充实。1999年5月28日，日本政府出台《周边事态法案》等新《日美防卫合作指导方针》相关法，明确规定将在日美军事同盟关系的框架下，紧密依靠和充分发挥日美安全保障体制的作用，通过与美军在安保领域的广泛而深入的合作，主动作为，积极介入所谓"周边事态"，从而确保日本周边地区的安全。

进入 21 世纪后，特别是从 2012 年底日本自民党安倍晋三政府重新上台执政后，日本军事上的独立性、自主性不断增强，日本国内以执政党自民党为主的右翼保守政党要求修改和平宪法，鼓吹行使"集体自卫权"，将自卫队升格为国防军，以及争做"正常国家"和"军事大国"、"政治大国"的呼声日趋强烈，日本通过大力增强自身军力寻求国家安全和军事发展独立性、军事行动自主性的意图和愿望愈发显露。尽管如此，但由于国内外诸多方面因素的制约和束缚，以及自身军事实力现况的影响，迫使日本只能从自身长远的战略目标和利益需求出发，目前仍然把维护和发展与美国的紧密联盟关系视为其走向政治大国、军事大国不可或缺的前提，将日美军事同盟和安全合作保障体制作为提高其国际地位、扩大军事行动范围和确保自身安全的可靠保证，也正是在维护与发展日美安全保障体制的过程中，日本从一个被保护国、一个"小伙伴"，逐渐发展成为一个与美国平起平坐的"平等伙伴"，利用日美军事同盟关系、依托日美安全保障体制发展军事力量，向军事强国不断迈进。

第一节　集体防御：《日美安全保障条约》

一、日美集体防御体制产生的主要背景

第二次世界大战结束以后，日本被美国单独占领，其政治、经济均受美国的控制和支配。最初，美国对日本采取"非军事化"、

"民主化"政策，督导日本颁布了"和平宪法"，解除了日本的军事武装，试图彻底铲除日本产生军国主义的根源。但随着战后东西方两大阵营冷战态势的形成，特别是中国革命的胜利和朝鲜战争的爆发，美国为推行对社会主义国家阵营进行遏制的全球战略，开始修正其对日本的"非军事化"、"民主化"政策，转而积极扶持和武装日本，极力推行"变日本为对付共产主义的防波堤"政策，并提出为了美国和整个太平洋地区的安全，美国必须承担起日本的防务，并把日本作为美国在远东遏制苏联和中国等社会主义国家的屏障。而日本在战后百废待兴，急需恢复和发展经济。朝鲜战争的突然爆发，再次使日本感到了巨大的威胁和恐惧。在这种形势下，日本一方面坚持"先经济后军备"的立国思想，另一方面把国家安全问题摆在了首要位置。当时的日本首相吉田茂认为，"作为一切事情的前提来说，最根本的问题就是国家的安全和治安问题，如果没有这个前提，则民主政治的顺利推行、国民经济的蓬勃发展，都将成为空谈"，并指出，"所谓自由和人权，它的根本也是以国家和社会的安全得到保障、秩序得到维持为前提的"。朝鲜战争的爆发，使日本感到"远东地区形势面临着严重危机"，但日本没有武装力量，无法保护自身安全、无力应付外来侵略，因此日本若想生存必须寻求"他国的保护"，而当时的美国无疑成为日本寻求安全庇护的最佳对象和依靠。在此背景下，日美两国从各自的战略利益需要出发，于 1951 年 9 月 8 日在美国旧金山签订了《旧金山和约》和《日美安全保障条约》。

二、《日美安全保障条约》的主要内容

《日美安全保障条约》的签订标志着日美正式结为军事同盟，日本从此成为美国的保护国。由于日本当时是在被美军占领的情况下与美国签订的《日美安全保障条约》，因此条约中的一些条款

在日本看来是不平等的。其主要内容有：

（一）提出了集体防御构想

条约规定："旧金山和约承认作为主权国的日本有权参加集体安全的协定，同时联合国宪章承认一切国家具有单独和集体自卫的自然权利。"在日本武装已被解除的情况下，"为行使这种权利，日本希望美国在日本国内及周围驻扎其武装部队，以防止对日本的武装进攻，作为日本防御的临时办法。"同时，美国"希望日本自己能逐渐增加承担其对直接和间接侵略的自卫责任，经常避免任何可以成为进攻的威胁或不按联合国宪章的宗旨与原则以促进和平与安全的军备扩张。"

（二）规定了美国拥有在日本驻军的权利

条约第一条规定，"在和约和本条约生效之日"，美国"具有在日本国内及周围驻扎美国陆、空、海军之权利"，而且规定"此种军队可用以维持远东的国际和平与安全和日本免受外来武装进攻之安全"，包括根据日本政府的请求，帮助镇压日本国内的大规模暴动和骚乱等。这一条被许多日本民众认为是对日本国家主权和国内事务的干涉，是有辱日本作为独立国家尊严的不平等条款之一。

（三）规定了美国拥有支配日本军事基地的权利

条约第二条规定，未经美国同意，"日本不得将任何基地给予第三国，亦不得将基地上或与基地有关之任何权利、权力、权限，或陆、空、海军驻防、演习或过境之权利给予第三国。"该条也被大多数日本民众认为是对其国家主权和侵犯和践踏。

（四）规定了美军驻扎在日本国内及周围的决定权

条约第三条规定，"美国武装部队驻扎日本国内及周围的条件应由两国政府之间的行政协定来决定。"

综上所述，《日美安全保障条约》是在特定情况下日美双方利益需求的产物，是双方集体防御构想的结果，它确定了日本的不平等地位；同时也反映出日本对美国的依附和把自己的安全和防务全部托付给美国的无奈做法。

三、《日美安全保障条约》的主要特征

从日美安保条约签订背景和内容来看，它有以下几个明显的特征：

（一）该条约是日美共同利益需求的产物

美国认为，要推行对社会主义国家的"包围遏制"战略，日本对美国的作用十分巨大，其安全理应受到美国的保护。1949 年 12 月，美国国家安全委员会先后制定了 NSC 第 48/1 号和 NSC48/2 号文件，主要内容包括：

1. 美国目前的基本战略应该是"在西方搞战略进攻，在东方搞战略防御"。为了把主要力量投入到西方，美国除了要在亚洲地区培养力量外，还必须"保持便于控制亚洲沿海和海外交通线的战略地位"，而这种战略防守的第一道防线"应包括日本、琉球群岛和菲律宾"。这第一道防线也就是通常所称的"一线岛链"。这样，日本就被摆在了美国在远东"遏制"苏联和中国等社会主义国家的前沿阵地上。

2. 提出了所谓亚洲"多米诺理论"，即如果日本倒向苏联阵营，印度、巴基斯坦及东南亚都会"被共产主义席卷"。而日本是

东亚"多米诺"的最后王牌，美国必须在政治上防止日本倒向苏联阵营，在经济上使之自立和复兴，在军事上正式明确其作为美国战略防卫线重要一翼的地位。当时美国联合战略调查委员会在评价日本的作用时也指出："日本是能够在远东遏制我们意识形态上的敌人的大规模武装力量的唯一国家。"而日本认为，日美集体防御体制的出现是一个历史的必然，它"既不是由于日本方面的特别恳求，也不是美国单方面强加于人的作法，而是作为太平洋防御战略的一环，日本也参加对共产主义侵略的共同防御。这个体制就是基于日美两国的这种共同利害而产生的。对缺乏作战能力的日本来说，这是一个舍此而别无他策的国防体制，同时对美国来说，也是最好的保卫太平洋的策略"。

（二）该条约是集体防御安全构想的结果

联合国宪章所提出的"集体防御"概念是指两个以上利益一致的国家，根据集体自卫的原则联合进行的防御，是旨在维护国际和平，防止和消除对和平的威胁并制止侵略行动的国际合作。联合国宪章第五十一条承认个别和集体自卫权的存在，承认当一个国家受到侵略时，在联合国安理会未采取措施之前，被侵略国家有权根据集体自卫权的原则行使集体自卫。而日美双方从各自的战略需要出发，也提出了集体防御设想，并极力标榜自己在行使"集体自卫"权力。1950 年，美国国务卿杜勒斯提出了美对日安全构想的基本轮廓："对付间接侵略是日本的主要责任，对付直接侵略可采取集团防御的办法。在联合国未能发挥集体安全作用之前，只能依靠地区性的安全措施。如果日本提出要求，美国可以在日本国内或周边驻扎美军。"1951 年 4 月，杜勒斯又发表演说指出，"集体安全制度是通向和平的道路"，"联合国宪章承认各国都有个别的、集体的自卫权，认为为了防止和清除和平的威胁，需要采有效的、集体的安全措施"。日本首相吉田茂也认为集体防御是最好的防御形式。他指出，"共同防御是世界上的共同观念"，"在今天，世界上任何国家都不能单靠自己的力量来保卫自己。即使是美国，共同防御也是国防上的主要观念"。他认为，日本的现实情况是，既不能大规模扩充军备，也不能搞武装中立。因此，与美国建立共同防御机制，依靠美国的军事力量来保障国家安全，是日本能够选择的唯一道路。吉田茂与杜勒斯的集体防御构想最终导致了这一条约的签订。

（三）该条约实际上是一个不平等条约

该条约是在日本被占领的条件下签订的，在日本看来，这是一个"不平等条约"。其理由有二：一是条约虽然规定了美国有在日本驻军和使用军事基地的权利，但却没有明确美国有保卫日本的义务，只是在第一条中使用了驻日美军可用以保卫日本的模糊用语；二是条约规定了驻日美军可用以镇压日本国内的大规模暴动和骚乱以及未经美国"事先同意"，日本不得向第三国提供基地等内容，从而"限制"了日本的自主权，"损害"了日本的国家主权，使日本在获得独立后，又重新陷入半独立、半被占领状态。因此，这一条约遭到了日本国内各界人士的普遍反对，甚至保守党内的大多数人也指责吉田茂搞集体防御，在军事上过分依赖美国，必定会造成在政治、经济各个方面对美国的依赖，影响日本的独立国家地位。对此，吉田茂明确承认，"拥有强大武力的美国同已被剥夺军备的日本是不可能平等的"，"这是集体防卫思想的产物"，"日本没有军事力量，只能选择这样一种国防体制"。

（四）该条约为日本扩充军备提供了合法依据

1950 年 6 月，美国发动朝鲜战争，驻日美军主力部队赴朝参战。为填补在日本的"力量真空"，1950 年 7 月 8 日，美国占领军司令麦克阿瑟指令日本政府在 50 天内组建一支 7.5 万人的警察预备队，并增加 8000 人的海上保安人员，为日本重建军事力量奠定了基础。1951 年 9 月签订的《日美安全保障条约》规定，日本要"逐渐增加承担其对直接和间接侵略的自卫责任"，实际上是在法律上明确了日本承担扩充军备的义务。美国在侵朝战争中的失利加快了武装日本的步伐。按照对美国的承诺，1952 年 4 月，日本组建海上警备队，人员 7600 人、舰艇 2.6 万吨。8 月 1 日成立保安厅。10 月 15 日，警察预备队改称保安队，隶属于保安厅，人员由 7.5 万人增加到了 11 万人。按照吉田茂的说法，成立保安队的目的是"建设新国军"，"保安队是建设新国军的基础"。同年 10 月，海上警备队划归保安厅。1954 年 6 月 2 日，日本政府颁布了《防卫厅设置法》和《自卫队法》，同年 7 月 1 日，保安厅改称防卫厅，保安队改称陆上自卫队，海上警备队改称海上自卫队，与此同时，新成立了航空自卫队，并设置统合幕僚会议（参谋长联席会议）。至此，日本以"自卫队"的名义正式重建了武装力量。这样，战后日本的"新国军"——自卫队便宣告正式成立，并由此开始逐步实施扩充军备计划。

总之，《日美安全保障条约》的签订标志着日美安保体制的正式确立。从此，日美建立起了共同防御机制，日本作为美国的保护国被纳入到美国的全球和远东战略之中，成为美国在亚洲同苏联等社会主义国家进行对抗的前沿基地。

第二节　共同合作：《日美共同合作和安全保障条约》

一、日美共同合作体制产生的主要背景

由于《日美安全保障条约》对日本来说是不平等条约，因此在

日本国内引起了强烈反响。一些政党及民间人士对吉田政府提出了强烈批评，要求将"片面"的条约修改为"对等的相互防御协定"，日本人民也掀起了轰轰烈烈的"反基地"、"反安保"斗争。同时，在朝鲜战争"特需"的刺激下，日本经济在 20 世纪 50 年代得以迅速恢复和发展，综合国力的充实和增强，使日本人的自信心提高，独立自主意识不断增强，"在防卫上发挥自主性"的呼声日趋强烈。到 50 年代末，要求改变日美不平等关系已成为日本全民族的共同愿望。在美国方面，由于朝鲜战争爆发后，美国推行"大规模报复战略"，收缩了驻日常规兵力，为了同苏联进行对抗，亦要求日本在防务上做出努力，逐步增强其军事实力，以改变以往单纯依赖美国保护的状况，实现美国的战略企图。在此背景下，两国于 1960 年 1 月 19 日在美国华盛顿签订了《日美共同合作和安全保障条约》（下称"新条约"），同时宣布 1951 年 9 月签订的《日美安全保障条约》（下称"旧条约"）作废。新安保条约的签订，标志着日本的防务从单纯依赖美国的保护转为日美共同承担，从而形成了日美共同承担日本防务的局面。

二、新条约较之旧条约的明显变化

1960 年重新签订的《日美共同合作和安全保障条约》象征着日美平等的军事合作关系开始建立。但是，一方面该条约依然只是原则性地规定了美国对日本的防卫义务，除了于 1960 年设置的日美安全保障协商会议之外，两国并未就出现紧急事态时如何行动达成一致。另一方面，国际形势也发生了变化。美国由于到处出击而感到力不从心，而苏联的军事力量得到了很大的加强，日本对此深感不安。为此，日本采取了两项措施：一是加强本国的军事力量；二是具体落实日美安全保障条约，以谋求该条约的有效性。1975 年 8 月，日本防卫厅长官坂田道太与美国国防部长施莱辛格会谈时，就两国军事首脑每年举行一次会谈达成了协议，还同意就日美防卫合作的各种问题进行具体研究。1976 年 7 月，在第 16 届日美安全保障协商会议上，日美两国成立了由双方军事首脑参加的"防卫合作小组委员会"，下设作战、情报和后方支援三个机构，从而在体制上保证了日美军事合作的顺利发展。"防卫合作小组委员会"成立后，日美两国先就"日本遭受武力攻击时的各种问题（日本有事）"，后又就"日本以外的远东事态对日本的安全发生重大影响时（远东有事）"进行了研究和协商，并于 1978 年将研究成果以《日美防卫合作指导方针》的形式予以发表。1979 年 11 月 27 日，该指针在第 17 届日美安全保障协商会议，以及日本国防会议、内阁会议上获得批准。《日美共同合作和安全保障条约》的签订，改变了日本从属美国的地位，使日本从"一个被别人保护的国家变成一个与别国共同保卫的国家"，也为日本加强扩充军备提供了"合理"的依据。新条约与旧条约相比，出现了几个比较明显的变化：

（一）新条约规定了日本承担扩充军备的义务

条约第三条规定，"缔约国将单独以及相互合作，通过继续不断的和有效的自助和互助，在遵循各自宪法规定的条件下来维持并且发展它们抵抗进攻的能力。"这里所说的"自助和互助"，不言而喻是指日本自身做出的努力，在美国的援助下扩大日本的军事力量，这为美国敦促和扶持日本扩充军备提供了合法依据。

（二）新条约规定了双方在日本受到威胁时所采取的措施

条约第四条规定，"缔约国将随时就本条约的执行问题进行协商，并且将在日本的安全或远东的国际和平与安全受到威胁时，应任何一方的请求进行协商。"这里所说的"协商"涵盖面很广，不仅包括本条款所规定的内容，据称还包括旧条约中规定的驻日美军可用来镇压日本内乱的内容。即条约虽然删除了"内乱条款",但其内容却暗含在本条款之中。

(三) 新条约规定了双方采取行动的范围

条约第五条规定,"缔约国的每一方都认识到:对在日本管理下的领土上的任何一方所发动的武装进攻都会危及本国的和平与安全,并且宣布它将按照自己的宪法规定和程序采取行动以应付共同的危险。任何这种武装进攻和因此而采取的一切措施,都必须按照联合国宪章第五十一条的规定立刻报告联合国安全理事会。在安理会采取了为恢复和维持国际和平与安全所必需的措施时,必须停止采取上述措施。"旧条约中没有明确规定美国有保卫日本的义务,而新条约则对此作了上述明确规定。此外,本条还明确了日美采取共同行动的范围是"日本管理下的领土",从而对日本向"海外派兵作战"施加了限制,但也为美军未来可能介入中日钓鱼岛之争埋下了伏笔。

(四) 新条约再次规定了美国在日本驻军并使用其军事基地和设施的权利

条约第六条规定,"为了对日本的安全以及对维持远东的国际和平与安全做出贡献,美国的陆军、空军和海军被允许使用在日本的设施和区域。"新条约删去了旧条约中的"第三国"条款,在文字上也作了不少修改,从而提高了日本的自主性,但条约规定的美国长期在日本驻军和使用日本基地的原则没有任何改变。

(五) 新条约规定了条约的期限

条约第十条规定,"在条约生效十年以后,缔约国的任何一方都可以把它想要废除本条约的意图通知另一方,在那种情况下,本条约在上述通知发生以后一年即告失效。"

二、新条约的主要特征

从以上的新变化中可以看出，《日美共同合作和安全保障条约》基本上满足了日本的要求。从新条约的内容来看，有以下几个明显的特征：

（一）新条约提高了日本的自主性

新条约删除了旧条约中的有关美国可以出兵镇压日本国内的大规模暴动和骚乱、日本未经美国允许不得向任何第三国提供基地或允许第三国军队通过等不平等条款。同时规定美军在日本部署、运进武装以及为展开作战行动而使用日本的设施、区域须事先征得日本政府的同意。从而增加了日本的独立性，提高了日本独立国家的形象。

（二）新条约提高了日美相互间的平等性

新条约明确了两国的合作关系以相互尊重主权平等为基础，由此结成的军事同盟已不再是"保护人"和"被保护人"的关系，从而使日本在日美同盟关系中由以往的从属地位上升为平等伙伴地位，"由一个受保护的国家变成了一个与人共同防卫的国家"。尽管在新条约缔结时，日本仍需仰仗美国的军事力量来保卫自己的安全，但"平等伙伴"关系是建立在日本的经济力量已显著增强、日本承诺要承担更多防务的基础之上的。因此，这种关系的确立，将促使日本加快发展军事力量。

（三）新条约扩展了两国合作的范围

新条约要求两国的合作范围不仅限于军事领域，还要向政治、经济、科学、文化等各个领域扩展。条约缔结的第二年，池田首相访问美国，与美国总统肯尼迪达成协议，成立"有关贸易和经济问题的部长级日美联合委员会"，以实现新条约第二条规定的日美两国在国际经济政策方面步调一致并加强经济合作的目的。另外，为加强"两国间在教育、文化和科学领域进行广泛的合作"，双方还一致同意设立扩大两国在文化和教育方面合作的委员会和探求促进日美科学合作途径的委员会。

新条约进一步密切了日美军事同盟关系，使两国在军事领域的合作"进入了一个新阶段"。日本的舆论界认为，日美新安保条约的缔结，"等于把日本绑在了美国的战车上"。

三、引发日本军事战略和日美军事合作内容的新变化

从军事战略角度加以分析，我们可以看出，新条约签订以后，日本的军事战略和日美军事合作内容发生了几个重要变化：

（一）确立了"日美共同防卫"战略

新条约强调，当日本的安全受到威胁时，双方应通过"协商"采取行动，"以应付共同的危险"。根据这一条款，日本从此"由一个受保护的国家变成了一个与人共同防卫的国家"，在防务问题上对美国的依赖程度逐渐减小。此后，日本与美国确定的战时任务分工是：打核战争依靠美国；打常规战争时，战略进攻依靠美国，战略短期防御作战依靠自己；打大规模战争依靠美国，打中小规模战争依靠自己。

（二）扩大了日美联合行动的范围

新条约多次提到"远东的国际和平与安全"，而且规定，"当

远东的国际和平与安全受到威胁时"，双方"随时进行协商"。这里所说的远东，按照日本政府发表的"统一见解"，主要是指"菲律宾以北，日本及其周边地区，包括朝鲜半岛及台湾地区、竹岛及北方齿舞、色丹、国后和择捉四岛"。这意味着，当上述地区的"和平与安全一旦受到威胁时"，日美双方"随时进行协商"。至于协商内容，迄今未作任何解释。但从 20 世纪 60 年代相继出台的"三矢"、"奔牛"和"飞龙"等三个日美联合作战计划来看，大致可以反映出"协商"的内容主要包括日本允许美军使用日本的军事基地和设施、日本对美军的军事行动提供各种后勤支援和保障等。

（三）明确了对手，强调以中、朝为敌，逐步扩充军事实力

20 世纪 50 年代，日本追随美国，强调"共产主义对日本的威胁"，主要是以苏联为假想敌。20 世纪 60 年代前半期，美国在远东推行"遏制中国，牵制苏联"的战略，发动了侵略战争，而苏联也缓和了对日关系。在此背景下，日本的主要作战对象由重视苏联转为重视中国、朝鲜。1962 年 12 月，日本代表在日美贸易经济委员会上扬言，"继古巴事件之后，东西方较量的地点不是柏林，而是东亚，对手不是苏联，而是中国"。1964 年，日本媒体称"共产党中国拥有核武器，将使核战争爆发的可能性增加。"当时的日本首相佐藤荣作也宣称，中国实行核武装，"使日本安全受到威胁"。20 世纪 60 年代前半期，日本与美国制定的"三矢"、"奔牛"和"飞龙"等三个联合作战计划，都是以中、朝为主要作战对象。同时，在日本陆、海、空三自卫队举行的演习中，以中、朝为假想敌的演习和训练的次数也在增加。

综上所述，《日美共同合作和安全保障条约》删除了旧条约中"损害"日本主权的一部分内容，提高了日本的"自主性"及日美间的"平等性"，并通过将原有的不平等条约，修改为"对等的共

同防御条约"，确立了"日美共同防御体制"，从而使日本与美国共同承担起日本的防务，日本的军事战略在提法上也修改为日美"共同防卫"，目的在于适当体现日本与美国的平等关系。虽然新条约进一步密切了日美同盟关系，但应看到，条约中仍含有一些有损日本主权的条款。日本在安全等各个方面对美国的依赖程度依然很大，它仍未摆脱日美同盟关系中的"小伙伴"、"小兄弟"地位。

第三节　全球伙伴:《日美全球伙伴关系宣言》

一、日美全球伙伴关系提出的主要背景

随着冷战结束，两极结构瓦解，世界格局发生了深刻变化。为使自己能在未来的战略格局中处于有利地位，西方各国纷纷调整其国防政策和军事战略。日本也提出了新的国家战略，即摆脱"中小国家外交意识"，开展"大国外交"，积极参与"构筑国际新秩序，在 21 世纪中叶前建成一个新的日本，成为世界一流的强国"。在这一战略目标的指导下，在苏联解体、日美安保体制失去存在基础的形势下，日本依然强调要继续坚持和加强日美安保体制，以达到借助美国的力量来实现其政治大国和确保自身安全的目的。在冷战结束后的 1991 年，日本发表的《防卫白皮书》明确指出:"日美安全合作体制对我国的生存和繁荣是不可缺乏的"，"今后继续维持日美安全合作体制是日本的基本国策"。日方认为，在新的国际形势下，亚太局势正朝着动荡和不明确的方向发展，日美安保体制仍然是维护日本自身安全的最佳选择。对此，美方也有相当的共识。1991 年 3 月，美太平洋地区司令基尔斯上将指

出，"亚太地区的未来将是这样一种情况：威胁有所减少，但可预测性也在减少，对稳定的依赖比任何时候都要大"。1991 年 11 月 11 日，美国国务卿贝克访日，两国就冷战后扩大相互合作的范围达成了一致。贝克提出日美要"携手共建新秩序"，并督促日本在联合国维和行动、朝鲜半岛和平进程、推进民主制度和支持自由贸易体制等重大国际问题上超越"支票外交"。这一倡议得到了日方的积极回应。1992 年 1 月 6 日，美国总统布什访日，强调"日美安全保障同盟是健全的"，并与日本首相宫泽喜一共同发表了旨在指导两国未来关系的《日美全球伙伴关系宣言》。

二、《日美全球伙伴关系宣言》的主要内容

在《日美全球伙伴关系宣言》中，日美双方重申 1960 年签署的《日美共同合作和安全保障条约》，作为日美同盟的核心必须坚持，明确提出两国"负有建设新时代的特别责任"，宣布两国要构筑"平等的全球伙伴关系"。从宣言的内容来看，日美同盟关系又得到新的加强。

（一）关于日美合作关系

宣言称，"经过 50 年前那种悲惨的战争后，日本及美国在政治上、安全保障、经济、科学文化领域发展了一种高度重视生产、给两国带来利益的紧密的合作关系"。这种合作关系以"政治和经济自由、民主、法律统治及尊重人权这些相同的各种原则"为基础，"克服了冷战时期的困难，在过去 40 年里为促进世界的稳定与繁荣做出了重大的贡献"。两国认为，在冷战后的今天，"日美关系正面临着新的政治和经济方面的课题，经济问题变得更加明显"。两国为了能够充分合作，将问题的的焦点"对准贸易和投资关系"，并决定"把采取有效的措施放在最优先的位置"。两国认

为，这种合作关系"给两国社会带来了好处，并发誓要在这个基础上建立更加密切的伙伴关系"，要"承担建立新时代的特别责任"。

（二）关于全球伙伴关系

宣言称，日美决心"在全球伙伴关系之下携手并肩，共同帮助建立公正、和平、繁荣的世界，并将此作为 21 世纪的课题"。两国认为，"日美同盟关系是全球伙伴关系的基础。两国共同发誓要为维持世界和平与安全而努力，促进世界经济的发展，支持向民主化及市场经济转变的世界潮流，并把这些作为超越国界的新课题"。对此，为"加强关贸总协定的多边贸易体制、进一步搞活联合国机构、促进军备管理和不扩散大规模杀伤性武器、为保护和改善地球环境"，两国将进行合作。合作的范围包括以下三个方面：一是日美两国作为亚太国家，"在尊重该地区多样性的同时，要促进该地区的繁荣，缓和紧张局势，促进该地区的政治合作"，而亚太经合组织是"促进市场开放、维持充满活力的经济增长、促进该地区建立政治合作关系的场所"。二是"在特别关注对向民主及市场经济转移的各国"提供援助的同时，"也将扩大中东、中南美、非洲及包括欧洲在内的世界其他地区的合作范围。并为促进发展中国家的增长与稳定、缩小发达国家与发展中国家之间的发展差距做贡献"。三是"为了促进尊重各种民主价值观及人权，为了有助于解决包括环境变化、难民、毒品、疾病及高龄化问题在内的全球范围的各种问题"，在"对发展中国家的经济援助计划方面"加强合作。在经济方面，两国认为"两国经济具有严重的相互依赖性"，有必要更加紧密地进行合作，进一步"开放两国的商业和投资市场，抵制保护主义"，"加强两国产业间的交流与合作"。

（三）关于政治和安保关系

两国再次确认，1960年签署的《日美共同合作和安全保障条约》，作为日美同盟关系的主要内容必须坚持。建立在全球性合作关系下的这种同盟关系，是"为了确保世界的和平与稳定而各自发挥作用和承担自己责任、相互协助之上的政治基础"。为"保持和提高相互间的信赖"，日美"为了缓和东亚紧张局势和不稳定，在冷战后的情况下构筑地区间的政治合作关系，将和其他国家一起紧密地开展活动"。同时，"为维护这个地区的和平与稳定，美国将继续保持所需的美军前沿力量。"而日本则根据安保条约"继续向美军提供日本国内的设施和地区"。此外，日美两国还成了一个共识："两国将为扩大自卫队和美军之间的合作，促进双方防卫技术交流而采取措施。为了综合考虑安全保障关系，两国将充分利用已改组的日美安全协商委员会。"

（四）加强科学技术合作

宣言称，日美两国在科学技术和技术开发领域起着领导世界的作用，"为了两国以及人类社会的利益"，两国要"加强包括基础研究在内的科学技术的合作"，"加强有关地球环境问题的研究"。

（五）加强相互理解和交流

宣言称，"要永远保持全球性合作关系"，两国民间的意识和相互理解的沟通是必不可少的。为了促进相互理解，双方将"努力开展语言教育、知识交流、教育交流和地区社会方面的事业"。

综上所述，宣言阐述了日美合作的历史意义和重要作用，确立了冷战结束后要构筑全球性伙伴关系并在各个领域开展合作的原则。

三、《日美全球伙伴关系宣言》的主要特点

宣言呈现出以下几个特点：

（一）宣言是日美战略利益共同需求的产物

日本认为，没有资源的日本要保持其经济大国地位，就必须坚持"贸易立国"政策。对日本来说，最重要的一是资源，特别是能源，它关系到日本的生死存亡，但日本所需的重要原材料几乎全部是通过海路进口的；二是市场，占日本出口 1/3 的美国市场是不可缺少的；三是和平的国际环境；四是美国对日本的"安全保证"。日本要谋取政治大国地位，需要借助美国的力量，离不开日美同盟这个不可或缺的前提和基础。另一方面，美国从自身战略利益出发，也必须同日本维持密切关系。因为美国要想在亚太地区发挥主导作用，进而称霸亚太地区，仅靠自身力量是不够的，而日本拥有仅次于美国的经济实力，美国只要拉住日本就有利于实现美国的战略目的。同时，为了防止经济大国日本走军事大国的道路，成为美国的"战略竞争对手"，美国也需要同日本保持密切关系。美国认为，日美安保条约的主要作用是遏止亚太地区的"不稳定因素"；同时，在某种程度上也有对日本进行控制的意图。因此，日美两国为了共同的战略利益都希望能增强相互信赖，减少矛盾磨擦，致力于建立一种新型的更为密切的伙伴关系，为未来两国合作关系的发展奠定坚实的基础，从而相互利用，相互依赖，实现各自的战略目标。

（二）宣言反映出冷战后美对日政策调整的基本思想

美国舆论认为，冷战的结束为美国历史性地改变对日政策提供了一个机会，需要大量注入新的思想。美国阿斯彭战略小组提出，

"新的对日战略"必须包括四个重要方面：一是必须以明确的美国国家利益概念为基础，兼顾两国的共同利益；二是必须把经济利益同安全利益结合起来；三是必须从国内和国际的机构中表现出来；四是必须立足于长远战略。该小组认为，新战略必须承认"在新的世界秩序中经济对于国家安全的重要性"，在积极主动地建立地区安全结构的同时，美国要为长期介入亚洲经济而不断努力。美国应该力求把日本置于促进两国经济和安全密切合作的网络之中，让日本在联合国、在管理世界经济中发挥更大的作用，"以此来解决日本上升到大国地位的问题"。该小组中有人认为，站在历史的大视角来看，美国支持日本获得国际地位，有助于日本国内亲美势力得势，有助于美国获得日本在人员和资金方面的帮助，有助于日本增强在非军事方面的力量。美国最大的弱点是"实施其世界战略的资金不足"，而作为经济强国的日本却拥有弥补美国这一缺陷的经济实力。美国要发挥领导作用，必须取得日本的支持与合作。随着世界形势的发展，美国只有确认日本的重要地位，并与之建立起一种新型的"全球伙伴关系"，在政治、安全、经济和科学技术等领域广泛开展合作，才能更有效地维护美国的战略利益。

（三）宣言反映出日本在日美同盟关系中地位的上升

出于战败国的历史原因，日本在日美同盟关系中一直处于从属地位。但随着经济实力的增强和美国实力的相对减弱，日本在同盟关系中地位不断上升。进入 20 世纪 80 年代以后，日本提出要从"被保护的受益者"转变为"积极贡献者"，保证要承担保卫 1000 海里生命线的任务。20 世纪 80 年代后半期，日本政府又有人提出"日本要成为一艘不沉的航空母舰"，表明日本要在美国全球战略中承担更多的责任。对此，日美两国首脑对日美关系的评价也不断提高。自 1975 年日本参加西方七国首脑会议后，美国宣布日美之间已是"平等的伙伴关系"。1980 年 5 月，双方在铃木首相访美时发表的联合声明中称，日美两国是"同盟关系"。1983 年 1 月，中曾根首相访美时宣称，日美两国是"命运共同体"。1988 年 1 月，竹下登首相访美时宣称，日美两国对世界负有重大责任，两国要结成"全球性伙伴关系"。1990 年 5 月，当时的日本外务次官栗山尚一撰文指出：在日美经济实力差距日益缩小的今天，"日本单方面依赖美国的时代已经过去，日美作为两大先进民主国家，同欧洲一起处于共同分担世界和平和繁荣的位置上"。在他看来，随着日美经济实力对比的变化，日美关系已从保护和被保护的关系发展为"对等的伙伴关系"，因而他强调，在新形势下，"需要重新认识日美同盟在今天所具有的重要意义"。在这样一种背景下，《日美全球伙伴关系宣言》根据日美两国各自的需要适时地出台了。宣言强调，日美要"承担建立新时代的特别责任"，要"建立更加密切的伙伴关系"，"要为维持世界的和平与安全而努力"。这标志着日美关系正向新型的"平等伙伴关系"转化，美国也希望日本在亚太乃至世界范围内发挥更大的作用。

（四）宣言反映出日本谋求政治大国的欲望更加强烈

作为世界第二经济大国的日本，自 20 世纪 80 年代中期前后提出要成为政治大国的战略目标后，随着经济实力的不断增强，走向政治大国的步伐加快，日本希望尽快改变其经济大国、政治小国、军事弱国的状况，在国际事务中发挥重要作用。1990 年 1 月，海部首相在致布什总统的亲笔信中提出，应该以日、美、欧为主导建立国际新秩序。随之而来的海湾战争又为日本谋求政治大国的欲望带来强烈的刺激。1991 年 1 月，栗山尚一前外务次官在题为《肩负大国责任的日本》的讲话中指出："海湾战争表明，美国要依靠自己的力量来发挥世界警察的作用已不可能，它必须向其他国家请求分担必要的代价。日本过去较好地适应了以美国为中心的国际政治和经济秩序，现在不能把建立国际秩序的责任交给别人。"日本官方人士也认为，日本要做"国际贡献"的视野要更开阔，应走出"对美贡献"的桎梏，以政治大国的姿态作出自己的判断。为此，在美国外交重心向亚太地区倾斜的同时，日本也要把外交重点转向亚太，加强在亚太的地位，与美国争夺亚太市场及亚太地区的经济和政治主导权。1992 年 6 月，日本国会又强行通过了《联合国维持和平行动合作法案》（PKO），突破了宪法的"禁区"，为日本向海外派兵铺平了道路。随着日本政府的大力宣传，争当世界政治大国已逐步成为日本国民的共识，一个经济上强大、政治上不断追求参与构筑国际新秩序的日本已出现在国际舞台上。

综上所述，宣言高度评价了日美同盟关系的历史作用，确立了一种新型的全球伙伴关系。它标志着美国在日美同盟关系中唱主角的时代已经过去，两国关系正在向"新型的伙伴关系"转化。宣言的发表，加强了冷战结束后的日美同盟关系，有助于减少双方的矛盾与冲突，同时将对冷战后日美同盟关系的调整起到指导作用。

第四节　新军事同盟：《日美安全保障联合宣言》

一、《日美安全保障联合宣言》出台的主要背景

苏联解体，冷战结束，日美面临的"共同威胁"随之消失了。按道理，日美军事同盟也就失去了存在和发展的基础。冷战结束后，日美军事同盟还要不要坚持和发展，这已成为日美两国共同

面临的课题。围绕这一问题，日本国内曾出现过激烈争论。经过反复论证，日本军方认为，进入 20 世纪 90 年代以后，随着苏联的解体，美国成为世界上唯一的超级大国，在可预测的将来，世界上没有任何一个国家能够取代美国的地位和作用，日本需要美国在亚洲保持它的军事存在，以维持这一地区的力量均衡和地区稳定。因此，为"增进日美业已构筑的紧密合作关系"、"建立在平时及日本受到武力进攻和发生周边事态时能够实施更加有效、更加可靠的日美合作"，有必要对两国军事合作的发展方向重新进行评估。日本军方得出的结论是，"这一地区依然存在着不稳定和不确定的因素"，为了抑制在这一地区的纠纷，美军在冷战后的作用增大了。日本政府对冷战后的日美安保体制也做了更为深入的思考，认为"尽管东西方冷战已经结束，但国际社会仍然存在着许多不坚实的因素。在这种情况下，如果日本坚持无核三原则、保持最小限度的防卫能力的政策，那么美国基于日美安保体制下的抑制力量，对于今后日本享受和平与繁荣就是必需的。日美安保体制作为确保亚太地区稳定的美国的存在具有重要意义。日美安保体制还会对日本产生不会成为对他国构成威胁的军事大国这种基本立场的信任效果"。[①] 1995 年 5 月，日本防卫厅对日美安全保障体制做了新的解释，认为日美安全保障体制今后能够在以下三个方面继续发挥它的作用：一是确保日本安全，防止核扩散，进行核遏制；二是确保亚太地区安全，在该地区发生紧急事态时，保障美军参与和显示军事力量存在；三是确保国际安全，支持美国维持世界稳定。由此可见，在冷战结束后的 20 世纪 90 年代，乃至更长远的时期，日本还要继续坚持日美军事同盟，把它作为日本防卫政策的重要支柱之一和其军事战略的重要组成部分。

---

① 日本外务省编：《外交蓝皮书》，第 37 号，大藏省印书局，1994 年，第 58 页。

从美国方面来看，冷战结束后，亚太地区各政治力量分化组合，经济竞争日趋激烈，对美国全球战略的推进产生愈来愈大的影响。其中，中国的"迅速崛起"是美亚太战略面临的重大课题；日本越来越明显的"脱美入亚"战略，也在动摇着日美同盟关系的发展；东盟的势力和影响力的扩大，以及朝鲜半岛局势都对美国的亚太战略提出了挑战。亚太地区这种政治多极化的发展趋势，迫使美国调整其亚太战略。美国认识到，只有加强与日本的政治和军事合作关系，才能实现其"保持亚太力量均衡增长"、维护美国全球和亚太利益的战略目标。为此，日美两国就冷战后日美安保体制的意义和作用进行了密切协商。此后，美国政府于1995年2月发表了题为《美国东亚太平洋地区的安全保障战略》的报告，再次确认，美国将继续在亚太地区保持10万兵力的"前沿部署"，进一步密切与日本的军事合作关系。

日美双方还认为，在新的历史时期和新的形势下，日美安全保障体制还是两国在政治、经济、社会等广泛领域密切合作的基础。它的性质和作用可以由"对付苏联威胁"转换到"稳定地区局势"上来。由于日美各自利益的需要以及双方达成的共识，1996年4月17日，美国总统克林顿访问日本，重点就美日安全合作问题与日本首相桥本龙太郎举行首脑会谈，之后发表了《日美安全保障联合宣言》。

二、《日美安全保障联合宣言》的主要内容

《日美安全保障联合宣言》再次确认，以日美安保条约为基础的日美同盟关系是面向21世纪保持亚太安全与繁荣的基础。从联合宣言的内容来看，日美双方重新确认了冷战结束后日美军事同盟的重要性和新的作用。

（一）关于冷战时期日美安保体制的作用

联合宣言称，"在冷战时期，日本与美国之间牢固的同盟关系，对确保亚太地区的和平与安全发挥了作用。作为这一地区经济发展的坚实基础，两国的同盟关系将继续发挥作用"。双方认为，由于两国政府付出的努力以及两国人民作出的贡献，日美安保体制才得以发挥有效的作用。对此，宣言对两国人民作出的贡献表示深深的谢意。双方确认，"日美间的合作基础仍然很牢固，在21世纪继续保持这种伙伴关系是十分重要的"。

（二）关于地区安全形势

联合宣言称，"冷战结束以来，爆发世界规模武装冲突的可能性已经减小"，"亚太地区已成为当今世界最具活力的地区"。但"在这一地区依然存在不稳定和不确定的因素。朝鲜半岛的紧张局势仍在持续，包括核武器在内的军事力量依然大量存在，悬而未决的领土问题、潜在的地区争端、大规模毁伤性武器及其运载工具的扩散，都是导致这一地区不稳定的因素"。

（三）关于日美同盟关系与日美安保条约

双方认为，以日美安保条约为基础的日美双边关系将"继续成为维持面向21世纪的亚太地区稳定与繁荣的基础"。双方在宣言中又重新确认了以下事项：一是保卫日本最有效的框架是，以自卫队切实的防卫能力和日美安保体制联合发挥作用为基础的日美双边密切的防卫合作。美国基于日美安保条约所发挥的遏制作用将依然是日本安全保障的基础。二是在目前的安全保障形势下，"美国继续保持其军事存在对于维护亚太地区的和平与稳定是不可或缺的。日美安全保障关系是维系美国在这一地区具有积极意义的参与的极其重要的支柱之一"。美国对保卫日本及维护亚太地区的和平与稳定再次作出承诺，美国为履行所作出的承诺，包括驻日美军在内，有必要在亚太地区保持约 10 万人的前沿兵力部署。三是依据日美安保条约，日本将继续向美军提供军事设施及区域，并通过东道国支援等方式继续为地区安全作出切实的贡献。

（四）关于日美安全领域的双边合作

双方一致认为，日美两国间密切的防卫合作是日美同盟关系的核心所在，两国政府须就国际形势，特别是亚太地区的形势，进一步加强情报交换及意见沟通。双方一致同意，为应付国际安全保障形势中可能发生的变化，双方须就最能满足两国政府所需要的防卫政策以及包括驻日美军兵力构成在内的军事态势继续进行密切协商。而且，双方还一致认为，当日本周边地区可能发生的事态对日本的和平与安全产生重大影响时，日美间有必要调整政策。作为具体措施，日美双方一致同意，着手修改 1978 年制定的《日美防卫合作指导方针》，落实 1996 年 4 月 15 日签署的《日美两军相互提供后方支援、物资和劳务协定》，决定在以共同研究开发下一代支援战斗机（F-2）等装备为主的技术与装备领域加强相互交流。此外，双方将采取一致行动以防止大规模毁伤性武器及运载工具扩散，同时将在业已展开的有关导弹防御系统的研究中继续进行合作。关于驻日美军问题，双方认为，作为日美安保体制的核心，为确保美军在日本顺利驻扎，日美两国政府将在解决冲绳问题上进行协调，全力解决驻日美军存在的各种问题。

（五）关于地区和全球规模的合作

联合宣言提出，"为使亚太地区的安全保障形势更加和平而稳定，两国政府将共同或分别作出努力，美国对这一地区的参与是这种努力的基础"。联合宣言强调，"中国发挥积极而有建设性的作用对这一地区的稳定与繁荣至关重要"，为此，"两国对进一步加强同中国的合作寄予关注"。对俄罗斯正在进行的改革进程"继续鼓励和支持"，并"依照东京宣言实现日俄关系的完全正常化"，以将其纳入到地区合作的体制中。在朝鲜半岛问题上，双方认为"朝鲜半岛的稳定对日美两国至关重要"。为此，日美在敦促朝鲜履行美朝核问题框架协定的同时，通过"与韩国紧密合作"，继续作出一切努力，以达到不使朝鲜半岛局势失控的目的。此外，两国还将为进一步发展诸如东盟地区论坛和未来的东北亚安全保障对话等多边安全保障对话及合作的格局，继续努力。关于全球合作，两国将在联合国维和行动、国际人道主义救援活动、全面禁止核试验条约谈判、防止大规模毁伤性武器及其运载工具扩散、军控和裁军等领域开展广泛合作。两国政府一致认为，"两国在联合国及亚太经合组织内的合作和在北朝鲜的核开发问题、中东和平进程及推进前南和平进程等问题上的合作，将有助于建立更能确保两国共同利益和基本价值的世界"。

三、联合宣言体现出的日美安保体制的主要变化和影响

从联合宣言的内容可以看出，新型日美关系的确立，是建立在两国共同的价值观和利益上的。联合宣言对 1960 年 1 月签订的《日美共同合作和安全保障条约》进行了根本性的修改和补充，规划了日美军事同盟关系未来的发展走向，同时也使日美安保条约发生了质的变化。其主要变化和影响有以下几个方面：

（一）美国首次承认日本在世界中的重要地位和巨大作用

出于历史原因，冷战期间日本在日美军事同盟中其实一直处于被保护地位。1960年签订的《日美共同合作和安全保障条约》虽然删除了旧条约中"损害"日本主权的一部分条款，提高了日本的"自主性"，但并未根本改变日本在同盟关系中的"小伙伴"地位。而此次美国首次承认"日本负有领导世界的责任"，强调了日本作为美国在亚太地区安全合作伙伴的重要地位，确立了面向21世纪的平等伙伴关系。这标志着在日美同盟关系中美国唱主角的时代已经过去，日本已从受美国保护的"小伙伴"发展成为与美国平起平坐的"平等伙伴"。日本已明确表示，将在防卫领域尽可能与美国分担责任，有效地履行安保条约所规定的义务，并根据日美安保体制发挥作用，为日本周边地区的安全保障作出贡献。联合宣言的发表，不仅会提高日本的政治、军事地位，为日本发展军事力量、扩大军事力量的职能提供依据，而且还会使日本在日美军事合作中由以往"盾"的作用向"矛"的作用转化。

（二）日美军事合作的范围进一步扩大

冷战期间，日美安保条约只是规定美国"保卫日本免受苏联威胁"，防卫范围只限于朝鲜半岛、菲律宾以北地区。例如，1960年签订的《日美共同合作和安全保障条约》规定，日美防卫的区域范围是以日本本土为中心的200海里范围内以及宗谷、津轻和对马海峡；1978年公布的《日美防卫合作指导方针》规定的防卫范围为"远东地区"，而此次联合宣言将日本防卫合作的范围由"远东"扩大到整个亚太地区，同时日美还将在"全球共同问题"上进行新的合作。这将导致日本在其领土之外发挥军事作用，标志着日美安保体制已由"对付苏联威胁"转变为"稳定地区局势",以主导亚太,遏制中国,控制朝鲜,防范俄罗斯,维护两国在亚太地区的"共同利益"。尽管当时的日本外相池田否认联合宣言会改变日美安保条约规定的对"远东"范围的解释,称"不能明确地把线划到什么地方",但对于宣言中"亚洲太平洋地区"这一措辞,他不得不承认"范围比远东略宽"。至于联合宣言中提到的"在联合国维持和平行动、人道主义救援活动"等领域的合作,更预示着日美安全合作有扩大到世界范围的趋势,从而使日本成为美国全球战略中的重要力量的特征更加明显。届时日本将通过参加联合国维和行动和人道主义救援活动等,不断扩大日本自卫队在亚太乃至全球的作用和影响,加快其由"内向型"向"外向型"发展的步伐。联合宣言为日本向海外派兵、同美国联合干预地区冲突,以及在世界范围发挥军事作用提供了依据。

(三)防卫观念由"防守型"转变为"进攻型"

以往日美防卫合作的主要内容是"防止对日本的武装进攻"、"应付共同的危险",所依据的是一种被动式的防御观念。而此次双方在联合宣言中确认,"为使亚太地区的安全保障形势更加和平而稳定,两国政府将共同或分别作出努力","在冷战后的安全保障形势下,日本的防卫力量应切实发挥作用"。这就意味着日美安保体制由被动"对付威胁"向"主动维护稳定、防止冲突"方向前进了一步。这种观念上的改变将使日美安保体制不仅有理由在冷战后继续存在,而且还要进一步强化日美安保体制,使双方的军事合作由"针对苏联型"向"地区控制型"转变,进而从"防守型变为进攻型",日本也从"受保护型变成参与型",这无疑符合日本的战略意图。

（四）对亚太地区的战略格局产生深刻影响

日美安保关系的重新确立，改变了东亚乃至亚太地区的军事力量对比，破坏了亚太地区的战略平衡。自冷战结束以来，亚太地区的总体形势是，紧张局势趋于缓和，区域联合取得进展。但通过这次调整，美国加强了在亚太地区的军事存在，调整后的防卫重点由防止日本遭受所谓"侵略"转向重点监视朝鲜半岛和台海局势，特别是加强了对朝鲜和中国的"遏制"与"防范"。与此同时，日美舆论界大肆鼓吹"中国威胁论"，甚至将"中国威胁论"作为加强日美安保体制的重要理由之一，称日美同盟是亚洲安全和经济繁荣的支柱，可以增强美国在亚洲的影响力，特别是对付中国的能力。美国前国务卿贝克在日本《预言》月刊 1995 年 6 月号撰文称：日美应继续加强同盟关系，共同遏制中国谋求地区霸权。他认为，在目前"苏联威胁已经消失"的情况下，"最大的隐患是中国"，"日美之间在防卫上的密切合作，将是亚洲安全保障的基础"，并"将有效地制止中国的扩张野心"。日本 1996 年版的《防卫白皮书》也将中国视为其"防范对象"。《纽约时报》当时发表评论说，"《宣言》向亚洲其他国家，尤其是向中国发出了明确的信号：日本终于准备考虑在太平洋地区与美国采取共同军事行动了，其重要性当然不会对中国没有影响，不言而喻，美日的重新结盟就是针对中国的"。法国《解放报》评论说，"日本防范的对象过去是苏联，现在则把注意力放在了地区目标上，如朝鲜和中国"。日美安保关系的这次重大调整，无疑对面向 21 世纪的日美亚太战略以及亚太地区的战略格局产生了深刻影响。

总之，联合宣言确认，日美关系由安全保障、政治和经济三大支柱组成，新安保机制仍是双边关系的基石，双方将在双边、地区和全球三个层次上进行合作。日美全面合作关系的重新确立，既为美国主导亚太地区安全事务奠定了基础，也为冷战后日本军事战略的调整奠定了基础，同时还为日本面向 21 世纪发展军事力量、在国际事务中发挥更大的军事作用创造了条件。

第五节 联合出击：《日美防卫合作指导方针》（"97 指针"）

《日美安全保障联合宣言》发表后，根据日美两国在联合宣言中就修改 1978 年制定的《日美防卫合作指导方针》所达成的共识，日美防卫合作小组委员会从 1996 年 7 月起，开始着手修改 1978 年制定的《日美防卫合作指导方针》。1996 年 9 月和 1997 年 6 月，该委员会分别发表了《日美防卫合作指针修改进展状况报告》和《关于修改日美防卫合作指针的中期报告》。1997 年 9 月 23 日，日美安全保障协商委员会在纽约发表了新《日美防卫合作指导方针》，从而使日美军事合作进一步走向务实。可以说，联合宣言是日美同盟的指导原则，而新指针则是日美联合作战的具体计划。修订后的日美防卫合作指针提出了"日美平时合作、日本有事时合作、发生周边事态时合作"的三大合作机制，并明确了 40 项联合作战措施，更加具体地规定了日本同美国进行军事合作的时机、范围、方式等，赋予日本以后方支援等方式直接参与美国的军事行动的职能。其中日美联合应付"周边事态"是其核心内容。为了配合新指针，完成立法程序，1998 年 4 月 28 日，日本政府批准了与新指针相关的三项法案，即《周边事态措施法案》、《自卫队法修正案》和《日美相互提供物资和劳务协定修正案》。这些相关法案的提出，是日本政府为深化和落实"新指针"而在法律上进行的修改和补充，其目的是为日本配合美军的军事干预行动提供法律依据，从而提高日美防卫合作的可靠性和有效性。日本《时事社》评论说，"相关法案的通过具有重要意义，将给日美同盟关系注入新的活力，日美安保体制将因此得到质的提高，东亚的安全保障环境将进入一个新的阶段"。

一、新的《日美防卫合作指导方针》的主要内容

从"97指针"的主要内容来看，引人注目之处有以下几个方面：

（一）制定"97指针"的目的

制定"97指针"的目的是，"建立起在平时及日本受到武力进攻和发生周边事态时，能够实施更有效、更可靠的日美合作的坚实基础。同时，'97指针'对平时及紧急事态时日美两国各自的作用和相互间合作与协调的方式，确定一般性框架和方向"。

（二）防卫合作的前提

日美在"97指针"下的防卫合作以下述四个基本前提和看法为基础：一是不改变日美同盟关系的基本框架；二是日本的一切行为要在宪法约束的范围内，遵照专守防卫和"无核三原则"等基本方针进行；三是日美两国的一切行动均不得违背包括和平解决争端和主权等内容在内的国际法基本原则和联合国宪章等有关国际规约；四是双方没有采取立法、预算及行政措施的义务，但鉴于建立日美合作的有效态势是新指针及其指导下共同作业的目标，因此期待日美两国政府依照各自的判断，以适当的方式将这一努力的结果反映在各自的具体政策和措施中。日本的一切行动

须遵循适用于其时的国内法令。

(三) 防卫合作的类型

根据以上前提和看法，"97 指针"将日美间的防卫合作分为三种类型，并就各自合作的方法指明了大致的框架和方向。三种合作类型是"从平时开始进行的合作、日本遭到武力进攻时的应付行动等、日本周边地区发生的事态对日本的和平与安全造成重大影响时的合作"。所谓平时合作是指，"日美两国坚持现行的日美安保体制，并努力维持各自必要的防卫态势。日本遵照《防卫计划大纲》，将在自卫所需的必要范围之内保持防卫力量。美国为履行其承诺，须在保持核威慑力量的同时，维持在亚太地区的前沿部署，并保持其他可用来支援的兵力。为保卫日本和建立更加稳定的国际安全保障环境，日美两国政府从平时开始就要加强在各个领域的合作。这一合作包括根据日美相互提供物资和劳务协定、日美相互援助协定及相关文件而实施的相互支援活动"。关于具体合作事项，它包括情报交换和就防卫政策及军事态势进行密切协商；安全保障方面的各种合作，例如安全保障对话、防卫交流、国际军控与裁军、参加联合国维和行动或人道主义国际救援活动、在发生大规模自然灾害时进行合作等；日美双方的共同作业，例如日本遭到武力进攻时的联合作战计划和发生周边事态时的相互合作计划、加强联合演习和训练、从平时开始建立日美间的协调机制等。所谓日本有事时的合作是指，"日本遭到武力进攻时的应付行动等"。"97 指针"规定，当对日本的武力进攻迫近时，日美两国政府须共同切实应付，尽量早期将其排除，日本须建立并保持美军来援体制的基础。日本遭到武力进攻时，日本须以本国为主立即采取行动尽量早期排除之。届时，美国须给日本以切实的合作。这种日美合作方式将因武力进攻的规模、样式、事态的发展及其他要素的不同而不同。其中，可能包括实施协调一致的联合作战及为此所做的准备、控制事态扩大的措施、警戒监视及情报交换等合作。在自卫队和美军实施联合作战时，双方须确保协调一致，并在适当时候以适当方式运用各自的防卫力量。届时，双方须有效地综合运用各自的陆海空部队。自卫队主要是在日本领域及周边海空域实施防御作战，美军支援自卫队的作战。此外，美军还要实施弥补自卫队能力不足的作战、防卫日本周边海域及保护海上交通的作战、应付对日本的空降和登陆进攻的作战、应付其他的威胁和后方支援活动。所谓发生周边事态时的合作是指，在发生对日本的和平与安全产生重要影响的周边事态时进行的合作。周边事态的概念不是指地理上的概念，而是着眼于事态性质。为防止周边事态的发生，日美两国政府必须尽最大努力（包括外交上的努力在内），有效地协调各自行动。在预计将发生周边事态时，日美两国政府要加强情报交换和政策磋商。在应付周边事态时，日美两国政府要采取包括抑制事态扩大在内的切实措施。关于合作的范围、机能、领域及合作事项，包括救援活动及应付难民的措施、搜索与救护、撤出战斗人员的活动、为确保以维持和平与稳定为目的的经济制裁效果而采取的行动等。关于日本对美军行动支援，包括设施的使用、后方地域支援、日美在运用方面的合作等。

（四）防卫合作的具体作法

为了在"97指针"下有效地推进日美防卫合作，日美两国将在平时、日本遭到武力进攻时以及发生周边事态时等各种情况下，抓住各种机会交换情报，进行政策协商。同时为促进协商、政策调整以及作战和具体行动方面的协商，日美决定建立起两大协调机制：一是建立总体机制。在日美两国就联合作战计划进行研究的同时，确立共同的准则和实施要领。除了自卫队和美军，双方政府的其他有关机构也将参与此事。二是建立包括两国有关机构在内的日美间协调机制。为在发生紧急事态时协调日美双方的行动，双方从平时就建立起协调机制。在研究计划和确立共同准则及实施要领等方面的共同作业有：联合作战计划和相互合作计划的研究、确立防卫准备的共同标准、确立共同的实施要领等。从"97 指针"的内容可以看出，"97 指针"的出台，是日美强化军事同盟关系的重要步骤，反映了日美要在亚太地区谋求霸权的战略意图，标志着日美防卫合作的意义已经发生质变。

二、新的《日美防卫合作指导方针》的主要特点

"97 指针"是日美双方利益相互需要的产物，是美国利用日本在亚太地区推行霸权主义和强权政治的工具。具体分析它有以下几个特点：

（一）"97 指针"是日美战略上互有所求的产物

苏联解体后，美国虽然保住了唯一超级大国的整体优势，但其国力并没有强大到足以控制世界的程度，其领导地位也面临着新的强有力的挑战，所谓"美国主宰世界秩序"的时代难以维持。尽管美国独霸世界的欲望非常强烈，但仅依靠自身的力量仍感到力不从心。因此，美国更加重视与盟国的关系，试图利用盟国的力量，实现美国的战略目标。1999 年度的《美国国防报告》称，"与其他国家联合起来，或者与盟国一同采取行动，比单独行动更容易获得政治上的正当性"。一方面，美国在欧洲拉住北约，加紧推进"北约东扩"，企图借助西欧国家的力量，对俄罗斯形成"包围"之势。另一方面，美国又在亚洲紧紧拉住日本，企图通过加强日美安保体制，让日本出钱出力，为美军提供支援，维持其在

亚太地区的主导地位。美国的这种举措，正好满足了日本的需求。冷战后，随着世界多极化进程的加快，日本的政治大国战略更加明确，同时也加紧了对其军事战略的调整，以便使其能适应实现政治大国的战略目标。但由于历史原因，日本军事力量的发展受到了较大制约，而美国的战略调整恰恰为日本提供了良机，日本的军事力量可以借助美国的力量实现其迈出国门、走向世界、服务于政治大国战略的目的。因此，日本在指导其军事发展的《防卫计划大纲》等文件中都把坚持日美安保制放在了最重要的位置上。可以说，"97指针"对日美双方都有利，是日美战略上互有所求、互有所需的产物，它规划了日美防卫合作的基本走向。

（二）"97指针"实质上是一个以军事手段干预亚太地区安全的计划

与旧指针（"78指针"）相比，"97指针"一个最大的不同点就是：旧指针对日美联合作战只停留在研究阶段，而"97指针"则明确具体地制定了联合作战的实施要领。在"97指针"中，为掩盖日本参加或支援与日本毫无关系的美军的行动，在措辞上下了很大功夫，体现在对日美联合作战计划和日美相互合作计划的表述上。例如，"日美联合作战计划"规定，在日本管理下的领土上，日方或美方遭到武力进攻时，日美将联合作战，以"应付共同的危险"。这种表述方式给人以这样一种印象：当日本遭到武力进攻时，作为自卫权力，使用武力是正当的。而"日美相互合作计划"规定，日本不行使武力进行日美间相互支援行动。实际上，这是一种掩耳盗铃式的措辞表述。很显然，日本对美军的支援行为是一种参与冲突的战争行为。在美军采用武力进攻时，根据"日美相互合作计划"，日军将对美军实施积极的军事支援。这是一种为支持美军作战行动而进行的支援，完全是一种参与冲突的战争行为。这种支援无疑是美军采取军事干预行动的组成部分。试想，当对美军进行支援的日方船队在远离日本领海的公海上受到袭击，日本政府能够做到不把它看成是"对日本发动的武力进攻"吗？在这种情况发生时，日本能不同美军进行联合作战吗？答案显然是否定的。

（三）"97指针"与北约"战略新概念"遥相呼应，构成了美全球战略的欧亚双翼

日美军事同盟和北约作为横跨太平洋和大西洋的军事同盟，是美国军事战略的两大组成部分，构成了美国全球战略的双翼。北约在1999年4月推出了"战略新概念"，日本此时又通过了《周边事态法案》等"97指针"的相关法案，启动了具体实施"97指针"的进程。在冷战结束多年以后，这两大军事同盟已蜕变为美国在世界范围内推行霸权主义和强权政治的主要工具。1999年度的《美国国防报告》虽然承认"世界战争的威胁越来越小"，但"大规模的越境战略"、"潜在的危险的技术流出"以及"一些国家在经济等方面的破产"等不确定因素增大，已对美国安全构成了重大挑战。但报告同时强调，"北约和日美同盟正在得到妥善调整，以适应当今的这种挑战"。无论是北约的"战略新概念"，还是日美防卫合作的新指针，都是按照美国的意图制定的，目的就是要使这些国家与美国保持一致，共同干预全球事务。此外，还有一个新变化就是两个同盟都将干预范围扩大到本国或本地区以外。因为此前无论是北约还是日美军事同盟，目的都是保卫本国或本地区的安全，即只有在本国或盟国直接受到武力攻击时，才能采取反击或防御性的军事行动。而现在，美国为"应付世界范围内的危机"，打破了这种限制，声称"必须从全球的高度来考虑盟国的安全"，即使在本国和盟国没有受到武力进攻的情况下，只要发生了"周边事态"，美国就要同盟国一起参加干预行动。为此，北约"战略新概念"将干预范围一举扩大到"欧洲—大西洋及其周边地区"。而日美防卫合作的新指针也形成了一种新的行动

机制：在日本周边地区发生"周边事态"，即使日本没有受到武力进攻，日本也可以参加美国的干预行动，而且采取军事行动不受外界约束和可以自行判定。在"97指针"中，日本政府提出要根据"事态性质"来判定"周边事态"，根据"事态"的发展来运用新指针。日本将其周边地区的事态，不管是否属于他国内政，不管是否已经发生，统统列为"周边事态"，试图进行干涉，这与发生在南联盟的事态极为类似。北约明确地提出"战略新概念"，重要的一点就是试图绕开联合国安理会行使武力。而"97指针"也只字未提行使武力与联合国的关系，从一开始就大谈制定新指针的目的和合作的方式。正如日本外务省官员在答辩时所说，有关"周边事态"的判定，将单方面由美国作出，日本只不过是根据美国的判断，自动参与美国的战争而已。由此可见，"97指针"与北约"战略新概念"如出一辙。在北约对南联盟、利比亚等动武之后，美国及其盟国为维护自己的战略利益，以武装冲突、人权、领土争端、民族宗教矛盾、大规模毁伤性武器及其运载工具扩散等为由，在亚太地区动武已并非不现实，这不能不引起人们的高度警惕。

（四）"97指针"对日本和平宪法造成极大冲击

1993年，日本政府强行通过海外派兵法时，已经对宪法造成了不小的冲击，而"97指针"出台后，与现行宪法产生了强烈的抵触，对和平宪法造成了更大的冲击。如果日本与美国今后在海外联合采取军事行动，不仅违背日本宪法禁止行使"集体自卫权"的规定，同时也违背日本承诺的"专守防卫"原则。由于"97指针"与日本和平宪法相抵触，日本开始在其他法律条文上做文章，企图绕开宪法。其中，最突出的例子就是日本国会1992年6月通过的《联合国维和行动合作法》和日本政府1998年4月通过的与"97指针"相配套的《周边事态法案》，以及从2003年开始相继出台的"有事法制"等相关法案。《周边事态法案》为日美以"周边事态"为借口采取联合军事行动提供了法律依据，而以《武力攻击事态法案》为代表的"有事法制"则赋予日本自卫队可借"有事"之名行使更大的军事行动权利。可以预见，日本的一些相关法律通过后，修改宪法也只是时间的问题了，而一旦宪法被修改，日军的发展也就更加令人担忧。日本《时事社》曾经对此评述说："随着相关法案的通过，日本政府得到了一张日美可以共同对付亚洲地区周边有事的'外交牌'"。同时，"日本同中国的冷淡关系仍将持续下去。中国一直强烈要求'把台湾排除在外'，日本政府今后也不准备答应中国的要求"。由此可见，"97 指针"的发表对日本的宪法造成了严重冲击。

（五）"97 指针"对亚太乃至世界的和平与稳定带来不良影响

冷战结束后，和平与发展已成为时代主题，经济的蓬勃发展和多种政治力量的迅速成长，使亚太地区的安全格局发生了深刻变化。亚太地区在整个 20 世纪 90 年代成为经济增长速度最快的地区之一，亚太地区许多国家都在积极谋求建立稳定的安全环境，以促进本国政治、经济的全面发展。但是，也有一些国家死抱着冷战思维不放，与和平发展的大趋势背道而驰。这恰恰说明天下并不太平，人为制造的危机随时有可能出现。日美修订防卫合作指针，破坏了和平的气氛，使周边国家没有了安全感。显然，日美是试图以日美安保体制为基础，力图建立以美国为主导的亚太地区安全保障机制，并把日本周边地区纳入日美军事合作的范围，这必然会打破亚太地区的战略平衡，对亚洲战略格局产生重要影响，使亚太地区的和平与稳定面临严峻挑战。日本《朝日新闻》发表评论说，"97 指针""有可能加剧东亚政治和军事的紧张"，"会对下一个世纪亚洲和世界的政治秩序产生影响。特别是日本扩大军事作用，将引起各国的关注"。对于日美此种做法，不少国家已提出疑义，它们要求日美澄清"97 指针"涵盖的范围，不要再扮演无益于亚太和平与稳定的角色。

总之,"97指针"规定,日美双方将加强就国际形势,特别是亚太地区的问题进一步交换意见和信息,就有关的军事形势进行密切协商;研究在平时和日本遭受武力进攻时,以及日本周边地区发生紧急事态时的日美合作问题;日美军相互提供后勤支援、物资和劳务;加强日美军事技术交流;加强日美联合军事训练、演习及日美联合作战研究等等。从新指针及相关法案来看,日美安保体制已经发生了质的变化。一是军事行动从单向保卫日本本土扩大到亚太地区;二是日美可以自行判定哪些事态属于"周边事态";三是日美采取军事行动不受外界的任何约束。日美同盟性质的改变反映出日美关系已从日本依赖美国保护的单边依附关系转向日美相互利用和联合干预的同盟关系。

综上所述,经过战后数十年的不断调整和强化,日美军事同盟已经以强权代替公理,把两国的战略目标和安全利益作为最高准绳。"97指针"及其相关法案的骨架抽掉了国家主权的精髓,无视联合国宪章和国际法中规定的尊重别国主权、不干涉别国内政的原则,故意淡化主权概念,把它们认为应当干涉的事务统统纳入其军事合作的范围。如果日美军事同盟无视别国的主权和国际法,动辄以使用武力相威胁,那么只能使亚太地区乃至世界存在的问题更加复杂,矛盾更加激化,对立更加尖锐。最终,不仅亚太地区的和平与稳定无法得到保障,整个世界的和平与稳定都会增添新的变数。

第六节 日美安保体制的现状及发展趋势

从20世纪50年代以来,日美安保体制经历了从美国单方面保卫日本走向美日共同保卫日本,再走向日美联手干预亚太甚至全球安全事务的过程。从 1997 年 9 月 23 日《日美防卫合作指导方针》出台至今，日美两国一直在按部就班地加强着双方的军事同盟关系，而以日美军事同盟关系为核心的日美安保体制，则一直维持着日美联合出击、联手干预的态势。在此期间，日美不断通过政府首脑会谈、安全保障磋商会议（"2＋2"会议）、两军防卫合作交流等方式，落实"97 指针"和《防卫计划大纲》等相关文件，致力于保持和强化日美安保体制。2003 年，日美两国首脑就确认并加强"世界中的日美同盟"达成一致后，在 2006 年 5 月日美签署了名为《驻日美军整编路线图》的协定，并在随后的日美首脑会谈上以《世界中的日美同盟》联合宣言的形式加以确认。特别是从 2012 年开始，日美实质性地加快了重新修订《日美防卫合作指针》的论证、协调和具体操作。2013 年 1 月日本防卫相关课长级干部与美国国防部的官员在东京展开密集磋商，确定讨论联合军演、设施共用、情报收集、警戒监视、侦察活动、导弹防御、宇宙合作等问题的时间表。2013 年 12 月最新出台的"安保战略"、"13 大纲"都明确要进一步拓展和加强日美防卫合作的领域和内容，加速推进日美军事一体化进程，并提出将在 2014 年底前出台新的《日美防卫合作指导方针》，对日美两国军事合作的领域和内容进行重新确认和具体明确。这一动向意味着日美军事同盟及日美安保体制正式踏上"全球化"路线，其适用范围从此前的远东、亚太扩张到了全世界。未来日美将联手干预国际军事安全事务，日本将会进而谋求在日美安保体制下行使集体自卫权，发挥更大的国际安全作用。总体来看，日美安保体制的现状及未来发展趋势主要有以下特点：

一、日本竭力提升在日美安保体制中的军事地位与作用，借此增强国际影响力

近年来，日本一直在日美安保体制内支援美军全球战略的名义下，力图提升其干预地区和全球安全事务的能力。期间，通过加强日美司令部协作功能，提高双方的联合指挥和作战能力，从而加速了日美军事一体化进程。日本的意图是创造条件使自卫队在支援美军的名义下提高对外投放能力，更多、更深入地参与地区乃至全球军事行动。2006 年 5 月，日美"2＋2"会议发表了《驻日美军整编路线图》，确定了驻日美军及日本自卫队"整编"即重新部署的日程与计划。日本把这次"整编"看作是自"97 指针"实施后提升日本在日美安保体制中的地位的一次重要机会。对此，当时的防卫厅长官额贺并不讳言："通过整编，日美同盟不仅对防卫日本，还要对地区稳定、反恐对策、确保能源供应及海上通道的安全发挥作用"，"我们把美军的整编当成良好机遇，从考虑自己的国家战略、防卫战略或安保战略出发，以主动积极的姿态解决问题"。也就是说，日本找到了借"美军整编之机"来提升自身地位，增强其对周边邻国的遏制能力并推进其大国战略的"路线图"。近两年来，安倍政府欲借日美同盟和日美安保体制来实现日本自主外交与自主防卫的意图更加清晰明确。在 2013 年的《防卫白皮书》和"13 大纲"中，都提出了要"强化日本独自防卫能力"的方针，称美国削减防卫预算可能导致其遏制力的减弱，这为日本强化自主国防力量提供了背景。

为了提升在日美安保体制中的地位和作用，日本政府近年来最大的动向就是一直试图通过修改宪法来解禁集体自卫权。关于集体自卫权违宪的日本政府官方见解，最早是 1981 年发表的。1981 年 5 月，日本政府指出："我国既然是主权国家，在国际法上当然拥有集体自卫权。但对宪法第九条所容许的自卫权的行使，则解释为应仅限于守卫我国所需的最低限度范围之内。而行使集体自卫权是超出这一范围的，因此政府认为宪法是不容许的。"① 这一解释成为日本内阁迄今为止对集体自卫权问题的"政府解释"，日本政府的这一见解自提出以后一直到 2013 年始终都没有改变，这也成为至今影响日本安保政策走向的约束性口径。比如，1999 年，日本政府认为，即使《日美防卫合作指导方针》相关法案是为了应付日本周边有事，两国合作分担，并以《日美安保条约》为基础，但是仍然不能行使集体自卫权。但是，安倍内阁认为"日本的安全由日美同盟来负责，而日本不能行使集体自卫权，这是不正常的"。② 其实，安倍主张通过修宪而解禁集体自卫权，其中暗含着向美国争取自主地位之意。尽管集体自卫权问题最早由美国前副国务卿阿米蒂奇提出，但是安倍认为，集体自卫权的行使，并不是从属于美国的，而是对等的权利，只有这样，日美同盟才能更加牢固，日美安保体制才能增强遏制力，自卫队与美军才能不浪费一颗子弹。③ 如果日本政府关于集体自卫权违反宪法的解释被修改，集体自卫权获得解禁，将提升日本在日美同盟及安保体制中的地位与作用，使之增强国际影响力，谋求确立政治军事大国地位。这不仅意味着在与美军并肩作战的名义下，日本自卫队可以不受约束地参与美军的作战行动，提升干预地区和全球军事事务的能力，而且日本还将增强对地区事务的影响力，在争取自主的进程中更进一步，从而迈出摆脱美国、实现自主防卫与自主外交的重要一步。所以说，安倍的修宪和解禁集体自卫权主张表面上迎合了美国的战略，貌似为了使日美安保体制更好地发挥作用，而实际上为其脱美倾向欲盖弥彰，这是安倍在访美期间被冷遇和因参拜靖国神社被美国敲打的深层原因。

---

① 外务省：《安全保障手册》，1991 年，第 151 页。
② PHP 研究所编：《安倍晋三对论集》，第 45 页。
③ 安倍晋三：《迈向崭新国家》，第 254 页。

二、日本借助日美安保体制"抉美制华"来争夺东亚地区主导地位

2005年2月，日美"2＋2"会议发表《共同声明》，在对新的国际安全环境作出评估后，发表了"日美共同战略目标"，共包括12项地区目标和6项全球目标。其中，日美首次在联合文件中提出了要密切关注中国的军事动向，并把台湾问题列为日美共同战略目标。这标志着日美安保体制的对华防范战略开始从"模糊化"转向"清晰化"。而在2006年5月日美发表的《驻日美军整编路线图》中，中国和台湾问题再次被列为日美共同战略目标的对象，"干预台海、制衡中国"成为日美同盟的关注重点和战略指向。此举的战略意图十分明显，即试图通过军事高压手段遏制中国武力解决台湾问题的可能性，并借此牵制中国的和平发展与统一进程。这意味着日美共同干预台湾问题、遏制中国的双边机制演进到了一个质变的新阶段。从2005年以来的历次日美"2＋2"会议的共同声明，都照例要表示一番对"中国军扩"的关注。日本显然是想借此构筑防范、遏制中国的体系，谋求东亚地区主导权。据日本媒体报道，2006年10月，日美决定讨论台海发生冲突时日美两国进行军事合作的问题，并且可能已经制订了综合作战计划。① 关于近年来，特别是安倍执政期间热衷于解禁集体自卫权问题，有学者认为，日本行使集体自卫权的最主要效果将是提升日美军事合作关系。对中国来说，其直接后果就是日美将进一步形成联合军事干预台海局势、制衡中国的双边安全机制。② 日本鹰派人物纷纷设想日本行使集体自卫权的典型事例就是中国大陆"进攻台湾"，这表明近年来日本考虑行使集体自卫权进行军事干预的主要

---

① 《日本时报》，2006年1月4日。
② 《日本学刊》，2007年，第5期，第55页。

地区目标之一就是台海地区。日本一旦行使集体自卫权将意味着：平时以日美军事同盟威慑台海地区，部分庇护台独势力，促成不统不独局面；战时以盟军身份支援或随同美军参战，武力干预台海冲突。这些都将对中国的主权和安全构成严重威胁。而战时日本行使集体自卫权的方式预计主要有两种：其一，在台湾受到武力攻击时，日本直接进行军事支援，提供物资和劳务；其二，对可能进行军事干预的驻日美军进行战费、物资和劳务支援。安倍很早就欣赏冈崎久彦的如下观点："如能保持日美同盟对中国的军事平衡，东亚的安定就能达成。而为了使日美同盟健全运转，日本有必要行使集体自卫权。"[①] 2012 年 8 月美国重要智库战略与国际研究中心（CSIS）发表了《日美同盟：亚洲稳定的基石》政策报告，报告论证的核心议题是，在中国崛起和奥巴马政府"重返亚太"背景下，美日如何加强同盟和安全合作。报告给出的建议是，为使日美安保体制更为有力、有效，日本需要根据美方思路与步骤尽快完成战略与政策调整，包括增加军费、加强军备、解禁集体自卫权、明确对同盟的军事防务责任，以及在"空海一体战"构想中更为有效地配合美国。[②] 该报告列举的这些建议与日本政府的"挟美制华"思想需求惊人吻合，为日本争夺地区主导权提供了新的机遇和条件。

在 2013 年出台的"安保战略"中，日本将"加强日美同盟，促进日美安全合作机制的建立，改善亚太地区安全环境，预防可能的威胁"作为日本新安全战略的三大重要目标之一，并将"以日美同盟关系为核心、充分发挥日美安保体制的作用"明确定位为实现三大战略目标的"核心路径"。在加强日美安保体制建设方面，"安保战略"强调要加强日美在各个领域的运作合作与政策调

---

① 《决心保卫这个国家》，扶桑社，2004 年，第 173 页。

② 《日美同盟：亚洲稳定的基石》，CSIS，阿米蒂奇、约瑟夫·奈，2012。

整，在导弹防御、海洋、太空、网络空间，以及大规模自然灾害应对等广泛领域加强合作，同时确保美军有日本的稳定驻留，并适时修订《日美防卫合作指针》。特别是，随着近年来美国"亚太再平衡"战略的实施，其军事战略重心开始转向亚太，这无疑更加坚定了日本"挟美制华"的决心，也增大了日本利用军事力量采取武力手段威胁地区安全的可能，对我国的国家安全和领土完整形成了严重挑战。

由此可以看出，目前日本试图继续借日美安保体制抱紧美国大腿，以日美军事同盟关系、履行同盟国义务的名义，谋求与美军共同介入地区争端，特别是干预中国的核心利益——台湾问题，进而达到"挟美制华"、同中国争夺亚太地区主导权的目的。

三、日本依托日美安保体制加快走向"全球干预"，积极拓展地区乃至全球利益

冷战结束后，随着日美军事合作关系进一步深化，日美同盟和日美安保体制的性质也发生了变化。1996 年发表的《日美安全保障宣言》，确认了日本以"平等伙伴"身份与美国共同参与国际事务的地位，从而使日美安保体制由原来的美为日提供保护的"单向型"体制转变为日美"共同应对"威胁的合作体制。继"97 指针"之后，1999 年出台的《周边事态法》将日美军事合作的范围由"远东地区"扩大到亚太地区。2006 年 6 月日美发表的《新世纪的日美同盟》共同宣言，将日美两国军事合作范围进一步扩大到全球，并在 2011 年 6 月日美"2＋2"会议中确立了 18 项双边、地区和全球共同战略目标，标志着日美已经建立起面向全球的新型军事同盟关系，日美安保体制也正式向"全球干预"的合作体制转变。随着美国"亚太再平衡"战略的实施和"10 大纲"的全面落实，日美安保合作趋于更加深化。日本 2012 年度、2013 年度

《防卫白皮书》都着重强调日美安全合作的重要性，提出要加强日美"机动防卫合作"，以"提高日美同盟的遏制力"。白皮书重申，以《日美安保条约》为基础的日美安保体制，是日本国防的支柱之一，而以日美安保体制为核心的日美同盟，是确保日本、亚太地区乃至全球和平与稳定的基础。白皮书指出，驻日美军不仅有助于日本的防卫，而且对遏制和应对亚太地区的不测事态发挥重要作用，日美同盟之间的紧密合作对于有效应对世界各种安全挑战发挥了重要作用，而加强日美"机动防卫合作"是日美深化同盟关系的重要举措。日美加强"机动防卫合作"主要包括以下内容：一是要积极主动地应对各种事态，而不是在事态发生后被动应对，日美两国在任何时候都要保持"迅速而无缝隙"的合作；二是提高日美两国部队的作战水平，显示日美两国两军的意志和能力，强化力量部署，提高日美同盟的遏制力；三是积极推动多层次防务合作，包括加强日美韩、日美澳三边防务合作和多边框架下的日美合作。上述内容在日本最新的"13 大纲"中也得到了充分体现，区别之处主要在于新大纲对日美防卫合作的形式、内容和效果提出了更高的标准和要求，强调要加强"联合机动防卫合作"。要求日美两军通过加强联合演训、联合监视、共同使用，进一步提高美军和日本自卫队作战的快反性、持续性、坚韧性和互通性，进而提高日美安保体制的"全球干预"能力。

此外，日美强化安保体制的措施还包括：评估日美的安全环境，继续研究日美各自担负的任务和共同战略目标问题；加强导弹防御合作；加强网络空间等全球空间问题上的合作等等。特别是在钓鱼岛问题上，当前日美正在加紧协调立场，试图依靠日美安保体制进行合作和干预。从 2010 年开始，美国国务卿、国防部长和参联会主席等多位政要，相继在不同场合表态美国将协助日本保卫钓鱼岛。2010 年 10 月，希拉里·克林顿在日美外长会谈后的记者会上明确声称："日美安保条约第五条适用于钓鱼岛。"

2012 年 11 月 29 日，美国国会通过的"2013 年度国防授权法案"明确规定，《美日安保条约》第五条适用于钓鱼岛。2014 年 4 月 23 日，美国总统奥巴马在访问日本途中接受日本媒体《读卖新闻》采访时，明确表示"尖阁诸岛（即我钓鱼岛及其附属岛屿）是日美安保条约第五条的适用对象"，这也是有史以来美国总统首次在钓鱼岛问题上明确表态将协助日本防卫钓鱼岛。4 月 25 日，日美两国政府发表了"日美联合声明"，该联合声明称《日美安保条约》适用于所有日本施政下的区域，包括钓鱼岛。声明指出，美国反对任何单方面损害日本针对钓鱼岛施政的做法，并表示欢迎安倍政权解禁集体自卫权。另外，声明还对东海防空识别区以及南海争端等问题表示忧虑。这意味着一旦中日在钓鱼岛发生军事冲突，作为日本盟国的美国将可能采取干预措施乃至直接武力介入。从目前美国向日本部署"鱼鹰"运输机、"全球鹰"无人机、与日本频繁举行"铁拳"联合夺岛演习等举动来看，美国已经采取了预防性干预措施。这势必会促使日本寻求武力解决地区争端的气焰更加嚣张，从而严重威胁亚太地区乃至全球的和平与安全。

第五章

日美军事同盟关系的强化
对中国安全的影响

日美同盟自 20 世纪 50 年代建立以来，一直是美国亚太地区安全战略的基本组成部分，更是战后日本安全防卫的根本保证。日美军事同盟是日美同盟关系的核心和实质。日本不断强化日美军事同盟关系对亚太地区乃至全球的安全战略产生着深远影响，特别是对我国的和平发展及国家利益构成严峻挑战。

第一节　日美军事同盟的历史演变

日美军事同盟是冷战时期的产物。日美军事同盟关系历经了 20 世纪 50 年代的确立、60 年代的调整、90 年代漂流后的再确认和 21 世纪初的强化这几个阶段。特别是进入 21 世纪后，日美军事同盟关系的强化更加引人注目，其中中国因素成为促使两国加强同盟关系的主要藉口。2005 年 2 月日美安全保障磋商会议首次明确地把涉及中国国家主权、领土完整和国家安全的台湾问题列为日美两国的共同战略目标。2011 年日美再次确认了"干预台海"这一共同战略目标。2014 年 4 月美国总统奥巴马首次表示，《日美安保条约》第五条适用于钓鱼岛，美军有义务协助日本进行防卫。日美这种对事关中国主权、领土完整等核心利益问题的挑衅和公然干涉，表明日美强化军事同盟关系的目标进一步具体化。

一、冷战时期：日美军事同盟的形成和发展

冷战时期的日美军事同盟关系大体可分为三个阶段：

（一）日美军事同盟的形成（1951 年～1960 年）

二战结束后，美军单独占领日本，开始了对日本进行民主化改造。在日本国内和平力量的努力下，战后初期，日本的确一度走上了民主化和非军事化的道路，制定了和平宪法。但是，1950 年 6 月 25 日，朝鲜战争爆发后，美国为了将日本变成其在亚洲的军事基地与反共"防波堤"，中断了对日本进行民主化改造的进程，单独同日本进行媾合。1951 年 9 月 8 日，美、英、法与日本片面签署《旧金山对日和约》，随后在当天又签订了《日美安全保障条约》，即旧安保条约。

《波茨坦宣言》规定，在日本废除军国主义、成立一个倾向和平的民主政府之后，同盟国占领军即行撤离。但是，这项对国际和平至关重要的进程远没有完成，滋生军国主义的垄断财团和军工基础未被彻底清除，大批军国主义骨干分子逍遥法外，更主要的是滋生军国主义思想的基础未受到触动，就是在这种情况下，美国为了自身的战略利益需要，急忙同日本签订了《旧金山对日和约》。该条约使日本在战后不久就获得了形式上的独立。根据《波茨坦宣言》的精神，日本独立后，作为占领军的美军，理应立即撤离日本。但是，美军在朝鲜战争中充分认识到日本作为军事基地的重要性，为了达到永久占领这些基地的目的，美国一是将冲绳置于美军的管理之下，二是在条约文本上做了一些文字游戏。

条约第六条规定，在媾和条约生效后的 90 天内，占领军必须从日本撤离，但同时又规定外国军队根据双边条约可以继续驻扎。鉴此，美国要在占领结束后继续使用日本的基地对抗"共产主义"，就必须与日本签订一个双边条约。于是，日美之间在《旧金山对日和约》签署的当天就签订了《日美安全保障条约》。考虑到《波茨坦宣言》的限制，规定美国在日本驻军只是一种"作为防御日本的临时办法"，并以日本政府提出要求而美国予以同意的方式实现。条文称，"日本希望美利坚合众国在日本国内及周围驻扎其部队"，"美利坚合众国为了和平与安全的利益，目前愿意在日本国内和周围驻扎其相当数量的武装部队，同时希望日本自己能逐渐增加承担其对直接和间接侵略的自卫责任"。

由此可以看出，日美安保条约一开始就具有军事同盟的性质。这在签订之前美国的对日方针与日本的态度中就已经体现出来了。1948 年 1 月，美陆军部长罗亚尔在旧金山演说时指出："美国在使日本稳定强大到可以自立的程度的同时，必须在日本建立自立的民主主义，使日本对今后东亚可能发生的极权主义战争构成阻碍作用。"此时，美对日战略的目的已由《波茨坦宣言》的"建立和平民主政府"变为"对极权主义战争"即共产主义运动"构成阻碍"。1951 年 1 月 9 日，杜鲁门总统在给即将访日的杜勒斯的训令中指示："对日媾和条约的基本立场就是要将日本作为自由阵营的一翼，作为对抗共产主义的堡垒纳入美国的亚洲战略、世界战略之中。""条约谈判的基本目的，就是要确保日本留在自由世界阵营，使其在抵抗共产主义的进一步扩张政策中能够充分发挥作用。"1950 年 6 月，日本政府在应对方略中也表示，"日本完全恢复独立后，作为民主阵营的一员，应对抗共产主义势力，协助维持世界的和平与安全"。可以看出，《旧金山对日和约》和《日美安全保障条约》的主要着眼点，就是根据美国的对苏战略，日美"共同保卫自由世界"。其军事同盟的性质不言自明。

（二）日美军事同盟的完善（1960～1978 年）

在这一阶段，日本经济实现腾飞，经济实力于 1968 年跃居资本主义世界第二。在军事方面，日本先后完成了四期"防卫力量整备计划"，建立了一支可以"有效对付有限的、小规模侵略"的军事力量，制定了首个《防卫计划大纲》，日美建立起了相对平等的军事合作关系，日美军事同盟关系随之得到完善。

1951 年的旧安保条约严格地说是一个不平等条约。首先，条约具有单方性，只规定了美军拥有在日本驻军的权力，而没有明确美国对日本防务承担的义务。其次，条约损害了日本的国家尊严与独立国家的自主性。突出表现在，条约第一条规定美军可以根据日本政府的要求，镇压日本的内乱；第二条规定未经美军同意，日本不得向第三国提供基地。其实对于美国来说，缔结条约的目的，实际上就是为了在结束对日占领后还能够继续确保在日美军基地。所以，在条约签订两年后，日本国内就出现了要求修改条约的呼声。经过多年的讨价还价，1960 年 1 月 19 日，日美两国在华盛顿签署了《日美共同合作和安全保障条约》，以取代旧安保条约。新安保条约增加了日本的独立性，提升了日本作为独立国家的地位，至少使日本在表面上看起来获得了与美国的对等地位。首先，新安保条约取消了旧安保条约中的"内乱条款"以及"基地条款"等不平等条款。其次，增强了日美"事先协商制度"，规定驻日美军军事部署及装备的重要变更和利用日本基地的作战行动，都要与日本政府进行事先协商。"军事部署的重要变更"是指超过陆军 1 个师、空军 1 个联队或航空队、海军 1 个特遣队的调动，"装备的重要变更"主要指把核弹头及中远程导弹运进日本以及与此相关的基地使用事项。第三，规定日美将随时就条约的执行情况以及在威胁出现时及时进行协商。第四，规定条约的有效期为 10 年，有效期满后，"缔约国的任何一方都可以把它想要废除本条约的意图通知对方，本条约在上述通知发出一年后即告失效"。

新条约的关键核心体现在第五条和第六条，特别是第五条成为日本之后抢占中国领土钓鱼岛及其附属岛屿的"救命稻草"。第五条规定："缔约国的每一方都认识到，对日本施政下的领土的任何一方发动的武力进攻，都会危及本国的和平和安全，将按照本国宪法的规定和程序采取行动，以应对共同的危险。"这使日本在日美军事同盟中的地位由从属关系上升为表面上的平等伙伴关系。同时，将日美"共同防卫"的地理范围确立为"日本施政下的领土"，使日本内心更多了一份"武力依靠"和安全感。第六条规定，"为了对日本的安全以及维持远东的国际和平和安全作出贡献，美利坚合众国的陆海空军被允许使用在日本的设施和地区"。从此确立了日本参与守卫本国的共同防卫，对日本以外的远东地区则以提供基地为限的基本框架。

（三）日美军事同盟的深化（1978～1990 年）

1978 年制定的《日美防卫合作指导方针》，实际上就是日美的联合作战计划。根据"78 指针"，日美军事同盟进入了实质性的军事合作阶段。

20 世纪 70 年代中期，远东地区的军事力量对比发生了较大的变化，美国整体实力衰退而苏联军事力量增强，呈现出苏攻美守的战略态势。在这种情况下，美国有意加强美日军事同盟以抗衡苏联，日本也积极谋求日美安保条约的具体化和有效化。经过两年多的磋商，日美制定了"78 指针"，该指针就预防侵略、日本遭受武力攻击以及远东地区发生对日本产生重要影响的事态时，日美两军的合作与分工做了具体的规定：

第一，规定了双方为预防对日本的武装入侵而应采取的措施。一方面，日本应在自卫所需范围内，保持适当规模的防卫力量，并确保美军稳定而有效地使用日本的基地和设施；另一方面，美国要在保持核威慑的同时，在前沿部署快速反应部队，并保持能够及时增援日本的其他兵力。

第二，规定了日美双方在"日本遭受武力进攻"时的共同行动。当日本受到武力进攻时，"有限的小规模的侵略"由日本独自排除；日本独自排除有困难时，美国给予必要的援助。作战分工是，日本自卫队负责日本领土及周边海空域的防御作战，美军负责攻势作战及对日支援作战。

第三，规定了在远东地区发生影响日本安全的事态时，日美两国要进行密切的合作，根据形势变化随时进行磋商，并事先研究采取必要的措施，以保证日本为美军前来支援提供必要的便利和条件。

在上述三项内容中，第一项有关"建立防止侵略于未然的体制"、第二项有关"日本受到武力侵略时日美采取联合行动"，由于主要涉及日本自卫队和驻日美军的合作问题，所以到 1984 年时，日美两军已制订了相应的联合作战计划；但第三项有关"远东发生不测事态时日美进行合作"只是笼统地提出日本要给美国提供便利，至于到底提供何种便利，则没有作出具体规定。

总体上看，在这一阶段，日美关系得到加强，日美军事同盟开始走向实质性合作。1979 年，当时的日本首相大平正芳访问美国时首次使用了"同盟"一词。1981 年铃木善幸首相访美，在与里根发表的共同声明中第一次公开明确了日美两国为"同盟关系"，表示日本作为"西方的一员"要在军事上与美方共同分担责任。关于"军事责任"，铃木在美国回答记者提问时明确表示："日本本土周围数百海里、海上航线 1000 海里属于日本的防卫范围。"1983 年，中曾根康弘首相访美时则表示要将日本建成"不沉的航空母舰"，以防止苏联"逆火式"轰炸机和军舰、潜艇的南下。这一系列表态明确表明了日本要为西方世界的安全作出更大贡献的立场。

二、冷战后初期：日美军事同盟的漂流和重新定位

冷战结束初期，日美军事同盟关系的发展演变可以划分为两个阶段，即摇摆漂流阶段和重新定位阶段。

（一）日美军事同盟的摇摆漂流（1991～1994 年）

1991 年 12 月，随着苏联的解体，相持四十余年的两极格局正式宣告结束。国际战略格局的这一巨大变化，使日本彻底摆脱了身处冷战前沿的"窒息般"的安全压力。在这一背景下，日本国内就防卫问题展开了激烈的论争。一部分人认为，苏联对日本现实威胁的消失，已然使日美军事同盟关系和日美安保体制失去了赖以存在的基础，日本自卫队应分阶段改为"国土警卫队"和"国际救援队"等，甚至还有人主张乘机解散本来就违背和平宪法的自卫队。与此针锋相对的另一部分人则认为，东北亚地区的局势并不稳定，那种日本在安全上已高枕无忧的想法是极其危险的。而对于美国来说，美苏两大军事集团对垒的冷战结构全面崩溃，使美国成为世界上唯一的超级大国，于是相应地开始调整其军事战略走向。其中，在亚洲，以对抗"苏联威胁"为最大存在价值的日美军事同盟，由于苏联解体而失去了共同的敌人，其存在的必要性开始受到怀疑。因此，在美国国内有相当一部分人认为日本对于美国的军事战略价值已经下降，甚至还有人认为日本已失去了作为军事同盟伙伴存在的必要性。

1991 年海湾战争爆发后，日本政府提供了 130 多亿美元的经费，并于战争结束后派遣海上自卫队扫雷部队赴波斯湾扫雷，在

执行联合国决议的名义上，显示了日本的国力以及配合多国部队军事行动的能力。但日本由于宪法制约而未能战时出兵，所以战后仍被指责为"出钱不出力"的"支票外交"，这一结果使日本受到极大冲击，并促使日本国会于 1992 年 6 月通过了《联合国维持和平行动合作法》（PKO），并于 3 个月后，依据"此法"派遣自卫队走出国门，1200 多名日本自卫队员前往柬埔寨参加维和行动。这期间，日美之间引发了一系列矛盾和龃龉。1993 年 9 月，美国在《全面防务审查报告》中提出了四大主要威胁，其中包括"影响美国国家安全的经济威胁"。经济威胁的提法加剧了日美贸易矛盾，引发了日美之间激烈的贸易战。美国对日本实行高压政策，要求日本让出一定的市场份额并制定具体的数值指标。在军事合作方面，美国国防部长阿斯平则专心于保证美国的高技术在日本的"不公正"竞争面前不被挖空，对日军事合作的重点就是要使与防卫有关的技术从日本流向美国，并将这种"以技术换技术"（TET）政策上升到"战略性技术政策"的高度。1994 年 2 月，日本第一次对美国说"不"。首相细川护熙访美时明确拒绝了美国关于确定日本从美国进口产品的数值指标的要求，日美谈判破裂。与此同时，美国对日贸易逆差达 660 亿美元，创历史最高水平。1995 年在进行汽车和汽车零部件谈判时，日本国民对日美同盟的支持率降到最低点。在这种情况下，日本军事合作也受到影响。克林顿政府的头两年，日美军事合作方面的唯一的动作就是"以技术换技术"。美国国防部宣布，如果没有某种日本的两用技术流向美国，那么在联合开发项目中，日本承包商将无法获得作为项目一部分的美国军事技术。这一政策的结果是使日美军事同盟关系滑向了低谷。

1994 年 2 月，日本首相成立了"防卫问题恳谈会"，其任务是重新研究"76 大纲"，并就制定新大纲提出建议。同年 8 月，恳谈会提出了《日本的安全与防卫力量的应有状态——对 21 世纪的展望》，也称"94报告"。该报告在突出美国核保护伞对确保日本国家安全的作用的同时，却将日本与东盟的"多边安全合作"置于日美安全合作之先，建议将联合国提升到与美国同等重要的"安全伙伴"地位，并对美国的安全承诺提出了质疑，强调要加强日本军事力量的自主建设与发展。这反映出日本对美国作为保护者的可靠性问题上日益增长的疑虑。

（二）日美军事同盟的重新定位（1994～1999年）

1994年7月美国五角大楼对日本防卫厅提供的"94报告"（初稿）进行详细分析后，得出结论：该报告是一个试探性气球，即是为制定新的防卫计划大纲做准备，又是试探美国未来是否真心实意地想保持强有力的日美安全合作伙伴关系。对此，美国认为必须以实际行动向日本表明，美国既不会退出亚洲，也不会采取降低美国对日本安全承诺的步骤。此时，知日派约瑟夫·奈已被确认出任助理国防部长，负责国家安全事务，他开始把提升日美军事同盟地位作为其首要任务。约瑟夫·奈认为，不能把美日关系当成冷战的遗物而加以摒弃，全球均势向亚洲倾斜，使得日本在美国军事战略中的地位未降反升，因此必须营造一种更为平衡的同盟关系以应对21世纪的发展变化。1994年，美国政府决定由国防部而非国务院主持制定对日政策。国防部立即采取了几项措施：一是与日本讨论制定新的防卫计划大纲对于美国的重要性，表示美国希望日本新的防卫计划大纲的基础是日美同盟而不是联合国或多边主义；二是获得授权进行部门间的亚太政策评估；三是进行美日对话，重新评估"78指针"。

由于美国的主动行动，日美两国对日美同盟进行了研究和反思，于1995年2月27日发表了《美国对东亚太平洋地区的安全战略》（简称"东亚安全战略报告"或"奈报告"），于3月1日发表了《关于日美安全关系的报告》。"奈报告"首先肯定了美国继续保持在亚洲军事存在的重要性，确认美国应保持大约 10 万美军的前沿军事存在。其次，强调了日美关系的重要性以及继续维持驻日美军基地的重要性。《关于日美安全关系报告》则强调，"没有比日美同盟更为重要的双边关系"，日美安全合作的目的之一就是支持日本在全球范围和地区范围内承担更大的责任。该报告还高度评价了日本对驻日美军的贡献，"日本根据日美安保条约给美国无偿提供了军事活动的环境，日本至今提供的援助比任何一个盟国都要慷慨"。上述两个报告的发表阻止了冷战后日美军事同盟关系的松散趋势。以此为开端，日美开始重申日美安全伙伴关系的重要性。日本在 1995 年 11 月 28 日正式通过的 "95 大纲" 中进一步加重了日美安保体制的分量，强调日美军事同盟关系对于确保日本的安全和周边地区的稳定不可或缺，并详细规定了日美两国在安全保障方面的具体合作领域。为了将这种共识转化为行动，日美两国首脑在 1996 年 4 月共同发表了《日美安全保障联合宣言》。宣言是日美对冷战后同盟关系进行反思并重新定位的结果。宣言称，在冷战期间，日美同盟对 "确保亚太地区的和平与安全发挥了作用"，今后 "日美之间的合作基础仍然牢固，在 21 世纪继续保持这种伙伴关系是十分重要的"。根据宣言的精神，为具体确定日美双方在同盟内的新使命和作用，日美两国着手对 "78 指针" 进行修订，并于 1997 年 9 月 23 日出台了新指针，即 "97 指针"。"97 指针" 进一步细化了日美军事合作，使日美军事合作进一步走向务实。"97 指针" 的通过也标志着日美实现了冷战后两者军事同盟关系的重新定位。

"97 指针" 出台后，由于该指针确定的日美两国军事合作原则与措施有许多方面与日本现行的法律、法规相矛盾或存在法律空白。为此，1998 年 4 月桥本内阁将 "97 指针" 的相关法案提交国会讨论，1999 年 5 月日本国会通过了 "97 指针" 的相关配套法案。这些法案主要包括两法一协定的 "一立二改"：《周边事态法案》是新设立的法案，规定了战时日本自卫队如何为美军提供后方支援；《自卫队法部分修订案》，规定日本"周边有事"时日本自卫队除出动飞机外还可派遣舰船赴海外撤侨；《日美相互提供物资与劳务协定修订案》，将原协定的适用范围从平时扩大到战时。

三、21世纪初：日美军事同盟的逐步强化（2000—至今）

"97 指针"相关法案生效后，"97 指针"从实质内容到所包含的政治含义都开始有法可依，日美军事同盟的强化也从政治意志转化为现实政策。在政策调整完成后，日美军事同盟关系开始进入实质性合作阶段。一方面，美国为了减轻财政压力，积极要求日本在日美军事同盟中承担更多的责任与义务。另一方面，日本也有意通过日美军事同盟关系借船出海，希望日本在日美军事同盟的框架之中，通过地区及国际合作而有所作为，扩大其在国际社会的影响力，为实现政治大国、军事大国的目标服务。

2001 年的"9·11"事件为日本的上述愿望提供了难得良机。事件发生不久，日本即以"反恐"之名，随即通过了《恐怖对策特别措施法案》，为在战时将日本自卫队派往海外提供了法律依据。《恐怖对策特别措施法案》的出台，标志着日本安全政策出现了重大变化，使日美军事合作从政策变为行动，日本决心通过在日美军事同盟中有所作为来逐渐解除国内对军事力量发展的各种限制，增加军事力量在安全战略中的分量。该法使日美军事同盟至少出现了两点重大变化：一是使日本为美军提供后方支援的范围已经不再受地理范围的限制，即由之前《周边事态法案》规定的日本军队可在日本周边公海之内为美军提供后方支援，扩大为可派兵到所有国际公海、上空和当事国同意的外国领土，开辟了日本军队在战时可以全球派遣之路；二是降低了对美支援的批准门槛，即由之前的日本自卫队对美军实施支援前必须事先征得国会认可，降低为首相向日本自卫队发出实施命令后的 20 天内取得国会的"事后承认"即可。2003 年 6 月日本通过《武力攻击事态法案》，为出动自卫队协助美军干预海外事务提供了法律依据；同年 7 月，日本通过了《伊拉克重建支援特别措施法案》，首开战时直接向冲突地区派遣日本自卫队之先例，同时为日本在不经联合国授权和冲突当事国政府认可的前提下实施自卫队的海外派遣打开了法理之门。2005 年 2 月，日美发表安全保障磋商"2＋2"会议声明，首次把台湾问题列为日美共同战略目标之一，公开表明了日美武力干预台湾问题的意图。2006 年 6 月，日美发表《新世纪的日美同盟》共同宣言，明确将日美两国军事合作范围扩展到全球，这标志着日美军事同盟的任务正式转向"全球干预"。在"10 大纲"、"13 大纲"中，日本都再次确认和强调了日美军事同盟的核心支柱地位。从 2012 年开始，日美两国防卫当局加紧了重新修订《防卫合作指导方针》的研究论证和具体操作工作。2014 年 4 月，在美国总统奥巴马结束访日之际，日美发表联合声明，除了一致声称对中国划定东海防空识别区导致东海、南海紧张气氛升级感到强烈担忧外，还表示欢迎日本解禁集体自卫权，并且首次明确《日美安保条约》第五条适用于包括钓鱼岛在内的所有日本施政下的区域，美国反对任何单方面损害日本针对钓鱼岛施政的做法。

概括起来，21 世纪初日美军事同盟的强化主要表现在以下方面：

第一，日美军事同盟的定位由"地区主导"转向"全球干预"。"9·11"事件后，不同地域的恐怖主义、核扩散、台海局势等安全方面的因素，促使日美两国开始明确地将日美军事同盟作为主导地区安全的基本框架。在 2005 年日美"2＋2"会议上，双方提出 12 项"共同战略目标"。2006 年 6 月，日美发表的《新世纪的日美同盟》共同宣言，将日美防卫合作范围进一步扩大到全球。2011 年 6 月日美 "2＋2" 会议确立了 18 项双边、地区和全球共同战略目标。这表明日美军事同盟已由着眼亚太的 "区域主导"正式转向面向世界的 "全球干预"，并试图成为世界秩序的管理者和主宰者。这一定位赋予日本的职责已大大超过 "专守防卫" 而向着行使 "集体自卫权" 过渡。这标志着日本自卫队将在更大范围和领域内参与美军的全球军事干预行动，将从根本上突破日本宪法第 9 条关于日本 "不得向海外派兵和行使集体自卫权" 的规定。

第二，日美军事同盟的分工由 "美主日从" 转向 "美日一体"。日本在日美军事同盟内的地位与作用不断得到提升，这是日美安保体制发展的一个基本趋势。"9·11" 事件后，日美两国根据驻日美军基地调整后的格局，双方在共同使用基地设施、联合军演、情报共享等诸多领域展开密切合作。随着在战略安全上的主动色彩大为增强，日本已从受保护的 "小兄弟" 角色上升为与美国联手干预的 "平等伙伴"。在此过程中，日本自卫队越来越多地开始发挥 "矛" 的作用，而不仅限于 "后方地区支援"。从日美军事同盟的分工合作态势上讲，日美两国的战时分工已从 "美军主攻、日军助攻" 向日美 "联手干预、联合进攻" 迈进。

第三，日美军事同盟的防卫对象由 "突出朝鲜" 转向 "强调中国"。从 "04 大纲"、"10 大纲"、"13 大纲" 关于威胁判断的描述我们不难发现，尽管日本表面上一直强调朝鲜的核开发和弹道导弹威胁等是日本面临的直接威胁，但透过文字表述可以清楚地看到，日本用来渲染中国威胁的笔墨正在大幅增加，手段也更加多样化，这表明日本已开始将中国作为一个现实中的主要威胁和作战对手。与此同时，日本开始将西南诸岛方向作为日本军事战略的重点，加强兵力调整部署，组建并加紧充实专门的岛屿防卫部队。特别是继 2010 年 "钓鱼岛撞船事件" 以后，2012 年 9 月日本政府又悍然将钓鱼岛实施"国有化"，导致中日之间围绕岛屿争端的矛盾严重激化。在这种情况下，日本为了维护自身利益、抗衡中国的领土要求，开始愈加借重日美军事同盟关系，试图凭借美军协防这根"救命稻草"达到长期强占钓鱼岛及其附属岛屿的目的。近两年来，日本安倍政府一直借助各种场合多次渴求甚至逼迫美国政府表态支持日本。2014 年 4 月，奥巴马访日前夕和访日期间，公开表态美国将协助日本防卫钓鱼岛，声称钓鱼岛问题适用于《美日安保条约》第五条，这是美国总统首次就中日钓鱼岛及其附属岛屿主权争议问题明确立场。对此，安倍政府如获至宝，"拿鸡毛当令箭"，进一步加快了解禁集体自卫权和加强自身军力建设的步伐。可以说，美国政府的上述表态，很可能会促使日本未来在钓鱼岛争端问题上采取更加嚣张、更加危险的挑衅行动，这势必会严重威胁中国的国家安全和核心利益，也将对亚太地区乃至世界的和平与安全造成非常恶劣的影响。

第二节　日美强化军事同盟关系的战略思考

一、日美的共同战略利益考量

维系同盟的核心在于共同利益。日美同盟在维护地区及全球利益、防范和遏制中国、打击恐怖主义、确保海上运输安全等方面具有共同利益。从日美军事同盟不断强化的过程来看，其动力主要来自三个方面：美国全球军事战略的调整，日本借助与美国军事合作加快走向"正常国家"的步伐，以及对中国军事能力增强的疑虑。可以说，日美军事同盟的强化，既是双方地区战略和全球战略调整的结果，更是出于各自战略利益的考量。

按道理说，日美军事同盟是冷战时期的产物，它本应随着冷战的结束而退出历史舞台，但是这种军事同盟关系在冷战结束后并没有消失或减弱，反而得到了加强和发展。显然，这是日美双方共同利益的需要。因为日美双方都认为，这种关系的加强对维护日美两国的国家利益至关重要。从美国方面来说，冷战的结束，为美国称霸世界提供了机遇，但是仅靠美国自身的力量还无法实现这一野心。在亚洲，它需要借助世界第三大经济体日本的力量来实现它的企图。此外，出于为了西化和分化以及牵制中国等社会主义国家，也为了牵制日本，不使其毫无约束地发展军事力量，特别是大规模的战略进攻性力量，防止其最后成为美国的严重威胁等多种考虑，美国需要通过发展和加强日美军事同盟关系，在该同盟的框架内规范和限制日本军事力量的过快过大发展。从日本方面来说，冷战的结束，使日本所面临来自苏联的直接和现实的威胁消失了，而美国成为了世界上唯一的超级大国，在可预测的未来，世界上没有哪一个国家能够取代美国的霸主地位和领导作用。但由于日本认为朝鲜半岛和台湾海峡可能会出现的不可预测的局势变化等复杂因素有可能威胁到日本的生存和发展环境，而且日本要实现政治大国的战略目标也需要美国的多方帮助和力量支持，所以日本需要美国在亚洲保持其前沿军事存在，以维持这一地区的力量均衡和稳定。从军事战略的角度来说，日美军事同盟关系属于战略协作的范畴，而强化日美安保体制，逐步扩大日美安全领域的合作正是日本调整其军事战略的一个明显特征。坚持日美安保体制又是日美合作的政治基础，也是日美同盟关系的核心。冷战结束后，日美军事同盟关系有过漂流期，曾经受过新的考验，面临过新的抉择。但经过利弊权衡后，日美双方很快就决意要继续深化日美安保体制，加强军事同盟关系。显而易见，这种军事同盟关系的强化对维护日美两国的国家利益和确保双方的军事战略需要都至关重要。日美双方认为，美日防务合作的强化将确保美日军事同盟依然是地区稳定之锚。经过不断调整和强化，日美军事同盟的性质已发生了质的变化，并对亚太地区的安全与稳定产生更加深刻的影响。

二、美国的战略意图与思考

作为美国全球战略的两个支点，美日同盟和美欧同盟构成了美国同盟体系的核心，是其谋求欧亚大陆主导权的重要工具。从美国方面看，其对美日军事同盟进行调整和强化，主要出于以下战略考虑：

（一）使同盟全球化，为美国的全球战略服务

维护美国的霸权地位是冷战后美国国家利益的重要内容。尽管美国经济、军事和科技实力在当今世界无可匹敌，但要称霸世界仍显得力不从心。美国希望根据新的威胁和国际形势重新定位和履行同盟义务，以分担负荷，为保持美国的霸权服务。对美国来说，一个重新武装起来的日本可能更符合美国的利益，尤其是在对付朝鲜和中国方面。从 2005 年 2 月美日公布的"共同战略目标"看，明确界定了日美同盟的全球性质，其全球共同战略目标主要包括：促进人权、民主和法治等基本价值观，加强美日伙伴关系以谋求其在全球的利益，阻止大规模杀伤性武器扩散，消除恐怖主义等等。与此相适应，美同盟体系正超越双边，向全球盟友模式过渡。

（二）维护和谋求美国在东亚地区的战略利益

维护在东亚地区的最大利益一直是美国东亚政策的目标。对美国来说，日本强大的经济和军事实力，以及 50 多年来同盟关系的经验积累，使日本成为美国东亚战略的支撑点。美国在东亚的战

略利益主要有三点：一是防止任何一个国家支配这一地区，阻止针对美国的霸权国家或联盟；二是使这一地区保持适当程度的秩序（即对美有利的秩序），以击败一个拥有强大的"反介入"和"区域拒止"能力的对手，确保美国的有限介入；三是维护经济利益，确保美国的自由贸易和国家繁荣。以布热津斯基和基辛格为代表的"维持同盟现状派"认为，当前的同盟能最好地为美国服务。因为美军可以使用日本的基地，对亚太及其更远的地区突发性事态迅速作出反应。同时，美国对日本及其他亚洲盟国的安全承诺能使日本安心地秉承适度的防卫政策，又使对日本战略意图和野心心存疑虑的亚洲国家感到放心。可以说，作为区外大国，日美军事同盟是实现美国东亚战略目标的重要支柱。

（三）防范和遏制中国崛起

美国认为中国的崛起是对其东亚领导地位的最大挑战。美国把中国视为最有潜力与美国展开军事竞争，并把破坏性军事技术投放战场，以抵消美国传统军事优势的处于"战略十字路口"的新兴大国。美国的目标是使新兴大国的战略选择能够服从美国的需要，确保没有任何外国势力能够在地区或全球安全中成为主导性力量。2010 年美国提出，应将美海军 60％的核潜艇部署到太平洋海域，11 艘航母中至少有 6 艘能随时在太平洋地区投入战斗。2011 年 2 月美国新公布的《国家军事战略报告》中，明确将战略关注点指向亚太，提出"打赢、慑止、合作和准备"的新军事战略目标，将中国作为美军的重点防范对象。2012 年 1 月 5 日，美国总统奥巴马率领他的国防团队在五角大楼正式宣布美国军事战略重心转向亚太，并发布了题为《维持美国的全球领导地位：21世纪美国国防的优先任务》的报告。2012 年 6 月，时任国防部长帕内塔在香格里拉会议上宣布，未来八年里，美军将进一步把60％的海军舰艇部署到亚太地区。2013 年 6 月，国防部长哈格尔再次确认了这一目标，并明确美国空军的主力战机未来也将进一步向亚太地区倾斜部署，以实现"亚太再平衡"战略。可以说，近年来，美国拉日本参加导弹防御系统、将战略重心由大西洋向太平洋由欧洲向亚洲转移、推动美日韩、美日澳等多边军事联盟的发展等一系列举措，都包含着从军事上围堵和遏制中国，阻止中国成为地区主导性力量的意图。

（四）制约和限制日本过度发展军力

日本利用日美军事同盟关系，从一个被占领、被控制的国家发展成为了一个谋求控制亚太乃至主导全球事务的大国。但是美国强化日美同盟关系，提升日本在同盟中的作用和对日本提供支持是有前提条件和有限度的。"前提条件"是日本要与美国保持战略上的一致性，不能放任自流；"有限度"是指日本的行为不能冲击或打乱美国在亚太和世界的战略利益和部署。同时，美日安保体制的另一个重要作用在于美国要在战略上制约日本，加强对日本的控制，保持美在日的军事存在，使日本成为服务于美国争霸世界的重要棋子。美国绝不会同意日本过度发展军事力量，不希望日本的军事实力发展壮大到超出其控制范围并与之竞争的地步，更不会允许在亚太和世界范围内出现一个挑战其霸主地位的日本。美国对日本的要求是：日本必须在美日安保体制的框架内发展有限的常规军事力量，防止其发展战略性军事力量，包括核力量；日本军事力量必须配合和支持美国的海外军事力量，不能背着美国另搞一套，更不能同美国对着干，与美国争夺亚太地区的安全主导权。美国认为，"一个迷失方向的日本，犹如一条在沙滩上搁浅的鲸鱼"，将是十分危险的，"这将破坏亚洲的稳定，导致美国在亚太地区的作用寿终正寝"，"也将排除在整个欧亚大陆建立由美国安排的政治均势的可能性"。可见日美同盟的继续存在也是对日本的约束和规范，有防止日本军国主义再起，以及维持东亚地区的力量平衡的意图。

三、日本的战略意图与思考

日美同盟是日本一切对外关系的基石，在国家安全战略中处于核心地位。从日本方面看，强化日美军事同盟主要出于以下几点考虑：

（一）依托日美军事同盟，谋求成为政治军事大国

成为政治、军事大国，是 21 世纪初日本的重要战略目标。随着战后新生代的掌权和保守势力的得势，这一要求更加迫切。而日美同盟无疑为日本实现上述目标提供了依托和重要平台。从目前看，日美同盟的强化至少在三个方面有利于实现日本的目标：一是提高日本在同盟中的地位；二是提高日本的军事实力、军事行为能力和国际地位；三是缓解其他国家对日本走向政治军事大国的疑虑。因此，日本选择军事上超强的美国，在同盟的旗帜下，广泛地参与地区和全球事务，一步步拓展自己的国际空间和军事实力。日本近几任首相都在强调要加强"世界中的日美同盟"，这既是迎合美国的战略需求，也是为日本自身的战略目标服务。

（二）塑造稳定的地区安全环境，保障日本"海上生命线"安全

作为资源极度匮乏的经济大国，日本 90% 以上的石油和矿物质需要进口，因此经波斯湾的西南航线被称为日本的"海上生命线"之一。鉴于亚洲邻国对日本军事发展动向非常敏感，日本借助日美军事同盟关系，采取了与美国联合行动，维护海上安全，甚至争取在有争议的钓鱼岛、东海争端等问题上取得美国的支持。

从 2006 年开始日美多次举行"铁拳"夺岛两栖登陆作战演习，均以中国为假想敌，目的就是加强在钓鱼岛等争端岛屿对中国的防卫能力。在"10 大纲"和"13 大纲"中，日本都将营造地区乃至全球安全环境列为主要目标之一，从而使日本的战略利益需求扩展到亚太乃至全世界。同时，配合美军战略重心向亚太转移，日本加强了针对中朝的兵力部署调整，将西南诸岛作为重点防卫方向（除加强警戒监视兵力，将潜艇由 16 增至 22），力求确保其"海上生命线"的绝对安全。

（三）以协助美国反恐为名，借船出海，实现海外派兵

不断强化日美军事同盟可以说是日本防卫理念的基石。为此，日本还借日美军事同盟之名积极推进海外派兵的扩大化，密切与东南亚国家的合作。"9·11"后，日本为实现向印度洋派遣自卫队，修改了《PKO 法》和《自卫队法》，制定了《反恐特别措施法》。2003 年伊拉克战争爆发后，日本为了合法地给美国提供后勤方面的援助，制定了"有事三法案"和《支援伊拉克重建特别措施法》。2004 年度的日本《防卫白皮书》首次把国际合作行动称为自卫队的一个"基本任务"。2007 年 1 月防卫厅升格为防卫省。与此同时，参议院防卫委员会通过了把自卫队的海外派兵作为常规任务的法案。2009 年开始日本又以协助美军打击海盗为名，常态化地将日本海上自卫队军舰和人员派往印度洋，并在非洲国家吉布提建立了战后的第一个海外军事基地。随着日本自卫队国际活动空间的扩大，日本强调在军事方面要作出与其经济大国地位相符合的国际贡献。可以说，日本通过向海外派兵，在军事上向成为正常国家又迈进了一步。而且，日本明确提出要在亚洲反海盗和打击海上恐怖主义的体制中发挥主导作用，以情报共享中心的支配者的身份来构建东南亚各国军事合作体制。日本目前正试图通过此举把军事力量渗透到南亚海域，特别是马六甲海峡以及印

度洋海域。

（四）牵制中国，争取地区事务主导权

随着中国实力的上升，日本对中国崛起的担心和警惕与日俱增。在"04大纲"中，日本首次提到要关注中国的军事现代化建设及海洋活动扩大等动向。在"10大纲"中，日本指出"中国持续增加国防费，全面快速推进以核、导弹和海空军为核心的军事力量现代化，大力加强远程投送能力建设，在日本周边海域活动日趋扩大和活跃，已成为地区和国际社会的忧虑"。在"13大纲"中，日本以"中国近年来不透明地快速提升军事实力、在东海和南海采取以实力改变现状的强势行为"为借口，把中国作为"影响地区和世界安全的隐患"。虽然从字面上来看，中国是仅次于朝鲜的日本第二位防范对象，但综合分析"13大纲"提出的建设方向、兵力部署、装备重点、核心作战能力建设等内容可以判明，朝鲜只不过是日本全面提升军事实力的一个表面借口，而中国才是日本未来作战准备的真正对象。由此可以看出，日本视我为战略对手的意图已经更加明显。日本在美国的推动下借助日美军事同盟关系不惜介入台海问题，与美国合作研发和部署导弹防御系统，就是为了加大对中国的牵制。

纵观东亚国际关系的历史长河，中国在相当长的时期内占据主导地位，而日本只是在明治维新后才逐步取得优势地位。目前中日两国处于两强并存时期，这在历史上从未有过。对中国的崛起，日本充满了焦虑和不安，为此日本通过强化日美同盟，加强与印度、澳大利亚、韩国等国的外交，展开与中国的战略竞争，极力争夺地区事务主导权。目前，日本正以日美军事同盟为后盾，不断挑起事端，为在钓鱼岛、东海、南海争端等问题上向中国发起挑战而加紧进行着军事准备。

可以说，日美军事同盟的强化表明，美国就是要让日本成为美

国在东亚地区的一个战略据点，制衡中国并消除美国可能在东亚面临的挑战和威胁，保障美国在东亚乃至全球的战略利益。日本则希望利用日美军事同盟来扩大自身的影响力，加快发展军事力量，同美国一道主导亚太乃至世界的安全事务，在与中国的角逐中获得更多的战略支撑，早日成为政治军事大国。

第三节　日本竭力强化日美军事同盟关系对中国安全的影响

近年来，日本不断通过调整军事战略方针，强化日美军事同盟关系，深化日美安保体制等举措，来加强对周边及地区安全事务的军事介入准备。日本军事战略的外向型发展以及日美军事同盟关系的强化，对我国安全已构为严重威胁和挑战，其影响主要体现在以下几个方面：

一、牵制我解决台湾问题，迟滞两岸统一进程

近年来，"以台制华"一直是日美对华战略的重要内容之一。特别是对于日本来说，台湾有着不可割舍的巨大价值和深远战略意义。由于支撑日本国家经济命脉和国民日常生活的重要资源、原材料及汽车和船舶等工业产品市场都依赖国外，保障海上航线的安全在一定意义上说就是"保命"，因此台湾对日本来说至关重要。台湾地处日本海上航线的要冲。日本最重要的西南航线正好通过台湾海峡，被称为日本的生命线，日本所有的船舶都经过马六甲海峡和巽他海峡，再经由巴士海峡、台湾海峡或台湾东海域沿琉球列岛至日本。因此，日本一贯强调台湾海峡在日本海上航

线安全中的极端重要性。为了确保台湾海峡的自由使用权，日本并不希望中国海峡两岸统一，希望台湾维持"不独、不统"的现状，日本认为这种现状不仅能确保日本在台湾海峡的重要利益，也能最有效地牵制中国向太平洋发展。对于中国来说，台湾的战略意义也极为重大。中国位于太平洋西侧，被周边国家包围，处于半封闭状态，只与太平洋相接，中国要想走向海洋离不开太平洋的重要航线。自中华人民共和国建立以来，美国就一直利用日本西南诸岛、台湾、菲律宾和马来西亚等国家和地区的地理条件，构筑"岛链"对中国进行海上封堵。因此，中国要向太平洋发展，就必须突破日美的岛链封锁，处于关键位置的突破点恰恰就是台湾。而且，台湾当局在对东海海域和南海海域实施管理和维护其安全，以及维护关系到中国长久发展的海上通道的安全方面都将发挥重要作用。

在军事方面，近年来，日本加强常备军事力量建设以应对台海突发事件，继20世纪90年代日美明确防卫合作范围包括台湾海峡以来，日本除加强与美军在台湾海峡附近多次举行军事演习外，2005年2月发表的日美"2＋2"会议声明中，更是首次公开把干预中国的台湾问题列为日美共同战略目标，并致力于构建事实上的美日台军事同盟或准同盟；从2007年开始，日美又着手制订针对台海冲突的应急行动计划；2011年6月在日美"2＋2"会议上，双方再次明确了将"共同牵制中国"作为战略目标之一。目前，在台湾问题上，日美采取的措施主要有三项：

第一，调整军事部署和作战重点方向。继2010年以来，美国按照军事战略重心转向亚太的要求，加强驻日美军的调整配备，并加快了美日军事一体化的步伐。目前美国除继续保持大量美军的前沿存在外，还在亚太地区部署了大量的最先进的海空武器装备，其中包括1个航空母战斗群、数艘"宙斯盾"驱逐舰，以及相当数量的攻击型潜艇、F－22"猛禽"战斗机和MV－22"鱼鹰"

运输机等世界最先进的武器装备。日本则以西南诸岛为作战重点方向，由北向南、由东向西进行兵力部署调整，计划在距台湾仅100海里的下地岛建军用机场，并准备在距台湾仅110公里的与那国岛兴建雷达基地，这其中既为剑指中日争端的钓鱼岛，更包含着武力干预台湾问题的企图。2012年，日本政府进一步明确将动用15亿日元在与那国岛建设自卫队驻地和雷达沿岸监视设施，并计划从2014年起派驻约200名官兵，专门用来监视中国。2014年4月1日，日本防卫大臣小野寺五典亲临与那国岛参加了该雷达基地的开工奠基仪式。目前，日本已成为美军在东亚的前线作战指挥中心，日美军事指挥和作战系统进一步实现了一体化。

第二，为干预行动制造法律依据。为了便于在日美军事同盟的旗号下更好地协助美军干预台湾问题，日本近年来一直在积极寻求机会谋求干预行动的立法支持。"9·11"事件后，日本借反恐之名，在推出《恐怖对策措施特别法案》之后不久，在2003年终于把干预台海危机的行动写进《应对武力攻击事态法》中，从而以国内立法的形式为必要时出动自卫队干预台湾问题提供了法律依据和法理支持。

第三，以台海危机为背景，频繁进行针对性军事演习。由于台湾处于日美封堵中国的第一岛链的重要"链环"，因此近年来的日美联合军演都非常重视海峡封锁、重点区域反潜科目的演练，有针对性地强化了对中国潜艇等冲出日本、台湾、菲律宾等构成的第一岛链的封锁能力。以2008年日美海军联合演习为例，演习期间，日本海上自卫队出动大批P－3C反潜巡逻机，重点在大隅、津轻、对马三海峡以及西南岛屿进行了阻止潜艇通峡的反潜战演练。演习出动反潜机之多，以及配合水面舰艇进行搜潜演练，都是近年来此类演习中很少见的。这充分体现了自2004年11月中国海军潜艇越过岛链误入日本海域后，日本更加重视阻止敌方潜艇突破第一岛链东出太平洋的反潜作战，为日美进一步实施对华封堵战略提供有力支持。① 在 2010 年 12 月举行的日美联合 "利剑" 演习中，日本动用陆海空自卫队 3 万多人，以及 40 艘舰艇、250 架飞机；美国派出陆海空军等 1 万多人参加，出动了包括 "华盛顿" 号航空母舰在内的约 20 艘舰艇和 150 架飞机。演习区域覆盖日本本土和周边海空域，从北海道一直展开到冲绳，重点区域则设在冲绳这一敏感海域，科目包括应对周边危机、导弹攻击、岛屿入侵、海峡封控等，目的是提高日美应对周边事态的联合作战能力。参演兵力之多、规模之大、范围之广均创下史上之最。从演习的科目和目的看，防范和震慑中国、朝鲜的意图十分明显。2012 年 12 月的日美联合 "利剑" 演习，也大体维持了这一规模，只是演习的立案企图、科目设置、重点演练内容等更具针对性，更加突出岛屿封控和海峡封锁作战，其武力介入台湾问题的指向性更加凸显，实战操作性也越来越强，对我祖国统一大业构成严重威胁。

可见，随着日本军事战略调整更加强调主动攻击性以及日美军事同盟关系的不断强化，很可能会诱使台海问题重新进一步复杂化，加大我解决台湾问题、实现祖国统一的难度。目前，种种迹象表明，在亚洲国家中，日本政府在台湾问题上表现得最不友好，未来可能成为中国核心利益的最大挑战者。从中长期看，一旦日本完成修宪并可以行使与美联合作战的 "集体自卫权"，将意味着日本有可能重返类似战前的结盟模式。而美国得到日本更大的军事支持后，在国际上采取军事冒险的危险性也可能增大。

对此，我应积极筹划，逐步加强海峡两岸的政治经济文化交流与合作，发展台湾岛内的爱国力量，同时还应充分做好日美军事干预情况下的反台独军事斗争准备，并适时表达我武力止独、武力促统、捍卫国家统一和领土完整的坚定决心。

---

① 《21 世纪日本对外战略研究》，军事科学出版社，2012 年 7 月，第 136 页。

二、威胁我海上安全，压缩中国海疆战略缓冲

在日本的海洋战略中，中国是未来的战略对手。由于受马汉海权论的影响，日本认为如果陆地出现了一个排他性的强权大陆国家，这个国家独占资源，不与海洋国家进行贸易，那么海洋国家将无法生存，而且这个大陆国家还有可能开始侵略海洋国家。日本是一个海洋国家，中国是一个大陆国家，如果中国向海洋方向扩张，控制了东海和南海，那么就会威胁到日本赖以生存的资源和海上生命线。因此，遏制大陆国家中国的海洋战略，是日本永远不变的主题。

目前，中国面临的海上安全威胁主要来自南海和东海两个战略方向。

首先，关于南海方向的海上安全威胁。在这一战略方向上，主要是由于美日的介入使本以趋缓的南海形势重新复杂化。冷战结束至今，日美一直仍未改变冷战思维，还在积极插手南海问题，只不过借口已从"遏制共产主义扩张"转为"维护南海航行自由"。"9·11"事件后，日美都加大了对海上安全的关注。2005年2月，日美将海上安全确定为双方的地区共同战略目标。近年来，日美通过与东南亚国家举行的各种联合军演，如美泰为主的"金色眼镜蛇"、美菲"卡拉特"、美日澳等为主的"环太平洋"年度综合演习等等，一方面提高与盟国及相关国家的协同作战能力，另一方面提高威慑力，吓阻可能出现的挑战者。从2010年开始，美国总统奥巴马、国务卿希拉里以维护海上航行自由为借口，多次公开表示对南中国海利益纷争的关切，表达了美国的介入之意，试图使南海争端国际化，并借此保持美国在东亚的主导地位，达到制衡中国，同时改善与东盟之间关系的目的。2011年11月17日，奥巴马在澳大利亚达尔文的美军基地宣布，将在之后5年内在

澳大利亚部署 2500 名海军陆战队员，这标志着美澳实质性地深化两国军事联盟关系。尔后不久又宣布将在澳大利亚南端的科科斯岛部署美机的"全球鹰"无人机，目的之一就是监控南中国海水域军舰和飞机的动向。2014 年 4 月 28 日，奥巴马访问菲律宾期间，宣称美国保护菲律宾的承诺永不背弃，美菲还签署了旨在强化美军在菲律宾存在的《加强防务合作协议》，使美军重新在菲律宾驻军常态化。美国媒体称，这一新协议允许美国增加驻军，将使菲律宾增强防御能力，并成为奥巴马"重返亚太"政策的一部分。而日本则利用反恐战争之机，不仅实现了海外派兵，近年来也开始积极扩大在南中国海的影响。日本外务省发言人甚至宣称，《有事法案》的判定范围不仅包括台湾和钓鱼岛，还应该包括南海。尤其需要警惕的是，日本非常重视在日美安保体制下的海外派兵和参与国际海洋安保体制合作。目前日本采取的主要举措有：一是通过"金元外交"积极拉拢东盟国家，试图使东盟国家联合反对中国在南海的正当权益，在 2013 年 12 月的日本与东盟国家首脑特别峰会上，日本承诺向东盟国家提供多达 200 亿美元的援助。二是通过向与中国在南海存在岛屿主权争端的相关国家如菲律宾、越南等提供军事装备、人员培训和技术支持，以及加强军事合作交流等方式，谋求提高这些国家在南海同中国进行抗衡的军事能力。2013 年安倍访问菲律宾期间，再次明确承诺将向菲律宾无偿提供援助 10 艘巡逻艇，以进一步增强菲律宾对南海岛屿的防控能力。可以说，日美上述举措的真实目的，就是要借南海岛屿争端问题制衡中国。三是借口维护海上航线的安全，利用经济和技术上的优势，企图把实力渗透到包括马六甲和巴士海峡在内的海上要冲，介入到这两个海峡的安全保障中去。而中国的对外贸易和石油进口 90％以上都经由马六甲海峡，日本的上述动向明显会对中国的海上航线安全和海洋活动造成不利影响甚至威胁。

其次，关于东海方向的安全威胁。目前，我国在东海方向面临的安全威胁主要来自日本，这背后自然也有美国因素的影响。东海方向当前的矛盾焦点集中体现在钓鱼岛及其附属岛屿的主权争端上。日本现行军事战略中把我收复钓鱼岛视为威胁之一。众所周知，钓鱼岛及其附属岛屿是中国最早发现、开发并通过先占取得主权，隶属于台湾宜兰县，自古以来就是中国的固有领土。从1372年起中国明清两代册封使就把钓鱼岛作为出使琉球海上必经之路的标志。早在1403年有关中国海上航路的《顺风相送》一书就记载有钓鱼岛。1971年12月，中国外交部发表声明称："钓鱼岛、黄尾屿、赤尾屿、南小岛、北小岛等岛屿是台湾的附属岛屿。它们和台湾一样，自古以来就是中国领土不可分割的一部分。"已故日本历史学家井上清生前曾指出，"钓鱼岛等岛屿最迟从明代起便是中国领土。这一事实不仅是中国人，就连琉球人、日本人也都确实承认"。2014年3月11日，由好莱坞著名导演克里斯蒂·里比拍摄、蒙纳瑞克斯电影公司制作的纪录片《钓鱼岛真相》在美国洛杉矶比华利山举办首映，该影片用史实和例证再次证明了钓鱼岛自古以来就是中国的固有领土。但是，对于历史如此清晰的钓鱼岛，日本政府却罔顾历史事实，一直宣称对钓鱼岛拥有主权，安倍内阁甚至颠倒黑白地妄称"尖阁诸岛（即钓鱼岛及其附属岛屿）是日本固有领土"。1972年9月中日建交时，两国领导人关于钓鱼岛问题曾达成"搁置争议"原则。但自20世纪80年代探测发现钓鱼岛所在的东海海域蕴藏大量海底能源后，日本政府就开始采取措施加强实际控制，并试图最终占据钓鱼岛。特别是近年来日本政府更是动作频频，屡次破坏"搁置"原则。通过将钓鱼岛灯塔收归国有，把钓鱼岛的管理权从民间收归政府，甚至将钓鱼岛的所谓"所有权"实现国有化等等一系列手段，试图改变钓鱼岛及其附属岛屿自古以来就是中国固有领土这一事实，达到最终逐步占有的目的。2012年以来，日本政府借助右翼分子的购岛造势，全然不顾历史事实和中国政府的反对，公然挑战二战后的国际秩序，悍然实现钓鱼岛"国有化"，并采取一系列升级措施，导致钓鱼岛局势日趋紧张和严峻。日本采取的措施主要有：

第一，制订钓鱼岛作战方案，加强"夺岛"实兵综合演练。从2005年日本泄露的"西南诸岛有事"计划看，日本在钓鱼岛问题上已抱有不惜与中国一战的决心。该计划以中日在钓鱼岛问题上产生敌对为背景，如果判断有事，将派遣驱逐舰、战机和5.5万名陆上自卫队员和特种部队担当守卫任务。另据日本右翼媒体《产经新闻》2012年5月9日披露，早在2011年11月自卫队举行的陆海空联合演习中，日军就模拟了中国占领钓鱼岛的情况，并制订了详细的夺回钓鱼岛的"西南岛屿防御"作战方案。演习设想中国首先利用伪装渔民非法登陆，然后中国海军派遣舰艇前往当地海域，并部署了两栖部队和机降部队。中国战斗机成批入侵九州地区周边的日本领空。对此，自卫队开展五个方面的作战行动：陆上自卫队的联合运输和机动部署，防空作战，反舰作战，保卫自卫队和美军设施，在钓鱼岛登陆作战。其中的具体过程是，在中国"非法"登陆后，一旦确认中国的海空军行动体现了"国家意图"，海上自卫队将用两栖运输舰运送担任岛屿防御任务的核心部队"西部方面队普通科联队"前往钓鱼岛，并通过登陆作战击退中国两栖部队和机降部队；在防空和反舰作战方面，海上自卫队将投入佐世保基地的舰艇，航空自卫队将投入福冈县筑城基地、宫崎县新田原基地和冲绳县那霸基地的战斗机。在防空作战中，为了应对中国的导弹攻击，航空自卫队的"爱国者—3"导弹部队与陆上自卫队防空部队将加强联合行动。日本认为，虽然在假想场景中由自卫队单独作战，但实际有事时还会有美军参加，因此作战力量将更为强大。2012年8月12日，日本自卫队统合幕僚长岩崎茂下令针对中国不同程度的可能侵犯行为，加紧制订各种情况下更为详细的尖阁诸岛作战计划。特别是从2006年至今，日美每年都举行代号"铁拳"的联合夺岛登陆演习，重点演练日本自卫队在美军面对面指导、手把手教练下如何夺占和防卫岛屿。有日本媒体指出，"铁拳"系列演习指向就是"夺占钓鱼岛"。2012年2月日美在钓鱼岛附近和东海海域进行联合演习；2013年1月，日本自卫队与美国海军陆战队在美国西海岸的加利福尼亚近海的一个小岛举行联合夺岛实战演习，此次军演规模最大，自卫队参加人数和投放武器也最多；2014年2月，日本陆上自卫队与美国海军陆战队再次在美国加州彭德尔顿基地附近演练了如何登上并夺回被占岛屿。日本媒体认为，日美联合夺岛军演的目的是向中国彰显日美在冲绳、西南诸岛的联合军事存在，检验联手"保钓"的作战能力，以形成对中国的威慑力。值得关注的是，关于钓鱼岛问题，现已成为中日之间矛盾的集中体现，形势正变得更为复杂。

第二，依托日美安全条约，极力拖美国介入岛屿争端。2012年7月27日，日本东京都知事石原慎太郎在美国《华尔街日报》打出"如果不支持与中国对峙的亚洲国家，美国将会失去整个太平洋""尖阁诸岛历史上一直是日本领土，位于冲绳县，对美国军力投射具有不可替代的重大地缘战略意义"等"雷人"广告语。与日本中央政府不断用"日美安保条约适用于钓鱼岛"之类的表态"绑架"美国不同，挑起"购岛"风波的东京都知事将目光瞄向美国普通民众，用登广告的方式呼吁美国支持。拉拢美国介入中日纠纷对日本来说可谓是老套路，此前日本高官曾多次声称日美安保条约适用于钓鱼岛。7月底，美国空军12架F—22"猛禽"战机飞抵冲绳嘉手纳空军基地，海军陆战队12架MV—22"鱼鹰"倾转旋翼机从美国运抵日本，日本又有一些政要将此与美国将介入中日钓鱼岛联系在一起。9月11日，日本政府将钓鱼岛"国有化"以后，日本外相、防卫大臣相继在不同场合，多次重申日美安保条约应该适合钓鱼岛。日本新闻网曾发表题为"日本为何在钓鱼岛问题上绑架美国"的评论说，日本政府为什么会一而再，再而三地向美国政府确认同一个问题？根本的原因，是担忧一旦真发生"中日钓鱼岛之战"，美国政府会不会信守诺言，依据日美安保条约来替日本打中国。评论进一步指出，"日本想把美国捆到日本的战车上。但事实很清楚，美国不会为了日本的利益与中国公开宣战，日本是一厢情愿"。2010 年 9 月 7 日"钓鱼岛撞船"事件发生后，美国政府一改之前不表态、不介入的模糊立场，开始频频挺日，这也进一步助长了日本侵占钓鱼岛的野心。2010 年 9 月 23 日、10 月 28 日，2011 年 1 月，时任美国国务卿希拉里在同日本外相的三次会谈时，都明确表示日美安保条约适用于钓鱼岛，甚至公然声称："华盛顿可能对针对日本管辖下领土的任何攻击采取报复性行动。"2012 年 12 月 21 日美国国会通过 2013 年度国防授权法案，该法案中包括承认日本对钓鱼岛的行政管辖权，并重申《美日安保条约》第五条规定的美国对日本的安全承诺等条款。2014 年 4 月 23 日，美国总统奥巴马在访日期间首次声称，"日美安保条约第五条适用于尖阁诸岛（即我钓鱼岛及其附属岛屿）"，在访问结束前夕发表的"日美联合声明"中又再次确认了这一观点。美国政府的上述表态使安倍晋三政府倍受鼓舞，"拿鸡毛当令箭"，更加有恃无恐地表示要加强对钓鱼岛的防卫和控制，以维护日本的固有领土和主权。美国之所以在钓鱼岛问题上从当初的"模糊、中立"到"小心介入"，转而"高调支持"，公开宣布《日美安保条约》第五条适用于钓鱼岛，并多次同日本举行"夺回离岛"的联合军演，其背后是美国欲满足其战略利益调整的需要。随着两场反恐战争的相继结束，美国军事战略重心从欧洲转向亚太地区。为配合"亚太再平衡"战略的实施，美国重拾起冷战时期"岛链封锁"战略，企图围堵、遏制中国的崛起，恶化中国发展的战略环境。所以，强化冲绳海空战略基地，利用钓鱼岛这个战略"链环"，是美国军事战略调整使然。美国战略重心东移，将钓鱼岛作为战略棋子，即把日本拖入岛链战略，又可操控中日间关系，以坐取美国在西太平洋地区的战略利益。

第三，采取各种措施手段，试图实现对钓鱼岛的"实际占领"。由于钓鱼岛是日本探查和开发海底资源的前沿基地，收集情报、确保海上安全、提供军事补给的重要军事基地，因此对日本来说具有重大的战略意义。日本军事专家多年来在钓鱼岛问题上鼓吹"中国军事威胁论"，提出"钓鱼岛自卫队常驻论"，为在钓鱼岛常驻自卫队酿造气氛。为了彻底占有钓鱼岛，日本强化对钓鱼岛的实际控制，与中国展开了针锋相对的行动。一是增加海上保安厅的预算投入，更新和增加巡视船等装备。在日本政府将钓鱼岛"国有化"后，中国相应采取了强力反制措施。对此，日本政府 2012 年 10 月 26 日在内阁会议上通过一项决议，紧急拨款 169 亿日元购买海上保安厅所需装备，包括 4 艘千吨级巡逻船、3 艘中等巡视船和 3 架能适应恶劣天气的直升机等；安倍晋三在竞选期间和上台执政后，多次表示应该考虑研究在钓鱼岛上派驻公务员，将日本海上自卫队的退役军舰移交给海上保安厅，同时将具有较高应急能力的预备役自卫官编入海上保安厅，并通过完善"领海警备"，加强对钓鱼岛海域的控制和防卫。二是日本自卫队加紧进行介入钓鱼岛争端的准备。近年来，日本在钓鱼岛上空部署了第一混成群和第五航空群，利用 P－3C 预警机定期在其附近海域侦查。特别是 2002 年，日本成立了专门的离岛防卫特种部队，即"西部方面队普通科联队"（驻长崎，约 660 人），还计划成立由空降兵与航空兵构成的特种部队。从 2012 年 7 月份开始日本首相及防卫大臣多次在日本国会、自卫队军官学校、海上自卫队阅舰式等各种场合反复强调，"当前安全环境面临前所未有的严峻局面，不断发生与领土和主权相关的事件。新的时代，自卫队的使命越发重要"。"如果海上冲突升级到日本海上保安厅无法应对的程度，日本将会动用自卫队，并要求自卫队加强对钓鱼岛周围的侦察和防御能力。"为此，陆上自卫队从 2012 年下半年开始

加强了针对岛屿争端的登陆抢夺岛屿训练，"13 大纲"中明确将以
"西部方面队普通科联队"为基础组建编制多达 3000 人的"水陆
两栖作战团"，专司夺占及防卫西南离岸岛屿作战；海上自卫队 P
－3C 增加对钓鱼岛海域的侦察巡逻次数；航空自卫队则频繁出动
F－15 等主力战机和预警机对中国海监执法飞机实施紧急拦截和干
扰，并在"13 大纲"和"新中期防"中明确从美国购入"全球鹰"
无人机专门监视东海。2013 年 2 月 22 日，日美两国首脑共同宣
布，美国将在日本京都府西南方的京丹后市航空自卫队经之岬基
地追加配备第二套用于导弹防御的"X 波段雷达"。该雷达为美军
的移动式早期预警雷达，这次在靠近钓鱼岛的九州地区部署"X 波
段雷达"，其目的就在于监控中国低空飞机以及中国和朝鲜的导
弹。三是在全国范围调集海保人员和舰船，成立"尖阁诸岛专门部
队"，应对中国海上执法力量对钓鱼岛及其周边海域的常态化巡逻。

当前，中日围绕钓鱼岛主权争端的斗争日益白热化，那么钓鱼
岛的真正价值到底何在呢？归纳起来，钓鱼岛的价值主要体现在
以下四个方面：

第一，钓鱼岛自身的经济价值。钓鱼岛群岛周围海域海底基石
裸露不多，黑潮暖流又流经于此，因此是一个优良的渔场。每年
鱼虾捕获量高达 15 万吨以上，钓鱼岛因此而得名。此外，该海域
还盛产经济价值很高的鱼翅、玳瑁、海参和贝类等。同时，钓鱼
岛位于东海盆地，其周围一带海域蕴藏着丰富的石油和天然气资
源，据探测仅石油储量就约 800 亿桶（约 110 亿吨）以上。这对于
国民生活所需动物蛋白摄入量的 40％来源于海洋水产品、战略能
源极端贫乏、99％的石油需要进口的日本来说，无疑是一个巨大
的利益诱惑。

第二，在军事地理上的战略价值。钓鱼岛东西长达 3.5 千米，
南北约 1.2 千米，最高海拔约 360 米。如果日本在此设置雷达，可
监视方圆 400—600 千米的海空域。也就是说，可以监视到台湾北

部，大陆沿岸的福州、温州和宁波等。反之，如果中国在岛上设置雷达，可监视日本西南诸岛的大部分海域以及台湾、太平洋沿岸，可在中国的反台独军事斗争中发挥重要作用。同时，钓鱼岛作为建设电波干扰塔、地对舰导弹阵地、地对空导弹阵地和直升机机场等也具有重要价值。

第三，在拓展军事战略纵深上的重要价值。钓鱼岛是日本推行前沿战略的桥头堡。近年来，日本积极推进"外向型"军事战略，军事部署逐步由过去的"重视北方"向"侧重西南"转变，将西南诸岛作为重点战略方向，扩大西南防御纵深不仅有争夺东海海洋权益的基本考虑，也有更深层次的军事战略思考。如果日本攫取了钓鱼岛的主权，可将其防卫范围从冲绳向西也就是向我方推远200多海里，日本军事力量据此西扩，可对中国东南沿海地区的军事部署和军事行动实施舰、机抵近侦察，这样一来，我将直接暴露在日美的日常监视和空中威胁之下，从而使我方的军事行动陷入十分被动和非常不利的局面。

第四，在维护国家利益上的战略价值。如果日本在钓鱼岛上建立一个即利于防御又利于扩张的前沿军事基地，将会直接威胁到中国进出太平洋的通道及管辖海域的安全。而且，钓鱼岛的主权归属直接影响到中日东海的划界问题。有专家计算，如果日本抢占了钓鱼岛，并以此为基础进行日中之间的东海专属经济区划界，那么就会使日本能够最多从我国抢走约22万平方千米的海域，这将使我国海洋权益遭受巨大损失，对中国的长远发展造成极其不利的严重影响。

为此，我应加快以海空军为重点的力量建设，积极发展和研制装备航母、新一代战机以及新型反舰导弹等高技术武器装备，早日实现中国海军从近海走向远洋的战略目标，有力维护祖国的海疆安全和海洋权益。

三、弱化中国寻求多边安全机制努力，遏制和阻碍中国的和平崛起与发展步伐

近年来，实现和平崛起的中国，一直致力于推动建立涵盖地区主要国家和组织的多边安全机制，以通过集体安全形式维护亚太地区的稳定和繁荣。其中，通过朝核问题六方会谈，一个涵盖东北亚主要力量的大国安全机制初具雏形；通过中俄主导的上海合作组织，一个机制逐步健全、成员不断壮大的地区安全机制趋于完善；通过参与东盟主导的地区论坛，一个相对松散但功能更多的地区多边安全机制也在发育成长之中。然而，日美一直对由中国主导的多边安全机制持排斥态度，认为这是对其亚太主导权的一种威胁和挑战，尤其是对将其排除在外的上海合作组织更是心怀不满。面对中国的崛起，日本采取了"统合、平衡、遏制"的安全战略：

第一，关于"统合"战略。是指日本为了应对中国的迅速崛起和实力增长，在中日关系以及包含美国在内的多边关系中，寻求与中国的合作。中日之间的安全保障关系尤其是国防当局之间的关系是政治关系的延续，因此推进防卫交流与安全保障的前提是构筑政治上的相互信赖关系。中国认为，只有改善政治关系，防卫交流的具体化进展与发展安全保障关系才有可能；而日本则希望与政治关系分割开来构筑国防当局之间的关系。另外，在非传统安全保障领域，以及联合国PKO、海盗应对、自然灾害处理等领域，日本都需要中国的合作，而且还有必要让中国与他国协调，构筑有助于地区和全球性稳定的统合机构，这都属于与"统合"相关的课题。近年来，日本多次表示，随着中国军事现代化，尤其是中国海军活动范围拓宽，空军第四代战斗机增加，在未来的海空领域，中日之间将有可能引发一些突发事件，这就亟需建立和完善中日间的危机管理机制。2007年的《中日共同声明》中双

方指出，"为了防止海上突发事件的发生，中日安全当局要完备安全体系"。从危机管理的角度出发，双方需要建立能够使部队之间直接联系的联络机构和共有的安全基准。2010 年 10 月，时任日本防卫相北泽俊美与中国国防部长梁光烈在越南河内一致同意尽早建立起中日安全当局间的海上联络机构。

第二，关于"平衡"战略。目前中美关系、中日关系存在着不少原则性对立及利益冲突，很难实现大国间全面性的协调机制。日本以日美安保体制为基础，在以美国为中心的同盟网中，加强与美国的其他同盟国的联系，提高在和平时期与战时的中间环节对安保问题的应对能力。其中，2007 年 3 月，日本与澳大利亚缔结《日澳安全保障共同宣言》，倡导构筑统合性的战略关系。日本还与不断强化和美国进行安保合作的印度，举办数次联合军演，开始了日美印三国间的战略对话，探索合作的多样性。日本与菲律宾就反恐、海洋安全等问题不断深化安保合作，开始探讨新的合作模式。另外，日本还加强与韩国的安保合作，致力于早日签署双方在情报领域的合作协议。

第三，关于"遏制"战略。为了加强对东海以及钓鱼岛的实际控制，日本对中国加快推行"动态遏制"。其中，在"10 大纲"和"13 大纲"中，日本明确表示要加强以警戒监视活动为中心的"动态遏制"。日本认为，尽管中日之间存在危机管理机构，但是解放军将会继续进行活跃的海洋活动，加强自身主权，维护在东海、钓鱼岛等区域的权益，甚至趁日本关注灾后重建之机，采取机会主义军事行动，因此日本一定要加强以警戒监视为中心的"动态遏制"态势。从传统的军事平衡观点来看，随着中国军事现代化，日本所担心的不仅仅是周边海域中国军队的活跃，还包括阻止靠近和区域封锁能力（A2/AD），也就是通常所说的"反介入"和"区域拒止能力"的扩大。"动态遏制"就是针对中国军队扩大上述两种能力而采取的战略。但是，面对中国的潜艇、巡航导弹、反舰导弹、太空战、网络空间战等阻止美日军队向中国沿海区域接近的"反介入"和"区域拒止能力",运用以遏制低强度事态为主旨的"动态遏制"来抗衡中国,是十分困难的。因此,日本认为必须强化应对高强度纷争事态的遏制态势。美国在2010年的《四年防务评估报告》中提出了"海空联合作战"概念,2011年下半年,美国政府和五角大楼正式将这一理论命名为"海空一体战",其目的就是为了应对中国军队"反介入"和"区域拒止"能力的扩大。借此,日本认为必须基于"海空一体战"概念,推进日美防卫合作,美国加强应对高强度纷争态势的遏制力,是日本能够努力集中对付低强度事态的"动态遏制"的前提和保证。

日本在运用"统合、平衡、遏制"这三种战略原则时,是有主次之分的。其中,"统合、平衡"是手段,"遏制"是目的。虽然有时"遏制"也作为一种手段来使用,但其终极战略目标还是"遏制"中国。在上述原则的指导下,日本采取的举措及影响主要有:

第一,日本将东亚区域"扩大化"。长期以来,日本一直存在着选择美国还是选择亚洲的矛盾,通过将东亚区域"扩大化",便可以做到两者都选,从而也做到了经济上依靠东亚发展的同时,军事、政治上依靠美国发展。日本既想享受东亚经济合作带来的好处,同时也担心美国和其他发达国家对自己的不满。因此,日本企图通过有意将东亚"扩大化",从而避免在日益成长起来的东亚地区内失去可能具有的机会,并可借助美国等发达国家的力量,防止中国掌握东亚合作的主导权。

第二,日本使敏感问题"国际化"。冷战结束后,海洋权益愈加受到各国的重视。由于中国和日本、东南亚国家同时存在着领土争端问题,因此日本总是喜欢将这些敏感问题"国际化",以期在国际舆论上孤立中国,使中国处于四面受敌的境地。中国在东海海域开采天然气的正当行动一直以来都引起日本的高度关注和无理干涉。日本除了在东海展开调查外，还经常在一些国际会议等场合鼓动其他和中国有领土争端的国家一起围攻中国，如 2010 年"钓鱼岛撞船"事件发生后，10 月 28 日，时任美国国务卿希拉里在会见日本外相前原诚司时公开表示，日美安保条约适用于钓鱼岛。另外，在南海问题方面，日本同样采取多边外交的手段，支持东南亚国家与中国进行岛屿争夺。2010 年 3 月，时任中国国务委员戴秉国和外长杨洁篪在会见来访的美国副国务卿斯坦伯格时强调指出，南海是关系到中国领土完整的核心利益。日本立即宣称"中国磨刀霍霍，在领土领海资源上，呈现霸权主义"。可以说，近年来日本积极开展多边外交，大肆宣扬"中国威胁论"，不仅企图利用美国的霸权意识和日美安保条约来制约中国，还妄想拉拢东南亚国家，在国际舆论上形成围堵中国的态势。

第三，日本积极加强双边和多边军事合作，竭力构建遏制中国的"战略包围圈"。特别是近两年来，日本不仅与亚太越来越多的国家开展军事合作，举行联合军事演习，而且还悄然跨过鲜有人注意的门槛，开始对中国周边的一些国家提供二战后首次国外军事援助，致力于营造对中国的"战略包围圈"。2012 年 1 月 11 日，日本防卫大臣对蒙古国进行访问，双方签署备忘录，明确日蒙将开展防卫副部长级磋商并加强日本自卫队与蒙古军队间的防卫合作与交流。这是继澳大利亚、越南、俄罗斯等国之后，日本与第 7 个国家签署军事备忘录。由于蒙古国地处中国和俄罗斯之间，日本希望通过加深与蒙古国的合作以牵制中国。2012 年 3 月 23 日，日本在东京举行的日菲副部长级战略对话上向菲方通报称，日本政府初步决定，将通过政府开发援助（ODA）向菲律宾提供巡逻艇。5 月 22 日，菲律宾国防部长证实，日本准备向菲律宾海岸警卫队提供至少 10 艘巡逻艇。日本的 TBS 电视报道，日本还将向马来西亚、越南提供巡逻船，这一举动说明日本政府的对外开发援助不再局限于经济目的，其用途正在转向军事战略目的，不仅仅是帮友邻保家卫国，更是配合美国"重返亚洲"的战略计划。5月28日，日本海上自卫队3艘军舰对与中国刚爆发黄岩岛冲突的菲律宾进行"亲善访问"，日本媒体则公开鼓吹"不要对南海争端视而不见"，中菲对抗是对钓鱼岛问题发出的警告。2012年5月17日，日本外务大臣与到访的澳大利亚外长举行会议，并在东京签署《情报安全协定》，旨在为两国共享军事机密和反恐情报提供法律依据。6月4日，日本与澳大利亚在日本九州岛东南海域开始实施联合训练，主要项目包括反潜作战和战术运动训练。5月26日，第六届日本与太平洋岛国峰会在日本冲绳召开。在日本主导下，日本与太平洋岛国峰会第一次讨论了海上安全保障问题。由于参会的太平洋岛国大都分布在美军划定的"第二岛链"上，因此有媒体认为，日本此举是要支持美国，帮助太平洋国家培养防卫人才。会议期间，日本采取"金钱外交"的方式，承诺今后3年间将向太平洋岛国提供大约5亿美元的援助。6月9日，日本海上自卫队和印度海军在日本神奈川县近海相模湾举行了联合军事演习，此次军演是日印之间的首次联合军演，日本防卫省官员称，"中国存在"促使日本积极与各国展开联合军演。日本还计划向印度推销海上自卫队目前装备的US－2水上飞机，如果该目标实现，将是日本企业首次出口防卫装备。6月27日，自卫队统合幕僚长岩崎茂在莫斯科与俄军总参谋长马卡罗夫举行会谈，双方就日俄防务交流对东亚乃至世界的稳定起到的重要作用达成一致，并同意保持高层交流、继续开展联合搜救演习，这是2008年以来自卫队统合幕僚长首次访俄。7月14日，在越南访问的日本外相与越南外交部长举行会议，双方就在海上安全领域加强合作，由日本协助越南提高沿岸警备能力达成共识。日方称"越南与中国在南海的南沙群岛存在主权争议，越南希望以此制衡中国"。8月下旬，日本防卫省和自卫队开始向中国周边的一些国家的国防部及军队提供扫雷和医疗等方面的技术援助。这些国家包括印度尼西亚、越南、东帝汶、柬埔寨、蒙古国和汤加。这是日本自卫队自参加联合国维和行动后，再次实质性地开展海外活动。虽然日本声称此次是提供非战斗领域的技术援助，但却可以在结果上提高援助对象的作战能力。在武器出口方面，日本继 2011 年 12 月放宽"武器出口三原则"之后，2012 年 3 月初，日本决定与英国政府就 4 个项目联合开发武器，其中包括 155 毫米榴弹炮的"自动装填装置"，日本认为与英国合作有利于本国防卫产业吸收最新技术。2012 年 7 月初，日本政府开始就联合研发和生产武器、防务装备与法国方面展开协商，日本希望通过与在高性能战斗机的独立研发等军事领域拥有尖端技术的法国建立合作关系，维持并提升本国的防务产业实力。进入 2013 年以后，日本安倍政府更是展开"俯瞰地球仪外交"，频繁穿梭于地区各国家，特别将东盟作为重点，一年期间遍访东盟全部十国，积极谋求军事合作和防卫交流，最主要的原因就是拉拢部分东南亚国家，同日美澳印一起，拼凑反华阵线和同盟。6 月 27 日，日本防卫大臣小野寺五典访问菲律宾时公开宣称，日本和菲律宾必须以美国为后盾，抗衡中国在东海和南海日益扩大的影响力。在 12 月举行的日本与东盟十国首脑特别峰会期间，日本又借机再次大肆反复渲染中国试图以实力改变海上岛屿争端现状以及划定东海防空识别区"可能导致不测事态，非常危险"、"中国对南海的威胁加大"等，并承诺将对东盟国家提供 8082 亿日元（约 200 亿美元）的援助，并将援助重点定为越南、菲律宾、缅甸等国。2013 年 7 月 4 日，日本与英国签订了具有突破性的防务合作协议，双方将在武器装备研发和情报交流等方面开展合作，英国也成为当前国际上首个和日本签署综合性防务合作协议的国家。此外，安倍在访问菲律宾期间，再次确认将向菲律宾提供包括 10 艘巡逻艇在内的军事帮助，以提高菲律宾抗衡中国的能力。这势必助长菲律宾等国的对华强硬姿态，进一步危害南海地区的和平稳定。2014 年 4 月 7 日，安倍晋三同来访的澳大利亚总理阿博特就开启包括先进武器共同开发在内的技术合作磋商达成共识，此次日澳间的协议也是日本"武器出口三原则"被废止后签订的首项军事合作协议。特别需要警惕的是，从 2011 年开始，日美着重加强了对印度、澳大利亚、越南、新加坡、菲律宾、柬埔寨和缅甸等国的军事合作交流和经援投入，美国政要甚至明确表示希望同缅甸建立军事同盟关系，由此我们可清楚看出，中国周边及亚太地区的重要大国以及一些长期与中国保持友好关系的国家成为日美加强军事合作重点拉拢的对象，这些举措的真实意图就在于进一步弱化中国在亚太地区的影响力。

归纳起来，日本政府积极谋求双边和多边安全交流和军事合作的目的，就是意欲拉东盟以南海问题牵制东海问题，拉美俄在中日钓鱼岛争端中支持日本，逐步建立以日美军事同盟为核心、以澳印菲等国为骨干、以东亚地区为重点，涵盖亚太地区众多国家的"价值观联盟"，即"亚洲版北约"，最终形成对中国的"战略包围圈"，实现遏制中国和平发展和崛起强大的目的。

对此，我们必须充分利用中国崛起的有利契机，充分发挥世界第二大经济体的自身优势，加强与亚太重要国家的经贸往来、安全合作和军事交流，努力营造和构筑对我有利的战略态势，最大程度地维护我国家利益和领土安全。

结　论

从 1945 年第二次世界大战结束至今，在这近 70 年间，日本军事战略的调整演变大体可以划分为两个时期，即冷战时期和冷战结束后。冷战时期，日本制定了以经济建设为中心的国家战略，军事战略强调守势和对美国的依附，在军备发展上进行了一定程度的自我约束。冷战结束后，日本根据国际形势的变化和自身发展的战略需求，明确了争做"政治大国"的国家战略目标，军事战略开始转向积极防卫。

进入 21 世纪以来，从我国周边安全环境来看，有两个因素在上升。一个是有利于我国和平发展的积极因素在上升，与此同时，破坏和干扰我战略机遇期甚至影响我国安全和利益的消极因素也在上升。在诸多消极因素中，尤以日本因素更为突出。日本在我国的台湾问题、钓鱼岛问题、东海专属经济区划分问题以及南海问题等领土主权和海洋权益等问题上，不断向我发起挑战，同时利用日美军事同盟和日美安保体制持续向我施压，对我国安全和国家利益构成严重威胁。从日本现行军事战略及其未来发展走向来看，随着日本军事实力的快速增长，日本公开将我国视为战略对手和主要作战对象，针对我国加紧调整军事部署，加快军事力量建设和作战准备，并在钓鱼岛和东海海洋权益等问题上不断制造事端，频频向我发起挑衅。特别是从 2013 年底开始，日本将中国作为现实中的重要威胁和主要作战对手，其军事战略更加凸显主动攻击性，对我国的安全威胁进一步加大。可以说，日本军事战略已经对我国的安全和发展构成了现实及深远的影响。因此，我们必须未雨绸缪，深入研究日本军事战略的发展变化和未来走向，充分做好应对各种突发事件尤其是日本在海上向我挑衅的军事斗争准备，必要时，确保召之即来、来之能战、战之必胜，以果敢有力的行动坚决捍卫我国的国家安全、领土完整和中华民族利益。

附录：日本国宪法（昭和宪法）

1946 年（昭和 21 年）11 月 3 日公布
1947 年（昭和 22 年）5 月 3 日施行

序　言

日本国民决心通过正式选出的国会中的代表而行动，为了我们和我们的子孙，确保与各国人民合作而取得的成果和自由带给我们全国的恩惠，消除因政府的行为而再次发生的战祸，兹宣布主权属于国民，并制定本宪法。国政源于国民的严肃信托，其权威来自国民，其权力由国民的代表行使，其福利由国民享受。这是人类普遍的原理，本宪法即以此原理为根据。凡与此相反的一切宪法、法律、法令和诏敕，我们均将排除之。

日本国民期望持久的和平，深知支配人类相互关系的崇高理想，信赖爱好和平的各国人民的公正与信义，决心保持我们的安全与生存。我们希望在努力维护和平，从地球上永远消灭专制与隶属、压迫与偏见的国际社会中，占有光荣的地位。我们确认，全世界人民都同等具有免于恐怖和贫困并在和平中生存的权利。

我们相信，任何国家都不得只顾本国而不顾他国，政治道德的法则是普遍的法则，遵守这一法则是维持本国主权并欲同他国建立对等关系的各国的责任。

日本国民誓以国家的名誉，竭尽全力以达到这一崇高的理想和目的。

第一章 天 皇

第一条【天皇的地位·国民主权】

天皇是日本国的象征，是日本国民整体的象征，其地位以主权所在的全体日本国民的意志为依据。

第二条【皇位的继承】

皇位世袭，根据国会议决的皇室典范的规定继承之。

第三条【内阁对天皇的国事行为的建议和责任】

天皇有关国事的一切行为，必须有内阁的建议和承认，由内阁负其责任。

第四条【天皇的权限、天皇国事行为的委任】

①天皇只能行使本宪法所规定的有关国事行为，并无关于国政的权能。

②天皇可根据法律规定，对其国事行为进行委任。

第五条【摄政】

根据皇室典范的规定设置摄政时，摄政以天皇的名义行使有关国事的行为，在此场合准用前条第一项之规定。

第六条【天皇的任命权】

①天皇根据国会的提名任命内阁总理大臣。

②天皇根据内阁的提名任命担任最高法院院长的法官。

第七条【天皇的国事行为】

天皇根据内阁的建议与承认，为国民行使下列有关国事的行为：

一、公布宪法修正案、法律、政令及条约；

二、召集国会；

三、解散众议院；

四、公告举行国会议员的选举；

五、认证国务大臣和法律规定其他官吏的任免、全权证书以及大使、公使的国书；

六、认证大赦、特赦、减刑、免除执行刑罚以及恢复权利；

七、授予荣誉称号；

八、认证批准书以及法律规定的其他外交文书；

九、接受外国大使及公使；

十、举行仪式。

第八条【皇室财产授赠】

授予皇室财产，皇室承受或赐予财产，均须根据国会的决议。

第二章　放弃战争

第九条【放弃战争，战争力量及交战权的否认】

①日本国民衷心谋求基于正义与秩序的国际和平，永远放弃以国权发动的战争、武力威胁或武力行使作为解决国际争端的手段。

②为达到前项目的，不保持陆海空军及其他战争力量，不承认国家的交战权。

第三章　国民的权利与义务

第十条【国民必备的条件】

日本国民应具备的条件由法律规定之。

第十一条【基本人权的享有】

国民享有的一切基本人权不能受到妨碍。本宪法所保障的国民的基本人权，作为不可侵犯的永久权利，现在及将来均赋予国民。

第十二条【保持自由、权利的责任，禁止滥用自由、权利】

受本宪法保障的国民的自由与权利，国民必须以不断的努力保持之。又，国民不得滥用此种自由与权利，而应经常负起用以增进公共福利的责任。

第十三条【尊重个人，追求幸福权、公共福利】

全体国民都作为个人而受到尊重。对于谋求生存、自由以及幸福的国民权利，只要不违反公共福利，在立法及其他国政上都必须受到最大的尊重。

第十四条【法律面前人人平等，禁止贵族，荣誉】

①全体国民在法律面前一律平等。在政治、经济以及社会的关系中，都不得以人种、信仰、性别、社会身份以及门第的不同而有所差别。

②华族以及其他贵族制度，一概不予承认。

③荣誉、勋章以及其他荣誉称号的授予，概不附带任何特权。授予的荣誉称号，其效力只限于现有者和将接受者一代。

第十五条【公务员的选定罢免权，公务员的本质，普选和秘密投票的保障】

①选举和罢免公务员是国民固有的权利。

②一切公务员都是为全体服务，而不是为一部分人服务。

③关于公务员的选举，由成年人普选保障。在一切选举中，不得侵犯投票的秘密，由成年人普选保障。

④在一切选举中，不得侵犯投票的秘密，对于选举人所做的选择，不论在公的或私的方面，都不得追究责任。

第十六条【请愿权】

任何人对损害的救济，公务员的罢免，法律、命令以及规章的制定、废止和修订以及其他有关事项，都有和平请愿的权利，任何人都不得因进行此种请愿而受到歧视。

第十七条【国家及公共团体的赔偿责任】

任何人在由于公务员的不法行为而受到损害时，均得根据法律的规定，向国家或公共团体提出赔偿的要求。

第十八条【摆脱奴隶性拘束及苦役的自由】

任何人都不受任何奴隶性的拘束。又，除因犯罪而受处罚外，对任何人都不得违反本人意志而使其服苦役。

第十九条【思想及意志的自由】

思想及意志的自由，不受侵犯。

第二十条【信教自由】

①对任何人的信教自由都给予保障。任何宗教团体都不得从国家接受特权或行使政治上的权利。

②对任何人都不得强制其参加宗教上的行为、庆祝典礼、仪式或活动。

③国家及其机关都不得进行宗教教育以及其他任何宗教活动。

第二十一条【集会、结社、言论等表现的自由，通信的秘密】

①保障集会、结社、言论、出版及他一切表现的自由。

②不得进行检查，并不得侵犯通信的秘密。

第二十二条【居住、迁移及选择职业的自由，移往外国和脱离国籍的自由】

①在不违反公共福利的范围内，任何人都有居住、迁移以及选择职业的自由。

②不得侵犯任何人移往国外或脱离国籍的自由。

第二十三条【学术自由】

保障学术自由。

第二十四条【家庭生活中的个人尊严和两性平等】

①婚姻仅以两性的自愿结合为基础而成立，以夫妇平等权力为根本，必须在相互协力之下予以维持。

②关于选择配偶、财产权、继承、选择居所、离婚以及婚姻和家庭等其他有关事项的法律，必须以个人尊严与两性平等为基础制定之。

第二十五条【生存权，国家社会性使命】

①全体国民都享有健康和文化的最低限度的生活的权利。

②国家必须在生活的一切方面为提高和增进社会福利、社会保障以及公共卫生而努力。

第二十六条【受教育的权利，教育的义务】

①全体国民，按照法律规定，都有依其能力所及接受同等教育的权利。

②全体国民，按照法律规定，都有使受其保护的子女接受普通教育的义务。义务教育免费。

第二十七条【劳动的权利和义务，劳动条件的基本标准，禁止虐待儿童】

①全体国民都有劳动的权利与义务。

②有关工资、劳动时间、休息以及其他劳动条件的基本标准，由法律规定之。

③不得虐待儿童。

第二十八条【劳动者的团结权、集体交涉权和其他集体行动权】

保障劳动者的团结、集体交涉以及其他集体行动的权利。

第二十九条【财产权】

①不得侵犯财产权。

②财产权的内容应适合于公共福利，由法律规定之。

③私有财产在正当的补偿下得收归公用。

第三十条【纳税的义务】

国民有按照法律规定纳税的义务。

第三十一条【法定手续的保障】

不经法律规定的手续，不得剥夺任何人的生命或自由，或课以其他刑罚。

第三十二条【受裁判的权利】

不得剥夺任何人在法院接受裁判的权利。

第三十三条【逮捕的必备条件】

除作为现行犯逮捕者外，如无主管的司法机关签发并明确指出犯罪理由的拘捕证，对任何人均不得加以逮捕。

第三十四条【拘留、拘禁的必备条件，对非法拘禁的保障】

如不直接讲明理由并立即给予委托辩护人的权利，对任何人均不得加以拘留或拘禁。又，如无正当理由，对任何人不得加以拘禁，如本人提出要求，必须立刻将此项理由在有本人及其辩护人出席的公开法庭上予以宣告。

第三十五条【不可侵入居所】

①对任何人的住所、文件以及持有物不得侵入、搜查或扣留。此项权利，除第三十三条的规定外，如无依据正当的理由签发并明示搜查场所及扣留物品的命令书，一概不得侵犯。

②搜查与扣留，应依据主管司法官署单独签发的命令书施行之。

第三十六条【禁止拷问及实施酷刑】

绝对禁止公务员施行拷问及酷刑。

第三十七条【刑事被告人的权利】

①在一切刑事案中，被告人享有接受法院公正迅速的公开审判的权利。

②刑事被告人享有询问所有证人的充分机会，并有使用公费通过强制的手续为自己寻求证人的权利。

③刑事被告人在任何场合都可委托有资格的辩护人。被告本人

不能自行委托时，由国家提供之。

第三十八条【对自己不利公述，自供的证据力度】

①对任何人都不得强制其作不利于本人的供述。

②以强迫、拷问或威胁所得的口供，或经过非法的长期拘留或拘禁后的口供，均不得作为证据。

③任何人如果对自己不利的唯一证据是本人口供时，不得被判罪或课以刑罚。

第三十九条【禁止追溯处罚，禁止双重刑罚】

任何人在其实行的当时为合法的行为或已经被判无罪的行为，均不得再追究刑事上的责任。并且，对同一种犯罪不得重复追究刑事上的责任。

第四十条【刑事补偿】

任何人在拘留或拘禁后被判无罪时，得依法律规定向国家请求赔偿。

第四章　国会

第四十一条【国会的地位、立法权】

国会是国家的最高权力机关，是国家唯一的立法机关。

第四十二条【两院制】

国会由众议院及参议院两议院构成之。

第四十三条【两院的组成、代表】

①两议院由选举产生的代表全体国民的议员组成之。

②两议院的议员定额由法律规定之。

第四十四条【议员及选举人的资格】

两议院的议员及其选举人的资格，由法律规定之。但不得因人种、信仰、性别、社会身份、门第、教育、财产或收入的不同而有所差别。

第四十五条【众议院议员的任期】

众议院议员的任期为四年。但在众议院解散时，其任期在期满前告终。

第四十六条【参议院议员的任期】

参议院议员的任期为六年，每隔三年改选议员之半数。

第四十七条【选举相关事项】

有关选举区、投票方法以及其他选举两议院议员的事项，由法律规定之。

第四十八条【禁止兼任两院议员】

任何人都不得同时担任两议院的议员。

第四十九条【议员的年薪】

两议院议员得按法律规定自国库接受相当数额的年薪。

第五十条【议员不受逮捕的特权】

除法律规定外，两议院议员在国会开会期间不受逮捕。开会期前被逮捕的议员，如其所属议院提出要求，必须在开会期间予以释放。

第五十一条【议员发言、表决的不予追究】

两议院议员在议院中所做之演说、讨论或表决，在院外不得追究其责任。

第五十二条【常会】

国会常会每年召开一次。

第五十三条【临时会议】

内阁可以决定召集国会的临时会议。如经任一个议院全体议员的四分之一以上的议员提出的要求，内阁必须决定召集临时会议。

第五十四条【众议院的解散、特别会议，参议院的紧急会议】

①众议院被解散时，必须在自解散之日起四十日以内举行众议

院议员总选举，并须在自选举之日起三十日以内召开国会。

②众议院被解散时，参议院同时闭会。但内阁在国家有紧急需要时，得要求参议院举行紧急会议。

③在前项但书的紧急会议中所采取的措施，是临时性的，如在下届国会开会后十日以内不能得到众议院的同意，该项措施即失效。

第五十五条【议员资格争议审理】

对有关议员资格的争议，由两院自行裁决。但撤销议员资格，必须有出席议员三分之二以上多数的决议。

第五十六条【法定人数、表决】

①两议院如无全体议员三分之一以上出席，不得开会议事和作出决议。

②两议院进行议事时，除本宪法有特别规定者外，由出席议员的过半数表决之，可否票数相等时，由议长决定之。

第五十七条【公开会议，会议记录，表决的记载】

①两议院的会议均为公开会议。但经出席议员三分之二以上的多数决议时，得举行秘密会议。

②两议院分别保存各自的会议记录，除秘密会议记录中认为应特别保密者外，均予公开发表，并须公布于众。

③如有出席议员五分之一以上的议员提出的要求，各议员的表决必须载入会议记录。

第五十八条【议长的选任，议院规则、惩罚】

①两议院各自选任本院的议长及其他工作人员。

②两议院各自制定有关会议、其他手续、内部纪律的规章制度，并对破坏院内秩序的议员进行惩罚。但开除议员必须有出席议员三分之二以上的多数决议。

第五十九条【法律草案的议决、众议院的优越】

①凡法律案，除本宪法有特别规定者外，经两议院通过后即成

为法律。

②众议院已经通过而参议院作出不同决议的法律案，如经众议院出席议员三分之二以上的多数再次通过时，即成为法律。

③前项规定并不妨碍众议院根据法律规定提出举行两议院协议会的要求。

④参议院接到已由众议院通过的法律案后，除国会休会期间不计外，如在六十日内不作出决议，众议院可以认为此项法律案已被参议院否决。

第六十条【众议院的预算优先审议和关于预算决议的优越】

①预算案必须先在众议院提出。

②对预算案，如参议院作出与众议院不同的决议，根据法律的规定，举行两院协议会而仍不能取得一致意见时，又在参议院接到众议院已经通过的预算案后，除国会休会期间外，在三十日内仍不作出决议时，即以众议院的决议作为国会决议。

第六十一条【众议院关于批准条约的优越】

关于缔结条约所必要的国会的批准，准用前条第二项之规定。

第六十二条【议员的国政调查权】

两议院得各自进行有关国政的调查，并得为此要求证人出席作证或提出证言及记录。

第六十三条【国务大臣出席议院的权利和义务】

内阁总理大臣及其他国务大臣，不论其是否在两议院之一保有议席，为就议案发言均得随时出席议院，另外在被要求出席答辩或作说明时，必须出席。

第六十四条【弹劾法庭】

①国会为审判受到罢免控诉的法官，由两议院之议员设立弹劾法院。

②有关弹劾的事项，由法律规定之。

第五章 内阁

第六十五条【行政权与内阁】

行政权属于内阁。

第六十六条【内阁的组成，对国会共同负责】

①内阁按照法律规定由其首长内阁总理大臣及其他国务大臣组成之。

②内阁总理大臣及其他国务大臣必须是文职人员。

③内阁行使行政权，对国会共同负责。

第六十七条【内阁总理大臣的指名、众议院的优越】

①内阁总理大臣经国会决议在国会议员中提名。此项提名较其他一切议案优先进行。

②众议院与参议院对提名作出不同决议时，根据法律规定举行两院协议会亦不能得出一致意见时，又在众议院作出提名的决议后，除国会休会期间不计外，在十日以内参议院仍不作出提名决议时，即以众议院的决议作为国会决议。

第六十八条【国务大臣的任命及罢免】

①内阁总理大臣任命国务大臣。但其中半数以上人员必须在国会议员中选任。

②内阁总理大臣可任意罢免国务大臣。

第六十九条【内阁不信任决议的效果】

内阁在众议院通过不信任案或信任案遭到否决时，如十日内不解散众议院必须总辞职。

第七十条【内阁总理大臣的缺位、召集新国会和内阁总辞职】

内阁总理大臣缺位，或众议院议员总选举后第一次召集国会时，内阁必须总辞职。

第七十一条【总辞职后的内阁】

发生前两条情况时，在新的内阁总理大臣被任命之前，内阁继续执行职务。

第七十二条【内阁总理大臣的职务】

内阁总理大臣代表内阁向国会提出议案，就一般国务及外交关系向国会提出报告，并指挥监督各行政部门。

第七十三条【内阁的事务】

内阁除执行一般行政事务外，执行下列各项事务：

一、诚实执行法律，总理国务。

二、处理外交关系。

三、缔结条约，但必须在事前，或根据情况在事后获得国会的承认。

四、按照法律规定的准则，掌管有关官吏的事务。

五、编制并向国会提出预算。

六、为实施本宪法及法律的规定而制定政令。但在此种政令中，除法律特别授权者外，不得制定罚则。

七、决定大赦、特赦、减刑、免除刑罚执行及恢复权利。

第七十四条【法律、政令的署名】

法律及政令均由主管的国务大臣署名，并必须有内阁总理大臣的联署。

第七十五条【国务大臣的特权】

在职国务大臣，如无内阁总理大臣的同意，不受公诉。但此项规定并不妨碍公诉的权利。

第六章　司法

第七十六条【司法权、法院，特别法院的禁止，法官的独立】

①一切司法权属于最高法院及由法律规定设置的下级法院。

②不得设置特别法院。行政机关不得施行作为终审的判决。

③所有法官依良心独立行使职权，只受本宪法及法律的拘束。

第七十七条【法院的规则制定权】

①最高法院有权就有关诉讼手续、律师、法院内部纪律以及司法事务处理等事项制定规则。

②检察官必须遵守最高法院制定的规则。

③最高法院得将制定有关下级法院规则的权限委托给下级法院。

第七十八条【保障法官的身份】

法官除因身心故障经法院决定为不适于执行职务者外，非经正式弹劾不得罢免。法官的惩戒处分不得由行政机关行使之。

第七十九条【最高法院的法官，国民审查，退休年龄，报酬】

①最高法院由任该法院院长的法官及按法律规定名额的其他法官构成之。除任该院院长的法官外，其余法官由内阁任命之。

②最高法院法官之任命，在其任命后第一次举行众议院议员总选举时交付国民审查，自此经过十年之后第一次举行众议院议员总选举时再次交付审查，以后准此。

③在前项审查中，投票者以多数通过决议罢免某法官时，此法官即被罢免。

④有关审查事项，以法律规定之。

⑤最高法院法官到达法律规定年龄时退职。

⑥最高法院法官均定期接受相当数额之报酬。此报酬在任期中不得减额。

第八十条【下级法院的法官、任期、退休年龄、报酬】

①下级法院法官，由内阁按最高法院提出的名单任命之。此种法官的任期为十年，得连任。但到达法律规定的年龄时退职。

②下级法院法官均定期接受相当数额之报酬。此项报酬在任期中不得减额。

第八十一条【审查法令权和最高法院】

最高法院为有权决定一切法律、命令、规则以及处分是否符合宪法的终审法院。

第八十二条【公开审讯】

①法院的审讯及判决应在公开法庭进行。

②如经全体法官一致决定认为有碍公共秩序或善良风俗之虞时，法院的审讯可以不公开进行。但对政治犯罪、有关出版犯罪或本宪法第三章所保障的国民权利成为问题的案件，一般应公开审讯。

第七章　财政

第八十三条【财政处理的基本原则】

处理国家财政的权限，必须根据国会的决议行使之。

第八十四条【课税的必要条件】

新课租税，或变更现行租税，必须有法律或法律规定之条件作依据。

第八十五条【国费支出及国家的债务负担】

国家费用的支出，或国家负担债务，必须根据国会决议。

第八十六条【预算】

内阁编制每一财政年度的预算必须向国会提出，经其审议通过。

第八十七条【预备费】

①为补充难以预见之预算不足，得根据国会决议设置预备费，由内阁负责其支出。

②所有预备费之支出，内阁必须于事后取得国会的承认。

第八十八条【皇室财产及皇室费用】

皇室的一切财产属于国家。皇室的一切费用必须列入预算，经国会决议通过。

第八十九条【国家财产支出或利用的限制】

公款以及其他国家财产，不得为宗教组织或团体使用、提供方便和维持活动之用，也不得供不属于公家的慈善、教育或博爱事业支出或利用。

第九十条【决算检查、会计检察院】

①国家的收支决算，每年均须由会计检察院审查，内阁必须于下一年度将决算和此项审查报告一并向国会提出。

②会计检察院之组织及权限，由法律规定之。

第九十一条【财政状况的报告】

内阁必须定期，至少每年一次，将国家财政状况向国会及国民提出报告。

第八章　地方自治

第九十二条【地方自治的基本准则】

关于地方公共团体的组织及运营事项，根据地方自治的宗旨由法律规定之。

第九十三条【地方公共团体的机构，其直接选举】

①地方公共团体根据法律规定设置议会为其议事机关。

②地方公共团体的首长、议会议员以及法律规定的其他官吏，由该地方公共团体的居民直接选举之。

第九十四条【地方公共团体的权能】

地方公共团体有管理财产、处理事务以及执行行政的权能，得在法律范围内制定条例。

第九十五条【特别法的居民投票】

仅适用于某一地方公共团体的特别法，根据法律规定，非经该地方公共团体居民投票半数以上同意，国会不得制定。

第九章　修改宪法

第九十六条【修改宪法的程序，其公布】

①本宪法的修订，必须经各议院全体议员三分之二以上的赞成，由国会提议，向国民提出，并得其承认。此种承认，必须在特别国民投票或国会规定的选举时进行投票，必须获得半数以上的赞成。

②宪法的修订在经过前项承认后，天皇立即以国民的名义，作为本宪法的一个组成部分公布之。

第十章　最高法规

第九十七条【基本人权的本质】

本宪法对日本国民所保障的基本人权，是人类为争取自由经过多年努力的结果，这种权利已于过去几经考验，被确信为现在及将来国民之不可侵犯之永久权利。

第九十八条【最高法规性，遵守条约及国际法规】

①本宪法为国家的最高法规，与本宪法条款相违反的法律、命令、诏敕以及有关国务的其他行为的全部或一部，一律无效。

②日本国缔结的条约及已确立的国际法规，必须诚实遵守之。

第九十九条【尊重拥护宪法的义务】

天皇或摄政以及国务大臣、国会议员、法官以及其他公务员均负有尊重和拥护本宪法的义务。

第十一章　补充规则

第一百条【宪法实行日期，准备手续】

①本宪法自公布之日起，经六个月后开始施行。

②为施行本宪法而制定必要的法律，参议院议员的选举、召集国会手续以及为施行本宪法而必要的准备手续，得于上项日期之前进行之。

第一百零一条【经过规定——参议院未成立时的国会】

本宪法施行之际，如参议院尚未成立，在其成立以前由众议院行使国会的权力。

第一百零二条【经过规定——第一期参议院议员的任期】

根据本宪法而产生的第一届参议院议员，其中半数的任期为三年。此等议员，按法律规定决定之。

第一百零三条【经过规定——公务员的地位】

本宪法施行时现任在职的国务大臣、众议院议员、法官以及其他公务员，其地位与本宪法承认的地位相应者，除法律有特别规定外，不因本宪法之施行而当然失去其地位。但根据本宪法而选出或任命其后任者时，即当然失去其地位。

附录：日本《国防基本方针》

（1957 年 5 月 20 日）

国防的目的在于将直接和间接侵略防患于未然，一旦遭到侵略时，即予以反击，以保卫我国建立在民主主义基础上的独立与和平，为实现这一目的，特制定以下基本方针。

1. 支持联合国的活动，谋求国际间的协调，实现世界和平。

2. 安定民生，发扬爱国主义，建立保障国家安全所必要的基础。

3. 根据国力和国情，在自卫所必需的限度内，逐步发展有效的防卫力量。

4. 对于外来侵略，依靠同美国的安全保障体制予以阻止，直至将来联合国有能力有效地制止这种侵略时为止。

附录：日美安全保障条约

（1951 年 9 月 8 日于旧金山）

日本已于本日和盟国签订和约。该和约生效后，日本将无有效工具来行使它自卫的自然权利，因为它的武装已被解除。

在这种情况下，日本会遭到危险，因为不负责任的军国主义还没有从这个世界中驱逐出去。因此，日本希望与美利坚合众国签订一个安全条约，并与日本和美利坚合众国签订的和约同时生效。

和约承认作为主权国的日本有权参加集体安全的协定，同时联合国宪章承认一切国家具有单独和集体自卫的自然权利。

为行使这种权利，日本希望美利坚合众国在日本国内及周围驻扎其武装部队，以防止对日本的武装进攻，作为日本防御的临时办法。

美利坚合众国为了和平与安全的利益，目前愿意在日本国内和周围驻扎其相当数量的武装部队，但同时希望日本自己能逐渐增加承担其对直接和间接侵略的自卫责任，经常避免任何可以成为进攻的威胁或不按联合国宪章的宗旨与原则以促进和平与安全的军备扩张。

第一条

在和约和本条约生效之日起，由日本授予，并由美利坚合众国接受在日本国内及周围驻扎美国陆、海、空军之权利，此种军队得用以维持远东的国际和平与安全和日本免受外来武装进攻之安全，包括根据日本政府的明显要求，为镇压由于一个或几个外国之煽动和干涉而在日本引起的大规模暴动和骚乱所给予的援助。

第二条

在第一条所述之权利被行使期间，未经美利坚合众国事先同意，日本不得将任何基地给予任何第三国，亦不得将基地上或与基地有关之任何权利、权力或权限，或陆、海、空军驻防、演习或过境之权利给予任何第三国。

第三条

美利坚合众国之武装部队驻扎日本国内及周围的条件应由两国政府之间的行政协定决定之。

第四条

美利坚合众国和日本政府一经认为已有联合国之办法或其他单独或集体安全的布置，可由联合国或其他方面圆满维持日本地区之国际和平与安全时，本条约即应停止生效。

第五条

本条约应由美利坚合众国和日本批准，在两国于华盛顿互换本条约之批准书之后开始生效。

附录：日美共同合作和
安全保障条约

（1960 年 1 月 19 日于华盛顿）

日本国和美利坚合众国希望加强两国间的传统友好关系，并且拥护民主主义的诸原则，个人的自由及法制，进一步促进两国间的密切的经济合作，经济的安定和福利的改善。两国再次确认对于联合国宪章的目的和原则的信念以及和全世界所有政府和人民一道和平地生活的愿望。两国确认保有联合国宪章所制定的个别或集体的自卫权。两国为了维护远东地区的国际和平与安全，决定缔结此条约。协定如下：

第一条 维护和平的努力

缔约国遵守联合国宪章的规定，通过以和平手段解决各自的国际纷争，来维护国际和平与安全及正义。即便是为了保持领土完整和政治的独立，也应该慎重使用以武力威吓、武力行使及与联合国的宗旨不相符的方法。缔约国和其他爱好和平的国家一起，为了能够使维护国际和平与安全的联合国宗旨得到更加有效地执行，努力加强联合国组织。

第二条　经济合作的促进

缔约国通过强化其自由的诸制度，促进作为这些制度的原则，改善安定和福利条件，为和平友好的国际关系的进一步发展作出贡献。缔约国努力消除彼此间的差异，促进两国间的经济合作。

第三条　自卫力的维持发展

缔约国通过个别及相互的合作，持续有效的自助和相互援助，发展和维护在宪法规定的基础上的各自的抵抗武力攻击的能力。

第四条　随时协议

缔约国就本条约的实施随时进行协议。另外，在日本国的安全和远东地区国际和平与安全受到威胁的时候，在缔约国的任何一方的要求下随时可以进行协议。

第五条　共同防卫

缔约国的每一方都认识到，对日本施政下的领土的任何一方发动的武力进攻，都会危及本国的和平和安全，将按照本国宪法的规定和程序采取行动，以应对共同的危险。

前述武力进攻和因而采取的全部措施，必须按照联合国宪章第51条的规定立即报告联合国安理会。这些措施在联合国安理会采取了某些国际和平与安全的措施之时必须停止。

为了对日本的安全以及维持远东的国际和平和安全作出贡献，美利坚合众国的陆海空军被允许使用在日本的设施和地区。

第六条　基地的许可

为了对日本的安全以及维持远东的国际和平和安全作出贡献，美利坚合众国的陆海空军被允许使用在日本的设施和地区。

关于上述的日本国内的设施和区域的使用以及驻日美军的地位问题，遵照以代替1952年2月28日在东京签署的日本国与美国的安全保障条约的第3条为基础的行政协定的个别协定及其他已达成的协议。

第七条 与联合国宪章的关系

本条约不得被理解为对依照联合国宪章所规定的缔约国的权利和义务以及对维护国际和平与安全的联合国的责任产生了影响。

第八条 批准

本条约必须经依照日本国和美国宪法上的手续的批准。两国在东京互换批准书时生效。

第九条 旧条约的实效

1951年9月8日在旧金山市签署的日美安保保条约在此条约生效之时失效。

第十条 条约的终了

本条约是为了维护在日本的国际和平与安全所制定的具有联合国措施效力的充分的规定。到日美两国承认的期限为止拥有效力。

但是，在本条约生效十年以后，缔约国的任何一方都可以把它想要废除本条约的意图通知另一方，在那种情况下，本条约在上述通知发出以后一年即告失效。

附录：日美防卫合作指导方针

日美安全保障协商委员会

（1997 年 9 月 23 日于纽约）

一、指导方针的目的

本指导方针的目的是，建立在平时及日本受到武力进攻和发生周边事态时能够实施更有效、更可靠的日美合作的基础。同时，指导方针对平时及紧急事态时日美两国各自的作用和相互间合作与协调的方式，确定了一般性框架和方向。

二、基本前提及考虑

指导方针及在其指导下的共同作业，系依照以下基本前提及考虑制定的。

1. 日美安全保障条约及其相关文件所规定的权利、义务和日美同盟关系的基本框架不得改变。

2. 日本的一切行动均应在宪法约束范围内，遵照专守防卫、无核三原则等日本的基本方针进行。

3. 日美两国的一切行动均不得违背包括和平解决争端和主权

平等等内容在内的国际法基本原则和联合国宪章等有关国际规约。

4. 对于指导方针及在其指导下的共同作业，任何一方政府都不负有采取立法、预算及行政措施的义务。但鉴于建立日美合作有效态势是指导方针及在其指导下共同作业的目标，因此，期待日美两国政府依照各自的判断，以适当的方式将这一努力的结果反映在各自的具体政策和措施中。日本的一切行动须遵循适用于其时的国内法令。

三、从平时开始进行的合作

日美两国政府将坚持现行的日美安全保障体制，并努力维持各自必要的防卫态势。日本遵照《防卫计划大纲》，将在自卫所需的必要范围内保持防卫力量。美国为履行其承诺，须在保持核威慑力量的同时，维持在亚太地区的前沿部署，并保持其他可来援的兵力。

日美两国政府以各自的政策为基础，为日本的防卫和建立更加稳定的国际安全保障环境，从平时起就要保持密切的合作。

日美两国政府从平时开始就要加强在各个领域的合作。这一合作包括根据日美相互提供物资与劳务协定、日美相互防卫援助协定及其相关文件而实施的相互支援活动。

1. 情报交换及政策磋商

日美两国政府认识到正确的情报及准确的分析是安全保障的基础，为此将以亚太地区形势为中心，就双方共同关心的国际形势加强情报和意见交换，并继续就防卫政策及军事态势进行密切磋商。

这种情报交换及政策磋商，须利用包括日美安全保障协商委员会及日美安全保障高级事务级协商（SSC）在内的所有机会，尽可能在广泛的层次及领域里展开。

2. 安全保障方面的各种合作

日美为促进地区及全球规模的各种安全保障活动而进行的合作，将有助于建立更加稳定的国际安全保障环境。

日美两国政府认识到本地区内安全保障对话、防卫交流和国际军控与裁军的意义与重要性，因此，在促进这些活动的同时，将根据需要开展合作。

当日美任何一方或两国政府参加联合国维持和平行动或人道主义国际救援活动时，日美两国政府须根据需要进行密切合作，以相互支援。日美两国政府须预先规定在运输、医疗、情报交换及教育训练等领域里的合作要领。

当发生大规模灾害且日美任何一方或两国政府应有关政府或国际机构的请求实施紧急援助活动时，日美两国政府应根据需要密切合作。

3. 日美双方的共同作业

日美两国政府进行包括研究日本受到武力进攻时的联合作战计划和发生周边事态时的相互合作计划在内的共同作业。这些须在双方有关机构参与下的综合机制中进行，以建立日美合作的基础。

日美两国政府在检验这种共同作业的同时，须加强联合演习和训练，以使自卫队和美军等日美有关政府机构和民间机构能够顺利、有效地应付事态。此外，日美两国政府须从平时开始建立日美间的协调机制，以便在发生紧急事态时能够在有关机构的参与下启用。

四、日本遭到武力进攻时的应付行动等

日本遭到武力进攻时的共同应付行动等，依然是日美防务合作的核心要素。

当对日本武力进攻迫近时，日美两国政府须在采取措施控制事态扩大的同时，为防卫日本做好必要的准备。当对日本的武力进攻发生时，日美两国政府须共同切实应付，尽量早期将其排除。

1. 当对日本的武力进攻迫近时

日美两国政府在加强情报交换及政策磋商的同时，应尽早启动日美两国间的协调机制。日美两国政府须密切合作，并按双方商定的准备等级，做好必要的准备，以确保协调一致地应付事态。日本须建立并保持美军来援的基础。此外，日美两国政府还须根据形势的变化，在加强情报搜集和警戒监视的同时，做好应付可能发展成为武力进攻日本的行动的准备。

为控制事态的扩大，日美两国政府须作出包括外交活动在内的一切努力。

此外，日美两国政府须考虑到因周边事态的发展日本有可能遭到武力攻击，同时需注意为防卫日本而做的准备与对周边事态的应付及为此而做的准备相互之间的密切关系。

2. 日本遭到武力进攻时

（1）关于采取协调一致的联合应付行动的基本考虑

①在日本遭到武力进攻时，日本须以本国为主立即采取行动，尽量早期排除之。届时，美国须给予日本以切实的合作。这种日美合作方式将因武力进攻的规模、样式、事态的发展及其他要素的不同而不同。其中可能包括实施协调一致的联合作战及为此所做的准备、控制事态扩大的措施、警戒监视及情报交换等合作。

②自卫队与美军实施联合作战时，双方须确保协调一致，并在适当的时候以适当的方式运用各自的防卫力量。届时，双方须有效地综合运用各自的陆、海、空军部队。自卫队主要在日本疆域及其周边海空域实施防御作战，美军支援自卫队的作战。此外，美军还要实施弥补自卫队能力不足的作战。

③美国需适时地派兵前来支援；为促进美军的来援，日本须建立并保持所需的基础。

（2）作战构想

①应付空中进攻日本的作战

自卫队和美军须联合实施应付空中进攻日本的作战。

自卫队以自身力量为主实施防空作战。

美军在支援自卫队作战的同时，为弥补自卫队能力的不足，须实施包括使用打击力量在内的作战。

②防卫日本周边海域及保护海上交通线的作战

自卫队和美军须联合实施防卫日本周边海域的作战和保护海上交通的作战。

自卫队以自身力量为主，实施防守日本重要港口及海峡、保护日本周边海域船舶及其他作战。

美军在支援自卫队作战的同时，为弥补自卫队能力的不足，须实施包括使用机动打击力量在内的作战。

③应付对日本的空降和登陆进攻的作战

自卫队和美军须联合实施应付对日本的空降和登陆进攻的作战。

自卫队以自身力量为主，实施抗击及排除对日本的空降和登陆进攻的作战。

美军主要实施弥补自卫队能力不足的作战。届时，美军根据进攻的规模、模式及其他因素，尽早派兵来援，以支援自卫队的作战。

④应付其他威胁

a. 对渗透至日本疆域内的军事力量所实施的游击战和特种作战等非正规进攻，自卫队须以自身力量为主，尽早予以制止并排除。届时，须在与有关机构密切合作及协调的同时，根据事态的发展，取得美军的切实支援。

b. 为应付弹道导弹攻击，自卫队和美军须密切合作与协调。美军在向日本提供必要情报的同时，根据需要，可考虑使用拥有打击力量的部队。

（3）有关作战的各项活动及其必要事项

①指挥与协调

自卫队和美军在密切合作的前提下，按照各自的指挥系统行动。为有效地实施联合作战，自卫队和美军须预先制定好有关确定任务区分和确保作战行动协调一致等的程序。

②日美间的协调机制

日美两国有关机构间必要的协调须通过日美间的协调机制进行。为共同实施有效的作战行动，自卫队和美军须通过包括灵活运用日美联合协调所在内的协调机制，在作战、情报活动及后勤保障方面相互密切协调。

③通信电子活动

为确保通信电子能力的有效运用，日美两国政府须相互支援。

④情报活动

为联合实施有效的作战行动，日美两国政府须就情报活动开展合作。其中包括在情报的要求、搜集、处理及分发等方面的协调。届时，日美两国政府应对共享情报的保密各负其责。

⑤后方支援活动

根据日美间的明确规定，自卫队和美军须有效且切实地实施后方支援活动。

为提高后方支援的有效性和弥补各自能力的不足，日美两国政府须恰当地灵活运用中央政府与地方公共团体所拥有的权限和能力以及民间所拥有的能力，实施相互支援活动。届时，需特别注意以下事项：

a. 补给

美国负责提供筹措美制装备品等补给品的支援，日本负责提供筹措日本国内补给品的支援。

b. 运输

日美两国政府须就美国向日本空运及海运补给品等运输活动进行密切合作。

c. 维修

日本负责保障在日本国内的美军装备品的维修，美国负责保障美制装备中日本不具备维修能力的装备品的维修。维修保障中包括必要时对维修人员的技术指导。此外，日本还须应美军有关船舶打捞与回收等需求提供支援。

d. 设施

根据需要，日本须依照日美安全保障条约及其相关规定提供新的设施和区域。此外，为有效、高效地实施作战，必要时，自卫队和美军将依照该条约及其相关规定，共同使用自卫队的设施和美军的设施及区域。

e. 医疗

在医疗领域，日美两国政府要相互提供伤病员的治疗及后送等支援。

五、日本周边地区事态对日本的和平与安全造成重大影响时（周边事态）的合作

周边事态是指对日本的和平与安全造成重大影响的事态。周边事态不是地理性概念，而是着眼于事态的性质。为防止周边事态的发生，日美两国政府须进行包括开展外交活动在内的一切努力。日美两国政府在就每种不同事态的状况达成共识时，须有效地协调各自的行动。此外，应付周边事态时所采取的措施，可根据形

势的不同而有所不同。

1. 预计将发生周边事态时

在预计将发生周边事态时，日美两国政府须加强包括努力就该事态达成共识在内的情报交换和政策磋商。

与此同时，为控制事态的扩大，日美两国政府须进行包括开展外交活动在内的一切努力，并尽早启用包括日美共同协调所在内的日美协调机制。日美两国政府须切实合作，并按双方商定的准备等级，做好必要的准备，以确保应付行动的协调一致。接着，日美两国政府根据形势的变化，在加强情报搜集和警戒监视的同时，针对形势的发展加强应急反应态势。

2. 应付周边事态

在应付周边事态时，日美两国政府须采取包括旨在控制事态扩大在内的切实措施。这些措施需根据第二条所提出的基本前提和考虑，并依照各自的判断而定。日美两国政府根据明确的决定，必要时相互提供支援。

合作范围的机能、领域及合作事项示例如下，并列于附表中。

（1）日美两国政府在各自为主进行行动时的合作

日美两国政府可根据各自的判断实施下列活动，但日美间的合作则可提高其实效性。

①救援活动及应付难民的措施

日美两国政府应在灾区当局的同意与合作下实施救援活动。日美两国政府须审视各自的能力，根据需要进行合作。

必要时，日美两国政府在难民问题处理方面进行合作。当难民流入日本疆域时，由日本制定应付措施，同时主要由日本负责应付，美国给予适当的支援。

②搜索与救护

日美两国政府须在搜索与救护活动中进行合作。日本在日本疆域及与战斗行动实施区域相毗邻的日本周边海域实施搜索与救护活动。美国在美军活动时，负责实施活动区域内及其附近的搜索与救护活动。

③撤出非战斗人员的活动

在作为非战斗人员的日本国民或美国国民需要从第三国撤退至安全地域时，日美两国政府对撤出本国国民及处理与当地当局的关系上各自负有责任。日美两国政府认为双方均合适时，可互补使用各自所拥有的能力，在制订包括运输手段的确保、运输以及设施的使用等一系列关于撤出非战斗人员的计划时进行协调，并在实施时进行合作。当日本国民或美国国民以外的非战斗人员提出相同撤退需求时，日美两国可根据各自的准则，商讨对第三国国民提供有关援助的问题。

④为确保以维持和平与稳定为目的的经济制裁效果而展开的活动

日美两国政府须根据各自的准则，在确保旨在维持和平与稳定的经济制裁效果的活动中作出贡献。

此外，日美两国政府须考虑各自的能力，切实开展合作。这些合作包括情报交换及基于联合国安理会决议实施的船舶检查。

（2）日本对美军活动的支援

①设施的使用

根据日美安全保障条约及其相关规定，必要时，日本须适时、切实地提供新的设施和区域，同时还须确保美军临时使用自卫队设施及民用机场和港口。

②后方地域支援

日本须对美军旨在达成日美安全保障条约目的的活动提供后方地域支援。这种后方地域支援以美军能够使用设施和有效遂行各种活动为着眼点。根据这一性质，后方地域支援将主要在日本疆域内实施，但也有可能在与战斗行动实施区域相毗邻的日本周边公海及其上空实施。

在实施后方地域支援时，日本须有效而灵活地运用中央政府与地方公共团体拥有的权限和能力以及民间拥有的能力。自卫队在谋求与遂行日本防卫和维持公共秩序的任务相协调的同时，切实实施这类支援。

（3）日美在运用方面的合作

由于周边发生事态将给日本的和平与安全带来重大影响，因此，自卫队为保护生命财产和确保航行安全，须实施情报搜集、警戒监视、排除水雷等活动。美军将实施旨在恢复日本周边地区和平与安全的活动。

在有关机构的参与下，通过开展合作与协调，将大幅度提高自卫队与美军双方活动的实效。

六、为在指导方针指导下实施有效防卫合作而进行的日美共同作业

为有效推进在指导方针指导下的日美防卫合作，针对日本可能遭受的武力进攻和周边事态等安全保障方面的种种情况，日美两国有必要在平时进行协商。为确保日美防卫合作切实取得成果，双方在各种级别相互提供情报并进行协调是不可或缺的。为此，日美两国政府除将利用日美安全保障协商委员会及日美安全保障高级事务级协商等各种机会加强情报交换与政策磋商外，还将建立起两大协调机制，以促进协商、政策调整以及作战和具体行动方面的协调。

第一，日美两国政府为在研究计划的同时确立共同的准则和实施要领等，将建立总体机制。参与此事的不仅有自卫队和美军，还有双方政府的其他有关机构。

必要时，日美两国政府将进一步完善该总体机制。日美安全保障协商委员会将在明确该机制作业的政策性方向方面继续发挥重要作用。日美安全保障协商委员会有责任提出方针、确认作业的进度并在必要时发出指示。防务合作小组委员会在共同作业方面协助日美安全保障协商委员会。

第二，日美两国政府为在发生紧急事态时协调双方的行动，平时将建立起包括两国有关机构在内的日美间协调机制。

1. 在研究计划和确立共同准则及实施要领等方面的共同作业

在双方有关机构参与建立总体机制的过程中，将有计划、高效地推进下列共同作业。这些作业的进展及结果将在每一阶段上报日美安全保障协商委员会及防务合作小组委员会。

（1）联合作战计划和相互合作计划的研究

自卫队和美军为在日本遭到武力进攻时能够顺利而有效地实施协调一致的行动，平时将开展联合作战计划的研究。此外，日美两国政府为能够顺利而有效地应付周边事态，平时将开展相互合作计划的研究。

对联合作战计划和相互合作计划的研究，是在期望其结果能恰当反映在日美两国政府各自计划之中的前提下，设想各种情况而展开的。日美两国政府应根据实际情况对各自的计划进行调整。日美两国政府应注意谋求协调联合作战计划研究与相互合作计划研究之间的关系，以便在周边事态可能发展为对日本的武力进攻或两者同时发生时能采取妥善的对策。

（2）确立防卫准备的共同标准

日美两国政府须在平时确立关于日本防卫的准备工作的共同标准。这一标准须明确规定各准备阶段的情报活动、部队的活动、移动、后方支援及其他事项。当对日本的武力进攻迫近时，须根据日美两国政府的协议，选定共同准备等级，并使之反映在自卫队、美军及其他有关机构所实施的各阶段的防卫准备之中。

同样，关于发生周边事态时合作措施的准备工作，日美两国政府也须确立共同的标准，以便能够选定双方认可的共同准备等级。

（3）确定共同的实施要领等

日美两国政府须预先确定共同的实施要领等，以便自卫队和美军能够顺利而有效地实施旨在防卫日本的协调一致的作战行动。其中包括通信、目标位置的通报、情报活动、后方支援及防止误伤的要领，同时还包括切实约束各自部队活动的标准。此外，自卫队和美军应考虑通信电子活动等方面相互通用的重要性，预先确定相互必要的事项。

2. 日美间的协调机制

日美两国政府在日美两国有关机构的参与下，在平时建立起日美间的协调机制，以便当日本遭到武力进攻和发生周边事态时，对双方的行动予以协调。

协调的要领须根据所需协调事项和有关参与机构的不同而有所不同。协调要领中包括召集协调会议、互派联络员以及指定联络渠道。作为该协调机制的一环，自卫队和美军在平时须预先组建旨在协调双方行动的、具备必要的硬件和软件的日美联合协调所。

七、"指导方针"的适时而妥善的修改

当与日美安全保障形势相关的各种形势发生变化，且根据当时的情况断定有必要时，日美两国政府将以适时而妥善的形式修改本指导方针。

附录：周边事态法

（1999 年 5 月 28 日）

宗旨

第一条

本法旨在制定我国为应对如置之不理则可能发展成为对我国的直接武力攻击之事态等我国周边地区发生的对我国和平与安全构成严重影响的事态（以下称"周边事态"）而采取的措施及其相关手续等其他必要事项，以助于有效运用《日本国和美利坚合众国共同合作和安全保障条约》（以下称"日美安保条约"）和确保我国的和平与安全。

应对周边事态的基本原则

第二条

一、在发生周边事态时，政府应适当、迅速地实施后方保障、后方搜索救助和其他旨在应对周边事态的必要措施（以下简称"应对措施"），努力确保我国的和平与安全。

二、所实施的应对措施不得是以武力相威胁或行使武力。

三、在实施应对措施时，内阁总理大臣应根据第四条第一款所规定的基本计划代表内阁指挥监督各行政部门。

四、为实现前条之宗旨，相关行政机构长官应在实施应对措施时相互合作。

定义等

第三条

一、本法以下各项中所出现术语的意义解释均依照相关各项之规定。

1. 后方保障　指我国在后方对在发生周边事态时实施有助于实现日美安保条约目的的行动的美利坚合众国军队（以下称"合众国军队"）实施的提供物资劳务及便利条件等其他保障措施。

2. 后方搜索救助活动　指我国在后方对因在周边事态中的战斗行为（指国际武力争端中人员杀伤或物资毁坏行为。下同）而遇险的参战者实施的搜索或救护活动。

3. 后方　指我国疆域和当前未展开战斗行为且被认为在此实施活动全过程中不会发生战斗行为的我国周边公海（含联合国有关海洋法公约中所规定的专属经济区。下同）及其上空范围。

4. 相关行政机构　指国家行政组织法（1948 年法律第 120 号）第三条第二款规定的国家行政机构和该法第八条第三款规定的特别机构等由政令指定的机构。

二、自卫队在后方保障中提供的所属物资及劳务（下款后半段所规定内容除外）列入附表 1 中。

类别	内容
补给	供水、加油、饮食提供及与此类同的物资与劳务提供
运输	人员与物资运输、运输工具提供及与此类同的物资与劳务提供
维修与修配	维修与修配、维修与修配器材以及零件与部件提供及与此类同的物资与劳务提供
医疗	伤病员治疗、卫生器具提供及与此类同的物资与劳务提供
通信	通信设备的利用，通信器材提供及与此类同的物资与劳务提供
机场与港口业务	飞机起降及船舶出入港口的保障，装卸作业及与此类同的物资与劳务提供
基地业务	废品收集与处理，供电及与此类同的物资与劳务提供

备注：

一、所提供物资中不包括武器（含弹药）；

二、所提供物资与劳务中不包括为正准备起飞参加作战行动的飞机加油及修配；

三、所提供的物资与劳务除在公海及其上空的运输（含运输途中对伤病员的治疗），均在我国疆域内实施。

三、后方搜索救助活动由自卫队部队等〔指自卫队法（1954年法律第165号）第八条规定的部队等。下同〕实施。自卫队部队等在实施后方搜索活动过程中，以后方保障方式向实施与之类似活动的合众国军队提供的所属物资与劳务列入附表2中。

类别	内容
补给	供水、加油、饮食提供及与此类同的物资与劳务提供
运输	人员与物资运输、运输工具提供及与此类同的物资与劳务提供
维修与修配	维修与修配、维修与修配器材以及零件与部件提供及与此类同的物资与劳务提供
医疗	伤病员治疗、卫生器具提供及与此类同的物资与劳务提供
通信	通信设备的利用，通信器材提供及与此类同的物资与劳务提供
住宿	住宿设施的利用，卧具提供与此及类同的物资与劳务提供
消毒	消毒、消毒器具及与此类同的物资与劳务提供

备注：

一、所提供物资中不包括武器（含弹药）；

二、所提供物资与劳务中不包括为正准备起飞参加作战行动的飞机加油及修配；

基本计划

第四条

一、在发生周边事态时，内阁总理大臣在认定有必要实施下列措施之一时，必须就与实施该措施及应对措施有关的基本计划（以下称"基本计划"）方案征得内阁会议批准。

1. 前条第二款的后方保障。

2. 除前项所列事项外，相关行政机构实施的后方保障措施有必要在内阁特殊干预下较为综合、有效地实施。

3. 后方搜索救助活动。

二、基本计划所规定的事项如下：

1. 关于应对措施的基本方针。

2. 实施前款第 1 项及第 2 项中所列后方保障的具体事项如下：

（1）与该后方保障相关的基本事项；

（2）该后方保障的种类及内容；

（3）实施该后方保障的区域范围及认定该区域范围的相关事项；

（4）实施该后方保障的其他重要事项。

3. 实施后方搜索救助活动的具体事项如下：

（1）与该后方搜索救助有关的基本事项；

（2）与实施该后方搜索救助活动的区域范围和指定该区域范围有关的事项；

（3）与在该后方搜索救助活动同时实施的前条第三款后半段

所列后方保障有关的重要事项（包括有关实施该后方保障的区域范围和指定该区域范围的事项）；

（4）有关实施该后方搜索救助活动的其他重要事项。

4. 除前第 2 项所列内容外，与自卫队实施的重要应对措施的种类、内容及其实施有关的重要事项。

5. 除前第 3 项所列内容外，与需内阁特殊干预确保综合、有效实施的相关行政机构应对措施有关的重要事项。

6. 与要求或请求地方各级政府及其他非中央政府机构对应对措施提供合作时的合作种类、内容及其合作有关的重要事项。

7. 与相关行政机构为实施应对措施而进行的协调联络有关的事项。

三、第一款之规定可援用于基本计划的更改。

国会的批准

第五条

一、关于基本计划中规定的自卫队部队等实施的后方保障和后方搜索救助活动，内阁总理大臣必须在实施这些应对措施之前就此获得国会批准。但在需紧急处置时，可在未获得国会批准的情况下实施该后方保障和后方搜索救助活动。

二、依据前款附加规定，在未获得国会批准的情况下实施后方保障和后方搜索救助时，内阁总理大臣必须迅速就此应对措施取得国会的批准。

三、在前款场合国会未予批准时，政府必须迅速停止该后方保障和后方搜索救助活动。

自卫队在后方保障中提供物资与劳务的实施

第六条

一、内阁总理大臣或受其委任者应根据基本计划，实施第三条第二款规定的后方保障中的自卫队所属物资的提供。

二、防卫厅长官应根据基本计划制定第三条第二款中规定的后方保障中的自卫队劳务提供的实施要点，并在就此取得总理大臣的批准后，对防卫厅本厅机关和自卫队部队等下达实施命令。

三、在前款实施要点中，防卫厅长官应指定实施该后方保障的区域（以下称"实施区域"，仅限本条）。

四、当实施区域的全部或部分与本法或基本计划规定的必要条件不符时，防卫厅长官必须迅速更改其指定或命令中止正在该地实施的活动。

五、受命在公海及其上空执行第三条第二款规定的后方保障之运输任务的自卫队部队等的长官或其指定代理官，当在执行该项运输任务的地点附近发生战斗行为或根据附近状况预料将发生战斗行为时，应暂时停止执行该项运输任务，以规避该战斗行为所导致的危险，同时等待前款规定的措施出台。

六、第二款之规定可援用于同款实施要点的更改（根据第四款之规定而缩小实施区域的更改除外）。

后方搜索救助活动的实施

第七条

一、防卫厅长官应根据基本计划，制定后方搜索救助活动的实施要点，并在就此取得内阁总理大臣的批准后，对自卫队部队下达实施命令。

二、在前款实施要点中，防卫厅长官应指定实施该后方搜索救助的区域（以下称"实施区域"，仅限本条）。

三、在实施后方搜索救助活动中，遇有非参战人员遇险时应予以救助。

四、在实施后方搜索救助活动中，发现实施区域毗邻的外国领海有遇险者时，在征得该国同意后，可对该遇险者予以救助。但仅限于该海域当时未展开战斗行为且认定在实施该活动期间不会展开战斗行为的场合。

五、前条第四款之规定可援用于指定实施区域的更改，同条第五款之规定可援用于受命实施后方搜索救助的自卫队部队等的长官或其指定代理官。

六、第一款之规定可援用于同款实施要点的更改（前款援用前条第四款之规定而缩小实施区域的更改除外）。

七、前条之规定可援用于与后方搜索救助活动同时实施的第三条第三款后半段规定的后方保障。

相关行政机构应对措施的实施

第八条

除前两条规定的内容外，防卫厅长官及其他相关行政机构长官应依照法令和基本计划实施应对措施。

非中央政府机构的合作等

第九条

一、相关行政机构的长官可依照法令和基本计划要求地方各级政府长官在其拥有的权限范围内提供必要的合作。

二、除前款规定的内容外，相关行政机构长官可依照法令和基本计划请求非中央政府机构提供必要的合作。

三、根据前两款之规定被要求或请求提供合作的非中央政府机构，在因此遭受损失时，政府应对其损失采取必要的财政方面的措施。

报告国会

第十条

内阁总理大臣必须立即向国会报告以下各项所列事项：

1. 基本计划的决定或更改的内容；
2. 基本计划规定的应对措施完成时的结果。

武器的使用

第十一条

一、根据第六条第二款（包括第七条第七款中的援用内容）之规定，受命实施在后方保障中提供自卫队劳务的自卫队部队等的自卫官，在执行其任务时，为防护自身和共同执行该任务人员的生命或人身安全，在有充足理由认定有迫不得已之需要时，根据事态，可合理地、在判断有其必要的限度内使用武器。

二、根据第七条第一款之规定，受命实施后方搜索救助活动的自卫队部队等的自卫官在执行救助遇险者任务时，为防护自身和共同执行该任务人员的生命或人身安全，在有充足理由认定有迫不得已之需要时，根据事态，可合理地、在判断有必要的限度内使用武器。

三、在依据前两款之规定使用武器时，除符合刑法（1907 年法律第 45 号）第三十六条或第三十七条规定的情况外，均不得对他人构成危害。

委任政令

第十二条

本法中除有特殊规定的条款外，与本法实施手续和施行有关的必要事项，均由政令决定。

附录：反恐怖特别措施法

（2001 年 11 月 2 日颁布）

目的与基本原则

特别措施法系针对各国为应对 2001 年 9 月 11 日发生在美利坚合众国的恐怖袭击所展开的旨在实现联合国宪章之目的的活动，我国应采取的措施及基于相关联合国决议的人道主义措施。

目 的

第一条

本法旨在有助于确保包括我国在内的国际社会的和平与安全。基于联合国安全理事会决议第 1368 号文件之认定，2001 年 9 月 11 日，发生在美利坚合众国的恐怖主义袭击（以下称"恐怖袭击"）事件对国际和平与安全构成了威胁，同时，该理事会第 1267 号文件、第 1269 号文件、第 1333 号文件及该理事会其他决议均谴责了国际恐怖行为，并要求联合国所有成员国采取切实可行之措施，以防止此类事件发生，鉴此，特规定如下事项，以便于我国积极主动地参加国际社会旨在防止和根除国际恐怖主义之行动。

1. 对于美利坚合众国、其他国家军队及类似组织（以下称"各国军队等"）通过努力消除恐怖袭击所带来的威胁，以资达成联合国宪章目的之行动，我国所采取的措施、实施手续及其他必要事项。

2. 根据联合国大会、安全理事会和经济社会理事会所通过的决议或联合国、联合国大会指定设立的机构、联合国专门机构和国际移民机构（以下称"联合国等"）的请求，我国基于人道主义精神所采取的措施、实施手续及其他必要事项。

基本原则

第二条

一、政府应通过适当、迅速地实施基于本法的合作支援活动、搜索救助活动及其他必要措施（以下称"应对措施"），使我国积极主动地参加国际社会旨在防止和根除国际恐怖主义之行动，以努力确保包括我国在内的国际社会的和平与安全。

二、应对措施之实施不得以武力相威胁或行使武力。

三、应对措施系指在我国疆域和当前未展开战斗行为（指国际武装冲突中杀伤人员或毁坏物资之行为。下同），且被认定在此实施活动期间不会发生战斗行为之如下地域所实施之行动。

1. 公海（含有关海洋法的联合国公约中所规定的专属经济区。第六条第五款类同）及其上空。

2. 外国疆域（仅限于该当事国对实施该应对措施认可之场合）。

四、在实施应对措施时，总理大臣应根据第四条第一款所规定的基本计划，代表内阁指挥监督各行政部门。

五、为实现前条之目的，相关行政机构的长官应在实施应对措施时相互合作。

定义与基本计划

定义

第三条

一、本法以下各项中所出现术语之意义均依照相关各项之规定。

1. 合作支援活动　对各国军队等实施的物资、劳务及便利条件提供等其他措施，系指我国实施之事项。

2. 搜索救助活动　对因各国军队等行动时所进行的战斗行为而遇险的参战人员实施的搜索或救助活动（含运送被救助者），系指我国实施之事项。

3. 难民救助活动　根据针对恐怖袭击的联合国大会、安全理事会、经济社会理事会所通过的决议或联合国的请求，为受害或有受害之虞的居民及其他人员（以下称"难民"）实施粮食、衣物、药品及其他生活相关物资之运输、医疗及其他基于人道主义而进行的活动，系指我国实施之事项。

4. 相关行政机构　系指下列政令指定之机构。

（1）内阁及内阁设置法（1999 年法律第 89 号）第四十九条第一款及第二款所规定之机构及国家行政组织法（1948 年法律第120 号）第三条第二款所规定之机构。

（2）内阁设置法第四十条、第五十六条和国家行政组织法第八条第 3 项所规定之特别机构。

二、实施合作支援活动的自卫队提供的所属物资和劳务（下款后半段所规定内容除外）列入附表 1。

种类	内容
补给	给水、加油、饮食及类同物资与劳务之提供
运输	人员与物资运输、运输器材及类同物资与劳务之提供
维修与保养	维修与保养、维修与保养器械·零配件·组件及类同物资与劳务之提供
医疗	伤病员治疗、医疗器械及类同物资与劳务之提供
通信	通信设施之利用、通信器材及类同物资与劳务之提供
机场与港口业务	飞机起降、船舶进出港口之支援，装卸作业及类同物资与劳务之提供
基地业务	废品收集与处理，供电及类同物资与劳务之提供

备注：

一、所提供物资中不包括武器（含弹药）；

二、所提供物资与劳务中不包括对为参加作战行动而处于起飞准备状态中之飞机的加油与保养；

三、运输物资中不包括在外国疆域内的陆地武器（含弹药）运输。

三、搜索救助活动由自卫队部队等（指自卫队法 1954 年法律第 165 号第八条中规定的部队等。下同）实施。自卫队部队等在实施搜索救助活动过程中，以合作支援活动方式向实施与之类同活动的各国军队等提供的所属物资与劳务列入附表 2。

种类	内容
补给	给水、加油、饮食及类同物资与劳务之提供
运输	人员与物资运输、运输器材及类同物资与劳务之提供
修理、保养	维修与保养、维修与保养器械·零配件·组件及类同物资与劳务之提供
医疗	伤病员治疗、医疗器械及类同物资与劳务之提供
通信	通信设施之利用，通信器材及类同物资与劳务之提供
住宿	住宿设施之利用，卧具及类同物资与劳务之提供
消毒	消毒、消毒器具及类同物资与劳务之提供

备注：

一、所提供物资中不包括武器（含弹药）；

二、所提供物资与劳务中不包括对为参加作战行动而处于起飞准备状态中之飞机的加油与保养；

三、运输物资中不包括在外国疆域内的陆地武器（含弹药）运输。

基 本 计 划

第四条

一、内阁总理大臣在认定有必要实施下列应对措施之一时，必须就实施该应对措施及与应对措施有关的基本计划（以下称"基本计划"）之方案，征得内阁会议的批准。

1. 前条第二款的合作支援活动。

2. 除前项所列事项外，在相关行政机构实施的合作支援活动措施中，需在内阁特别干预下综合、有效实施之事项。

3. 搜索救助活动。

4. 自卫队实施的难民救助活动。

5. 除前项所规定的事项外，在相关行政机构实施的难民救助活动措施中，需要内阁特别干预下综合、有效实施之事项。

二、基本计划所规定的事项如下：

1. 关于应对措施的基本方针。

2. 实施前款第 1 项、第 2 项中所列合作支援活动时的下列事项：

（1）与该合作支援活动相关的基本事项；

（2）该合作支援活动的种类和内容；

（3）实施该合作支援活动的区域范围及划定该区域的相关事项；

（4）自卫队在外国疆域实施该合作支援活动时，应明确在外国疆域实施该活动的自卫队部队等的规模、组成、装备及派遣期限。

（5）相关行政机构在将其事务或事业专供物品以及所筹集的专供物品以外之物品转让给各国军队等时，与该实施相关的重要事项；

（6）与实施该合作支援活动相关的其他重要事项。

3. 实施搜索救助活动时的下列事项：

（1）与该搜索救助活动相关的基本事项；

（2）实施该搜索救助活动的区域范围及划定该区域的相关事项；

（3）有关与该搜索救助活动同时实施的前条第三款后半段所列之合作支援活动的重要事项（包括实施该搜索救助活动的区域范围及划定该区域的相关事项）；

（4）自卫队在外国疆域实施该搜索救助活动时，应明确在外国疆域实施该活动的自卫队部队等的规模、组成、装备及派遣期限；

（5）与实施该搜索救助活动相关的其他重要事项。

4. 实施前款第 4 项或第 5 项中所列难民救助活动时的下列事项：

（1）与该难民救助活动相关的基本事项；

（2）该难民救助活动的种类及内容；

（3）与实施该难民救助活动的区域范围及划定区域相关的事项；

（4）自卫队在外国疆域实施难民救助活动时，应明确在外国疆域实施该活动的自卫队部队等的规模、组成、装备及派遣期限；

（5）相关行政机构在将其事务或事业专供物品以及所筹集的专供物品以外之物品转让给联合国等时，与该实施相关的重要事项；

（6）与实施该难民救助活动相关的其他重要事项。

5. 除前三项所列事项外，在自卫队所实施之应对措施中，与其重要措施的种类内容及其实施办法相关的重要事项。

6. 除第 2 至第 5 项所列事项外，在相关行政机构所实施之应对措施中，与需内阁特别干预以综合、有效实施的措施相关的重要事项。

7. 与相关行政机构旨在实施应对措施的协调联络相关的事项。

三、第一款之规定援用于基本计划的更改。

四、在外国疆域实施应对措施时，应与当事国协商确定实施的区域范围。

国会的批准和自卫队的合作

国会的批准

第五条

一、关于自卫队依基本计划之规定实施的合作支援活动、搜索救助活动或难民救助活动，内阁总理大臣必须在这些应对措施开始实施之日（指防卫厅长官根据第六条第二款、第七条第一款或第八条第一款之规定命令自卫队部队实施这些应对措施之日）起 20 日之内，提交国会审议，并就这些应对措施的实施请求国会批准。但在国会休会或众议院解散时，应在其后召集的国会中尽速请求批准。

二、依据前款之规定，在未获得国会批准的情况下，政府必须尽速停止该合作支援活动、搜索救助活动或难民救助活动。

自卫队的合作 （自卫队在合作支援活动中提供物资与劳务的实施）

第六条

一、内阁总理大臣或受其委任者应依据基本计划，实施第三条第二款规定的合作支援活动中的自卫队所属物资的提供。

二、防卫厅长官应根据基本计划制定第三条第二款中规定的合作支援活动中的自卫队劳务提供的实施要点，并在就此取得总理大臣的批准后，对防卫厅本厅机关和自卫队部队等下达实施命令。

三、在前款实施要点中，防卫厅长官应指定实施该合作支援活动的区域（以下称"实施区域"，仅限本条）。

四、当实施区域的全部或部分与本法或基本计划规定的必要条件不符时，防卫厅长官必须尽速更改其指定或命令中止正在该地实施的活动。

五、受命在公海及其上空或外国疆域实施第三条第二款规定的合作支援活动的自卫队部队等的长官或其指定代理官，当在实施该合作支援活动的地点附近发生战斗行为或根据附近状况预料将发生战斗行为时，应暂时停止实施该合作支援活动或采取避难措施等，以规避该战斗行为所导致的危险，同时等待前款规定的措施出台。

六、第二款之规定可援用于同款实施要点的更改（根据第四款之规定而缩小实施区域的更改除外）。

搜索救助和难民救助

搜索救助（搜索救助活动的实施）

第七条

一、防卫厅长官应根据基本计划，制定搜索救助活动的实施要点，并在就此取得内阁总理大臣的批准后，对自卫队部队下达实施命令。

二、在前款实施要点中，防卫厅长官应指定实施该搜索救助活动的区域（下称"实施区域"，仅限本条）。

三、在实施搜索救助活动中，遇到非战斗人员遇险时，应予以救助。

四、前条第四款之规定可援用于指定实施区域的更改或活动的中止，同条第五款之规定可援用于受命实施搜索救助活动的自卫队部队等的长官或其指定代理官。

五、第一款之规定可援用于同款实施要点的更改（前款援用前条第四款之规定而缩小实施区域的更改除外）。

六、前条之规定可援用于与搜索救助活动同时实施的第三条第三款后半段规定的合作支援活动。

难民救助（自卫队难民救助活动的实施）

第八条

一、防卫厅长官应根据基本计划，制定自卫队实施难民救助活动的实施要点，并在就此取得内阁总理大臣的批准后，向自卫队部队等下达实施命令。

二、在前款实施要点中，防卫厅长官应指定实施该难民救助活动的区域（以下称"实施区域"，仅限本条）。

三、第六条第四款之规定可援用于指定实施区域的更改或活动的中止，同条第五款之规定可援用于受命实施难民救助活动的自卫队部队等的长官或其指定代理官。

四、第一款之规定可援用于同款实施要点的更改（根据前款可援用的第六条第四款之规定而缩小实施区域的更改除外）。

行政上的应对和物资的出租

行政上的应对 （相关行政机构应对措施的实施）

第九条

除前三条规定的内容外，防卫厅长官及其他行政长官应依照法令和基本计划实施合作支援活动、难民救援活动及其他应对措施。

物资的租用 （物资的无偿出借与转让）

第十条

内阁总理大臣、各省大臣及受其委任者，其所掌管之物资［不含武器（含弹药）］，在各国部队等或联合国等为供其活动之需提出无偿出借或转让该物品之申请，且认定对该活动顺利实施确有必要时，可在对其掌管事务无碍的限度内，将与该申请相关之物品无偿出借或转让给各国部队等或联合国等。

报告国会和武器的使用

报告国会

第十一条

内阁总理大臣必须立即向国会报告以下各款所列事项：

一、基本计划决定或更改的内容；

二、基本计划规定的应对措施完成时的结果。

武器的使用

第十二条

一、受命实施合作支援活动、搜索救助活动和难民救援活动的自卫队部队等自卫官，为防护自己或与其同处现场的其他自卫队员以及在履行职责时纳入其管理范围内人员的生命或人身安全，在有充足理由认定有迫不得已之必要时，依据其事态，在判断合理必要的限度内，可以使用武器。

二、基于前款规定之武器的使用，当上级长官身临现场时，须遵从其命令。但当对生命或人身安全之侵害或危险紧迫、无暇接受其命令时，则不在此限。

三、第一款之场合中，亲临现场之长官为预防因武器使用失控反而对生命或身体造成危险或引起事态混乱，应发布必要之命令，以确保武器的使用能够依据第一款及下款之规定，并在其目的范围内妥当实施。

四、在依据第一款之规定使用武器时，除符合刑法（明治40年［1907］法律第45号）第三十六条和第三十七条之规定的场合外，不得对人员造成危害。

委任政令和附则

委任政令

第十三条

本法中除有特殊规定的条款外，与本法实施手续和其他与本法施行有关的必要事项，均由政令决定。

附则

（施行日期）

一、本法自公布之日起施行。

自卫队法部分修订

二、对自卫队法的部分内容修订如下。附则中第三十一条改为第三十三条，第十七条至第三十条序号各下移 2 条，在第十六条后增加如下 2 条。

第十七条

内阁总理及受其委任者对于各国为应对 2001 年 9 月 11 日发生在美利坚合众国的恐怖袭击而展开的旨在实现联合国宪章之目的的活动，在有关我国实施措施和基于相关联合国决议的人道主义措施的特别措施法（2001 年法律第 113 号）有效期限内，可根据该法之规定，在自卫队遂行任务无碍的限度内，实施合作支援活动之物资提供。

第十八条

防卫厅长官对于各国为应对 2001 年 9 月 11 日发生在美利坚合众国的恐怖袭击而展开的旨在实现联合国宪章之目的的的活动，在有关我国实施措施和基于相关联合国决议的人道主义措施的特别措施法（2001 年法律第 113 号）有效期限内，可根据该法之规定，在自卫队遂行任务无碍的限度内，命令防卫本厅及部队提供合作支援活动之劳务，命令部队实施搜索救助活动或难民救援活动。

三、本法自施行之日起 2 年后失效。但在期满前，当认定已无必要实施应对措施时，可立即废止。

四、不拘前款之规定，即便自施行之日起满 2 年后，当认定仍有必要实施应对措施时，可根据另立法律之规定，在自该日起 2 年以下期限内，延长其有效期。

五、前款之规定可援用于根据该款（含本款可援用之场合）之规定延长有效期后的规定期限内之场合。

附录：应对武力攻击事态法

（关于确保武力攻击事态中我国和平、

独立与国家、国民安全的法律）

（2003 年 6 月）

第一章　总　则

目的

第一条

本法旨在通过确定应付武力攻击事态（指武力攻击事态和预测武力攻击事态。下同）之基本理念、国家与地方公共团体等的责任、国民的合作以及其他基本事项，确立应付武力攻击事态之体制，确立完善应付武力攻击事态必要法制之相关事项，以资确保我国和平、独立与国家、国民之安全。

定义

第二条

本法所使用术语之定义，分别依照下列各项之规定。

1. 武力攻击　指针对我国的外部武力攻击。

2. 武力攻击事态　指已发生武力攻击的事态或认定发生武力

攻击之确切危险正在迫近的事态。

3. 预测武力攻击事态　指尚未达到武力攻击事态，但事态紧迫、预测将发生武力攻击之事态。

4. 指定行政机构　指政令规定之下列机构。

（1）内阁府、宫内厅及内阁府设置法第49条第1款及第2款所规定之机构和国家行政组织法第3条第2款所规定之机构。

（2）内阁府设置法第37条及第54条、宫内厅法第16条第1款、国家行政组织法第8条所规定之机构。

（3）内阁府设置法第39条及第55条、宫内厅法第16条第2款、国家行政组织法第8条之2所规定之机构。

（4）内阁府设置法第40条及第56条、国家行政组织法第8条之3所规定之机构。

5. 指定地方行政机构　指政令规定的指定行政机构之地方支部（局）或分部（局）［内阁府设置法第43条及第57条（含宫内法第18条第1款可援用之情况）、宫内厅法第17条第1款、国家行政组织法第9条之地方支部（局）或分部（局）］及国家其他地方行政机构。

6. 指定公共机构　指政令规定的独立行政法人（指独立行政法人通则法第2条第1款规定之独立行政法人）、日本银行、日本红十字会、日本广播协会及其他公共机构以及电力、煤气、运输、通信及其他经营公益事业之法人。

7. 应付措施　指本法第九条第一款之应付的基本方针在确定至废止期间内，指定行政机构、地方公共团体或指定公共机构基于法律之规定而实施的下列措施。

（1）为终止武力攻击事态，依其发展而实施的下列措施。

①为排除武力攻击而必须实施的自卫队武力行使、部队等的展开及其他行动。

②为确保①中所列自卫队之行动及美利坚合众国军队依据日本

与美利坚合众国相互合作与安全保障条约（下称"日美安保条约"）而实施的旨在排除武力攻击的必要行动顺利、有效地实施而提供物资、设施与劳务及其他措施。

③上述①及②所列事项以外的外交措施及其他措施。

（2）为保护国民人身及财产免遭武力攻击或在国民生活及国民经济遭受武力攻击影响时将该影响减至最小，依武力攻击事态的发展所实施的下列措施。

①警报发布、避难指示、难民救助、设施及设备之应急修复及其他措施。

②生活相关物资的价格稳定、分配及其他措施。

关于应付武力攻击事态的基本理念

第三条

一、应付武力攻击事态时，国家、地方公共团体及指定公共机构在征得国民协作的同时，必须相互通力合作，采取万全之策。

二、对于预测武力攻击事态，必须力避武力攻击的发生。

三、对于武力攻击事态，须防备武力攻击的发生，同时，在已发生武力攻击时，必须排除并力求迅速终止之。但是，在已发生武力攻击的情况下，在排除其时，武力的行使必须在依事态判断合理必要之限度内。

四、在应付武力攻击事态时，必须尊重日本国宪法所保障的国民之自由与权利，即使在其受到限制时，其中限制亦限定在应付武力攻击事态的必要之最小限度，且必须在公正、适当的程序下实施。在此情况下，日本国宪法第14条、第18条、第19条、第21条及其他有关基本人权的规定必须最大限度地得到尊重。

五、在发生武力攻击事态时，对与该武力攻击事态及对其的应付有关的状况，必须适时且以适当的方式明示国民。

六、在应付武力攻击事态时，必须在依照日美安保条约与美利坚合众国紧密合作之同时，取得联合国及国际社会的理解与协作性行动。

国家的职责

第四条

为捍卫我国的和平与独立，确保国家与国民的安全，国家负有在武力攻击事态中保卫国家、保护国土及国民的人身和财产之固有使命。鉴此，国家有责任依据前条之基本理念，在调动所有组织与机能应付武力攻击事态之同时，采取国家总体的万全之策。

地方公共团体的职责

第五条

有鉴于地方公共团体负有保护该地方公共团体所在地区及居民的人身、财产之使命，故有责任与国家、其他地方公共团体及其他机构相互合作，采取必要措施以应付武力攻击事态。

指定公共机构的职责

第六条

指定公共机构有责任与国家、地方公共团体及其他机构相互合作，就其业务采取必要措施以应付武力攻击事态。

国家与地方公共团体的责任区分

第七条

鉴于应付武力攻击事态的性质，原则上国家负有应付武力攻击事态的主要责任，地方公共团体为保护武力攻击事态中该地方团体的居民人身及财产，负有依照国家方针实施措施及担负其他适当作用之责任。

国民的合作

第八条

鉴于确保国家与国民安全的重要性，在指定行政机构、地方公共团体或指定公共机构实施应付措施时，国民须努力给予合作。

第二章　应付武力攻击事态的程序等

应付的基本方针

第九条

一、在武力攻击事态发生时，政府须制定关于应付武力攻击事态的基本方针（下称"应付的基本方针"）。

二、应付的基本方针所定事项如下：

1. 武力攻击事态或预测武力攻击事态的认定及作为该认定之前提的事实；

2. 关于应付该武力攻击事态的全般方针；

3. 关于应付措施的重要事项。

三、对于武力攻击事态，应付的基本方针中前款第 3 项所定事项，在经内阁总理大臣作出如下批准时，必须记述其要点。

1. 对于防卫厅长官根据自卫队法第 70 条第 1 款或第 8 款之规定所发布的依照该条第 1 款第 1 项所定防卫征召命令书之防卫征召命令，内阁总理大臣根据该款或该条第二款的规定所实施的批准。

2. 对于防卫厅长官根据自卫队法第 75 条之 4 第 1 款或第 6 款之规定所发布的依照该条第 1 款第 1 项所定防卫征召命令书之防卫征召命令，内阁总理大臣根据该条第 6 款的规定所实施的批准。

3. 对于防卫厅长官根据自卫队法第 77 条之规定所发布的防卫出动待机命令，内阁总理大臣根据该条的规定所实施的批准。

4. 对于防卫厅长官根据自卫队法第 77 条之 2 之规定所命实施的防御设施构筑措施，内阁总理大臣根据该条的规定所实施的批准。

四、在发生武力攻击事态时，除前款之规定外，应付的基本方针中第二款第 3 项所规定事项，在本款第 1 项所列内阁总理大臣请求国会批准（众议院解散时，需由日本国宪法第 54 条规定的紧急召集之参议院批准。本条下同）和内阁总理大臣命令实施本款第 2 项所列之防卫出动时，均必须记述其要点。但除非有特殊紧急之必要而无暇事先得到国会批准之场合，否则不能记述第 2 项所列命令防卫出动之要点。

1. 内阁总理大臣在命令防卫出动时，依据自卫队法第 76 条第 1 款之规定，需得到国会的批准。

2. 依据自卫队法第 76 条第 1 款之规定，内阁总理大臣颁布的防卫出动命令。

五、对于预测武力攻击事态，应付的基本方针中第二款第 3 项所定事项，在经内阁总理大臣作出如下批准时，必须记述其要点。

1. 对于防卫厅长官根据自卫队法第 70 条第 1 款或第 8 款之规

定所发布的依照该条第 1 款第 1 项所定防卫征召命令书之防卫征召命令（仅限于事态紧迫，预测将依照该法第 76 条第 1 款之规定发布防卫出动命令之场合），内阁总理大臣根据该法第 70 条第 1 款或第 8 款的规定所实施的批准。

2. 对于防卫厅长官根据自卫队法第 75 条之 4 第 1 款或第 6 款之规定所发布的依照该条第 1 款第 1 项所定防卫征召命令书之防卫征召命令（仅限于事态紧迫，预测将依照该法第 76 条第 1 款之规定发布防卫出动命令之场合），内阁总理大臣根据该法第 75 条之 4 第 1 款或第 6 款的规定所实施的批准。

3. 对于防卫厅长官根据自卫队法第 77 条之规定所发布的防卫出动待机命令，内阁总理大臣根据该条的规定所实施的批准。

4. 对于防卫厅长官根据自卫队法第 77 条之 2 之规定所命实施的防御设施构筑措施，内阁总理大臣根据该条的规定所实施的批准。

六、内阁总理大臣必须制订应付的基本方针方案，并经内阁会议作出决定。

七、内阁总理大臣在内阁会议作出前款之决定时，必须立即就应付的基本方针（第四款第 1 项有关得到国会批准之部分除外）得到国会的批准。

八、内阁总理大臣在内阁会议作出第五款之决定时，必须立即公布应付的基本方针，以求国民周知。

九、内阁总理大臣在应付的基本方针获得第六款所规定之批准时，必须立即公布其要点。

十、第四款第 1 项所规定的需得到国会批准的防卫出动命令获得国会批准时，须修正应付的基本方针，并在其中记述与该批准相关的防卫出动命令之要点。

十一、对于基于第六款所规定的应付的基本方针之批准请求，在决议不予批准时，与该决议相关的应付措施必须尽速终止。此种场合，内阁总理大臣必须立即命令依据第四款第 2 项之规定已受命防卫出动的自卫队撤回。

十二、内阁总理大臣在实施应付措施时，基于应付的基本方针，代表内阁对各行政部门实施指挥监督。

十三、第五款至第八款以及第十款之规定，可援用于基本方针之修正。但基于第九款规定之修正及以中止应付措施之部分措施为内容的修正，第六款、第八款及第十款之规定不在此限。

十四、在内阁总理大臣认定已无实施应付措施之必要时或国会表决应终止应付措施时，必须请求内阁会议决定废止应付的基本方针。

十五、内阁总理大臣在内阁会议作出前款之决定时，必须迅速将应付的基本方针之废止及应付的基本方针所规定之应付措施的结果报告国会，同时予以公布。

对策本部的设置

第十条

一、内阁总理大臣在应付的基本方针政策业已决定时，为推进与该基本方针相关的应付措施之实施，可不拘内阁法第 12 条之规定，提请内阁会议议定在内阁临时设立武力攻击事态对策本部（下称"对策本部"）。

二、在对策本部设立后，内阁总理大臣必须将该对策本部的名称、设立地点及期限报告国会，同时予以公布。

对策本部的组织

第十一条

一、对策本部之长官称为武力攻击事态对策本部长（下称"对策本部长"），由内阁总理大臣（内阁总理大臣有变故时则为其预先指定的国务大臣）担任。

二、对策本部长统揽对策本部事务，指挥监督所属成员。

三、对策本部设武力攻击事态对策副本部长（下称"对策副本部长"）、武力攻击事态对策本部员（下称"对策本部员"）及其他成员。

四、对策副本部长由国务大臣担任。

五、对策副本部长辅佐对策本部长，并在对策本部长发生变故时代行其职务。对策副本部长由2人以上组成时，按对策本部长预先指定之顺序代行其职务。

六、对策本部员由对策本部长及对策副本部长以外的国务大臣担任。当国务大臣不在时，可由其预先指定的副大臣（含内阁官房副长官和法律规定可以国务大臣身份担当其职务的各厅副长官）代行其职。

七、对策副本部长及对策本部员以外的对策本部成员，由内阁总理大臣从内阁官房职员、指定行政机构长官（国务大臣除外）及其他职员、有关指定地方行政机构长官及其他职员中任命。

对策本部掌管的事务

第十二条

对策本部掌管下列事务：

1. 指定行政机构、地方公共团体及指定公共机构基于与所实施应付措施有关的应付的基本方针所展开的综合业务推进等有关事务。

2. 除前项所列事项外，依据法令规定属于其权限范围内的事务（法令规定的其权限内事务）。

指定行政机构长官的权限委任

第十三条

一、在对策本部设立后，指定行政机构长官（在该指定行政机构为内阁府设置法第 49 条第 1 款或第 2 款所规定之机构和国家行政组织法第 3 条第 2 款所规定之委员会或该法第 2 条第 3 项之 2 中所列机构或该项之 4 所列机构中的合议制机构时，则为该指定行政机构。下款同）为实施应付措施可将全部或部分必要权限委任于作为该对策本部职员的该指定行政机构的职员或相关指定地方行政机构长官及其职员。

二、指定行政机构长官在依据前款之规定予以委任时，必须立即公布其要点。

对策本部长的权限

第十四条

一、对策本部长为切实、迅速实施应付措施，在认定有必要时，可基于应付的基本方针对指定行政机构长官、依前条规定被委任的该指定行政机构的职员、有关指定地方行政机构的职员、有关地方公共团体长官等其他执行机构以及相关指定公共机构就指定行政机构、有关地方公共团体及有关指定公共机构所实施的应付措施进行综合调整。

二、前款所述有关公共团体等其他执行机构以及指定公共机构（下条及第十六条称作"地方公共团体长官等"）对于对策本部长就该地方公共团体或指定公共机构所实施的应付措施进行综合调整，可对对策本部长提出意见。

内阁总理大臣的权限

第十五条

一、内阁总理大臣在保护国民人身和财产或排除武力攻击事态遭遇阻碍之场合，在认定有特殊必要且基于前条第一款进行的综合调整所要求的应付措施未得到实施时，可应对策本部长之要求，另外依据法律之规定，指令相关公共团体长官等实施该应付措施。

二、内阁总理大臣在下列场合时，可应对策本部长之要求，另外依据法律之规定，在通知有关地方公共团体长官等的情况下，亲自或指挥掌管应付措施相关事务的大臣实施或指令实施该地方公共团体或指定公共机构应实施的相关应付措施。

1. 在基于前款指示的必要应付措施未得到实施时。

2. 在保护国民人身和财产或排除武力攻击事态遭遇阻碍且认定有特殊必要之场合，依据事态，认定需做紧急应付时。

关于损失的财政措施

第十六条

政府依据第十四条第一款或前条第一款之规定，就应付措施的实施对有关地方公共团体长官等进行综合调整或指示后，在该地方公共团体或指定公共机构因实施基于综合调整或指示之措施而蒙受损失时，对其损失须采取必要的财政上的措施。

安全之确保

第十七条

政府对于地方公共团体及指定公共机构所实施的应付措施，必须依据其内容考虑确保安全问题。

报告联合国安理会

第十八条

政府依据联合国宪章第 51 条及日美安保条约第 5 条第 2 款之规定，必须就排除武力攻击时我国所采取的措施，立即报告联合国安理会。

对策本部的撤销

第十九条

一、对策本部在应付的基本方针废止时须予撤销。

二、内阁总理大臣在对策本部撤销后，必须立即公布其要点。

主任大臣

第二十条

就对策本部相关事项而言，依内阁法中主任大臣之规定，由内阁总理大臣担任。

第三章 应付武力攻击事态相关法制的建立

关于建立事态应付法制的基本方针

第二十一条

一、遵循第三条之基本理念，政府须就应付武力攻击事态之必要法制（下称"事态应付法制"）的建立采取下条所列措施。

二、事态应付法制必须确保适用于国际武力争端的国际人道法的切实实施。

三、政府在建立事态应付法制时，必须依据其内容，为确保安全采取必要措施。

四、政府在建立事态应付法制时，须在财政上采取必要措施，以便切实实施应付措施及损毁恢复相关措施。

五、政府在建立事态应付法制时，须采取必要措施以便在应付武力攻击事态时能够获得国民的合作。在此情况下，对于国民因合作而蒙受的损失须一并在财政上采取必要的措施。

六、政府为取得国民对事态应付法制的理解，须采取切实措施。

事态应付法制的制定

第二十二条

政府在建立事态应付法制时，须努力切实、有效实施下列措施。

1. 下列措施及其他为保护国民人身与财产或努力使武力攻击对国民生活与国民经济带来的影响降至最低的措施。

（1）警报发布、避难指示、难民救助、消防等相关措施。

（2）设施及设备应急修复的相关措施。

（3）确保卫生保健及维持社会秩序的相关措施。

（4）运输及通信的相关措施。

（5）稳定国民生活的相关措施。

（6）损毁恢复的相关措施。

2. 为确保自卫队旨在排除武力攻击的必要行动顺利、有效实施的下列措施及其他旨在结束武力攻击事态的措施（下列所列内容除外）。

（1）俘虏待遇的相关措施。

（2）电波利用及其他通信的相关措施。

（3）船舶及飞机航行的相关措施。

3. 为确保美利坚合众国军队依据日美安保条约而实施的旨在排除武力攻击的必要行动顺利、有效实施的措施。

事态应付法制的计划性制定

第二十三条

政府必须综合、有计划且迅速地制定事态应付法制。

国民保护法制筹备本部

第二十四条

一、为就与事态应付法制中第二十二条第 1 项所定措施有关的法制广泛征求国民意见，迅速、集中地推进其建立，在内阁设立国民保护法制策划本部（本条下称"筹备本部"）。

二、筹备本部掌管下列事务。

1. 与建立旨在保护国民的法制有关的综合调整相关事项。

2. 为建立旨在保护国民的法制所必要的法律案及政令案的立案相关事项。

3. 同与建立旨在保护国民的法制有关的地方公共团体等相关团体及相关机构间的联络调整相关事项。

三、筹备本部由国民保护法制筹备本部长及国民保护法制筹备本部员组成。

四、筹备本部之长官称作国民保护法制筹备本部长（下款及第七款称"筹备本部长"），由内阁官房长官担任。

五、筹备本部长统揽筹备本部事务，指挥监督所属成员。

六、筹备本部设国民保护法制筹备本部员（下款称"筹备本部员"）。

七、筹备本部员由筹备本部长之外的所有国务大臣（内阁总理大臣除外）担任。

八、筹备本部的相关事务由内阁官房处理，内阁官房副长官助理受命掌理。

九、就筹备本部的相关事项而言，依内阁法中主任大臣之规定，由内阁总理大臣担任。

十、除本法所规定之事项外，筹备本部其他相关必要事项由政令决定。

第四章 补 则

其他紧急事态应付措施

第二十五条

一、根据与我国相关的各种形势的变化，政府为谋求确保我国和平、独立与国家、国民之安全，须采取必要的措施，以迅速、准确地应付武力攻击事态以外的对国家和国民之安全将造成重大影响的紧急事态。

二、为达成前款之目的，根据出现武装可疑船只、发生大规模恐怖事件等围绕我国的各种形势的变化，政府须迅速采取如下措施及其他必要措施。

1. 充实旨在汇集情报和分析、评估事态的态势。

2. 准备制定针对各种事态的应付方针。

3. 强化警察、海上保安厅同自卫队的合作。

附则一

本法律自公布之日起施行。但第十四条至第十六条之规定将自另外法律规定之日起施行。

附则二

政府须就可资更加迅速、准确地应付对国家和国民安全造成重大影响之紧急事态的适宜组织形式进行研讨。

附录: 2014 年度以后的
《防卫计划大纲》

(2013 年 12 月 17 日日本安全保障会议·内阁会议通过)

现公布《关于 2014 年度以后的防卫计划大纲》,同时,《关于 2011 年度以后的防卫计划大纲》(2010 年 12 月 17 日安全保障会议及内阁会议通过) 于 2013 年度止停止使用。

一、制定的宗旨

日本所处的安全保障环境发生了新的变化,在《2013 年度防卫力整备计划》(2013 年 1 月 25 日安全保障会议和内阁会议通过) 的基础上,根据《国家安全保障战略》(2013 年 12 月 17 日安全保障会议和内阁会议通过),在今后日本防卫应如何发展的问题上,作为新的指针,现制定《2014 年度以后的防卫计划大纲》。

二、日本所处的安全保障环境

(一) 在全球化的安全保障大环境下, 国家间的相互依赖关系在不断扩大与深化。但是，当某国或某一地区发生混乱及安全保障方面的问题时，可能会立即发展成为整个国际社会直接面对的安保课题及不稳定因素，这种风险呈现出不断加剧的趋势。中国、印度等国的进一步发展，美国影响力的相对变化，导致国际社会的"力量平衡"在发生变化，因此，国际社会正在向多极化的方向发展。但是，我们认为美国仍然是世界上实力最强的国家，继续发挥着维护世界和平及稳定的作用。

国与国之间，除了依然存在地区争端之外，围绕领土、主权、海洋等经济权益，呈现出"灰色地带"事态（即：不属于单纯的平常事态，也不属于有事事态的事态）日趋增加的趋势。

关于大规模杀伤性武器和弹道导弹扩散问题，虽然国际社会一直采取措施努力防止扩散，但是，现状仍然令人担忧。统治机构能力薄弱的国家和动乱国家也成为滋生和助推国际恐怖主义发展的温床。这些都是我们需要继续面对的迫切问题。

在海洋方面，各地经常发生海盗行为。同时，还出现了沿海国家根据自己对与海洋相关《国际法》的理解，单方面主张本国权利或付诸行动的个案，有时会发生公海自由受到非法侵犯的情况。

在技术革新飞速发展的背景下，如何确保宇宙空间及网络空间领域等国际公共财产的稳定利用，正成为包括日本在内的国际社会安全保障方面的重要课题。不仅如此，精确制导武器技术、无人化技术、隐形技术、纳米技术等不断取得进步和广泛使用，今后将对军事战略和军力均衡造成重大影响。

（二）在日本周边的亚太地区，为了解决安全保障方面的课题等，正在努力充实、强化国家间的合作关系。特别是，围绕非传统安全保障领域取得了一定的进展，开始为解决问题而开展具体的、富有实践意义的合作。但是，围绕领土、主权、海洋经济权益等却呈现出"灰色地带"事态长期化的倾向，我们担忧这些问题可能转化为严重事态。

朝鲜采取重视军事的体制，积极发展大规模的军事力量。不断推进核武器等大规模杀伤性武器及可作为其运载手段的弹道导弹的研发、配备和扩散。同时，继续维持、强化非对称的军事能力，例如保持大规模特种部队等。

朝鲜还不断在朝鲜半岛采取军事挑衅行为，强化对日本等相关国家的挑衅性言行，反复采取行动加剧地区紧张程度。朝鲜的这一系列军事动向不仅对日本，而且对地区及国际社会的安全保障而言都是重大的不稳定因素。今后，日本仍需要给予高度关注和重视。

特别是朝鲜的弹道导弹开发，通过屡次试射导弹，谋求技术水平的提高，以实现"射程增加"和"准确度增强"，我们认为其已发展至新的阶段。朝鲜罔顾国际社会对其保持克制的要求实施核试验，目前不能排除其已达到实现核武器弹头小型化的水平。朝鲜的核和导弹开发，加之暗示对日本进行导弹攻击等挑衅言行，已对日本的安全造成重大且紧迫的威胁。

我们强烈期待中国在地区和世界范围内以更为合作的姿态发挥积极的作用。但是，中国却持续保持着高水平的军费增长，加速推进广泛的军事现代化。作为其中一环，中国还采取措施强化非对称军事能力，阻止其他国家军事实力接近和介入周边地区，妨碍其他国家在相应地区的军事活动。而且，中国尚未明确强化这一军事力量的目的和目标，军事和安全保障的透明性还不充分。

中国急速扩大在东海和南海等海空区域的活动范围，不断增强活动频率。特别是围绕海洋方面存在"利益冲突"的问题，尝试通过实力改变现状等，采取了堪称"高压性"的应对措施，有些危险行为可能会导致不测事态的发生，如在日本周边的海空域，不时地侵入日本"领海"、侵犯日本"领空"，并根据单方面主张划定"东海防空识别区"，妨碍在公海上空的飞行自由等。

中国正扩大并增加在更前方的海空域的活动，海军的舰艇飞机进出太平洋活动已经常态化，活动范围进而会扩大至包括日本北方的区域。

关于中国的军事动向，日本表示强烈担忧，今后也需要高度关心，重点关注。这一问题也成为地区和国际社会安全保障方面的担忧事项。

俄罗斯正在努力实现军事力量现代化，如推进军事改革，强化快速反应态势，引进新型装备等。同时，俄罗斯的军事活动也呈现出日益活跃的趋势。

美国明确了将安全保障等战略重点更加集中在亚太地区的方针（亚太地区再平衡），即使在财政等各种制约因素下，还是力求强化与同盟国家之间关系，扩大与友好国家的合作，以促进地区的稳定和发展。同时，还积极参与地区事务，继续维持和强化存在地位。针对该地区存在的试图通过实力改变现状的问题，其明确的姿态是，与同盟国和友好国等紧密合作阻止这一趋势。

（三）日本是一个四面环海的国家，海岸线长，远离本土的岛屿众多，专属经济区辽阔。作为海洋国家，日本的粮食、资源大都依靠国外贸易供给，因此确保国家和平与繁荣的基础是：强化根据法制、航行自由等基本规则构建的"开放稳定的海洋"秩序，确保海上及航空交通的安全。

日本还是一个自然灾害频发的国家，人口和信息基础设施集中在市区，核电站等重要基础设施多分布于沿岸地区，在安全保障方面存在一定的脆弱性。当发生东日本大地震等大规模震灾的情况时，会产生极大的损害，其影响不仅会影响日本国内，还可能波及到国际社会。今后可能还会发生南海海沟大地震及首都直下型地震，因此，应采取措施应对大规模灾害，以确保万无一失。

（四）基于上述安全保障环境，我们认为发生冷战时期担忧的主要国家间大规模武力冲突的可能性仍然较低。但是，如上所述，日本面临的各种安全保障方面的问题及不确定因素呈现出日益明显和尖锐的趋势。《2011 年度以后的防卫计划大纲》（2010 年 12 月 17 日安全保障会议和内阁会议通过）制定以来，日本面临的安全保障环境越发严峻，这些安全保障方面的课题和不稳定因素具有多样化和广泛化的特点，单凭一个国家难以应对。在这种局面下，应增强军事部门和非军事部门的合作，同时，在应对各种安全保障课题方面具有共同利益的国家，更加有必要保持紧密合作，积极应对，以维护地区和国际社会的稳定。

三、日本的防卫基本方针

（一）基本方针

日本应根据国家安全保障战略，从基于"国际协调主义"的"积极和平主义"的观点出发，增强自身的外交能力、防卫能力，扩大可发挥作用的职能。同时，以日美同盟为基轴，不断深化、扩大与各国的合作关系，追求日本的安全及亚太地区的和平与稳定，为确保世界的和平、稳定与繁荣作出更为积极的贡献。

在上述理念的指导下，日本应构建"综合防卫体制"，强化"抑制和应对各种事态的体制"，同时，紧密配合外交政策，不断强化日美同盟，积极推进与各国间的双边或多边安全保障合作，并确立发挥防卫能力的基础。

在这种情况下，日本应在宪法指导下，贯彻"专守防卫"，遵守"不成为对其他国家造成威胁的军事大国"的基本方针，确保"文官统治"，恪守"无核三原则"，有效建设实效性强的一体化防卫力量。

针对核武器威胁，美国以"核威慑力量"为中心的延伸威慑不可或缺。日本应与美国紧密合作，维持并增强其可靠性，同时，通过日本自身的努力，进行适当的应对，例如"弹道导弹防御"、"保护国民"等。此外，在"实现无核武器世界"这一长期课题的应对上还应积极、主动作为，采取措施推进"核裁军和核不扩散"。

（二）日本自身的努力

在安全保障政策方面，自身努力是基础。因此，在与同盟国、友好国等其他相关国家（以下简称"同盟国等"）进行合作的同时，在国家安全保障会议的指导下，平时日本就应全力以赴，努力遏制各种事态的发生，一旦发生事态则能够根据事态发展进行无缝应对。

1. 构建综合防卫体制

在安全保障环境越来越严峻的形势下，要有效构建高效综合的防卫力量，以综合运用为基础，努力做到灵活、高效地运用部队，还要确保相关机构平时起就要保持密切合作。在发生各种事态时，通过政治上的强力领导，迅速准确地进行决策，并与地方公共团体、民间团体等进行合作。随着事态发展，与政府一起进行无缝应对，保护国民的生命、财产以及国家的领土、领海、领空。

继续健全各种体制，以应对各种灾害及保护国民。在紧急事态发生时，采取万全措施，迅速撤离在国外的日本人，确保其安全。

为顺利推进以上措施，对相关各种计划进行体系化。在制订或修改计划的同时，强化模拟、综合训练和演习，提高有效应对能力。

2. 日本的防卫力量——构建一体化机动防卫力量

防卫力量是日本安全保障的最终保证，它体现了日本的意志与能力，要防止对日本直接造成威胁于未然，威胁出现时能够将其排除。

关于今后的防卫力量发展问题，由于日本周边安全保障环境时刻都在变化，所以，防卫力量需要不断重新评估才能适应变化。在应对想定的各种事态方面，应该从着眼于自卫队整体功能、能力的综合运用的观点出发进行能力评估，从综合运用的角度选出应特别重视的功能、能力，有重点、灵活地分配有限的资源。

日本周边安全保障环境越来越严峻，除了日常的活动外，包括"灰色地带"的事态等，要求自卫队应对的事态正在增加，而且应对这样的事态也将长期化。因此，在平时进行常态持续的情报收集、警戒监视和侦察（ISR）活动（以下简称"常态持续监视"）的同时，根据事态发展，有战略地实施训练、演习。通过迅速构建应对态势，如适应安全保障环境的部队部署和部队机动展开等，展示日本的防卫意志与强大能力，防止事态向严重发展。发生各种事态时，重要的是，根据事态状况确保所需的海空优势有效进行应对，将损失降至最低，保护国民的生命、财产以及国家的领土、领海、领空。

因此，要提高装备运用水平，确保部队在综合运用中能机动、持续地作战。要使防卫力量更加坚韧，必须充分保证防卫力量的"质"和"量"，提高遏制力和应对能力。

同时，从基于国际合作的积极和平主义的立场出发，强化两国间、多国间的合作关系，以使与日本的安全保障有着密切关系的亚太地区稳定。随着防卫力量作用的多样化及作用增大，将致力于全球安全保障领域的课题，更加积极地参加"国际和平合作活动"（以应对非传统安全保障问题为主，如联合国维和活动、人道支援、灾害救援等，指为改善国际安全保障环境所进行的国际社会合作活动。下同）等。

从以上观点来看，今后的防卫力量应根据安全保障环境的变化，使特别应该重视的功能和能力达到整体最优化，建立机动、有效的应对机制，对于多样化活动，通过综合运用进行无缝应对，或视情况进行灵活机动的应对。因此，要注意确立广泛的后方支援基础，保持高端技术和情报指挥通信能力，在硬实力与软实力两方面构建重视快反、持续、坚韧及连贯性的一体化机动防卫力量。

（三）强化日美同盟

基于日美安全保障条约的日美安保体制，和日本自身努力辅相成，是日本安全保障的基础。以日美安全保障体制为核心的日美同盟，作为一种"共同财富"，不仅对日本，而且对亚太地区乃至全世界的稳定与繁荣都发挥了作用。

美国以亚太再平衡政策为基础，不断加强与日本等同盟国间的合作，继续维持并强化对该地区的参与和在该地区存在。另一方面，日本周边安全保障环境越来越严峻，强化日美同盟，更加平衡、更有实效的做法对日本的安全保障来说尤其重要。

1. 强化日美同盟的遏制力及应对能力

为了维持、强化美国对日本及亚太地区的参与，确保日本的安全，以强化日本自身能力为前提，推进"日美防卫合作指针"的修订，进一步强化日美防卫合作，不断提高日美同盟的遏制力与应对能力。

同时，为应对更加严峻的安全保障环境，要提高日美在西太平洋地区的影响，构建从平时到各种事态的无缝合作态势，包括"灰色地带"事态合作。

因此，要继续推进联合训练和演习、联合情报收集、警戒监视和侦察（ISR）活动，不断扩大美军与自卫队共同使用的设施、区域。进一步紧密推进各种运用合作和政策调整，包括弹道导弹防御、计划研究作业、扩大遏制协议、事态应对和中长期战略。

2. 强化、扩大广泛领域的合作

除加强反海盗、能力构建支援、人道支援、灾害救援、维和、反恐等领域的合作外，要加强海洋、宇宙、网络领域的合作，以利于维护包括亚太地区在内的国际社会的和平与稳定。

在灾害应对方面，包括驻日美军设施、区域在内，东日本大地震事件中，美军对日本国民的安全有重大贡献，因此，要进一步加强在国内外的日本自卫队与美军之间的合作。

还要不断加强和扩大广泛领域的合作关系，如情报合作、保护情报方面的措施、装备和技术层面的合作等，构筑稳定高效的同盟关系。

3. 落实驻日美军驻留相关措施

通过驻在国支援等各种措施，稳定支持驻日美军顺利有效地驻扎。同时，扎实推进驻日美军整编，维持美军遏制力，减轻当地负担。特别是冲绳县在安全保障方面处于重要位置，美军的驻扎有益于日美同盟的遏制力。鉴于驻日美军的设施、区域很多都比较集中，通过包括普天间机场搬迁在内的驻冲绳美军设施和区域的整理、综合、缩小、负担分摊等措施减轻冲绳的负担。

（四） 积极推进安全保障合作

1. 亚太地区合作

在亚太地区，正在推进以灾害救援等非传统安全保障领域为中心的具体合作关系，积极参加东盟地区论坛（ARF）、东盟防长扩大会议（ADMM＋）、东亚首脑会议（EAS）等多国间框架，并致力于东盟的地区合作，同时，面临的东北亚安全保障课题等却更加严重。因此，要进一步多层次推进各种协调措施，以减少区域内对立的可能性和相互间的戒备感。

在东北亚，韩国和日本一样处于支持美国存在的立场，因此要推进与韩国之间的紧密合作，努力确立今后的合作基础，如缔结情报保护协定及物品劳务相互提供协定（ACSA）等。

澳大利亚与日本有着共同的安全保障利益，两国的安全保障合作在不断深化。要进一步加强与澳大利亚之间的关系，强化国际维和活动等领域的合作，积极进行联合训练，提高相互运用性。

还要加强日美韩和日美澳三国之间的框架合作关系，推进美国在该地区的同盟国间的相互协作。

中国的动向会给该地域安全保障带来重大影响，因此，从相互理解的角度出发，推进与中国的安全保障对话和交流，制定强化信赖的措施，以防止和规避不测事态的发生。中国在日本周边海空域活动的范围越来越大，频率越来越高，对此，要冷静、坚决地进行应对。

关于俄罗斯，为加深对俄军活动意图的理解、增进信赖关系，正在推进外交与国防部长级协商（"2＋2"）等安全保障对话、高级别交流以及广泛的部队间交流，同时，还要强化联合训练和演习，以利于地区稳定。

进一步增强与东南亚各国等区域内伙伴国间的关系，积极推进联合训练、演习及"能力构建支援"等。鉴于该地域灾害频发化而且很严重，因此将加强防灾方面的合作。与印度方面，通过实施联合训练、演习、国际维和行动等，强化在海洋安全保障等广泛领域的合作关系。

在今后促使安全保障环境稳定和强化两国防卫合作方面，"能力构建支援"是有效的措施，因此，要充分调整包括政府开发援助（ODA）在内的外交政策，推进在联合训练、演习、国际维和活动等方面的合作。积极强化与进行"能力构建支援"的相关国家的合作，同时扩大"能力构建支援"的对象国和支援内容。

目前，日本正在推进区域内多国间安全保障合作与对话，其中，在与美国、澳大利亚等合作的同时，还要积极主动为构建区域内合作关系做贡献。积极参加多国间联合训练和演习，重视东盟地区研讨会（ARF）、东盟防长扩大会议（ADMM＋）等多国间框架，在加强区域内各国间信赖关系方面发挥重要作用。

2. 与国际社会的合作

全球安全保障方面的课题，仅仅依靠一国来应对是极其困难的。近年来，军事力量的作用呈现多样化，不只是抑制、应对冲突和维护和平，而且，在冲突结束后的重建支援等构建和平行动中，以及在增进国家间的信赖、友好关系方面，其发挥重要作用的机会越来越多。

因此，日本一直以来与国际社会开展合作，推进各种措施，以改善全球安全保障环境。

日本一直以来与盟国以及在安全保障方面存在共同利益的相关国家及国际机构等开展合作，同时，不断强化军备管理、裁军、不扩散、能力构建支援等方面的各种措施，以应对地区争端、国际恐怖主义扩大、动乱国家、大规模杀伤性武器扩散、海洋·宇宙空间·网络空间等全球安全保障方面的问题。

特别是进一步与欧盟（EU）、北大西洋条约组织（NATO）、欧洲安全与合作组织（OSCE）以及英法等欧洲各国加强合作，联合采取措施，推进在装备、技术方面的合作交流，以应对这些课题。

在基于国际合作的积极和平主义指导下，为实现亚太地区安全保障环境更加稳定以及改善全球安全保障环境，防卫、外交当局间保持密切合作。同时，综合考虑派遣意义、派遣地国家的形势及与日本政治、经济的关系，积极且多层次推进以国际和平合作活动及国际紧急援助活动为主的国际和平合作活动等。

特别是在国际和平合作活动中，继续积极开展灵活运用自卫队能力的行动，同时，向当地任务司令部及联合国 PKO 局等责任岗位增加派遣自卫队员。为能够在广泛的领域进行派遣，将就各种课题进行研讨，并采取必要的措施。而且，灵活利用自卫队的经验、见识，为培养国内外构建和平的人才作出贡献。

四、防卫力量的应有状态

（一）防卫力量的作用

基于上述第三（二）2项对构建防卫力量的认识，今后日本的防卫力量应能够在以下领域有效发挥应有作用，并保持能够充分发挥作用的态势。

1. 有效遏制及应对各种事态

为及时、恰当地应对各种事态，坚决保护国民的生命、财产以及国家的领土、领海、领空，平时就要掌握各国的军事动向。为早期察觉各种征兆，在我国周边广阔领域内要开展常态持续的监视，以确保情报优势。

通过这些活动，明确表明日本"不允许通过实力改变现状"的意志，防止各种事态发生于未然。

另一方面，针对包括"灰色地带"事态在内的各种事态，要从其征候阶段开始实施无缝、机动的应对。即使其变得长期化，也要确保能够持续应对的态势。

此外，在多个事态连续或者同时发生时，要根据事态进展实施有效的应对。

在采取这些措施时，应特别重视以下几点：

（1）确保周边海空域的安全

平时，在我国周边广阔领域内开展常态持续的监视，对侵犯领空的行为采取及时恰当的措施。对包括"灰色地带"事态在内的可能侵害日本主权的行为，要进行有效且机动的应对。当该行为持续时间变长、日益严重时，根据事态的发展，进行无缝应对，确保日本周边海空域的防卫及安全，以期万无一失。

（2）应对岛屿攻击

在应对岛屿攻击方面，根据安全保障环境部署部队，并迅速机动展开用于阻止进攻所需的部队，确保海上及空中优势，阻止、排除侵略行为。在岛屿遭受侵犯时，要夺回岛屿。同时，对弹道导弹、巡航导弹的攻击进行恰当应对。

（3）应对弹道导弹攻击

早期察觉弹道导弹发射相关征兆，通过多层防御态势进行机动、持续的应对。万一受到袭击时，控制损失范围。在遭受弹道导弹攻击同时受到游击队、特种部队的攻击时，要注意加强对核电站等重要设施的防护，并搜索和消灭入侵部队。

（4）应对宇宙空间和网络空间方面的事态

关于宇宙空间和网络空间，为防止妨碍自卫队开展高效行动行为的发生，平时就要积极构建常态持续监视态势。在事态发生时，迅速确定情况，采取必要措施，控制受损范围，并迅速恢复受损之处。现在整个社会对宇宙空间和网络空间的依存度越来越高，因此，要加强相关机构的合作，明确职责分工，灵活运用自卫队的能力，为政府采取综合性措施作出贡献。

（5）应对大规模灾害等

在发生大规模灾害等情况时，要迅速运输、部署所需部队，开展早期应对，以期万无一失。同时，视情况还要长时间保持应对态势。对受灾居民及受灾地方公共团体的需求进行谨慎应对，与相关机构、地方公共团体及民间部门开展恰当合作，开展人员救助、应急恢复、生活支援等活动。

2. 促进亚太地区稳定及改善全球安全保障环境

在日本周边适时、恰当地实施常态化持续监视和训练演习等各种活动，确保日本周边亚太地区安全保障环境的稳定。

加强与同盟国的合作，在各个层次推进两国及多国间的防卫合作交流、联合训练演习及能力构建支援等。加强构建亚太地区的地区性合作框架，在努力促进安全保障环境稳定方面有效发挥重要作用。

军事力量的作用呈现多样化。为恰当应对全球性安全保障课题，如地区争端、国际恐怖主义扩大、动乱国家、大规模杀伤性武器扩散等，将强化军备管理、裁军、核不扩散等相关措施，积极推进国际和平合作活动、反海盗、能力构建支援等各种活动，努力改善全球安全保障环境。

在采取上述措施时，应特别重视以下几点：

（1）实施训练、演习

自卫队适时、恰当进行训练演习，推进亚太地区两国间及多国间联合训练演习，以积极、醒目的形式，展现日本维护地区稳定的意志和强大能力，构建并强化与相关国家的合作关系。

（2）推进防卫合作、交流

增进与各国及国际机构的相互理解和信赖关系，是促进安全保障环境稳定的基础。在共同关心的广泛领域内的安全保障课题方面，如"人道支援、灾害救援"、"确保海洋、宇宙空间、网络空间的稳定利用"等，构建并强化合作关系，进一步推进多层次的防卫合作、交流。

（3）推进能力构建支援

灵活运用自卫队的能力，从平时起不断地通过人才培养及技术支援等提高发展中国家自身的能力，积极主动地维护亚太地区的稳定，改善安全保障环境。

（4）确保海洋安全保障

作为海洋国家，"开放稳定的海洋"秩序是和平、繁荣的基础，强化该秩序极其重要。因此要采取各种措施确保海上交通安全，以期万无一失。在与相关国家开展合作进行反海盗的同时，还要对沿岸各国提高这方面的自身能力实施支援，利用各种机会在日本周边以外的海域进行联合训练和演习。

（5）实施国际和平合作活动

与相关机构及非政府组织开展合作，积极参加以国际和平协作业务及国际紧急援助活动为主的国际和平合作活动，国际和平协作业务从维持和平到构建和平，有多种需求，要重视发挥更加主导性的作用。还要强化快反态势，以便能够根据事态迅速向国外派遣部队。同时，要做好长期遂行海外任务的准备，强化能持续应对态势。

（6）开展军备管理、裁军及不扩散合作

积极参与联合国在军备管理、裁军领域内举行的各种活动，包括提供人员在内，要积极发挥自卫队拥有的经验知识的作用。大规模杀伤性武器以及可能成为其运载手段的导弹的扩散、武器以及可能转为军事用途的货物、技术的扩散，对包括我国在内的国际社会的和平与稳定造成重大威胁，因此，我们要加强与相关国家和国际机构的合作，采取措施控制扩散。

（二）调整自卫队体制时应重视的问题

1. 基本考虑

为保持能有效发挥上述防卫力量作用的体制，自卫队按照想定的各种事态，从综合运用的角度对能力进行了评估，以便在体制调整时能明确今后防卫力量建设中应该特别重视的功能和能力。

根据能力评价结果，决定优先建设确保海空优势的防卫力量，因为这是强化西南地区防卫态势、实现有效遏制和应对各种事态的前提。同时，还要重视确立广域后方支援基础，提高机动展开能力。

此外，为防备冷战时期设想的出动大规模陆上兵力进行登陆进攻的侵略事态，决定在所需范围维持和巩固最小限度的相关专业知识与技能，以应对不确定的未来形势的变化，进一步达到高效、合理的目标。

2. 应该重视的功能和能力

从快速建设有效防卫力量的观点出发，要充分考虑与美军的兼容性等，重视充实综合功能，特别要重点强化下述功能和能力。

（1）警戒监视能力

为确保有效抑制及应对各种事态，将灵活运用无人装备。同时，在日本周边的海空域，对飞机、舰艇等目标实施广域、常态监视，并根据形势恶化情况增强灵活应对态势。

（2）情报功能

将强化情报搜集、处理体制及对已搜集情报的分析、共享体制，以便尽早察觉发生各种事态等的征兆，并迅速进行应对。同时，根据日本周边等的中长期军事动向采取各种应对措施。

在这种情况下，将扩展人力情报、公开情报、电波情报、图像情报等的"情报搜集功能"及通过无人机实现的"常态监视功能"，全面强化"地理空间情报功能"，以便将各种情报融合在图像和地图上后灵活运用，确立综合、系统培养高水平情报搜集、分析人员的体制。

（3）运输能力

从平时就要与民间运输力量合作，增强海空等综合运输能力，以确保迅速的、大规模的运输和部署能力，使所需部队能机动展开、移动。因此，应根据多种运输手段的特点，明确任务分工，避免功能重复。

（4）指挥控制、情报通信能力

为确立可机动、综合运用全国部队的指挥控制体制，在各自卫队的主要司令部中，交叉配备所需的陆、海、空自卫官，以灵活运用各自的知识及经验。同时，新设指挥陆上自卫队各军区的统一司令部，提高各军区司令部指挥、管理功能的有效性和合理性，由此，实现在全国范围内，对陆上自卫队基本作战部队（师、旅）的快速、灵活指挥。

情报通信能力是支撑全国范围内指挥的基础，因此，将充实、强化岛屿地区的基础通信网以及各自卫队之间的数据链功能等。

（5）针对岛屿地区攻击的应对能力

制海优势和制空优势是针对岛屿地区攻击采取有效应对的前提，为了切实维持这一优势，将强化使用飞机、舰艇、导弹等应对攻击岛屿的能力。同时，将强化综合能力，尽可能在海上阻止对岛屿部的入侵攻击，并新建一支真正意义上的水陆两栖作战力量，以便发生针对岛屿的攻击时能确保快速登岛、夺岛。

再者，还要提高后勤支援能力，以便在西南地区发生事态时，自卫队部队可迅速、持续地进行应对。

另，还将就太平洋一侧岛屿地区防空态势的应有状况进行探讨。

（6）针对弹道导弹攻击的应对能力

鉴于朝鲜弹道导弹能力不断提高，应综合提高日本的弹道导弹应对能力。

关于弹道导弹防御系统，将强化快速反应态势、同时应对能力及可持续应对能力，以增强可防护日本全境的能力。

此外，将针对"弹道导弹发射手段等应对能力的现状"进行探讨研究，并在此基础上采取必要措施，以增强日本自身的遏制及应对能力，确保根据日美间适当的任务分工，强化日美同盟整体的遏制力。

（7）针对宇宙空间及网络空间的应对能力

提升运用装有多种传感器的人造卫星的情报搜集能力、指挥控制和情报通信能力，并确保有效、安全地利用宇宙空间，以便通过"监控宇宙状况"等措施提高卫星的抗毁性，在发生各种事态时可持续发挥能力。在采取上述措施时，应与国内相关部门及美国保持有机合作。

关于网络空间方面的应对措施，应强化综合常态监视和应对能力，并持续强化和确保具备专业知识、技术的人才和最新器材，以防止妨碍自卫队有效行动的行为。

（8）针对大规模灾害等的应对能力

在发生各种灾害时，如南海海沟大地震等大规模自然灾害、核灾害等特殊灾害等，灾害初期出动飞机等从空中搜集受灾情报，采取救助行动及应急重建等迅速的应对措施非常重要，事关生死。因此，应迅速运输、部署足够规模的部队，以综合运用为基础，通过完善人员轮换体制，构建可长期、持续应对的态势。

（9）针对国际和平合作行动等的应对能力

将强化必要的防护能力，确保人员、部队在国际和平合作行动中执行任务时的安全。还要不断努力，提高在非洲等遥远地区长期行动所需的运输、展开能力和情报通信能力，构建顺利且持续实施行动所需的补给、卫生等体制。

（三）各自卫队的体制

关于各自卫队的体制，将按照以下 1 至 3 项的规定进行完善。关于未来的主要编制、装备等的具体规模，见本书第 154、155 页图表所示。

1. 陆上自卫队

（1）继续保持基本作战部队（机动师、机动旅及装甲师），该部队以机动运用为主，应具备较强的机动能力和警戒监视能力，以便能够快速反应，有效、机动地应对针对岛屿地区攻击等的各种事态。继续保持机动运用部队，该部队应具备专业能力的，以便能够有效进行空降、水陆两栖作战、特种作战、航空运输、特种武器防护及国际和平合作行动等。

在这种情况下，由于具备良好的训练环境，而且利用第（二）2（3）项所示的综合运输能力可以进行迅速展开、移动，所以把基础训练好、以机动运用为主的基本作战部队的一半力量继续部署在北海道。

同时，将充实并强化岛屿地区的防御态势，如：在自卫队部署真空地带的岛屿地区部署部队，机动运用上述各种部队，与海上自卫队及航空自卫队有机合作，并确立相互之间的网络链接等。

（2）继续保持地对舰导弹部队，尽可能在海上范围内阻止对岛屿地区的入侵攻击。

（3）继续保持地对空导弹部队，与第3（4）项中的"地对空"导弹部队合作，对作战部队及重要地区实施有效防空。

（4）关于除第（1）项中所示以机动运用为主的部队之外的基本作战部队（师、旅），以坦克及火炮为中心，重新评估部队编制、装备，着实提高其有效性、合理性，在此基础上，根据地区特性，进行适当部署。

2. 海上自卫队

（1）继续保持舰艇部队及舰载巡逻直升机部队。舰艇部队的实力已经得到进一步增强，舰船功能布局更加合理，应对多样化任务的能力不断提高，可以实施机动作战，如通过有效遂行常态监视及反潜战等各种作战对周边海域进行防御，确保海上交通安全，参加国际和平合作行动等。

舰艇部队还配备搭载宙斯盾系统的驱逐舰，与第3（4）项的地对空导弹部队一同构建了多层防御体系，具有保护日本免受弹道导弹攻击的功能。

（2）继续保持潜艇部队，以便能够从平时起在日本周边海域实施广域水下情报收集和警戒监视，有效遂行周边海域的巡逻及防御任务。

（3）继续保持固定翼巡逻机部队，以便能够从平时起在日本周边海域实施广域海上情报收集和警戒监视，有效遂行周边海域的巡逻及防御任务。

（4）继续保持扫雷部队，以便能够与第（1）项中提及的新型驱逐舰合作，有效遂行日本周边海域的扫雷任务。

3. 航空自卫队

（1）继续保持装备地面警戒管制雷达的警戒管制部队，以便能够对日本周边全部空域实施常态持续性警戒监视，并对飞向日本的弹道导弹实施探测、跟踪。继续保持由警戒航空部队组成的航空警戒管制部队，以便能够在"灰色地带"事态等形势紧迫的状态下，有效实施长时间的空中警戒监视和管制。

（2）继续保持配备了高性能战斗机的战斗机部队，以便能够实现战斗机与其支援功能一体化，并以综合态势实施对日本的防空等。继续保持空中加油和运输部队，以便战斗机部队、警戒航空部队等能够在日本周边空域等持续遂行各种作战。

（3）继续保持航空运输部队，以便能够有效实施陆上部队等的机动展开以及国际和平合作行动等。

（4）继续保持地对空导弹部队，以便能够和第 1（3）项的地对空导弹部队合作实施重要地区防空，同时与第 2（1）项中搭载宙斯盾系统的驱逐舰一同构建多层防御体系，具备保护日本免受弹道导弹攻击的功能。

五、发挥防卫力能力的基础

在适时、适当地遂行防卫实力所要求的多样性行动方面，单纯依靠调整主要编制、装备等是不充分的，还需要同时强化支撑防卫实力的各种基础，以最大限度地发挥防卫实力，这一点是不可或缺的。其主要事项如下所示：

（一） 训练、演习

从平时起通过训练、演习，不断对应对事态的各种计划进行验证及修改，努力充实并强化训练、演习，以提高各自卫队的战术技能。同时，将进一步灵活运用北海道的良好训练环境，与相关机构及民间部门合作，系统地、有计划地实施更具实战性的训练、演习。

在对自卫队演习场等有限制的西南地区，将注意与当地的关系，通过推进自卫队与美军共同使用美军设施、区域等确保良好的训练环境，以便适时、适当地实施日美联合演训练等训练、演习。

（二） 运用基础

为了能够迅速展开部队、有效应对各种事态，将从维持部队运用基础的各种支援能力的角度出发，提高驻屯地、基地等的抗毁性，包括重建能力等。

关于各自卫队设施，鉴于部分设施出现老化的现状等，将切实进行维护。如推进宿舍所需的维修，确保快速反应性，以期在发生各种事态时能够迅速集合。

对于民用机场、港湾等，将从平时起对其体制状况等进行必要的探讨，以便能够根据事态需要，尽快作为自卫队等的运用基础使用。还要采取各种家属援助措施，以便减轻执行任务队员及留守家属的后顾之忧。

确保、储备必要的弹药，在维修装备品方面要做到万无一失，以提高装备品的可使用率，充实和强化装备品的运用基础。

（三）人事教育

近年来，装备呈现出高科技化及复杂化的趋势，任务呈现出多样化及国际化的趋势，因此，应考虑技能、经验、体力及士气等多种因素，从确保部队精干，并在严峻的财政形势下有效利用人才的角度出发，施行人事制度改革相关的政策。

因此，应根据各自卫队的任务以及特性采取措施，确保最合理的职级及年龄结构。采取措施推进有效利用人才的政策（包括合理运用及再利用女性自卫官等）以及与荣誉和待遇相关的政策。为了强化综合运用体制，通过充实教育训练、在联合参谋部及相关府省内就职等方式培养相关人才，确保其具有广阔的视野和想法及与日本安全保障相关的丰富经验，并且，能够作为政府人员灵活应对各种事态。

随着人口出生率降低及学历不断提高，征兵环境日趋恶化，应推进多样化的招兵政策，促使人们广泛意识到自卫队也是一种就职选择。

对于不得已比一般公务人员提早退休的自卫队员，国家有义务确保其基本生活。因此，应加强与地方公共团体及相关机构的合作，推进再就业援助工作。

为了在更加多样化、长期化的事态中，对连续运用部队进行支援，应在需要飞机驾驶专业技能等的广泛领域内充分发挥预备自卫官的作用，采取措施提高预备自卫官的满员率。

（四）卫生

应推进自卫队医院的据点化，提升其功能，确立效率高、水平高的医疗体制，改善防卫医科大学附属医院等医院的运营体制，以保持自卫队员的健壮体魄，增强其在应对各种事态及国际和平合作活动等多样性任务方面的能力，并要进一步重视确保和培养医生、护士、急救人员。

此外，还要对修改与应对事态时的急救措施相关的制度等进行研讨，从提升前线救护能力、充实综合技能的角度出发，力求迅速整备后方运输态势。

（五）防卫生产及技术基础

不仅在装备的生产、运用、维护保养方面，而且在研究开发适合日本应用环境的装备方面，确保适当水平的防卫生产及技术基础者是不可或缺的，同时，也有助于提升潜在"威慑力"。

另一方面，日本的财政情况日益严峻，装备水平不断提升，技术日益复杂，导致成本持续上升，在此背景下，各装备的采购数量呈现出逐渐减少的趋势。在国外，随着跨国防卫产业的大规模重组，海外企业的竞争力不断增强，因此，日本面临的防卫生产及技术基础环境变得更加严峻。

在这种情况下，日本应制定战略，表明"日本整个防卫生产和技术基础的未来构想"，推进装备技术转向民用，以期尽快保持并加强日本的防卫生产和技术基础。

在"维和及国际合作"中，通过灵活运用自卫队随身携带的重型机械等防卫装备，或直接向受灾国家提供这些装备（以下称为"灵活运用防卫装备等"），拓展促进有效合作的机会。为了提升防卫装备的性能，并应对成本剧增，国际联合开发和生产正逐渐成为主流。在这种环境下，从倡导"国际协调主义"的"积极和平主义"的观点出发，应积极利用防卫装备对"维和及国际合作"作出贡献，并参与防卫装备的联合开发及生产等。

因此，应充分考虑"武器出口三原则"已发挥的作用，并在此基础上充分注意下述事项，即：进一步明确禁止转让的规定，限定允许转让的条件，进行严格审查，并确保与超出预期用途及向第三国转让相关事务的正确管理。关于向海外转让武器等，应制定与新的安全保障环境相适应的明确原则。

（六）有效采购装备

为了有效采购装备（包括研究开发在内），要确定项目经理制度，强化装备使用周期内的项目管理，同时要展开探讨研究，明确能否引进长期合同，进一步完善刺激企业降价的合同制度，提高整个使用周期的成本效益。

此外，通过有效运用民间能力对补给体制进行改革，以提升快速反应能力及应对能力，不断追求装备采购过程的透明化以及合同制度的合理化，努力通过更加严格的手续实现装备采购。

（七）研究开发

在严峻的财政形势下，为了保证优先实施符合自卫队运用需求的研究开发，应在研发开始时，就与防卫力量调整优先顺序保持一致。

为了应对新型威胁，确保在重要战略领域的技术先进性，应参考最新的科学技术动向、战斗形态变化、成本效益、国际联合开发研究的可能性等因素，推进中长期的研究开发。

强化技术管理职能，防止泄露先进技术，加强与大学及研究机构的合作，积极利用可用于国防领域的民用技术，发展可用于民用领域的国防技术。确保可以从安全保障的角度出发，从平时起掌握技术研发相关信息及科学技术动向，聚集产业界、大学以及官方的力量，使相关技术在安全保障领域得到充分应用。

为了实现上述目的，将就防卫省的研究开发态势进行研究。

（八）与地方自治体之间的合作

为了切实确保自卫队妥善应对各种事态，应加强与地方公共团体、警察、消防机关等相关机构之间的合作。与这些地方公共团体紧密的合作，不仅可以有效整备及运用防卫设施，而且对"招募自卫官"、"援助再就业"等也极为重要。

因此，为整备、运用防卫设施，应继续推进"防卫设施周边相关事业"，同时，从平时起积极采取向地方公共团体及当地居民宣传防卫省和自卫队相关政策、活动等措施，谋求其理解和配合。

根据地区不同，有的地方，自卫队部队的存在为维持和活跃地方公共团体作出了巨大贡献，也有的地方，自卫队出动救难机等进行急诊患者运输对地区医疗给予支持。因此，在部队改编及驻地和基地部署时，应考虑地区的特性，以取得地方公共团体及当地居民的理解。在管理驻地和基地时，也应考虑对当地经济的贡献。

（九）加强信息宣传

为使自卫队在遂行任务时取得国内外必要的理解，应加强战略宣传活动，充分利用各种信息媒体强化宣传工作。

（十）强化教育基础

为增进国民对安全保障及危机管理的理解，应努力在教育机构等推进安全保障教育工作。此外，应以防卫研究所为中心，强化防卫省·自卫队的研究体制，并积极推进各种合作，如：与政府内其他研究教育机构、国内外大学及智囊机构之间的教育、研究交流。

（十一） 推进防卫省改革

不断推进防卫省的业务及组织改革，培养文官和自卫官之间的融合感，全面优化防卫力量整备，增强综合运用功能及政策拟定和信息宣传功能。

六、注意事项

（一）本大纲制定的防卫力发展方向着眼于今后约十年的时间段，在各项政策及计划的实施过程中，国家安全保障会议将定期对大纲进行系统性评估，以综合运用为基础进行能力评估、验证，并结合实际情况推进大纲发展，确保其顺利、迅速、准确地得到落实。

（二）在评估和论证过程中，如果形势发生重大变化，应根据当时的安全保障环境展开研究，进行必要的修订。

（三）考虑到财政状况越发严峻，应谋求更加高效合理的调整防卫力量，控制经费，同时，与国家的其他措施进行协调，以期顺利、充分地发挥整体防卫力的作用。

附录：国家安全保障战略

（2013 年 12 月 17 日日本安全保障会议·内阁会议决定）

本战略将替代"国防基本方针"（1977 年 5 月 20 日国防会议及内阁会议通过）。

一、制定该战略的意义

政府最重要的责任与义务是维护我国的和平与安全，确保国家的存在。在我国的安全保障（以下称作"国家安全保障"）环境日益严峻的情况下，为使我国的繁荣和平的社会得以持续发展，从长远的角度考虑我国的国家利益，政府有必要确立我国在国际社会中应该前进的方向，制定国家安全保障的政策。

我国迄今为止一直在为地区及世界的和平稳定与繁荣作出贡献。在日益全球化的世界内，我国作为国际社会中的主要角色，应该比以往更加积极地发挥作用。

基于上述这种认识，为提出有关国家安全保障的基本方针，特此制定《国家安全保障战略》。

本战略首先明确提出基于国际协调主义的积极和平主义，这是我国作为和平国家的道路和我国应该奉行的理念，而后围绕国家利益进行证实，提出国家安全保障的目标。在此基础上，对我国周边安全保障环境的动向进行预估，提出我国所面临的国家安全保障方面的课题。其次，为解决这些课题、实现目标，在认识到有必要对我国所拥有的多种资源加以有效地灵活运用，推进综合性措施。同时，要对支撑着国家安全保障的国内基础进行强化以及促进国内外的理解，多层次地、协调地推进各个级别的框架。在此基础上，提出了以我国应该采取的外交政策及防卫政策为中心的国家安全保障的战略措施。

此外，本战略作为有关国家安全保障的基本方针，对海洋、宇宙、网络、政府开发援助（ODA）、能源等国家安全保障相关领域的政策提出指导方针。

政府将根据本战略，发挥国家安全保障会议（NSC）的司令塔作用，通过政治的强有力领导，进一步战略性地、成体系地落实国家安全保障政策。

在落实国家的其他政策时，要依据本战略，充分从国家安全保障角度出发，使外交能力、防卫能力等能够作为整体顺利且完善地发挥其功能。

本战略的内容，是以今后 10 年期间为设想进行的设置。在实施各项政策过程中，国家安全保障会议（NSC）可以定期进行系统性评估，估判形势将会发生重要变化时，结合届时的安全保障环境进行研究，作出必要的修改，适时、适当地发展该战略。

二、国家安全保障的基本理念

（一）我国奉行的理念

我国拥有丰富的文化与传统，推崇尊重自由、民主及基本人权，实施法治等普世价值，拥有受过高等教育的丰富人力资源及较高的文化水准，受开放的国际经济体系的恩惠并取得发展，是拥有强大经济能力及很高技术水平的经济大国。

我国是海洋国家，四面环海，拥有大面积的专属经济区及很长的海岸线并因此而受益，通过海上贸易及开发海洋资源实现经济发展，一直以来追求"开放且稳定的海洋"。

我国在战后一直沿着和平国家的道路前进。坚持专守防卫、不成为对他国构成威胁的军事大国、遵守无核三原则的基本方针。

我们一直在发展与我国具有同样的普世价值观及战略利益的美国间的同盟关系，同时，深化与其他各国的合作关系，实现我国的安全及亚太地区的和平与稳定。我国立足于人类安全保障的理念，致力于发展中国家的经济开发及解决全球性课题，通过与其他国家之间的贸易投资关系，为实现国际社会的稳定与繁荣作出贡献。尤其是以东盟各国为代表的亚洲各国，与我国间的这种合作成为这些国家的支柱，实现了稳定与经济增长，多个国家逐渐实现民主。而且，我国从和平国家的立场出发，在遵守联合国宪章的同时，与联合国等国际机构合作，积极参与这些机构的活动。尤其是随着冷战的结束，军事力量的作用呈现多样化，在这种情况下，持续参加包括国际维和行动（PKO）在内的国际和平合作活动。此外，作为世界上唯一在战争中受到原子弹轰炸的国家，积极致力于裁军及核不扩散，为实现"无核武世界"而主导国际社会的工作。

我国一直走在和平国家的道路上，赢得了国际社会的高度评价与尊重，必须更加明确地坚守这一点。

但另一方面，鉴于我国目前周边安全保障环境日益严峻、我国正面临复杂且重大的国家安全保障课题，从国际协调主义的角度出发，更加积极地应对是不可或缺的。我国的和平与安全仅靠我国一国之力无法确保，期待与国际社会一道以与我国国力相适应的形式，为国际社会的和平与稳定发挥更加积极的作用。

在此基础上，我国在今后的安全保障环境下，将继续坚持和平国家的步调，作为国际政治经济的主要角色，从基于国际协调主义的积极和平主义的立场出发，实现我国的安全以及亚太地区的和平与稳定。同时，为确保国际社会的和平、稳定及繁荣作出更加积极的贡献。这才是我国应该奉行的国家安全保障的基本理念。

（二）我国的国家利益及国家安全保障的目标

在将国家安全保障的基本理念作为具体政策加以落实时，须要明确我国的国家利益及国家安全保障的目标，采取一切手段适应不断变化的安全保障环境。

我国的国家利益指的是：首先，维护我国自身的主权及独立，保护领土完整，确保我国国民的生命身体及财产安全，继承丰富的文化及传统，维护以自由与民主为基础的我国的和平与安全，确保国家的存在。其次，通过发展经济使我国及我国国民更加繁荣，进一步巩固我国的和平与安全。为此，作为海洋国家，尤其是在亚太地区，通过自由贸易及竞争发展经济、强化自由贸易体制、提高稳定性及透明性、构筑前景光明的国际环境是不可或缺的。

再次，维持及拥护基于自由、民主、尊重基本人权、法治等普世价值和规则的国际秩序，同样是我国的国家利益。

为了守护这些国家利益、在国际社会中尽到与我国相适应的责任，将基于国际协调主义的积极和平主义作为我国国家安全保障的基本理念，制定如下国家安全保障目标。

第一个目标是：为维护我国的和平与安全，确保国家的存在，强化必要威慑力，避免对我国构成直接威胁；万一发生了威胁，要消除威胁，且将损失减少到最小。

第二个目标是：通过强化日美同盟，加强与地区内外的伙伴间的互信及合作关系，推进实质化的安保合作，改善亚太地区的安保环境，消除及减少针对我国的直接威胁。

第三个目标是：通过持续的外交努力及人力贡献，强化基于普世价值及规则的国际秩序，在解决纠纷方面发挥主导作用。改善全球的安全保障环境，构筑和平稳定繁荣的国际社会。

三、我国周边的安全保障环境及国家安全保障方面的课题

（一）全球的安全保障环境及课题

1. 力量均衡的变化及技术革新的快速发展

进入 21 世纪以来，国际社会的力量均衡发生了前所未有的变化，给国际政治力学带来巨大影响。导致力量均衡发生变化的推手是中国、印度等新兴国家，特别是中国，逐渐提高了在国际社会的存在感。而美国虽然在国际社会的相对影响力发生改变，但因除军事实力和经济实力以外，其还具有来源于其价值和文化的软实力，所以依然是具有世界最强综合国力的国家。美国明确了将本国安全保障政策及经济政策重心移向亚太地区的方针（亚太地区再平衡）。

这一力量平衡的变化虽然促使国际政治经济重心从大西洋向太平洋转移，但是也成为整个国际社会管理结构失去了强有力领导的一个因素，如世贸组织的贸易谈判及联合国气候变化谈判等停滞等。

全球化的发展和技术革新的快速发展，给全球安全保障环境带来复杂影响。如在加深国家间相互依存的同时，也助长了国家与

非国家主体间相对影响力的变化等。

主权国家依然是国际社会的主要主体，国家间的对立与协调是左右国际社会稳定的最大因素。但是，由于全球化的发展，人、物、资本、信息等很容易跨过国境，其结果就是，国家以外的主体也因在国际社会有话语权而发挥着重要作用。同时，全球化和技术革新发展的负面效果是，由非国家主体进行的恐怖活动和犯罪行为威胁国家安全保障的状况呈扩大趋势。加之，这一威胁无论发生在世界哪个地区，都会瞬间环绕地球，直接影响到我国的安全保障。

2. 大规模杀伤性武器等扩散的威胁

我国作为世界上唯一在战争中遭受原子弹轰炸的国家，是最了解使用核武器的悲惨的国家，努力实现"无核武世界"是我国的责任与义务。

关系到核、生物和化学武器等大规模杀伤性武器及其运输工具弹道导弹等转移、扩散、性能提升的问题，对我国和国际社会而言，依然是巨大的威胁。特别是北朝鲜进行的核、导弹开发问题及伊朗核问题，是对整个国际社会的和平与稳定的重大威胁，而不单单是各地区的问题。我们对一直难以有效抑制的国际恐怖组织等非国家主体取得并使用大规模杀伤性武器等，仍然感到担心。

3. 国际恐怖主义的威胁

恐怖活动现今已蔓延至全世界，国际恐怖组织的恐怖主义威胁依然很大。随着全球化的进展，对国际恐怖主义组织而言，组织内部或者与其他组织之间的信息共享与合作、跨境通行、武器获取等变得更加容易。

在这种情况下，国际恐怖主义组织利用政情不稳定、统治能力脆弱的国家和地区作为活动、训练的据点，实施恐怖主义活动。此外，国际恐怖主义已开始扩散并向多样化方向发展，例如，对上述国际恐怖组织的意识形态产生共鸣的其他组织或个人正成为恐怖活动的实施主体。

此外，我国已被部分国际恐怖主义组织列为攻击对象，在海外，我国的侨民或权益已在恐怖事件中受到损害。当前，我国以及我国侨民在国内外正面临国际恐怖主义的威胁。

上述国际恐怖活动中，实行犯及受害者来自多个国家，因此通过国际合作共同打击恐怖活动愈发重要。

4. 国际公共财产的风险

近年来，干扰、妨碍自由访问与利用海洋、宇宙空间、网络空间等国际公共财产的风险不断扩散且愈发严重。

对于海洋，虽有《联合国海洋法公约》等与海洋有关的国际法作出规定，但不尊重已有国际法，意图依靠力量单方面改变现状的情况正在增加。此外，在宇宙空间和网络空间，由于各国立场存在差异，尚未确立起能够适用的规范。

为有效应对上述风险，应加紧制定适当的国际规则并尊重相关规则，由国际社会合作进行应对，这无论从经济发展还是安全保障的角度来看，都是越发重要的课题。

"开放、安定的海洋"是世界和平与繁荣的基础，各国正通过自己的努力或者开展合作，致力于海盗、可疑船只、不法丢弃、走私偷渡、海上灾害以及排除危险物等各种课题，以确保海上航线的安全。

但近年来，从确保资源和本国安全的角度出发，各国发生利害冲突的事例正在增加，海上发生冲突的危险性以及发展为不测事态的危险性不断加大。

特别是在南海，沿岸国与中国之间发生了主权纠纷，给海洋的法治、航行自由以及东南亚地区的稳定带来悬念。此外，由于沿岸国之间的地区纠纷以及国际恐怖主义、海盗等诸多问题，从中东地区到我国近海的航线已变得非常脆弱，而我国的资源与能源多依赖于该航线。推进上述问题的解决从维护航线安全的角度来说也是非常重要的课题。

此外，据预计，在北冰洋开通新航线、开发资源等各种可能性正在加大。为此，人们期待各国在国际规则之下合作努力。但同时，也可能导致国家之间发生新的摩擦。

宇宙空间，迄今为止在民生领域得到了广泛应用。但近年来，加强情报收集与警戒监视、保障军事通信手段等，在安全保障领域的重要性也显著增大。

另一方面，随着利用太空的国家不断增多，宇宙空间正变得越来越混乱。反卫星实验以及人造卫星碰撞等导致太空垃圾（空间碎片）增加，反卫星武器的研发等，造成了妨碍持续、稳定利用宇宙空间的风险。

此外，由信息系统、信息通信网络等构成的全球空间——网络空间，已成为社会活动、经济活动、军事活动等所有活动的重要场所。

另一方面，以窃取国家秘密、破坏基干社会基础设施系统、干扰军事系统为目的的网络攻击等，带来的风险越发严重。

在我国，包括社会体系在内，各个方面都已实现网络化。因此，网络空间已成为利用信息自由流通促进经济发展，以及推进技术革新的重要场所。从确保我国安全保障万无一失的角度出发，加强网络防护不可或缺。

5. "人类安全保障"相关课题

随着全球化的进展，人、物品、资本、信息等能够大量且短时间内进行跨国境移动，扩大的国际经济活动给国际社会带来繁荣。

另一方面，例如贫困差距扩大、传染病等国际保健课题、气候变化等环境问题、食品安全保障乃至内战、灾害等导致的国际人道主义危机等，这些仅靠一个国家无法解决的全球性问题已成为威胁个人生存与尊严的、人类安全保障领域的重要且紧迫课题。在这种情况下，作为国际社会在开发领域应达成的共同目标，即千年发展目标（MDGs），在部分地区和领域已很难实现。此外，今后发展中国家的人口增加与经济规模的扩大，导致对能源、食品、水资源的需求增加，这恐将带来新的纠纷。

上述问题可能会影响国际社会的和平与稳定，我国有必要推进立足于人类安全保障理念的相关措施。

6. 面临风险的全球经济

在全球经济中，脱离世界经济的自给自足型经济很难生存，一国的经济危机扩散到整个世界经济的风险正在增高。这一倾向在金融经济中非常明显。此外，在分工越来越明确的致力于构建、跨国境价值链、供应链的今天，实体经济中也出现同样的倾向。

在这种状况下，产生了对财政问题的担忧、新兴国家经济减速等情况，部分新兴国家和发展中国家出现贸易保护主义的动向，或者对制定新的贸易规则持消极态度。

而且，近年来，随着能源领域技术革新的进展，可以看到资源国的资源民族主义的抬头、以新兴国家为主的能源和矿产资源的需求增加以及与之相伴的资源竞争的激化等。此外，关于食品和水，伴随气候变化的地球环境问题愈发严重，存在着发生世界性供需紧张、临时性供给问题的风险。

（二）亚太地区的安全保障环境与课题

1. 亚太地区的战略环境的特点

全球性力量平衡的变化，在提升亚太地区在国际社会中的重要性、提供安全保障方面的合作机会的同时，也促使这一地区产生问题和紧张局势。

特别是在东北亚地区，拥有大规模军事力量的国家非常集中，存在拥有核武器或持续进行核开发的国家，另一方面，安全保障方面的地区合作框架尚未充分制度化。区域内各国的政治、经济、社会体制的差异依然很大，因此，各国的安全保障观念多种多样也是这一地区的战略环境的特点。

在此背景下，除了伴随力量平衡的变化而产生的问题和紧张局势，以及围绕领土主权和权益等争端外，即使是在平常也很容易发生非紧急的事态、所谓灰色地带的事态，存在着容易转化成更严重事态的风险。

另一方面，在亚太地区，除了区域内各国的双边交流与合作的机会增加之外，还开展了东盟地区论坛（ARF）等多边安全保障对话、双边和多边联合训练等，深化相互理解，提高联合应对能力。为了确保地区稳定，进一步促进和发展多边交往非常重要。

2. 朝鲜军事力量的增强与挑衅行为

在朝鲜半岛，韩朝双方正在保持大规模的军事对峙。朝鲜正面临严重的经济困难，人权状况完全没有改善，却把资源重点配置在军事方面。

此外，朝鲜在增强以核武器为首的大规模杀伤性武器、弹道导弹能力的同时，频繁在朝鲜半岛进行军事挑衅行为以及包括对我国在内的各种挑衅性言行，加剧了地区紧张。

特别是，朝鲜开发射程涵盖美国本土的弹道导弹，尝试核武器的小型化以及搭载到弹道导弹上，从本质上加大了对包括我国在内的地区安全保障的威胁。此外，从不扩散大规模杀伤性武器的角度出发，这对于整个国际社会而言也是一个严重的课题。

而且，在推进确立以国防委员会第一委员长金正恩为中心的体制过程中，还需要持续关注朝鲜国内的局势。

加之，朝鲜实施的绑架问题是关系到我国主权和国民生命安全的重大问题，在国家的责任当中，是应当解决的紧要课题。此外，其也是侵害基本人权这一国际社会的普遍性问题。

3. 中国的快速崛起和向各领域的积极拓展

中国被期待在参与和遵守国际性规范的同时，对地区和全球性课题发挥更加积极的、协调性的作用。另一方面,在国防费持续大幅增长的背景之下,其缺乏足够的透明度,且正在广泛而快速地强化军事力量。加之,中国在东海、南海等海空域,基于与现有国际法秩序不相容的独自的主张,表现出试图通过力量改变现状的应对。尤其是,以我国的尖阁诸岛附近的领海侵入及领空侵犯等为首,在我国周边海空域的活动急速地扩大和活跃,并在东海设定独自的"防空识别区",表现出妨碍公海上空飞行自由的动向。

中国的这种对外姿态、军事动向等,与其在军事、安全保障政策方面的透明度不足,成为包括我国在内的国际社会担忧的事项,需要谨慎地关注中国的动向。

此外,近年来以经济领域为中心的两岸关系不断加深。另一方面,两岸的军事平衡发生变化,两岸关系中稳定化的动向与潜在的不稳定性并存。

四、我国在国家安全保障上应当采取的战略性举措

为了确保国家安全战略,首先在强化我国自身能力以及强化能够发挥自身能力基础的同时,有必要切实发挥自身应当发挥的作用,使自身的能力适应状况的变化。

除了强化经济力量和技术力量之外,还要强化外交力量、防卫力量等,提高我国在国家安全保障上的坚韧性,这关系到以亚太地区为首的国际社会的和平与稳定。这是本战略中的战略性举措的核心。

此外,为了克服国家安全保障上的课题并达成目标,从基于国际合作主义的积极和平主义的立场出发,在以日美同盟为轴心,

扩大和深化与各国的合作关系的同时，需要有效利用我国拥有的多种资源，推进综合性举措的实施。

从该观点来看，以外交政策和防卫政策为中心的我国应当采取的战略性举措如下所示。

（一）强化和扩大我国的能力与作用

1. 加强外交，以创造稳定的国际环境

国家安全保障的关键是创建稳定且前景光明的国际环境，将威胁防患于未然。在基于国际合作主义的积极和平主义下，为实现国际社会的和平、稳定及繁荣，我国必须进一步发挥积极的作用，实现我国希望看到的国际秩序和安全保障环境。

为此，首先需要具有分析时刻变化的安全保障环境及国际社会潮流的能力。在此基础上，必须增强主导制定国际社会课题、主动增进我国国家利益的能力，而不是被动应对发生的现象和事件。在这一过程中，必须具备外交创造力和谈判能力，以便能够有效运用我国和我国国民具有的各种能力和特性，将我国的主张在国际社会宣传，争取对我国立场的支持。重要的是运用我国的魅力，强化给国际社会带来利益的软实力，敏锐把握我国企业和国民的需求，充实支持这一全球化发展的实力。包括向联合国等国际机构增派日本职员在内，进一步作出积极贡献是推进积极和平主义的我国的责任和义务。为了推进这一强力外交，我国将努力强化外交实施体制。加强外交是实现确保国家安全保障不可或缺的。

2. 构建坚决捍卫我国的综合防卫体制

防卫力量即防止对我国的直接威胁，当出现针对我国的威胁时，排除这种威胁，最终担负起国家的安全保障，将切实完善防卫力量。

在我国所处的安全保障环境非常严峻的形势下，为了确保我国的和平与安全，将根据战略环境的变化、国力和国情，有效地完善具有高效率的综合防卫力量，努力实现以综合利用为基本方针的灵活且高效的利用。同时，不仅要加强与政府机构的合作，还要加强与地方公共团体、民间部门之间等的合作，平时就构筑综合性体制，以便能够万无一失地应对从武装攻击到大规模自然灾害的一切事态。

在完善担负上述中心任务的自卫队的体制时，将根据本战略，谋求完善包括《防卫计划大纲》和《中期防卫力量整备计划》在内的计划体系，同时，基于统一且综合性的观点，将优先考虑重要的功能，强化抑制和应对各种事态的体制。

此外，对于核武器的威胁，以核威慑力为重点的美国抑制核扩散是不可或缺的，为了维持并强化对美国的信赖，将继续与美国保持密切的合作。同时，将通过包括弹道导弹防御、国民保护在内的我国本身的措施，进行更加适当的应对。

3. 强化保卫领土措施

为切实保卫我国领土、领海和领空，除构建上述综合性防御体制外，将进一步强化负责领土警备的执法机构的能力和海洋监视能力等。同时，为了能够万无一失地应对各种不测事态，将强化与相关省厅间的合作。

另外，为了切实对我国领土加强警备，将不断研究必要的课题，制定有效的措施。

在积极致力于边境离岛保卫、管理及振兴的同时，从国家安全保障的观点考虑，将努力掌握边境离岛、防卫设施周边等的土地所有情况，就土地利用等情况进行研究。

4. 确保海洋安全

作为海洋国家，将继续与各国密切合作，为维持和发展"开放且稳定的海洋"发挥主导作用。这种"开放且稳定的海洋"的基础是建立基于包括确保航行和飞行自由与安全、按照国际法和平解决纠纷在内的法律管理基本规则的海洋秩序。具体说来，对于海上交通线上的各种威胁，在制定打击海盗对策等必要措施，确保海上交通安全的同时，推进与各国在海洋安全保障方面的合作。

另外，关于在落实上述措施方面非常重要的我国的海洋监视能力，将注意构筑国际网络，包括利用空间在内，综合性地强化我国的海洋监视能力。同时，谋求增加两国间、多国间在海洋安全保障方面联合训练的机会，提高合作质量等。

特别是从波斯湾及霍尔木兹海峡、红海及亚丁湾经印度洋、马六甲海峡、南海至我国近海的海上交通线，对于我国来说非常重要，我国依靠这条海上运输通道从中东地区获取大量的资源和能源。所以，在向这条海上交通线的沿岸国家等提供援助，提高其海上保安能力的同时，将强化与我国有着共同战略利害关系的伙伴的合作关系。

5. 强化网络安全

保护网络空间，避免威胁网络安全的非法行为，确保自由且安全地利用网络。同时，防护我国重要的社会重要基础设施，避免遭受包括疑似国家参与在内的网络攻击。为此，举国上下将综合推进落实跨组织、跨领域的措施，谋求进一步强化网络空间防护及应对网络攻击的能力。

因此，平时在基于风险评估所建立系统的设计、构筑和利用方面，在掌握案件的发生、防止受害扩大、查明并分析原因、防止类似事件再次发生等方面要加强官民合作。另外，将就加强网络安全员的培养、控制系统的防护、应对供应链风险等进行综合研究，并制定必要的措施。

另外，作为国家整体，为进一步强化网络防护和应对能力，将谋求强化相关机构间的合作，并明确任务分工。同时，提高网络情况的监察与调查、感知与分析、国际协调等机能，促进落实包括强化负责这些工作的组织在内的各种方针政策。

在推进这些方针政策时，强化广泛领域中的国际合作是不可或缺的。为此，将构筑旨在强化技术与利用两方面的国际合作的方针政策。另外，除谋求扩大与有关国家的情报共享外，将推进网络防卫合作。

6. 强化国际反恐对策

除彻底落实确保核相关设施安全等国内的国际反恐对策外，为了确保在世界各地从事活动的日侨等的安全，将构筑旨在进一步有效且及时地共享民间企业掌握的危险情报的情报交换、合作体制。同时，强化国际反恐对策，例如进一步强化平时对国际恐怖形势进行分析的体制、提高海外情报收集能力等。

7. 强化情报功能

为了向有关国家安全保障的政策决断提供准确的帮助，将从根本上提高人力情报、公开情报、电子情报、图像情报等多样化情报来源的情报收集能力。另外，将促进对各种情报进行了融合处理的地理、空间情报等的利用。

此外，通过强化培养具有较高能力的情报专家等人才基础，提高情报分析、一元化处理、共享机能，推进政府利用一切情报手段所获取情报资源的综合性分析。

在此基础上，通过适时向作为外交、安全保障政策司令塔的国家安全保障会议（NSC）提供资料和情报，切实反映在政策上等等，有效地进行情报循环利用。

为了支撑这种情报功能，在保护特定秘密的法律下，通过完善政府部门横向性情报保护体制等，强化反谍报机能。

8. 防卫装备和技术合作

在和平贡献及国际合作中，通过有效利用自卫队携带的重型机械等防卫装备品，或将其提供给受灾国等（以下称为"防卫装备品的有效利用等"），增加了更有效进行合作的机会。另外，为了实现防卫装备品的高性能化，并应对费用上涨，国际共同开发和生产正成为国际性主流。在这种形势下，从基于国际合作主义的积极和平主义观点出发，应通过防卫装备品的有效利用等，更加积极地参与和平贡献与国际合作，同时也应参加防卫装备品等的共同开发和生产等。

鉴此，决定在充分考虑到武器出口三原则等迄今为止所发挥作用的基础上，注意确保对禁止转让的情况加以明确，对允许转让的情况加以限制及严格审查，对不按规定用途使用及转让给第三国的情况进行恰当管理等，并就武器等向海外转让问题，制定适合新安全保障环境的明确原则。

9. 确保宇宙空间的稳定利用，并推进其在安全保障领域的有效利用

谋求宇宙空间的稳定利用，不仅对国民生活及经济不可或缺，在国家安全保障方面也非常重要。因此，要设法维持并提高支撑宇宙开发利用的科学技术和产业基础，与此同时，还应从安全保障的观点出发，推进宇宙空间的有效利用。

特别是应设法扩充并强化情报收集卫星功能。在自卫队部队运用、情报收集与分析、海洋监视、情报通信、测向定位等领域，谋求有效利用我国等所拥有的各种卫星，同时，确立宇宙空间情况监视体制。

此外，包括卫星制造技术等支撑宇宙开发利用的技术在内，在推进宇宙开发利用时，应从中长期观点出发，注意使其有助于国家安全保障。

10. 强化技术能力

我国的高技术能力是经济能力与防卫能力的基础，也是国际社会之所以有求于我国的有价值资源。为此，包括军民通用技术在内，有必要促进进一步的技术振兴，并谋求我国技术能力的强化。

推进旨在强化技术能力的方针政策时，应从安全保障的角度考虑，从平时就掌握技术开发相关情报等与科学技术有关的动向，

凝聚企业、研究单位、政府的力量，努力在安全保障领域有效地加以利用。

另外，我国拥有的在国际上也堪称先进的节能、环境相关技术等，可在我国与国际社会共同努力解决全球性课题方面发挥重要作用，在外交方面也应积极地对它们加以有效利用。

（二） 强化日美同盟

以日美安全保障体制为中心的日美同盟在过去 60 多年里，一直在我国的和平与安全以及亚太地区的和平与稳定方面发挥着不可或缺的作用；近年来，其对国际社会的和平、稳定及繁荣发挥了更加重要的作用。

日美同盟是国家安全保障的基轴。对于美国来说，日美同盟作为其与韩国、澳大利亚、泰国、菲律宾等地区各国同盟网络中的核心要素，也一直是该国亚太战略的基础。

日美间这种紧密的同盟关系有两大支撑：一是日美两国共同拥有自由、民主主义、尊重基本人权、法治等普世价值观和战略利益；二是我国在地理上处于协助美国参与亚太地区事务的战略性重要位置上。

以这样的日美同盟为基础，日美两国一直在首脑、部长级等各层面上进行密切联络，除两国间的课题外，还致力于应对包括朝鲜问题在内的亚太地区形势、反恐对策、大规模杀伤性武器不扩散等全球性安全保障课题。

另外，日美两国在经济领域也正通过下文中将提到的"跨太平洋伙伴关系协定（TPP）"谈判，准备以严格规则和高透明度的形式，实现亚太地区的经济繁荣。

日美两国就是如此为了两国乃至亚太地区等整个国际社会的和平、稳定与繁荣，一直不断地强化和扩大在各领域的合作关系。

一方面，我国如上所述地强化在安全保障方面的措施；另一方面，美国也正在重视亚太地区的国防战略下，扩大并充实在该地区的影响力，并进一步强化与我国等同盟国的合作。

今后，为了在确保我国安全的基础上，谋求维持并增进亚太地区等国际社会的和平、稳定及繁荣，必须进一步提高日美安全保障体制的实效性，实现在更多方面构筑日美同盟的目标。基于这种认识，我国将致力于以下工作。

1. 进一步强化日美间在广泛领域中的安全保障与防卫合作

我国通过强化我国自身的防卫力量来提高抑制力，并利用包括美国提供威慑在内的日美同盟抑制力，来确保本国的安全。

与美国之间，将通过对具体防卫合作的理想状态、日美的作用、任务与能力（RMC）的思考等进行讨论，并与依据本战略制定的各种政策进行整合，对"日美防卫合作指针"进行修订。

除了促进联合训练、共同开展情报搜集、监视和侦察（ISR）活动，以及共同使用美军、自卫队的设施及区域外，包括应对事态、中长期战略在内，将密切开展各种协同作战及政策调整。

在此基础上，将强化弹道导弹防御、海洋、宇宙空间、网络空间、应对大规模灾害等广泛的安全保障领域中的合作，进一步提高日美同盟的威慑力及应对能力。

为了强化包括提高相互运用性在内的日美同盟基础，将继续促进装备、技术方面的合作，以及人员交流等多方面的工作。

2. 确保美军稳定的影响力

为了维持并强化日美安全保障体制，将以我国为主体，在致力于实现美军在亚太地区最佳兵力部署方面进行合作。同时，维持并提高抑制力，减轻冲绳等当地的负担也非常重要。

作为此项工作的一环，通过落实有关驻日美军经费负担等各项对策，向驻日美军顺利且有效地驻扎提供稳定的援助，根据日美达成的共识，切实落实冲绳美海军陆战队向关岛迁移等驻日美军整编工作，同时，考虑与当地的关系，推进自卫队与美军共同使用设施和区域等。

将切实落实旨在减轻驻日美军设施和区域周边居民负担的措施。特别是冲绳县，处于国家安全保障上极为重要的位置，所以，美军的驻扎将极大地有助于提高日美同盟的威慑力。另一方面，鉴于驻日美军专用设施、区域较为集中的情况，将继续努力最大限度地减轻当地负担，其中也包括普天间机场搬迁在内。

（三）为了国际社会的和平与稳定，加强与伙伴间的外交与安全保障合作

为改善我国的安全环境，在上述政治、经济及安全保障等所有领域强化日美同盟关系是不可或缺的。但除此之外，还应与在上述领域发挥重要作用的亚太伙伴之间加强信任与合作关系。

1. 韩国、澳大利亚、东盟各国及印度等与我国拥有共同的普世价值观和战略利益，将通过如下举措加强与其合作关系。

（1）从地政学意义上来讲，韩国作为邻国，对我国的安全保障极为重要，与韩国紧密合作，对解决朝鲜核、导弹问题等地区和平与稳定来说具有重大意义。为此，将寻求建立面向未来的多层次日韩关系，强化安全保障合作的基石。特别是日美韩三国的合作，是实现东亚和平与稳定的关键所在，其中也包括在朝鲜核、导弹问题上加强合作。此外，对于竹岛（韩国称独岛）主权问题，将根据国际法，采取和平解决方针，坚持不懈地进行外交努力。

（2）在与地区的重要伙伴澳大利亚之间，除普世价值观之外，双方还拥有共同战略利益与共同关注问题。在强化两国互补经济关系的同时，将共享战略认知，切实推进安全保障合作，强化战略伙伴关系。此外，广泛推进合作，致力于亚太地区秩序的形成

以及维护与强化国际社会的和平与稳定。其中，将适当运用日美澳三国间的合作框架。

（3）东盟各国扼守我国海上交通线的咽喉要道，经济增长迅速，民主化进程取得进展，文化也多种多样。在与东盟各国之间，将以长达40年的传统伙伴关系为基础，深化包括政治、安全保障在内所有领域的合作。基于东盟在整个亚太地区和平稳定及繁荣上的影响力，对东盟推进一体化所做努力提供支援。在南海问题上，各国正致力于与中国制定行为准则（COC），对相关国家努力依照法律与规则而不是武力解决纠纷给予高度评价，并将为制定有效且具有法律约束力的准则提供支援。

（4）印度预计将成为世界上人口最多的国家，经济高速发展，经济潜力巨大，影响力与日俱增，且地处我国海上交通线的中心，在地政学上是十分重要的国家。在与印度之间，将基于全球战略伙伴关系，继续强化海洋安全保障等广泛领域的关系。

2. 我国与中国间的稳定关系对于亚太地区和平与稳定而言是不可或缺的。我国将从大局及中长期的观点出发，继续致力于建立和强化政治、经济、金融、安全保障、文化、人文交流等所有领域的"战略互惠关系"。特别是将继续敦促中国负责任地在地区和平稳定及繁荣上发挥建设性作用，遵守国际行为准则，提高以迅速增加国防经费背景下强军活动的透明度与开放度。作为其中一环，将继续开展并促进防卫交流，提高中国军事与安全保障政策的透明度，同时努力构建旨在防止与避免发生不测事态的框架。此外，在与包括我国在内的周边邻国之间，中国正试图按照自己的主张依靠力量改变现状，对此，为避免事态升级，我国将继续要求中国保持克制，同时冷静且坚决地予以应对。

3. 对于朝鲜问题，将与有关国家紧密合作，按照六方会谈联合声明以及联合国安理会决议，要求朝鲜为实现无核化采取具体行动。对于日朝关系，将以日朝平壤宣言为基础，继续致力于一揽子解决绑架问题、核及导弹等各种悬而未决的问题。尤其是在绑架问题上，将坚持不解决问题就不实现关系正常化的基本方针，全力以赴，确保绑架受害者安全并尽快回国、查明绑架真相以及引渡绑架嫌犯。

4. 在东亚地区安全保障环境日益严峻的情况下，与俄罗斯在安全保障及能源领域等所有领域开展合作，提升日俄整体关系，对我国的安全保障来说是极为重要的。基于这一认识，将共同致力于亚太地区和平与稳定，同时，在作为两国间最大悬而未决问题的北方领土问题上，根据解决北方四岛的归属问题、缔结和平条约这一一贯方针，全力推进谈判。

5. 为达成上述目标，将积极发挥亚太经合组织（APEC）、东亚峰会（EAS）、东盟＋3（ASEAN＋3）、东盟地区论坛（ARF）、东盟防长扩大会议（ADMM＋）、跨太平洋战略经济伙伴关系协定（TPP）等多层次的地区合作框架，日美韩、日美澳、日美印等三边框架，以及地理上邻近的经济大国日中韩框架的作用。我国将为上述框架的发展作出积极贡献。为了在制度上构建东亚地区的安全保障框架，我国也将适当地提供支援。

6. 为确保亚太地区的稳定，将与蒙古国、中亚各国、西南亚各国、太平洋岛国、新西兰、加拿大、墨西哥、哥伦比亚、秘鲁、智利等亚太地区友好国家开展合作。与太平洋上拥有大面积专属经济区和丰富海洋资源的太平洋岛国之间，将通过太平洋岛国峰会等强化海洋合作等各领域合作。

7. 与在维护国际社会和平与稳定方面发挥重要作用的亚太地区外各国加强合作。

（1）欧洲可以主导国际舆论，影响主要国际框架规则的制定，且经济规模巨大。英国、法国、德国、意大利、西班牙、波兰等欧洲各国，与我国拥有同样的尊重自由、民主、基本人权及法治等普世价值观以及市场经济等原则，是在维护国际社会和平稳定以及繁荣上发挥主导作用的伙伴。在国际社会力量平衡发生变化的情况下，为了在普世价值与规则基础上确立国际秩序，有效应对全球性课题，实现我国为构建和平繁荣的国际社会做贡献的各项政策，包括与欧盟（EU）、北约（NATO）、欧安组织（OSCE）开展合作在内，继续强化与欧洲的关系。另外，我国将加强与一直努力推进民主化的东欧各国、巴尔干各国及高加索各国间的关系。

（2）巴西、墨西哥、土耳其、阿根廷、南非等新兴国家不仅在国际经济上，在国际政治舞台上的影响力也与日俱增，除双边关系外，也将在全球性课题上开展合作。

（3）对于我国而言，中东的稳定是直接关系到能源稳定供给的事关国家生存与繁荣的问题。海湾各国是我国最大的原油供应来源，为确保中东的稳定，将与上述国家努力构建多层次的合作关系，包括超越以资源能源合作为中心的范围更为广泛的经济合作关系，以及政治、安全保障领域的合作关系。我国将为"阿拉伯之春"发源地的阿拉伯各国民主化问题、叙利亚局势、伊朗核问题、中东和平、阿富汗和平等事关中东稳定重要问题的解决发挥积极作用。其中，将与在解决中东地区问题上发挥重要作用的美国、欧洲各国、沙特阿拉伯、土耳其等国保持协调。

（4）拥有丰富战略资源、经济持续增长的非洲发展前景广阔，同时在国际社会上的发言权不断增强，我国将通过非洲开发会议（TICAD）进程等，继续为非洲的发展与和平做贡献。此外，推进在国际性场合的合作。

（四）积极为国际社会和平与稳定做贡献

从基于国际协调主义的"积极和平主义"的立场出发，我国将继续为国际社会的和平与稳定发挥积极作用。

1. 加强联合国外交

安理会是联合国集体安全保障制度的核心。该制度的宗旨是恢复以及维持国际和平与稳定，但一直未能如当初设想的那样充分发挥作用。

另一方面，联合国正利用其依靠各国普遍参加的普遍性和专门性支撑的正当性，主导着维持世界和平与稳定的各种活动。特别是冷战结束后，联合国在维持国际和平与安全领域的作用越来越大。

迄今为止，我国数次担任安理会的非常任理事国，今后仍将继续积极为联合国维护和恢复国际社会和平与安全作出贡献。

此外，除了联合国的维持和平活动（PKO）、集体安全保障措施以及预防外交、斡旋等外交手段外，包括从冲突结束后的紧急人道主义援助到重建援助等的"无缝隙"援助，以及通过建设和平委员会提供的援助在内，将更为积极地为联合国主导的各种努力作出贡献。

同时，包括强化集体安全保障功能在内，提高联合国的实效性与正当性也是非常紧迫的课题。我国将继续致力于实现安理会改革，包括扩大常任与非常任的议席以及我国加入常任理事国。

2. 强化依法管理

作为依法管理的拥护者，不仅要继续切实遵守国际法，还要积极地从构想阶段开始积极参与各种国际规则的制定，强化国际社会的依法管理为方向。其中，要反映以公平性、透明性、互惠性为基本的我国的理念与主张。

此外，积极向国际司法机构提供人力和财力上的援助，以及向各国完善法律制度的努力提供援助。

特别是在实现以及强化海洋、宇宙空间及网络空间的依法管理方面，将推进与拥有共同关切各国间的政策协商，同时，积极参与制定国际规则和各国间建立信任措施等动向。另一方面，为发展中国家的能力构建提供更大的援助。

（1）在海洋问题上，引导国际社会形成如下共识，即推进地区性框架，强化法律和规则基础上的海洋秩序对整个国际社会的和平与繁荣来说是不可或缺的。

（2）在宇宙空间问题上，确保自由进入及利用是十分重要的。基于这一考虑，积极参加旨在防止反卫星试验以及避免卫星发生碰撞的国际行动规范的制定，确保安全、稳定地利用宇宙空间。

（3）在网络空间问题上，基于确保信息自由流动这一基本考虑，与拥有相同立场的国家开展合作，积极参与适用现有国际法前提下的国际规则的制定，同时积极为发展中国家的能力构建提供援助。

3. 主导国际社会裁军与防扩散努力

作为世界上唯一在战争中遭受原子弹轰炸的国家，我国将继续积极致力于实现"无核世界"。

考虑到朝鲜核及弹道导弹开发上的进展所带来的威胁、亚太地区未来的核战力平衡以及军事技术的迅猛发展，坚持日美同盟框架下对扩大遏制的信赖性和整合性，同时，主导包括朝鲜核及导弹开发问题以及伊朗核问题的解决在内的国际裁军与防扩散努力。

此外，为防止武器及可转用于军事的材料和技术等扩散到可疑国家，包括积极参与国际出口管制制度的讨论在内，在与有关国家保持协调的同时，切实实施基于安全保障观点的出口管制措施。此外，积极参与国际社会在轻型武器、杀伤地雷等常规武器问题上所采取的行动。

4. 推进国际和平合作

过去 20 年来，我国向柬埔寨、戈兰高地、东帝汶、尼泊尔、南苏丹等众多地区派出了自卫队等人员，开展国际和平合作，受到海内外高度评价。

今后，从基于国际协调主义的积极和平主义立场出发，根据国际社会对我国的评价及期待，更为积极地对 PKO 等开展合作。其中，将努力提高活动的效果，如寻求与政府开发援助（ODA）事业协调合作等。

此外，包括战略性地运用 ODA、能力构建援助以及与非政府组织（NGO）保持协调在内，为实施安全保障领域的"无缝隙"援助，完善相关体制，对此前未能按计划实施事业项目的机构提供支援。

另外，整个政府也将积极地利用已有经验，推进建设和平人才以及各国 PKO 人员的培养。其中，将与美国、澳大利亚、欧洲等在该领域拥有丰富经验的有关国家等紧密合作。

5. 推进国际反恐领域的国际合作

无论任何理由都不能让恐怖活动正当化，都应予以强烈的谴责，国际社会团结一致对此采取坚决的态度是十分重要的。

加强各国有关国际恐怖活动形势及国际反恐合作的协商与意见交换、强化严厉处罚恐怖分子的国际法律框架、积极支援反恐能力脆弱的发展中国家等，从国家安全保障的观点出发，与国际社会一道共同推进国际反恐对策。

另外，来自非法走私武器、贩卖毒品及拐卖人口等有组织的犯罪的收益是恐怖分子的重要资金来源，恐怖活动与国际性有组织的犯罪有着密不可分的关系。基于这一认识，为防止和打击国际性有组织的犯罪，日本将加强国际合作及向发展中国家提供援助。

（五）利用旨在解决全球性课题的普世价值加强合作关系

为巩固国际社会的和平、稳定与繁荣的基础，日本将谋求与相关国家共同拥有普世价值观、强化开放的国际经济机制，为解决贫困、能源问题、贫富差距扩大问题、气候变化问题、自然灾害、粮食问题等可能会影响国际社会和平与稳定的主要问题以及全球性课题，从战略的高度积极灵活使用 ODA（政府开发援助），其主要措施如下。

1. 共同拥有普世价值

通过与共同拥有尊重自由、民主主义、包括妇女的权利在内的基本人权、以法治国这一普世价值的各国开展合作，拓展外交工作，为解决全球性课题作出应有的贡献。

始于 20 世纪 90 年代的东欧各国及东盟（ASEAN）各国的、21 世纪 2010 年以后发展到阿拉伯国家的世界性民主化浪潮，伴随全球化、市场经济化的急速发展，已成为一种不可逆的大潮。

另一方面，我们从"阿拉伯之春"中也看到，民主化并不会一帆风顺。日本作为发达的自由民主主义国家，基于人类的安全保障的理念，一直在积极地实施 ODA，开展对民主化的援助、对完善法制制度的援助以及在人权领域内的援助，另外，还通过人权对话等为扩大国际社会保护人权的运动作出了应有的贡献。

另外，日本也在积极地致力于解决有关妇女的外交课题。具体而言，就是与国际社会合作，共同努力扩大妇女在防止纠纷与实现和平中的作用以及促进妇女走进社会等。

2. 解决开发问题及应对全球性课题与实现"人类的安全保障"

此前，日本一直在灵活利用 ODA 积极致力于世界的开发问题，并得到了国际社会的高度评价。解决开发问题有助于改善全球的安全保障环境，作为基于国际协调主义的积极和平主义的一个要素，日本今后有必要进一步加强在这方面的努力。

基于这一观点，为实现"人类的安全保障"，日本将从战略的高度，有效、灵活地利用 ODA，与国际机构、NGO（非政府组织）等众多的援助方开展合作，为实现千年发展目标（MDGs），强化削减贫困、国际卫生保健、教育、水资源等领域的措施。

另外，日本在制定新的国际开发目标（后 2015 年发展议程）

方面将发挥主导作用。在实现"人类的安全保障"方面，一直以来日本作为主要倡议者，在国际社会上发挥着主导作用。今后，将进一步努力让这一理念成为国际社会的主流。

日本遭受过阪神大地震、东日本大地震等诸多自然灾害。我们应与各国广泛共享我们获得的经验与教训。同时，鉴于世界各地频发巨大灾害这一情况，日本应积极主导在防灾领域内的国际合作，在全球努力建设具有强大抗灾能力的社会。

3. 对发展中国家的人才培养提供合作

广泛邀请发展中国家的、包括将来可能会成为领导人的优秀学生及行政官员在内的人才到日本，让他们学习日本的经验与知识，同时，向他们提供有关日本的制度及高技术的教育培训。通过这些努力，进一步培养出能促进这些国家与日本的相互理解、为本国经济与社会可持续发展发挥作用的人才。

另外，还要维持与发展通过人才培养而建立起来的人脉关系网，推以不断扩大和巩固合作关系的基础。

4. 维护与加强自由贸易体制

日本继续充当扩大开放的、有秩序的国际经济体系的主要推手，这对于确保世界经济的发展与日本经济的繁荣是不可或缺的。

基于这一观点，日本将继续推进旨在建立全面、高标准的贸易协定的 TPP 协定、日欧经济合作协定（EPA）、日中韩自由贸易协定（FTA）及东亚区域全面经济伙伴关系框架协定（RCEP）等经济合作的谈判工作，为世界经济的发展作出应有的贡献，同时，通过这些努力来带动日本经济的发展。

另外，通过上述的努力，建立亚太地区的贸易与投资方面的规则将会进一步强化该地区的活力与繁荣，同时，对于在安全保障方面建立稳定的环境基础也具有战略意义。

通过缔结这种 21 世纪型的 EPA，将会展现出具有新的贸易自由化魅力的先进范例，我们期待它能促进基于 WTO 多边贸易体制的全球规模的贸易自由化。

5. 应对能源与环境问题

包括能源在内的资源的稳定供给对于充满活力的我国的经济来说是不可或缺的，这也是国家安全保障上的主要课题之一。为确保资源能稳定且廉价的供给，应积极灵活利用必要的外交手段，促进各国对我国的理解，实现能源供给多样化等。

在气候变化领域，将进一步致力于国内的减排。开展凸显我国优秀的环境能源技术与在支援发展中国家等方面拥有优势的地球温室化外交战略（Actions for Cool Earth）。另外，还应积极参与建立所有国家都能参加的公平且有效的新的国际框架，为完成全球的减排任务、解决气候变化问题作出应有的贡献。

6. 加强人员交流

人员交流会增进与对象国的相互理解及友好关系，巩固国家关系。并且，在加深国际社会对我国的充分理解、对于建立稳定且友好的安全保障环境方面也具有十分重要的意义。

基于这一观点，将落实进一步扩大双向青少年交流活动的措施，强化与各国的面向未来的关系。例如，今年，我们迎来了与（保留文化多样性的同时推进地区统一的）东盟（ASEAN）友好合作40周年，今后，将通过扩大交流活动，进一步促进我国与东盟的相互理解。

另外，还要灵活利用2020年东京奥运会与残奥会这一全球共同关注的大型活动，促进以体育与文化为载体的交流活动，构建与加深个人层面上的友好关系。

（六）强化支撑国家安全保障的国内基础与促进国内外的理解

为全面确保国家安全保障，强化以外交力与防卫力为中心的能力、完善支撑有效发挥这一能力的国内基础是不可或缺的。

另外，为实现国家安全保障，得到国际社会及国民对国家安全保障政策的广泛理解也是极为重要的。基于这一观点，我们将作出以下的努力。

1. 维持与强化防卫产业与技术基础

防卫产业与技术基础是通过防卫装备的研发、生产、使用、维护保养等支撑防卫力量的重要要素。为了利用有限的资源稳定且中长期地完善、维持与使用防卫力量，在努力保证获取防卫装备的效果与效率的同时，还将维持与强化包括提高国际竞争力在内的我国防卫产业与技术基础。

2. 强化信息宣传

在推进国家安全保障政策时，应通过积极且有效地对国内外的宣传提高其透明度，促进国民的理解，同时，谋求强化与各国的合作关系及培养相互信赖的关系。

为此，将首相官邸作为司令塔，政府应上下团结一致，从战略的角度开展统一的信息宣传工作，最大限度地利用各种信息技术，通过各种媒体，加强外语宣传等。

另外，整个政府也要与教育机构、有识之士、智囊团体等开展合作，在世界范围内普及日语、培养有助于开展战略宣传的人才等。

在世界安全保障环境趋于复杂且多样化的过程中，也参杂着国家间的利益冲突。在这种情况下，以客观事实为中心准确且有效的宣传相关信息，将会加深国际舆论的准确理解，有助于国际社会的稳定。

3. 强化社会基础

要想让国民从中长期的观点支持国家安全保障政策，就必须要求每一个国民都为地区与世界的和平与稳定及提高人类的福祉做贡献，同时，将国家安全保障作为切身的问题看待，深刻认识其重要性与复杂性。

为此，我们要采取各种措施等，包括培养国民对外国及其国民的尊重、培育热爱祖国与家乡的爱国之心，同时，努力开展有关领土与主权问题等安全保障领域的启蒙教育，加深对自卫队、驻日美军等活动情况的理解，积极争取（成为这些活动的基础的）防卫设施周边地区的居民给予理解与合作。

4. 强化知识基础

为有助于加深国民对国家安全保障方面的讨论、制定高质量的政策，我们将派遣相关省厅的官员等到高等教育机构，开展有关安全保障方面的教育活动以及高层次的、实践性的研究工作等，同时，加深政府与这些机构、智囊团体等的交流，促进实相关理论知识的共享。

通过这些措施，促进培养一批能够具有实践性且建设性地研究国家安全保障政策的民间专家与行政官员，同时也能培养一支对国家安全保障有见地的人才队伍。

参考文献

一、著作

军事科学院世界军事研究部：《日本军事基本情况》，军事科学出版社，2006 年版。

军事科学院世界军事研究部：《日本防卫改革重要文件汇编》，军事科学出版社，2010 年版。

中国人民解放军国防大学防务学院：《21 世纪初外国国家安全与防务政策研究》，国防大学出版社，2010 年版。

［日］橘玲：《日本人》，中信出版社，2013 年版。

［日］大前研一：《日本复兴计划》，华东师范大学出版社，2013 年版。

［日］井上清：《日本历史》，陕西人民出版社，2011 年版。

［日］井山清：《日本军国主义》，商务印书馆，1985 年版。

［日］浅井基文：《日本新保守主义》，新华出版社，1999 年版。

［日］西原春夫：《日本的前途与亚洲的未来》，中国人民大学出版社，2012 年版。

［日］安倍晋三：《美しい国へ》，文艺春秋，2006 年版。

［日］黑川雄三：《简明近现代日本军事战略史》，军事科学出

版社，2009 年版。

　　［美］鲁思·本尼迪克特：《菊与刀》，商务印书馆，1996
年版。

　　［美］塞缪尔·亨廷顿：《文明的冲突与世界秩序的重建》，新
华出版社，2002 年版。

　　［美］迈克尔·格林、帕特里克·克罗宁主编：《美日同盟：
过去、现在与将来》，新华出版社，2000 年版。

　　［美］阿尔弗雷德·赛耶·马汉：《海权论》，电子工业出版
社，2013 年版。

　　［美］罗伯特·Ａ．帕尔斯：《世纪之旅》，上海人民出版社，
2001 年版。

　　冯昭奎：《21 世纪的日本：战略的贫困》，中国社会科学出版
社，2013 年版。

　　冯昭奎、林昶：《中日关系报告》，时事出版社，2007 年版。

　　尚书：《美日同盟关系走向》，时事出版社，2009 年版。

　　蒋百里、戴季陶：《日本人与日本论：深度解析日本民族性》，
凤凰出版社，2012 年版。

　　李寒梅、任清玉等：《21 世纪日本的国家战略》，社会科学文
献出版社，2000 年版。

　　张卫娣、肖传国：《21 世纪日本对外战略研究》，军事科学出
版社，2012 年版。

　　孙秀玲：《一口气读完日本史》，京华出版社，2006 年版。

　　盛欣、王志坚：《富士军刀》，解放军出版社，2002 年版。

　　肖伟著：《战后日本国家安全战略》，新华出版社，2000 年版。

　　殷雄：《谁在威胁中国安全》，新华出版社，1999 年版。

　　阎学通等：《中国与亚太安全》，时事出版社，1999 年版。

　　张蕴岭主编：《21 世纪：世界格局与大国关系》，社会科学文
献出版社，2001 年版。

许嘉主编：《冷战后中国周边安全态势》，军事科学出版社，2003 年版。

朱阳明主编：《亚太安全战略论》，军事科学出版社，2000 年版。

刘静波主编：《21 世纪初中国国家安全战略》，时事出版社，2006 年版。

林振江、梁云祥：《全球化与中国、日本》，新华出版社，2000 年版。

于巨良主编：《日本军情瞭望》，国防大学出版社，1998 年版。

冯育军：《正在走向军事大国的日本》，军事科学出版社，2000 年版。

吴寄南：《新世纪日本对外战略研究》，时事出版社，2010 年版。

李秀石：《日本新保守主义战略研究》，时事出版社，2010 年版。

梁月槐主编：《外国国家安全战略与军事战略教程》，军事科学出版社，2000 年版。

王希亮：《日本右翼势力与东北亚国际关系》，社会科学文献出版社，2013 年版。

樱雪丸：《中日恩怨两千年》，人民日报出版社，2013 年版。

李彦波：《中日史鉴》，上海社会科学院出版社，2013 年版。

郑海麟：《钓鱼岛列屿之历史与法理研究》，海洋出版社，2014 年版。

王新生：《战后日本史》，江苏人民出版社，2013 年版。

二、论文

吕川："冷战后日本军事战略思维的基本规律探析"，载《日本学刊》2006年第3期。

吴怀中："日本'集体自卫权'问题的演变和影响"，载《日本学刊》2007年第5期。

杨伯江："美国战略调整背景下日本'全面正常化'走向探析"，载《日本学刊》2013年第2期。

江新凤："日本的军事转型及其对中国安全环境的影响"，载《日本学刊》2013年第3期。

陆伟、蔡建国："冷战后日本政军关系的演变及其影响探析"，载《日本学刊》2013年第6期。

袁扬、刘世刚："日本安全与防卫政策的重大调整"，载《外国军事学术》2014年第1期。

梅秀庭："安倍内阁《国家安全保障战略》介评"，载《现代国际关系》2014年第2期。

三、网上资料来源

日本防卫省/自卫队网站

http：//www. mod. go. jp/j/approach/agenda/guideline/pdf

日本首相官邸网站

http：//www. kantei. go. jp

日本外务省网站

http：//www. mofa. go. jp

图书在版编目（CIP）数据

战后日本军事战略研究/王志坚著. —北京：时事出版社，
2014.8

　ISBN 978-7-80232-730-6

　Ⅰ.①战…　Ⅱ.①王…　Ⅲ.①军事战略—研究—日本—
现代　Ⅳ.①E313.0

中国版本图书馆 CIP 数据核字（2014）第 160655 号

出 版 发 行：时事出版社
地　　　址：北京市海淀区巨山村 375 号
邮　　　编：100093
发 行 热 线：（010）82546061　82546062
读者服务部：（010）61157595
传　　　真：（010）82546050
电 子 邮 箱：shishichubanshe@sina.com
网　　　址：www.shishishe.com
印　　　刷：北京百善印刷厂

开本：787×1092　1/16　印张：28.25 字数：341 千字
2014 年 8 月第 1 版　2014 年 8 月第 1 次印刷
定价：85.00 元
（如有印装质量问题，请与本社发行部联系调换）